Bernd Feuchtner · Not, List und Lust

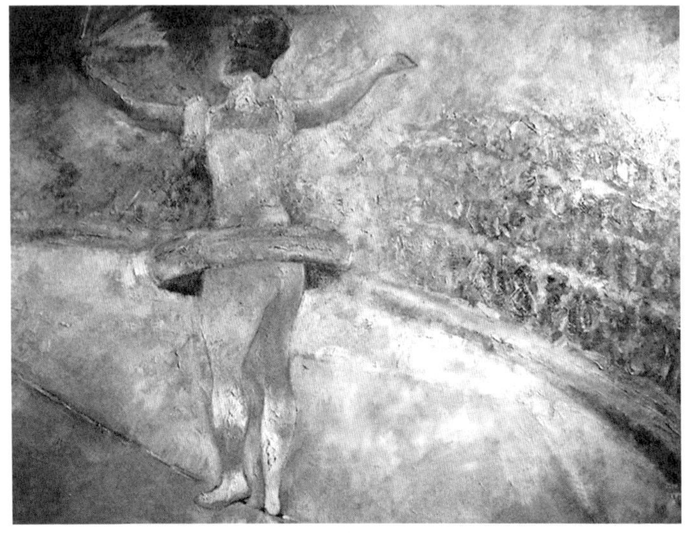

Alexander Rodtschenko, *Seiltänzerin*, Ölgemälde (ca. Ende 1930er Jahre)

Bernd Feuchtner

Not, List und Lust

Schostakowitsch in seinem Jahrhundert

wolke

Zweite, stark erweiterte Auflage 2022

Gesetzt in der Simoncini Garamond
Umschlaggestaltung: Friedwalt Donner, Alonissos
unter Verwendung eines Gemäldes von Kasimir Malewitsch,
Mann in suprematistischer Landschaft, 1930/31 (Albertina, Wien)

ISBN 978-3-95593-134-6

www.wolke-verlag.de

Inhalt

Für Elias Sedlmayr

Vorwort zur zweiten Auflage

Als Isaak Glikman die Briefe, die sein Freund Dimitri Schostakowitsch ihm geschickt hatte, bei der Veröffentlichung mit umfangreichen Kommentaren versah[1], beschwerten sich manche Forscher darüber. Sie waren der Meinung, Glikmans Ausführlichkeit habe ihren Preis: Sie sei der opportunistische Versuch, die Deutungshoheit über Schostakowitschs Musik zu gewinnen, deren Wert dadurch nur geschmälert werde.[2] Andere hielten dagegen, dass solche Ausführlichkeit notwendig sei für künftige Generationen, denen das Leben der Sowjetbürger unbekannt sein werde. In der Tat verliert sich die Erinnerung mit wachsender zeitlicher Distanz, bis schließlich die Details des Lebens, der Politik und der Kultur im Stalinismus im Nebel der Vergangenheit verschwunden sein werden. Ebenso wird vergessen sein, wie hoch einst die Hürden waren, zu einem Verständnis der Musik Schostakowitschs zu gelangen.

Wie kein anderer Komponist ist Schostakowitsch nicht zu verstehen ohne seine Zeit. Allerdings funktionierte seine Musik in den Konzertsälen der Welt, selbst wenn das Publikum keine Ahnung von den Hintergründen hatte. Das begann mit dem Siegeszug der Ersten Sinfonie des 19jährigen Konservatoriums-Absolventen, setzte sich fort mit dem Erfolg der ebenso klassizistischen Fünften ab 1937 und erreichte seinen Höhepunkt im Zweiten Weltkrieg, in dem seine Siebte, die *Leningrader Sinfonie* erschien. Dass sie im Osten wie im Westen in die Kriegspropaganda eingespannt und im Konzert schon gleich als Kriegssinfonie angekündigt wurde, verhinderte zwar einerseits ihr Verständnis, musikalisch aber war sie auch für ein verständnisloses Publikum eine Sensation.

Im Kalten Krieg verfestigte sich im Westen das Bild des Komponisten als eines sowjetischen Funktionärs. Er war Mitglied der Kommunistischen Partei, Delegierter im Obersten Sowjet und leitete den russischen Komponistenverband. Seine Fünfte Sinfonie wurde in den Konzertprogrammen angekündigt als „Praktische Antwort eines Sowjetkünstlers auf gerechtfertigte Kritik“ und vor der Sendung des „Den Opfern von Faschismus und Krieg“ gewidmeten Achten Streichquartetts wurde im Radio versprochen, im zweiten Satz werde man die Bomben auf Dresden fallen hören. Die Marsch-Episode in der „Leningrader Sinfonie“ verkörpere den Einmarsch der Deutschen 1941 in die Sowjetunion. Einer schrieb vom anderen ab, keiner hinterfragte etwas. Für Musikwissenschaftler war Schostakowitsch selten ein Thema.

Wer sich aus Schostakowitschs eigenen Äußerungen informieren wollte, wurde von dem in der DDR erschienenen Band *Erfahrungen*[3] enttäuscht. Viele Dokumente klangen linientreu und hölzern. Alle vertraten die offizielle Haltung eines Sowjetfunktionärs. Aus wenigen klang ein persönlicherer Ton, etwa wenn er über seinen von Stalin ermordeten Freund Tuchatschewski oder den für ihn wichtigsten Komponisten Gustav Mahler sprach. Noch im April 1970 versicherte er dem Genossen Pammler in Leipzig in einem Brief, das Marschthema in seiner *Leningrader Sinfonie* „verkörpert den Einfall des aggressiven deutschen Faschismus.“[4] Über frühe Werke wie *Lady Macbeth* oder die Vierte Sinfonie verlautete, der Komponist habe sie zurückgezogen. Nur Insidern war bekannt, dass Sowjetkünstler solche Entscheidungen gar nicht treffen konnten. Es war immer die Kulturbürokratie, die sie gängelte. Sie entschied, was ein Künstler tat und was nicht, was er schrieb und was er besser nicht schrieb. Selbst über den Gesundheitszustand eines Künstlers befanden die Bürokraten: War eine Auslandsreise unerwünscht, erklärten sie seinem Agenten, er sei krank.[5]

In den USA erschien 1947 die Biographie von Victor Serow. Deutschsprachige Literatur über Schostakowitsch fand sich sonst, abgesehen von Programmheften und Plattentexten, nur in Ostdeutschland. 1947 war in der Sowjetischen Besatzungszone die Monographie von Iwan Martynow – das erste Buch überhaupt über Schostakowitsch – in deutscher Übersetzung erschienen.[6] Sonst war nichts zu bekommen. In der DDR konnte man später auch Noten und Schallplatten mit Werken kaufen, die im Westen nicht zu haben waren. Darunter *Das Lied von den Wäldern* mit der abschließenden *Heil!*-Hymne auf Stalin von 1949, *Zehn Poeme auf revolutionäre Gedichte* für Chor a cappella von 1951, die Kantate *Über unserer Heimat scheint die Sonne* von 1952, die Elfte Sinfonie von 1956 über die russische Revolution von 1905 und die Zwölfte von 1960 über Lenin und die Oktoberrevolution. Man wusste auch von stalinistischen Propagandafilmen, zu denen Schostakowitsch die Musik geschrieben hatte. 1967 produzierte Kyrill Kondraschin seine Aufnahme der Dreizehnten Sinfonie mit Texten des jungen Jewgeni Jewtuschenko, die das Sowjetsystem von innen her, aber solidarisch kritisierten (die Texte lagen der bei Ariola/Eurodisc veröffentlichten Lizenzausgabe nicht bei, man musste sie sich extra beim Sikorski-Verlag besorgen). Erst bei der Veröffentlichung von Eugene Ormandys Aufnahme von 1970 aus Philadelphia wurde hör- und nachlesbar, dass da manchmal andere Worte erklangen: Die Partei griff in der Kunst also immer noch durch und selbst ein so weltbekannter Komponist musste sich der Gängelei beugen. Schostakowitsch erschien ein durch Stalin gebrochener Künstler, der sich loyal zu seinem politischen System verhielt.

In der Wochenzeitung Die Zeit erschien am 7. August 1964 ein Artikel von Dimitri Schostakowitsch, in dem er gegen die westliche Avantgarde polemisierte. Joachim Kaiser suchte bei seiner Replik zwar oberflächlich nach Widersprüchen in Schostakowitschs Aussagen, doch schlussendlich warf er ihm vor, die Kluft zwischen modernem Komponieren und Publikumswünschen auf dem Verordnungswege beseitigen zu wollen.

Das Konzertpublikum scherte sich um das alles wenig. Die Erste, Fünfte, Siebte, Neunte und Zehnte Sinfonie wurden nicht selten aufgeführt, das Achte Streichquartett tourte in der Orchesterfassung von Rudolf Barschai mit dessen Moskauer Kammerorchester als *Kammersinfonie* um die Welt und ging ins Repertoire aller Kammerorchester ein. Denn diese Sinfonien waren gut gemacht und wirkten aufregend. Da sie dem Schema der Klassiker folgten, waren sie leicht zugänglich, anders als die sperrigen Klänge der Modernisten, die sich ab und zu in die Konzertsäle verirrten. Schostakowitsch bot Neues, ohne mit Neuer Musik zu stören. Deshalb hatte er bei den Kritikern kein gutes Ansehen – er passte nicht in den Mainstream des Fortschritts.

Und dennoch hatte ich bei manchen seiner Werke ein komisches Gefühl. Als ich 1971 Mitglied des AStA der Frankfurter Universität war, diskutierte ich mit unserem Vorsitzenden kontrovers über die *Leningrader Sinfonie*, die wir im Konzert erlebt hatten. Im Programmheft hatte nur Quatsch gestanden. War dieser erste Satz einfach nur geile Musik à la *Bolero*? Oder war er ein Horrortrip in dunkle Tiefen? Die Probe aufs Exempel machte ich 1974 bei einem Film über die Räumung der besetzten Jugendstilhäuser in der Bockenheimer-/Schumannstraße durch ein martialisches Polizeiaufgebot. Dem Aufmarsch der Staatsgewalt im Morgengrauen unterlegte ich eine Stelle vom Anfang der Marschepisode, der sofortigen Zerstörung der schönen Häuser durch Bagger ihren Höhepunkt. Es war beängstigend: Der Marsch ließ den Polizeieinsatz noch gefährlicher aussehen. Und das brüllende Blech auf dem Höhepunkt ließ sogar einen Milchbubi-Polizisten wie ein Monster wirken. Die Spontis beschuldigten mich danach der Manipulation des Publikums.

Im Sommer 1975 starb der Komponist. Musiker wie Vladimir Ashkenazy, Kyrill Kondraschin, Rudolf Barschai, Michail Jurowski emigrierten in den Westen. Aber auch hier dirigierten sie Schostakowitsch, statt endlich diese Last los zu sein. Wie kam das? Warum spielte Mstislaw Rostropowitsch, der nach längerem Streit mit der Kulturbürokratie 1978 zusammen mit seiner Frau Galina Wischnewskaja aus der Sowjetunion ausgebürgert wurde[7], im gleichen Jahr in London die Oper *Lady Macbeth von Mzensk* ein, mit Wischnewskaja in der Titelrolle? Mit dieser inzwischen legendären Aufnahme konnte ein breiteres Publikum zum ersten Mal die Originalfassung kaufen und hören, die in der Sowjetunion noch immer verboten war. Kaum eine Rundfunkanstalt ließ sich diese Gelegenheit entgehen.

1979 erschien Salomon Wolkows Buch *Zeugenaussage*[8] (*Testimony*), das einschlug wie eine Bombe. Der Spiegel brachte am 1. Oktober einen Vorabdruck. Wolkow wollte eine Reihe von Interviews mit dem alten Schostakowitsch geführt haben, bei denen dieser vom Leder zog und über das verlogene Sowjetsystem schimpfte. Die Sowjets erklärten das Buch umgehend als eine Fälschung und auch die Familie distanzierte sich davon. Aber wenn ich es las, hörte ich dieselbe Stimme wie in Schostakowitschs späten Werken.

Mit diesen späten Werken hatte es sowieso eine seltsame Bewandtnis. Jeder sozialistische Optimismus war aus ihnen verschwunden, ja beinahe wirkten sie depressiv oder handelten gar ausschließlich vom Tod wie die Vierzehnte Sinfonie. Was war mit Schostakowitsch geschehen? Gleichzeitig stellte sich mir die Frage, warum Gustav Mahler, der doch zeitlebens positive Energie ausgestrahlt hatte, in seinem Spätwerk nur noch vom Abschied vom Leben sprach. Ähnlich bei Peter Tschaikowsky, dessen letzte Sinfonie, die *Pathétique*, mir wie eine Ankündigung des Selbstmordes erschien: Eine Woche nach der Uraufführung war er tot. Was war mit dieser Musik geschehen? Das wollte ich aus der Musik selbst erfahren, nicht aus Äußerungen der Komponisten oder ihrer Biographen, denen man sowieso wenig trauen kann.

Ich hatte schon Erfahrung. Als ich in meiner Schulzeit die Musik von Gustav Mahler für mich entdeckte, sagte meine Musiklehrerin zu mir: „Was, so schlechte Musik hörst du?“ Im Schulbuch wurden als die großen Komponisten der Jahrhundertwende Richard Strauss, Hans Pfitzner und Max Reger genannt. Im Kleingedruckten abgetan wurden Hugo Wolf („schrieb nur Lieder“) und Gustav Mahler („wollte mehr als er konnte“). Der Nazigeist wehte noch immer durch den Musikunterricht. Erlösung fand ich einerseits in den ausführlichen Analysen von Paul Bekkers Buch *Gustav Mahlers Sinfonien* von 1921, andererseits in dem Mahler-Buch von Theodor W. Adorno von 1960. Sie lehrten mich, wie man die Sprache der Musik verstehen kann und was sie alles auszudrücken vermag. Beethovens Ausspruch, Musik sei höhere Offenbarung als alle Weisheit und Philosophie, bekam Substanz.

Gute Musik ist nicht nur hübsche Unterhaltung, sondern kann in ihrer Sprache auch reden, ja ist sogar Seismograph gesellschaftlicher Entwicklungen. Zum Reden bringt man sie aber nur, indem man ihr Innerstes erforscht und ihre Eigengesetze erkennt, also ihre Sprache erlernt. Der Streit um die Authentizität des Wolkow-Buches interessierte mich ebenso wenig wie der Streit um Kategorien und Begriffe. Das Wolkow-Buch habe ich seitdem nicht mehr angerührt, weil es für die Erforschung der Musiksprache nutzlos war. Auch alle Schostakowitsch-Äußerungen muss man unter dem Gesichtspunkt der Taktik wahrnehmen, das hatten ja schon die Artikel, Reden und Briefe gezeigt, die zu Sowjetzeiten veröffentlicht worden waren. Als Worte sind sie sowieso nur sehr begrenzt aussagefähig über Musik. Aber das Buch von Wolkow hat mich zu einer Expedition ermutigt, die ich sonst vielleicht nicht gewagt hätte.

Im Jahr 1981 gab ich den Gesamtbetriebsratsvorsitz ab, kündigte meinen Job als Buchhalter bei Thomas Cook und machte mich an die Arbeit. Der erste Plan bestand in einem Buch über die Spätwerke der drei Komponisten Tschaikowsky, Mahler und Schostakowitsch , weil mich deren Untröstlichkeit verblüffte und auch erschütterte. Ich wollte es schreiben, weil ich durch die Untersuchung der Musik ihrem Geheimnis auf die Spur kommen wollte. Den schon weit ausgearbeiteten Entwurf legte ich im Winter Prof. Lothar Hoffmann-Erbrecht vom Musikwissenschaftlichen Institut der Frankfurter Universität vor. Er fand das interessant, riet mir aber, mich auf einen der drei Komponisten zu konzentrieren, nämlich auf Schostakowitsch, weil es über den so gut wie keine Literatur gab. Danach holte ich 1982-84 das Referendariat am Gymnasium nach, das ich wegen meiner politischen Aktivitäten im AStA und in der Fachbereichskonferenz nicht hatte machen können (Radikalenerlass). Dann machte ich mich neu an die Arbeit, während ich meinen Lebensunterhalt als Kellner, Sommelier und Fotomodell verdiente. Iring Fetscher war der einzige Politologe, der sich auf eine Dissertation über ein derartiges Thema einließ. Am 19. 6. 1986 bestand ich die Disputation und im Herbst erschien das gedruckte Buch.[9]

Meine Forschungsreise durch den Kontinent Schostakowitsch hatte sich zunächst an einigen wenigen Wegweisern orientiert. Immer dann, wenn mir mein Gefühl beim Hören der Musik sagte: „Da stimmt doch etwas nicht“, begann ich zu forschen. Im Finale der Fünften standen mir die Haare zu Berge: Statt des angeblichen Triumphs hörte ich die schreckliche Einsamkeit dessen, der, die Pistole an der Schläfe, im Spotlight steht: „Jetzt juble!“, oder die Anbetung eines Götzenbildes. In den Scherzos der Vierten und Fünften hörte ich den Widerhall von Mahlers *Fischpredigt*-Scherzo aus der Zweiten Sinfonie. Der Text des Wunderhorn-Liedes *Des Antonius von Padua Fischpredigt* legte ja unmissverständlich dar, worum es in dem Mahler'schen Scherzo ging: um Dummheit, Eitelkeit und Unbelehrbarkeit – und den Ausbruch des Ekels davor, ein Schreckensakkord, der nach Erlösung schreit. Musikalische Zitate oder Anlehnungen halfen auch bei Schostakowitschs Werken oft beim Entschlüsseln der Musik.

In der Marschepisode der Siebten sah ich entsetzt dabei zu, wie das wunderbare Orchester sich im Gleichschritt in eine Gewaltorgie hineinsteigerte. Nachdem ich das Gewaltmotiv in der *Lady Macbeth* entdeckt hatte, fand ich es als Kernzelle des Marsches und als hervorgehobener Bestandteil des Hauptthemas wieder – nicht „Jetzt geh ich ins Maxim“, wie in den Programmheften stand, sondern das Gewaltthema löst die Lärmorgie aus, und es lässt sich überhaupt nicht national zuordnen. Im Finale der Neunten hörte ich den Ausbruch unbändigen Lachens unterm Galgen. Im Achten Streichquartett, das angeblich von der Zerstörung Dresdens handelt, erkannte ich vor allem Zitate eigener Werke und das Monogramm DSCH.

Leichter war es, wenn der Musik Texte zugeordnet sind, aus denen sich der Charakter der musikalischen Gestalten auch in anderen Werken interpolieren ließ. So lieferte im zweiten Satz *Der Witz* der Dreizehnten der Text einen wichtigen Hinweis: Jewtuschenko feiert dort Spaßmacher wie Äsop und Nasreddin Hodscha (uns würden eher Till Eulenspiegel und Petruschka einfallen), die umzubringen den Mächtigen nicht gelingen konnte. Das erklärte rückwirkend entsprechende Instrumentalsätze wie das Scherzo der Sechsten Sinfonie. Mit „Äsop" fiel auch das Stichwort für die Kamouflage politischer Aussagen in Fabelform – mit äsopischer Sprache bezeichnete die russische Intelligentsia Aussagen mit doppeltem Boden, etwa durch Verlegung in die Tierwelt. Ja, das war es: mit dem Stalinismus hatte Schostakowitsch in seine Musik einen doppelten Boden eingefügt. Die Kenntnis der Werke von Tschaikowsky und Mahler war dafür ein weiterer wichtiger Schlüssel.

Zunächst machte ich mir Listen, welches Phänomen in welchen Werken auftauchte. Manchmal stimmte es, manchmal nicht. Aber am Ende fand ich ein ganzes System verborgener Motive, Formen, Intonationen; auch jüdischer Melodien wie das ergreifende Thema im Zweiten Klaviertrio, das im Achten Streichquartett wieder aufgegriffen wird. Es ging wie bei einem Puzzle, bei dem man plötzlich erkennt: „Ach, es ist eine Ritterburg!" Am Ende konnte ich anhand ihrer Musiksprache die Werke Schostakowitschs in vier Perioden unterteilen: 1. Das freche Frühwerk, 2. die Maske des Klassizismus in den doppelbödigen Werken im Stalinismus, 3. das Aufatmen während der „Tauwetter"-Zeit, 4. das kompromisslose Spätwerk als Auseinandersetzung mit dem Tod.

Während der Arbeit erschienen weitere Bücher. Die Sowjetunion gab mit *Schostakowitsch über sich selbst und seine Zeit*[10] die Antwort auf Wolkow, zudem erschienen dort mehrere biographische Bände von Sofja Chentowa, die das Bild des der Partei ergebenen Komponisten zu belegen versuchte. In der DDR erschienen 1982 Streller[11] und Lukjanowa[12], die sich um eine linientreue Darstellung bemühten, in der BRD 1983 die kritische rororo-Bildmonographe von Gojowy[13], die aber wenig auf die Musik eingehen konnte. Sie nützten mir nichts.

Spät gefördert wurde die Arbeit durch das Internationale Dmitri-Schostakowitsch-Festival, das in Duisburg und Umgebung von September 1984 bis März 1985 stattfand. Zum Auftakt dirigierte Jewgeni Mrawinski die Leningrader Philharmoniker mit der Fünften. Wolfgang Rihm hielt den Festvortrag. Das Düsseldorfer Opernhaus zeigte die *Lady Macbeth* in der Inszenierung von Bohumil Herrlischka aus dem Jahr 1959[14]. (*Die Nase* hatte ich schon 1978 bei der Deutschlandtournee der legendären Produktion der Moskauer Kammeroper von 1976 in der Jahrhunderthalle Hoechst sehen können.) In Wuppertal wurde die Vervollständigung der *Spieler* durch Krzysztof Meyer uraufgeführt. Lawrence Foster dirigierte die Duisburger Sinfoniker bei der konzertanten Erstaufführung von *Rothschilds Geige* des gefallenen Schostakowitsch-Schülers Benjamin Fleischmann. Vor allem aber brachten zahlreiche russische Künstler unbekannte Werke wie Lieder und Kammermusik mit, die im Westen nie aufgeführt wurden.

Zum Festival gehörte ein Schostakowitsch-Symposium an der Kölner Universität im Februar 1985. Angekündigt waren all die sowjetischen Musikkoryphäen, die mir bei meinen Recherchen begegnet waren, darunter Israil Nestjew, Iwan Martynow, Michail Druskin, Lew Mazel, Juri Keldysch, Marina Sabinina. Meine Arbeit war fertig und so wollte ich dort auch meine neuen Erkenntnisse vortragen. „Ja, wollen Sie denn, dass das Symposium oder sogar das ganze Festival platzt?“ fragte mich mit verschmitztem Grinsen der Duisburger Kulturdezernent Konrad Schilling in seinem Büro. Keinesfalls dürfe dort eine kontroverse Ansicht vorgestellt werden, schließlich sei die russische Seite seit dem Erscheinen des Wolkow-Buches extrem empfindlich. Da konnte ich mich auf den Zuschauerbänken mit Detlef Gojowy zusammentun, der über die gleiche Zurückweisung klagte und sich in seinem Vortrag über das revolutionäre Frühwerk erst am Schluss mit dem (eigentlich verbotenen) Seitenhieb eines Wolkow-Zitats begnügte.

Warum hat ausgerechnet ein Politologe die Maske Schostakowitschs gelüftet und nicht ein Musikwissenschaftler? Vermutlich deshalb, weil die Musikwissenschaftler im Osten den Mund hielten, wenn sie die Wahrheit kannten, und weil die Musikwissenschaftler im Westen glaubten, sie wüssten schon alles über die sowjetische Musik – siehe den Kölner Tagungsband.[15] In den linientreuen Kölner Referaten gelang es nicht, Kategorien zu finden, die den Kontinent Schostakowitsch hätten kartographieren lassen. Die Gäste bekannten sich durchwegs zur Ästhetik von Boris Assafjew. Da wurden zwar viele Bäume bezeichnet, doch das Bild des Waldes erschloss sich nicht. Die sowjetischen Koryphäen enthielten sich jeder Selbstkritik und stellten ihre Arbeiten als konsequent und geradlinig dar. Ausgerechnet der Stasi-Spitzel Heinz Alfred Brockhaus verbreitete sich über Wahrheitskriterien musikwissenschaftlicher Arbeit. Einzig Krzysztof Meyer entwickelte pathosfrei anhand der Analyse eines einzigen Werkes, des 15. Streichquartetts, das Bild eines zweischichtigen Komponierens, wie es für Schostakowitsch charakteristisch war.

Ein Fachmann hätte das Geheimnis im Prinzip viel früher und leichter lüften können. Während der Arbeit war mir aber klar geworden, dass die drei Komponisten eines gemeinsam hatten: Sie waren, jeder auf seine Weise, Außenseiter. Das hatte ihre Musik wesentlich geprägt, und deshalb ging ein Außenseiter, dem nicht nur die Musik von Schostakowitsch brennende Rätsel aufgab, sondern der auch wissen wollte, was in Russland eigentlich mit dem Projekt Sozialismus passiert war, naiver an diesen Problemkomplex heran. Er grub sich tiefer in die Geschichte der Sowjetunion und ihrer Künstler – ich liebte ja auch die Kunst der sowjetischen Avantgarde – ein und hatte die Ausdauer, so lange zu schürfen, bis die Formen ihr Geheimnis preisgaben.

Nach dem Erscheinen wurde das Buch relativ eindeutig aufgenommen: Ja klar, so geht Schostakowitsch! Das wusste jetzt jeder. In Frankfurt wurde ich am 28. September 1986 in den Musikclub des HR2 mit dem Opernredakteur Bernd Loebe, dem Musikwissenschaftler Peter Cahn und dem Dirigenten Donald Runnicles eingeladen, der *Lady Macbeth von Mzensk* gerade am Nationaltheater Mannheim dirigierte.

Aber erst als ich 1991 Rudolf Barschai kennenlernte, der dreißig Jahre lang mit Schostakowitsch gearbeitet hatte, bestätigte sich mir endgültig, dass ich nicht Opfer meiner überspannten Fantasie geworden war. Mein Programmhefttext für sein Konzert mit der Jungen Deutschen Philharmonie zum 50. Jahrestag des deutschen Überfalls auf die Sowjetunion (die ersten Pulte teilten sich Mitglieder der Moskauer Philharmoniker mit jungen Deutschen), überraschte ihn: Er hätte nicht gedacht, dass ein Mensch aus dem Westen die *Leningrader Sinfonie* verstehen würde. Viermal unterstreichen könne er jeden Satz! Man hörte die Steine von meinem Herzen poltern …

Erst 1990 erschien Ian MacDonalds *The New Shostakovich*[16], in dem der Autor leidenschaftlich – und in manchen kruden Werkbeschreibungen weit übers Ziel hinausschießend – für eine Revision des alten, systemkonformen Schostakowitsch-Bildes plädierte;

daraus zogen seine Gegner den Begriff des Revisionismus. Nach dem Zerfall der Sowjetunion und des Warschauer Pakts fielen die ideologischen Scheuklappen und die Schostakowitsch-Forschung nahm rasch an Fahrt auf. 1994 wurde in England Elizabeth Wilsons *Shostakovich – A Life Remembered*[17] veröffentlicht, in dem sie zahllose Menschen zu Wort kommen ließ, die den Komponisten und Menschen Dimitri Schostakowitsch genauer gekannt hatten. Damit half sie das alte Lügengespinst zu zerreißen. In Deutschland kam 1995 die grundlegende Monographie des polnischen Komponisten Krzysztof Meyer[18] heraus, der noch mit Schostakowitsch befreundet war und der dessen Leben und Werk im Rahmen seiner Zeit darstellte.

In den angelsächsischen Ländern konzentrierte man sich leider vor allem auf die Frage der Authentizität von Wolkows *Testimony.* 1980 führte Laurel E. Fay den ersten Schlag gegen das Buch, indem sie mehrere Unstimmigkeiten nachwies.[19] Ihr sprang 1989 Richard Taruskin zur Seite, der in einem Magazin-Artikel schrieb, jeder solide Wissenschaftler hätte klar erkennen können, dass Wolkows Buch eine Fälschung sei.[20] Im Jahr 1999 folgte Fays Buch *Shostakovich. A Life*, in dem sie ihr Bild des Komponisten als Mitläufer der Kommunisten festzurrte.[21] 1998 war bereits der Sammelband *Shostakovich Reconsidered*[22] erschienen, der für die Revision dieses Bildes eintrat und dies mit Beiträgen von Vladimir Ashkenazy, Kyrill Kondraschin und Semyon Bychkov stützte, die sowohl mit dem Komponisten zusammengearbeitet hatten als auch immer noch seine Musik dirigierten. Dagegen schlug 2004 ein *Shostakovich Casebook* zurück.[23] Aus den erbittert geführten Auseinandersetzungen zwischen den „Revisionisten" und den „Anti-Revisionisten" entwickelten sich die „Shostakovich Wars"[24], die mittlerweile zu einem Vierzigjährigen Glaubenskrieg entarteten.

Das alles wäre nicht nötig gewesen, wenn man sich auf Noten konzentriert hätte, statt auf Worte. Ein Krieg um Worte ist bei der Erforschung von Musik selten hilfreich. In die deutschsprachige Schostakowitsch-Literatur sprangen die Schostakowitsch-Kriege glücklicherweise nicht über. Hier interessierte man sich von Anfang an für die Musik. Zu verdanken ist das hauptsächlich der Deutschen Schostakowitsch Gesellschaft. Auch in der DDR hatten die Wolkow-Memoiren die Musikfreunde elektrisiert. Die Musiker des Schmalenberg-Quartetts, die die Streichquartette studierten, hatten aus der Musik bereits geschlossen, dass die offiziellen

Legenden nicht stimmen konnten. In *Zeugenaussage* sahen sie die Bestätigung ihrer Vermutungen und begannen, bei Hauskonzerten ihre Erkenntnisse mit den Gästen zu teilen. Hilmar Schmalenberg schilderte eine Konzerterfahrung:

> So fand im Jahre 1988 ein Kammerkonzert mit unserem Quartett und einigen Gesangssolisten im Schloss Friedrichsfelde zu Berlin statt. Ein sehr schönes Barock-Schloss, das eineinhalb Jahrzehnte schon eine ständige Spielstätte von uns war. Auf dem Programm standen als DDR-Erstaufführungen auch Werke von Schostakowitsch. So das 14. Streichquartett op. 142 und das „Vorwort zur Gesamtausgabe" op. 123. Letzteres sollte in deutscher Sprache aufgeführt werden. Der Veranstalter, der zuvor die deutsche Textversion verlangte, konnte seine Unsicherheit nicht verbergen. Eine Aufführung genehmigte er nur in russischer Sprache. Beim Vortrag dieses Werkes brach das Publikum, des Russischen mächtig, dennoch in helles Gelächter aus.[25]

Gleich nach der Wende schlossen sich den Ostberliner Schostakowitsch-Freunden im Dezember 1989 Musikwissenschaftler, Journalisten und Musiker aus Westberlin an. Aus diesem Kreis entstand die Deutsche Schostakowitsch Gesellschaft e. V., die ab 1992 Symposien veranstaltete, um sich mit der Musik Schostakowitschs wissenschaftlich auseinanderzusetzen.[26] Im September 2021 fand bereits das 20. Symposium statt. Die Ergebnisse sind in den dreizehn Bänden der *Schostakowitsch-Studien* nachzulesen, die seit 1998 zunächst im Ernst Kuhn Verlag, später im Wolke Verlag erscheinen.[27] 1995 kamen auch in England *Shostakovich Studies* heraus, herausgegeben von David Fanning.[28] Und Deutsche Hochschulen veranstalteten ebenfalls Schostakowitsch-Symposien: 2003 in Dresden über das Spätwerk[29], 2004 in Bonn über die Sinfonik[30] und 2006 in Hannover über die Narrativität.[31]

In den vier Jahrzehnten seit dem Erscheinen von Solomon Wolkows *Zeugenaussage* hat sich unser Wissen über Dimitri Schostakowitsch und seine Musik auf ungeahnte Weise erweitert. Es ist die Kunst, die am Ende übrig bleibt von den untergegangenen Imperien. In den letzten Jahren sind in den Staubwolken des Zusammenbruchs der Sowjetunion die Umrisse von Schostakowitschs Komponisten-Freund Mieczysław Weinberg sichtbar geworden: Nicht als Schatten eines Riesen, sondern als ein starker, eigenständiger Künstler, dessen Streichquartette, Sinfonien und Opern immer mehr Musikfreunde erstaunen und begeistern. Jetzt ist es an der Zeit, sich auch unter den übrigen Zeitgenossen umzusehen, um nach den verborgenen Schätzen zu suchen, die darauf warten gehoben zu werden. Boris Yoffe hat mit seinem spannenden Buch über die sowjetische Sinfonik[32] den Schlüssel dazu geliefert. Dann könnten bald auch die Namen wie Alexander Lokschin, Gawriil Popow, Alemdar Karamanow, Nektarios Tschargejschwili, Revol Bunin, Boris Ljatoschinski, Alexi Matschawariani, Hermann Okunew, Nikolai Karetnikow oder Dmitri Klebanow keine Fremdworte mehr für uns sein.

Musik im Stalinismus – Schostakowitsch und Sergej Prokofjew im Spannungsfeld von Anpassung und künstlerischer Freiheit

Der Höhepunkt der Oper *Don Carlos* von Giuseppe Verdi ist die Szene mit dem Autodafé. „Autodafé" – das klingt ziemlich fremd, nach Geschichte und Distanz. Und doch sind es lebendige Menschen, die dort öffentlich verbrannt werden. „Andiamo a la feste!" ruft der König aus, während der Geruch von schmorendem Fleisch sich über den Platz legt. Verdi lässt eine Engelsstimme aus dem Himmel verkünden, dass den Märtyrern das Himmelreich sicher sei.

Das kommt uns aus unseren Tagen schon bekannter vor. Damals war es allerdings das Christentum, das solche Barbareien beging. Die Inquisition belauschte die Menschen, die Spitzel denunzierten sie, die Gerichte verurteilten sie. Aus rationaler Sicht betrachtet, hatten diese Menschen sich nichts zuschulden kommen lassen – außer dass sie „falschen" Anschauungen anhingen. Anschauungen, die mit politischen Verhältnissen verflochten waren. Da sie mit Glauben – also etwas Irrationalem – zusammenhingen, entzog sich die Situation der rationalen Betrachtung. Natürlich glaubten die Menschen an die positive Botschaft der Religion der Liebe, des Verzeihens, der Erlösung. Und eben dieser Glaube wurde ausgenutzt von anderen Menschen zur Erhaltung ihrer Macht. Menschen, denen die religiösen oder ideologischen Fragen ziemlich gleichgültig waren und die sie nur taktisch einsetzten, um ihre Macht zu erhalten und zu erweitern.

Wenn der russische Komponist Dimitri Schostakowitsch eines nicht war, dann sentimental. Erlösung war das Allerletzte, was ihm eingefallen wäre. Trost war schon zu viel, denn meist war er doch eine Lüge: „Nehmen wir *Pique Dame*," schreibt er in seinen Memoiren. „Hermann stirbt, und dann folgt Musik, die der alte Zyniker Assafjew so beschreibt: ‚Das Bild der liebenden Lisa über den Leichnam gebeugt.' Was soll denn das? Der Leichnam liegt da, aber Lisa hat nichts mit ihm zu tun. Und der Leiche ist es völlig egal, was für eine Gestalt sich über sie beugt. Tschaikowsky gab einer tröstlichen Versuchung nach. Sozusagen: alles geschah zum Besten in dieser besten aller Welten. Auch über deinen Leichnam wird sich jemand neigen. Lisas Bild oder eine Fahne. Keine tapfere Tat von Tschaikowsky."

Schostakowitsch hatte zu viele sinnlose Tode erlebt – schlimmer: zu viele zynische Tode, über die das Tuch der Lüge gebreitet wurde. Er verzieh auch Verdi den tröstlichen Schluss von *Otello* nicht. So schrieb er selbst mit seiner Vierzehnten Sinfonie eine Sinfonie des Todes. Sein ganzes Spätwerk hat im Grunde kein anderes Thema als den Tod, weil er auf dessen Absolutheit und Unabänderlichkeit hinweisen wollte – in der Sowjetgesellschaft ein Tabuthema erster Klasse. Denn wenn der Tod absolut ist, dann stellt sich die Frage nach dem Leben davor: War dieses Leben es wert, gelebt zu werden und mit dem Tod zu enden? War es ein erfülltes Leben? Kann Musik einfach über die Tatsache hinweggehen, dass das meist nicht so ist? Darf Musik Trost spenden, wo Wut und Aufbegehren nötig wären? Macht sie sich dann nicht zur Komplizin der Machthaber?

Dies waren Fragen, die Dimitri Schostakowitsch als ein politischer Mensch sich stellen musste. Nach allem, was er erlebt hatte, konnten sie nicht ohne Einfluss bleiben auf seine Musik. Der junge Schostakowitsch hätte es sich nicht im Traum vorgestellt, dass es einmal so kommen könnte. Er war jung, frech und hochbegabt. Die Zeiten waren nicht leicht für die Familie nach der Revolution, aber er schlug sich als Stummfilmpianist durch. Dass die materielle Lage nach dem Krieg nicht rosig war, verstand jeder. Dass der Zarismus gestürzt werden musste, war auch den Bürgern klar. Der russische Zar hatte noch eiserner an der Selbstherrschaft festgehalten als Wilhelm II. in Deutschland, der immerhin durch starke politische Parteien im Reichstag ein gewisses Gegengewicht erhielt. In Russland hatte es niemals einen konstitutionellen Ausgleich gegeben, wie er die englische Krone rettete. Hinzu kam, dass die Modernisierung des Landes hoffnungslos im Rückstand war und Russland in den Status eines Entwicklungslandes abzugleiten drohte. Die bürgerliche Regierung nach der Februarrevolution 1917 konnte sich nur ein halbes Jahr halten, dann stürzte die alte Gesellschaft völlig ein und die Kommunisten konnten handstreichartig die Macht übernehmen.

Die meisten Künstler waren froh, dass die Schatten der Vergangenheit abgefallen waren, die sie gerne angeprangert hatten – und oft genug waren sie auch selbst Opfer der staatlichen Verfolgung gewesen. Künstler sind Toren, Phantasten, Utopisten, und in diesem unbeirrbaren Widerstand gegen die Realität liegt ja auch ihr Wert für die Gesellschaft. Künstler bauen ständig an neuen Welten. Nach 1917 konnten sie die Zukunft so frei vorausempfinden wie nie zuvor: „Futurismus“ war ihr Kampfruf. Bei der Revolution war Schostakowitsch elf Jahre alt, aber da er in Petersburg in einer liberalen Familie aufwuchs und die Ereignisse am Rande miterlebte, verstand er schon, was da geschah. Später schrieb er Musik zu revolutionären Theaterstücken und für das Theater der Arbeiterjugend, eine Chorsinfonie auf die Oktoberrevolution und eine auf den 1. Mai, er komponierte Ballettmusiken über sowjetische Fußballer im kapitalistischen Ausland und über Saboteure am sozialistischen Aufbau. Wenn er jedoch absolute Musik schrieb – seine Erste Sinfonie oder das Erste Klaviertrio beispielsweise – dann ging es darin eher um Liebesgeschichten. Und es ging in seiner Musik schon immer um mehr als nur um Musik.

Dem jungen Komponisten, der bald als die größte Hoffnung des Sowjetreiches gefeiert wurde, entgingen auch die politischen Veränderungen nicht, die auf den Tod Lenins im Jahr 1924 folgten: der unaufhaltsame Aufstieg Stalins. Schostakowitsch hatte sich mit Michail Tuchatschewski angefreundet, einem großen Liebhaber der Musik, der Geige spielte und Instrumente sammelte. Mit ihm wird er nicht nur über Musik gesprochen haben, denn Tuchatschewski war Marschall der Roten Armee, der fähigste Heerführer der Sowjetunion, der mit der politischen Machtspitze engen Kontakt hatte. Eines Tages las Schostakowitsch in der Zeitung, dass sein Freund Tuchatschewski als feindlicher Spion entlarvt und hingerichtet worden war.

Ein berühmtes Foto zeigt den jungen Schostakowitsch mit dem Dichter Majakowski, dem Regisseur Meyerhold und dem bildenden Künstler Rodtschenko – die Genies von vier Kunstsparten auf einem Bild! In Moskau arbeiteten sie bei einer Aufführung von Majakowskis *Die Wanze* zusammen, und Schostakowitsch wohnte in Meyerholds Wohnung. Wladimir Majakowski hatte sich aus der reinen Poesie in den Agitprop hineinbegeben und mit den „ROSTA"-Fenstern eine Weise entwickelt, mit der die Errungenschaften des neuen Systems auch einfachen Menschen erläutert werden konnten – man würde heute vermutlich „Comics" dazu sagen. Außerdem schonte er seine Berufskollegen nicht in der Polemik um die richtige Gesinnung – und die richtige Gesinnung drückte sich auch immer durch die Mitgliedschaft in der „richtigen" Organisation aus. Künstlerverbände bekriegten sich heftig, und dabei ging es stets weniger um künstlerische als um machtpolitische Fragen.

Wsewolod Meyerhold hatte mit seiner „Bioenergetik" eine neue Theaterform entwickelt, die vom Naturalismus bzw. Realismus Stanislawskis sich absetzte und eine dynamische, stilisierte Darstellungsform anstrebte. Von Alexander Rodtschenko sind vor allem seine kühnen Photographien in Erinnerung geblieben, die aus ungewohnten Perspektiven auf die verschiedensten Aspekte der Erneuerung des Landes blickten, auf Menschen ebenso wie auf Gebäude, auf Feste wie auf Parteiversammlungen. Der Kampf um den Aufbau des Sozialismus, der als Kampf um die wahre Demokratie beschrieben wurde, verband sich dabei stets mit dem Kampf um die Industrialisierung: „Sozialismus ist Sowjetmacht plus Elektrizität“ hatte Lenin gesagt. Der Logik des Industriesystems wurde alles untergeordnet – außer der Macht der Partei, die ebenso absolut geworden war wie die der römischen Kirche in ihrer jahrhundertelangen Geschichte.

Und was wurde aus diesen vier Künstlern? Majakowski, ein großmäuliger Propagandist des Kommunismus, hatte sich 1930 selbst umgebracht und Meyerhold endete im Gefängnis. Rodtschenko und Schostakowitsch überlebten, doch um welchen Preis? Alexander Rodtschenko malte 1938 ein *Selbstbildnis als Clown mit Saxophon* – der frühere Konstruktivist muss gegenständlich malen und schafft dennoch ein Bild voller melancholischer Ironie, ein malerisches Pendant zu Schostakowitschs Sechster Sinfonie, die der offiziell geforderten „Lebensfreude“ eine sarkastische Antwort verpasste.

Im Januar 1936 las Schostakowitsch in der Prawda den Artikel *Chaos statt Musik*. Äußerlich eine vernichtende Besprechung seiner Oper *Lady Macbeth von Mzensk*, war es eine Generalabrechnung mit der künstlerischen Avantgarde, ihre endgültige Auslöschung. Man hatte die Eigenständigkeiten der Künstler satt. Sie sollten gefällige Musik schreiben, Bilder malen, Gedichte schreiben, die den sozialistischen Aufbau verherrlichen, das schöne Leben feiern sollten. Stalin gab die Parole aus, man lebe in glücklichen Zeiten. Da brauchte es keine Utopien mehr und schon gar keine Kritik. Schostakowitsch wartete auf seine Verhaftung und Hinrichtung. Er brauchte ein paar Monate, bis er eine bessere Idee hatte. Er schrieb die Fünfte Sinfonie, die formal so perfekt konstruiert war, dass sie wie ein Wiederaufguss der Beethoven'schen Sinfonie wirkte, ein unanfechtbares Meisterwerk. Wer allerdings Ohren hatte, zu hören, und ein Herz, zu fühlen, der nahm wahr, dass sich in dieser Sinfonie eine große Tragödie abspielte. Viele Menschen weinten bei der Uraufführung. Schostakowitsch hatte es fertiggebracht, in seine Musik einen doppelten Boden einzuziehen: die Bürokraten verstanden nichts davon, als Musik war es unangreifbar, und wer ähnlich empfand, verstand alles. So wurde Schostakowitsch zum Vertreter der inneren Emigration.

In die äußere Emigration hatte sich Sergej Prokofjew begeben, der nach der Revolution von Majakowski in einer Widmung noch so angesprochen worden war: „Dem Vorsitzenden der Musiksektion des Erdballs vom Vorsitzenden der Dichtersektion des Erdballs, Prokofjew von Majakowski" – man glaubte noch an die Weltrevolution, und bei diesem Spiel wollte jeder gern der Führer in seinem Bereich sein. Doch Prokofjew war in seiner künstlerischen Haltung das genaue Gegenteil des jüngeren Schostakowitsch, er war unpolitisch und eher dem *l'art pour l'art* zugeneigt: Musik ist Musik ist Musik. Mit Einwilligung des Volkskommissars Lunatscharski war er ins Ausland gegangen, um dort sein Auskommen als Pianist und Komponist zu finden. Er versuchte es in Paris bei den Ballets russes und in Chicago an der Oper, er komponierte im bayerischen Ettal den *Feurigen Engel* und versuchte vergeblich, dafür eine Bühne zu gewinnen. Kehrte er jedoch zu einer Tournee in die Sowjetunion zurück (erstmals 1927), wurde er begeistert gefeiert. So entschied er sich in der Mitte der dreißiger Jahre, endgültig in die Heimat zurückzukehren. Dass er mitten in die Zeit der schlimmsten Schauprozesse hineingeriet, war ihm offensichtlich nicht bewusst, und den Prawda-Artikel *Chaos statt Musik*, der just im Augenblick seiner Rückkehr erschien, nahm er vermutlich nicht einmal zur Kenntnis, er sah sich über den Niederungen, in denen mit Auswirkungen auf die Arbeit gerechnet werden musste.

Seine französische Frau Lina kam mit den beiden Söhnen nach – ihr wurde schon 1938 jede Wiederausreise verwehrt, schließlich landete sie im Gulag. Prokofjew heiratete erneut, denn eine junge, linientreue Komsomolzin hatte sein Herz erobert. Jeder kennt *Peter und der Wolf*, aber dass dies eine sowjetische Geschichte über den jungen Komsomolzen Peter ist, weiß kaum jemand. Prokofjew schloss überraschend schnell seinen Frieden mit dem System und folgte auch den Aufforderungen gerne, sich nützlich zu machen. Als nützlich galt jetzt nur noch die Kunst, die „dem Volke dient". Das konnte man so verstehen, dass sie den politischen Tageszielen dient, oder dass sie diese vernebelt. Die Kulturpolitik Stalins und seiner bürokratischen Helfer ist mit der der deutschen Nazis aufs Haar identisch: hier die „entartete Kunst", dort die völkische Kunst.

Entgegen allen früheren Propaganda-Aussagen, die den Internationalismus und die Aufhebung aller nationalistischen Beschränkungen priesen, wurde nun an den russischen Patriotismus appelliert, vor allem nach dem Beginn des Krieges, der in Russland bis auf den heutigen Tag nicht der Zweite Weltkrieg heißt, sondern der „Große Vaterländische Krieg". Ein zweites Mittel, Zwietracht zu schüren und sie als Herrschaftsmittel zu gebrauchen, bot der Antisemitismus, den Stalin zu neuem Ansehen brachte. In die neuen sowjetischen Pässe wurden Nationalitäten eingetragen, und neben „russisch", „georgisch" oder „deutsch" konnte das eben auch „hebräisch" sein.

In der bildenden Kunst wurde nun wieder gegenständlich gemalt, in der Dichtung wurden ordentliche Romane und Gedichte geschrieben, in die Theater zog der Muff des Naturalismus ein, und in der Musik setzte man auf die Nachahmung der klassischen Formen oder auf Gebrauchsmusik. Stalin war ein großer Freund des Kinos, da er frühzeitig dessen Wert als Propagandainstrument erkannt hatte. Prokofjew und Schostakowitsch überlebten vielleicht nur deshalb, weil sie so gute Filmmusik schrieben. Und darüber, wer die Musik zu welchem Film schrieb, entschied im Zweifelsfall Stalin persönlich.

Wie willkürlich die Kulturpolitik gehandhabt wurde, zeigte sich an den Folgen des Hitler-Stalin-Pakts. Bisher waren die Nazis als der Abschaum der kapitalistischen Welt bezeichnet worden, und die Musik Richard Wagners galt als Ausdruck bürgerlicher, deutschnationaler Verkommenheit. Über Nacht mussten die Lehrer ihren Schülern erklären, dass das alles falsch, Hitler ein großer Führer des deutschen Volkes und die Nazis die neuen Verbündeten seien. Der Filmregisseur Eisenstein wurde beauftragt, am Bolschoi Theater Moskau Wagners *Walküre* zu inszenieren.

Schließlich hatte sich Eisenstein schon bei der Aufgabe bewährt, einen neuen Ahnenmythos für Stalin zu produzieren. Als Herrscher sah dieser sich in der Reihe der Zaren, die Russland großgemacht hatten: Alexander Newski, Iwan der Schreckliche – und es ging ihm beileibe nicht darum, die Gewalt zu vertuschen, die dabei angewandt worden war. Die Gewalt hatte ja auch beim Aufbau des Sozialismus eine große Rolle gespielt, sie hallte wider in den großen Romanen jener Zeit: *Zement*, *Wie der Stahl gehärtet wurde*, *Die Reiterarmee*, *Die Junge Garde*, *Der stille Don*. Die Aufgabe der Kunst war es geradezu, diese Gewalt zu rechtfertigen, ja zu verherrlichen.

Sergej Prokofjew erhielt den Auftrag, die Filmmusik zu *Alexander Newski* und *Iwan der Schreckliche* zu schreiben. Vom Formalen her betrachtet, sind diese Filme Meisterwerke, und auch Prokofjews Musik ist meisterhaft. Doch wenn man etwa die volkstümliche Lustigkeit der russischen Bauern und die eherne Starre der Deutschordensritter in *Alexander Newski* genauer betrachtet, wirkt das doch als ein sehr albernes chauvinistisches Klischee. Nicht anders die Rituale der Opritschniki, der Schlächterbande Iwans des Schrecklichen. Eisenstein und Prokofjew haben diese Klischees bedient, ohne sie durch ein künstlerisches Mittel zu brechen. Was sollte man da von minderen Künstlern erwarten?

In der Musik – wie in den anderen Kunstgenres – herrschte der kleinbürgerliche Eklektizismus vor. Man kopierte die Muster der

Klassik und gab sie als allgemeinverständliche Kunst aus. Die Musikwissenschaft degenerierte zu einer Fabrikation von Klischeebegriffen. Das „Erbe“ war so ein Begriff, um die unreflektierte Übernahme von Formen zu kaschieren, die früher als bürgerlich gegeißelt worden waren. „Formalismus“ hingegen stand für jede Art von Musik, die aus dem Rahmen fiel oder des Avantgardismus verdächtig war, die sich um die Gestaltung der künstlerischen Form bemühte, statt Inhalt zu transportieren. Solche Begriffe dienten allerdings in erster Linie dazu, jegliche Fortentwicklung der Kunst oder jede Eigenständigkeit eines Künstlers verfolgen und unter Strafe stellen zu können. Diese Verfolgung nahm oft groteske Formen an.

Prokofjews Musik unterschritt nie ein gewisses Niveau, auch wenn er im Staatsauftrag schrieb. Allmählich ermüdete er jedoch und schrieb auch Opern und Ballette, die sich der sowjetischen Norm unterwarfen und heute unspielbar geworden sind: *Krieg und Frieden*, *Die Geschichte von einem wahren Menschen*, *Semjon Kotko*, *Die steinerne Blume*. Seine Siebte Sinfonie (in „lichtem“ C-Dur) widmete er der sowjetischen Jugend. Zum bitteren Ende musste er auch noch den Todestag mit Stalin teilen. Als er am 5. März 1953 starb, nahm niemand davon Notiz, weil der Lärm über den Tod des großen Führers alles überdröhnte. Fünf Jahre davor hatte er allerdings noch die größte Demütigung über sich ergehen lassen müssen: Nachdem im Krieg die Fesseln für die Künstler etwas gelockert worden waren, wurden sie 1947/48 wieder straff angezogen. Zuerst wurden der populäre Satiriker Soschtschenko und die große Dichterin Anna Achmatowa scharf angegriffen. Im Februar 1948 war die Musik an der Reihe. Im Moskauer Konservatorium fand eine große Versammlung statt, die zwei Tage dauert und in der unter der Leitung Andrej Shdanows alle bedeutenden Komponisten verurteilt wurden: Prokofjew, Schostakowitsch, Chatschaturjan … alle saßen auf der Anklagebank und wurden auf die niederträchtigste Weise von ihren Kollegen denunziert. Prokofjew erschien in Freizeitkleidung und tat provozierend so, als ginge ihn das alles nichts an. Schostakowitsch saß in der letzten Reihe und rannte alle fünf Minuten hinaus, um eine Zigarette zu rauchen.

Bei dieser Versammlung hielt auch der bekannte Musikwissenschaftler Professor Keldysch – er trat auch in Köln bei dem Schostakowitsch-Kongress 1986 auf – eine Rede gegen Schostakowitsch und die anderen Komponisten. Er sagte, die Studenten seien von Schostakowitsch und den anderen Professoren in eine völlig falsche Richtung gedrängt worden, die eigene Musik zu verachten und die formalistische zu vergöttern. Der Student Boris Tschaikowsky (später ein bekannter Komponist) habe bei der Prüfung beispielsweise nicht einmal alle Opern seines berühmten Namensvetters nennen können. Die Musikgeschichtsprofessorin Uspenskaja schimpfte sehr stark auf Prokofjew. Rudolf Barschai, der im Publikum saß, schrieb mit Kommilitonen einen Zettel und reichte ihn zu ihr hoch ins Präsidium: „Sagen Sie bitte laut, wann Sie gelogen haben, heute oder letztes Jahr bei uns in der Vorlesung über Prokofjew.“ Barschai erzählt auch von der Direktorin der Musikschule, an der er damals unterrichtete, und die ihn fragte: „Na, Genosse Barschai, Ihr Schostakowitsch hat sich als Formalist entpuppt! Heißt das, Sie sind auch Formalist?“ Das Niveau der Angriffe war sehr niedrig. Der berühmte Clown Karand'asch ließ im Zirkus einen Hund übers Klavier laufen. Der Conférencier fragt: „Was macht dein Hund da?“ – „Ach, nichts Besonderes, er spielt die neue Sinfonie von Schostakowitsch.“ In den Zeitungen standen zahllose Zuschriften mit dem Tenor: „Genossen Prokofjew und Schostakowitsch, unser Volk braucht Ihre Musik nicht. Gezeichnet Sowieso, Bergarbeiter oder Ingenieur usw.“

Schostakowitsch hatte freilich einiges getan, um sich bei seinen Kollegen unbeliebt zu machen. Sie spürten instinktiv, dass mit seiner Musik etwas „nicht in Ordnung“ war. Die Siebte Sinfonie wurde als *Leningrader* berühmt, weil sie den heroischen Widerstand des sowjetischen Volkes gegen die faschistische Aggression schildere. In Wirklichkeit zeigt Schostakowitsch in dieser Sinfonie, dass die Gewalt, die ausgeübt wird, Teil des revolutionären Elans war. In der Achten Sinfonie schildert er ungeschminkt die Schrecken des Totalitarismus. Und als Stalin und seine Gefolgsleute nach dem Sieg 1945 eine sozialistische Neunte erwarteten, hatte Schostakowitsch mit einem leichten Stück à la Haydn geantwortet, das sich über die ganze Situation lustig macht. Einige Stücke wie das Violinkonzert oder die Jüdischen Volkslieder ließ er vorsichtshalber gleich in der Schublade, aus der er sie erst nach Stalins Tod wieder hervorholte.

Doch kaum war Schostakowitsch offiziell verurteilt und seiner Professorenposten in Moskau und Leningrad enthoben – was ihn auch in eine schwierige finanzielle Lage brachte – bekam er die Anweisung, für die Partei ins Ausland zu reisen: zum Friedenskongress nach New York. Schostakowitsch wollte nicht. Man habe ihn so stark kritisiert, und das sei ihm im Ausland unangenehm, er wisse nicht, wie er sich dort rechtfertigen sollte. In Amerika hatte die Kampagne von 1948 natürlich für erhebliches Aufsehen gesorgt. Alle möglichen Bürokraten gaben sich Mühe, ihn umzustimmen, vergeblich. Plötzlich kam ein Telefonanruf. „Genosse Schostakowitsch, jetzt wird Genosse Stalin mit Ihnen sprechen.“ Schostakowitsch erschrak. Nach kurzer Pause hörte er Stalin: „Genosse Schostakowitsch, wir bitten Sie, nach Amerika zu fahren. Wir bitten Sie höflich darum.“ Sonst sagte er nichts weiter. Einer solchen Bitte konnte sich nur jemand widersetzen, der lebensmüde war. Doch der Komponist antwortete, er könne nicht fahren, denn er wisse nicht, was er dort sagen solle, warum seine Werke verboten seien. „Wer verbietet Ihre Werke? Davon wissen wir nichts,“ antwortete der Diktator.

Katz und Maus spielen mit den Künstlern, das ist eine Lieblingsbeschäftigung aller Gewaltherrscher, zu allen Zeiten. Wer das Pech hat, in solch einer Zeit zu leben, der muss sehen, welchen Weg er findet. Seine Kunst aber hält für alle Zukunft die Wahrheit fest, die so viele Bücher verschweigen – entweder, weil sie nicht reden durften, oder weil sie zu spät geschrieben wurden. Die Musik hat das Privileg, alles sagen zu können, ohne reden zu müssen. Deshalb ist die Musik von Schostakowitsch und Prokofjew wie ein klingendes Geschichtsbuch, das die Wahrheit über das Leben im Stalinismus verkündet, so lange Menschen in der Lage sind, sie zum Klingen zu bringen.

Sei du Gesang, mein freundlich Asyl – Schostakowitsch und Hanns Eisler

Dimitri Schostakowitsch und Hanns Eisler – was sollten diese beiden Komponisten gemeinsam haben? Ihre längst vergessenen Hymnen für ihre jeweiligen kommunistischen Staaten? Die zahlreichen Musiken für den Film? Die Popularität durch Massenlieder? Den Spaß an unterhaltsamer Musik? Die Verzweiflung und den Alkohol?

Schostakowitsch, das ist Musik für den Konzertsaal, man interessiert sich für seine Sinfonien und vielleicht noch für seine Streichquartette. Eisler, das ist Musik für die Straße, die auch Schülern in der DDR Spaß machte, wenn sie einen guten Musiklehrer hatten. Für den Westen wurde er von den 68ern entdeckt, die sein *Solidaritätslied* bei Demonstrationen und Kundgebungen sangen – lustvoll mittendrin das Sogenannte Linksradikale Blasorchester mit Heiner Goebbels, der seine erste Platte *Vier Fäuste für Hanns Eisler* nannte. Mit seiner Collage *Eislermaterial* produzierte Goebbels 1998 einen Gruß zum 100. Geburtstag des Kollegen. Eisler ist erfrischend politisch und er kämpfte gegen die Dummheit in der Musik – seine frechen Tiraden auf Tonband zu hören ist immer noch sehr amüsant. Mit Eisler kann man provozieren, mit Schostakowitsch hat das noch keiner versucht. Schostakowitschs politische Artikel sind grauenhaft und seine politische Musik ist wertlos.

Schostakowitsch blieb der Sonatenform treu und schrieb neben ausladenden Sinfonien auch Streichquartette, Solokonzerte und Kammermusik, während Eisler ein Meister der kleinen Formen von knapper Dauer blieb und eher auf barocke Formen zurückgriff. Eisler lehnte die Musik von Wagner und Mahler als ideologisch und gefühlsbetont ab, während Schostakowitsch Mahler liebte und Wagner zitierte. Der wichtigste Unterschied aber ist, dass Schostakowitsch die Oktoberrevolution als Elfjähriger erlebte und sein ganzes Komponistenleben unter einer kommunistischen Regierung verbrachte ohne je Kommunist zu sein, während Eisler, der 1916 ein Jahr vor dem Abitur zum Kriegsdienst einberufen wurde und den Krieg hasste, früh Sozialist wurde und im Feld die Oktoberrevolution als Hoffnungsstrahl empfand. Aber nur seine letzten dreizehn Jahre verlebte er unter dem kommunistischen Regime der DDR, von denen er jedoch etliche Zeit in Wien verbrachte und wo er stets österreichischer Staatsbürger blieb.

Schostakowitsch (1906–1975) und Eisler (1898–1962) haben sich mehrfach getroffen, sowohl in Moskau als auch in Ostberlin und Wien. Beide absolvierten solche Begegnungen in erster Linie als Repräsentanten ihrer Kunstsparte in den „Bruderländern“ UdSSR und DDR. Was sie wirklich über einander dachten, wissen wir nicht. Der Würdigungsartikel von Schostakowitsch nach Eislers Tod ist das typische Beispiel eines jener Artikel, die andere ihm vorschrieben und die er blind unterzeichnete: Die Formulierungen sind schematisch und politisch, ein künstlerischer Inhalt fehlt. Hanns Eisler nahm Schostakowitschs Musik zwar wahr, aber inhaltlich setzte er sich nicht damit auseinander. Seine Einführung zur Elften Sinfonie entwickelt nur Motive, die sowieso zu Eislers rhetorischem Repertoire gehörten, und geht auf die Musik gar nicht ein. Schönbergs Kritik an Schostakowitschs *Leningrader Sinfonie* hat Eisler nicht widersprochen. Dennoch waren sie Zeitgenossen (Eisler war acht Jahre älter als Schostakowitsch) und lebten im Bann des Sowjetkommunismus. Arbeiteten sie nur aneinander vorbei? Was prägt das künstlerische Profil, die individuelle Persönlichkeit, der politische Zustand der Gesellschaft oder der Stand des Handwerks?

Sein Handwerk lernte Eisler zwischen 1919 und 1923 bei Arnold Schönberg; die Klaviersonate opus 1 war sein Gesellenstück. Schönberg wählte er als Lehrer, weil dieser der fortschrittlichste Musiker seiner Zeit war; Eisler wollte immer gerne mit vorne dran sein. Vor Eisler hatten schon Alban Berg und Anton Webern bei Schönberg gelernt. Hier lernte Eisler die Musik der Wiener Klassiker Beethoven, Mozart, Schubert, auch Brahms, genauestens kennen. Vor allem Beethovens radikale Arbeit an der Zerlegung und Entwicklung der Themen und Motive war die Grundlage auch für Schönbergs Technik der entwickelnden Variation und schließlich seiner um 1920 entwickelten Zwölftonmusik – die er seine Schüler aber nicht lehrte. Darüber sprach man im Schönberg-Kreis außerhalb des Unterrichts. Die Zwölftontechnik nahm mit Krebs, Umkehrung und Krebsumkehrung Formen der barocken Fuge wieder auf. Schönberg befand sich mit seinen Reihen-Konstruktionen in einer ähnlichen Situation wie Johann Sebastian Bach mit seiner *Kunst der Fuge*: Am Ende einer Epoche sucht sich das Material neue Wege und ächzt unter der Last dessen, was es im Fall Bachs noch nicht und im Fall Schönbergs nicht mehr aussprechen kann. Die gesamte Technik wird aufgeboten, um den explosiven Ausdruck unter Kontrolle zu halten. Mit Bach begann, mit Schönberg endete die Epoche der Musik des bürgerlichen Individuums. Aus der Statik der Barockmusik war die Dynamik der bürgerlichen Musik hervorgegangen, jetzt führte der Weg zurück in die Statik.

Der fünf Jahre jüngere Theodor W. Adorno kam zwar erst nach Eislers „Lehrzeit" nach Wien als Schüler zu Alban Berg, freundete sich aber rasch mit Eisler an. Beide hatten die gleiche handwerkliche Grundlage, beide waren davon überzeugt, dass die Schönbergschule den fortschrittlichsten Geist in der Musik verkörperte. Nach Frankfurt schrieb Adorno 1925 an seinen Freund Siegfried Kracauer: „Im Café Museum verkehre ich (in den letzten Wochen war ich nicht da), sehe öfters Eisler, den begabtesten Schönbergschüler (begabter als Krenek und Hindemith), auch einen namens Ratz, der ernsthaft ist, und Morgenstern[1]. Überall dort hab' ich Echo für meine Musik, bei Eisler ganz besonders."[2] Im zweiten von Adornos Zwei Stücken für Streichquartett opus 2 (1925), wo Thema und Variationen aus einer Reihe mit 21 Tönen gebildet sind, besteht Ähnlichkeit mit dem zweiten Satz von Eislers Divertimento für Bläserquintett opus 4 (1923), einer Variationenfolge über ein siebentaktiges Thema, das reihenmäßig behandelt ist[3] – die Familienähnlichkeit der Schönbergschule.

Dass Eisler und Adorno dennoch bald verschiedene Wege gingen, lag an der politischen Entwicklung. Schönberg und Eisler hatten die Erfahrung des Krieges machen müssen und in Wien die politischen Kämpfe nach dem Zerfall des Kaiserreichs miterlebt. Anton Webern war nicht der Einzige aus dem Schönberg-Kreis, der Arbeiterchöre und Arbeiterkonzerte dirigierte, auch Eisler zog es in die politischen Kämpfe: Er wollte keine Musik für diese schrecklichen Bürger schreiben, die am Krieg schuld waren, die Arbeiter unterdrückten und sich in den Konzertsälen langweilten. Er wurde Kommunist – sein älterer Bruder Gerhart war im November 1918 Gründungsmitglied der KPD gewesen, seine linksradikale ältere Schwester Ruth Fischer wurde 1924 zur Vorsitzenden der KPD gewählt und 1925 von Stalin wieder zum Rücktritt gezwungen.

Kommunist wurde auch der Berliner Dirigent Hermann Scherchen (1891–1966), der nicht nur für Schönberg, sondern für die gesamte Moderne eine zentrale Rolle spielte. Er war Schönberg zuerst 1911 bei der Vorbereitung der Uraufführung des *Pierrot lunaire* begegnet und sollte ihm bis über dessen Tod hinaus treu bleiben. Beim Ausbruch des Ersten Weltkrieges war Scherchen in Lettland engagiert und wurde von den Russen als feindlicher Ausländer interniert. Die Oktoberrevolution erlebte er 1917 im Kriegsgefangenenlager und wurde ihr begeisterter Anhänger. Er sah die Arbeiter und Bauern, die den Aufstand trugen, und deren Situation sich durch die Revolution verbesserte; ihnen fühlte er sich zu Dank verpflichtet. Als er nach Berlin zurück kam, brachte er seine Übersetzung von *Brüder, zur Sonne, zur Freiheit* mit, das rasch zur Hymne der deutschen Arbeiterbewegung wurde.

Scherchen gründete ein Streichquartett, die avantgardistische Musikzeitschrift Melos und die Neue Musikgesellschaft Berlin, dazu lehrte er an der Musikhochschule. Außerdem dirigierte er Berliner Arbeiterchöre und wurde Bundesdirigent des Deutschen Arbeitersängerbundes. Für ihn war es kein Widerspruch, in beiden Musiksphären zu arbeiten: „Schönberg-Musik, das ist nichts fürs Volk, das spielen wir nach 22 Uhr für die Interessenten." In Donaueschingen dirigierte er 1922 die Uraufführung der Kammermusik Nr. 1 von Paul Hindemith mit dem *Finale 1921* – die Trompetensignale und der Marschtritt im zweiten Satz deuten auf die Filmmusik von Hanns Eisler zu *Kuhle Wampe* (1931) voraus und im Finale ahnt man die Filmmusik von Schostakowitsch zum *Neuen Babylon* (1928). Scherchen hatte immer die Nase im Wind und war ein Trüffelschwein des musikalischen Zeitgeistes. Auch die Erste Sinfonie op. 7 (1921) von Ernst Krenek fand ihre Uraufführung durch Hermann Scherchen bei den Frankfurter Museumskonzerten. Scherchen war Mentor von Karl Amadeus Hartmann (1905–1963), eines der wenigen Komponisten, die in Deutschland nach 1933 anständig blieben, und von Wladimir Vogel (1896–1984), der 1933 wegen seines Engagements für den deutsch-sowjetischen Kulturaustausch fliehen musste.

Arnold Schönberg ging im Januar 1926 an die Preußische Akademie der Künste nach Berlin. Hanns Eisler zog 1926 ebenfalls nach Berlin und träumte dort davon, dass nun eine neue Musikkultur für die bisher Unterprivilegierten entstehen könne: „Technische Methoden der Musik können nicht entstehen durch Materialrevolution, sondern können nur entstehen durch eine gesellschaftliche Veränderung, in der eine neue Klasse zur Macht gelangt, in der die Kunst auch einen neuen gesellschaftlichen Zweck hat. Die Anwendung wissenschaftlicher Methoden gibt auf diese Frage eine eigentümliche Antwort. Die einzige Klasse, die neue Methoden braucht, für die eine Funktionsveränderung der Musik eine Lebensnotwendigkeit bedeutet, ist das revolutionäre Proletariat."[4] Das sagte Hanns Eisler 1931 in seinem Vortrag *Die Erbauer einer neuen Musikkultur*.

Die Schönberg'sche Revolutionierung der Musik erklärte Eisler nun also für überflüssig. Sie war im Rahmen der bürgerlichen Kultur verblieben und würde mit dieser absterben. Dem sah er ohne Bedauern entgegen. Mit dem bei Schönberg erworbenen Handwerk aber wollte er zum Aufbau einer neuen Musikkultur beitragen. „Fortschritt“ stand schließlich nicht nur auf dem Banner des Industriekapitalismus, sondern auch des Kommunismus.

In seinem Vortrag *Die Kunst als Lehrmeisterin im Klassenkampf* folgte er den marxistischen Kunsttheorien: „Die Arbeiterschaft war durch ihre einseitige Verwendung im Produktionsprozess nicht überbaubildend. In der Musik hat sie keine neue musikalische Richtung begründet, aber sie hat bereits eine vergessene Funktion der Musik wieder eingeführt. Das ist eben das Tendenzlied. Vom ästhetischen Standpunkt aus war es immer ein Stil, der auch von den fortgeschrittenen Kreisen der Bourgeoisie als veraltet, als lächerlich bezeichnet wurde. Und wenn jemand 1880 behauptet hätte, dass die plumpen, rot angestrichenen, kleinbürgerlichen Lieder der Arbeiterschaft dazu berufen sind, der Arbeiterschaft das große Erbe der deutschen klassischen Musik zu erobern, so wäre auch einem raffinierten Musikergehirn dies als grober Unfug vorgekommen. Das ist aber theoretisch ein richtiger Satz; denn die Geschichte lehrt uns, dass jeder neue Musikstil nicht entsteht aus einem ästhetisch neuen Standpunkt, also keine Materialrevolution vorstellt, sondern die Änderung der Technik zwangsläufig bedingt wird durch eine historisch notwendige Änderung der Funktion der Musik in der Gesellschaft.“[5]

Das musikalische Material entwickelt sich als Funktion der jeweiligen Gesellschaft – in dieser Verwendung des Begriffs vom „Material“ der künstlerischen Produktion traf Eisler sich mit Adorno, der von einem geschichtlich vorgegebenen Material sprach, das das Handwerk des Komponisten prägt: „Material kann nicht anders gefasst werden, denn als das, womit ein Komponist operiert, arbeitet. Das ist jedoch nicht weniger als der vergegenständlichte und kritisch reflektierte Stand der technischen Produktionskräfte einer Epoche, dem die Komponisten jeweils sich gegenüber finden. Physikalische und geschichtliche Momente sind voneinander tingiert. In der Wiener Klassik etwa begreift das Material nicht nur die Tonalität, die temperierte Skala, die Möglichkeit der Modulation in vollkommenem Quintenzirkel ein, sondern ungezählte idiomatische Bestandteile, die musikalische Sprache jener Phase. Eher äußert sie sich in ihr, als dass sie darüber disponierte. Sogar Formtypen wie Sonate, Rondo oder Charaktervariation, syntaktische Formen wie die von Vordersatz und Nachsatz, waren ihr weithin Apriorien, nicht wählbare Modi der Gestaltung.“[6]

Seinen Begriff vom Material hatte Adorno zum ersten Mal in dem Aufsatz *Reaktion und Fortschritt*[7] entwickelt, der 1930 erschien. Er benutzte zwar den marxistischen Begriff von den Produktivkräften als den Gestaltern der Wirklichkeit, allerdings aus der Position des kritischen Betrachters heraus, nicht aus der Position dessen, der eingreifen will. Dagegen polemisierte sein alter Freund Eisler wütend: „Man muss sich endlich dazu entschließen, Musik als eine von den Menschen für die Menschen in bestimmten konkreten gesellschaftlichen Verhältnissen entstehende und vergehende Kunst anzusehen. Auch ein Herr Wiesengrund-Adorno aus Frankfurt, der in seinem Aufsatz *Zur gesellschaftlichen Lage der Musik*[8] sich bemüht, ‚marxistische' Methoden anzuwenden, bleibt bei der reinen Interpretation der Wirklichkeit stehen, ohne auch nur den Versuch zu machen, die Kräfte, die sie ändern könnten, zu erforschen. Es ist ein eigentümlicher Fall der Verwechslung des dialektischen Materialismus mit dem dialektischen Mystizismus und es genügt nicht, an Stelle des lieben Gottes (eines älteren Herren mit weißem Bart) die Zwölftontechnik zu substituieren. Die jungen Musiker müssten lernen, und hierin müsste sie die Arbeiterklasse kontrollieren, sich die neuen Denkmethoden des dialektischen Materialismus anzueignen. Denn diese Denkmethode allein kann die Richtschnur für das *praktische Verhalten* jedes einzelnen Musikers in dieser komplizierten Zeit sein."[9]

So wütend wurde Eisler, weil er die Zwickmühle kannte, aus der er sich so leicht nicht befreien konnte: Wenn es einen Stand des Materials gab, der von Schönberg markiert wurde, wie sollte er sich dann bei seiner Agitprop-Musik verhalten, die ja keine Schönbergmusik sein konnte? Seine Antwort bestand darin, dass er versuchte, ein geschichtlich neues Material zu entwickeln und durch diese praktische Arbeit das musikalische Niveau der Arbeiterklasse allmählich zu heben – wer einmal auf den Geschmack gekommen ist, würde keine Lust mehr haben auf billige, dumme Surrogate. Mit dem Traum von der neuen proletarischen Kultur war Eisler ja auch nicht alleine.

Die gesellschaftlichen Auseinandersetzungen hatten sich verschärft, die Schlägertrupps der Nazis übten ihren Terror aus, Hitler verbreitete mit Unterstützung der Industrie und des Militärs – und Bayreuths – Nationalismus und Judenhass: Macht Deutschland wieder stark! Deshalb hatte Hanns Eisler sich entschieden, parteiische Musik zu schreiben, und sich dafür vom Marxismus die theoretische Begründung verschafft. Vor allem aber schrieb er Musik mit Durchschlagskraft, die gut gemacht war. Musik, die politische Wirkung hatte, ohne sich an den Nutzer heranzuschmeißen. Form und Inhalt passten zueinander. 1929 traf er bei Erwin Piscator zum ersten Mal den Schauspieler Ernst Busch (genannt der „Barrikaden-Tauber", nach dem berühmten Tenor Richard Tauber), der viele Eisler-Lieder populär machen sollte. Bertolt Brecht lernte er 1930 beim Kammermusikfestival „Neue Musik Berlin" kennen, und *Die Maßnahme* wurde ihre erste gemeinsame Arbeit, ein großes Werk für die Arbeitersängerbewegung, das am 13. Dezember 1930 in der Philharmonie uraufgeführt wurde.[10]

Da ihm der Nebeldunst der Wagnerschule verhasst war, suchte Eisler seine Vorbilder bei Bachs Passionen und deren klarem, epischen Darstellungsstil, den auch Bertolt Brecht so liebte.[11] Man hört das in vielen Vokalkompositionen Eislers. Und auch in seinen instrumentalen Werken griff er eher zu barocken Formen. Selbst die entwickelnde Variation setzte er kaum noch sonatenmäßig-prozesshaft ein. Eislers Material ist oft gar nicht mehr dynamisch und revolutionär, sondern statisch und gestisch.

1931 schrieb Eisler seine agitatorischen Filmmusiken *Das Lied vom Leben*, *Niemandsland* und *Kuhle Wampe* mit dem *Solidaritätslied*. Im Mai 1932 fuhr er nach Moskau und weiter in die neue Industriestadt Magnitogorsk, um für den holländischen Regisseur Joris Ivens die Musik zu dem Dokumentarfilm *Magnitogorsk* zu schreiben, der den industriellen Aufbau in der Sowjetunion feierte. Der Sozialismus hatte damit begonnen, in der Sowjetunion das Industriesystem mit härtester Gewalt durchzusetzen, und Eisler sang ahnungslos das Loblied auf die mörderische Arbeit an den Großprojekten, denen Millionen Menschen zum Opfer fielen.

Lenins späte Erkenntnis, man solle lieber damit zufrieden sein, überhaupt mal eine bürgerliche Kultur zu bekommen, statt über proletarische Kultur zu schwadronieren, war nicht durchgedrungen. Ein Idealist wie Eisler hatte zwar das Zeug dazu, kultivierte Musik für den Klassenkampf zu schreiben, doch er musste nun lernen, dass es da welche gab, die alles besser wussten. Georg Lukács beispielsweise brach 1934 die „Expressionismus-Debatte"[12] vom Zaun: Seine These, der Expressionismus sei ein Vorläufer des Faschismus gewesen, wurde in die Begründung für die neue Doktrin des „Sozialistischen Realismus" integriert. Von den stalinistischen Kulturbürokraten wurde Eisler jetzt für seine Tendenz zur Neuen Sachlichkeit und zum „Formalismus" attackiert. Eisler hatte für den Magnitogorsk-Film Lieder auf Texte von Sergej Tretjakow komponiert und plante mit diesem sogar eine Magnitogorsk-Oper, doch als früherer Futurist war Tretjakow nun unter Beschuss geraten und die vom Bolschoi Theater schon angekündigte Oper fiel flach.

Schostakowitsch erlebte damals nicht weniger zwiespältige Zeiten. Er war kein Kommunist, stand den Entwicklungen aber auch nicht feindselig gegenüber; unter den bestehenden, oft äußerst schwierigen

Verhältnissen suchte er nach seinem Weg. Sein Studium in Petrograd von 1919 bis 1923 hatte ihn vor allem mit den Kompositionsmethoden der Wiener Klassik und deren Nachfolgern vertraut gemacht; als Pianist spielte er am liebsten Bach, Beethoven und Liszt, dazu auch Schumann, Chopin und Tschaikowsky, Rachmaninow, Prokofjew. Später entdeckte er Strawinsky und die zeitgenössische Avantgarde – bis 1932 funktionierte noch der internationale Austausch mit der sowjetischen Musik. Alban Bergs *Wozzeck* wurde aufgeführt und beeindruckte den jungen Russen nachhaltig. Schostakowitsch erprobte sein Talent in viele Richtungen, am Theater, beim Film ebenso wie im Konzertsaal, beim Ballett und in der Oper. Trotz der Revolution war das Musikleben erst einmal bürgerlich geblieben, doch die künstlerische Avantgarde wurde von proletarischen Organisationen attackiert. Wenn politische Tendenz gefordert war, lieferte Schostakowitsch sie, etwa in den Chor-Finales der Zweiten und Dritten Sinfonie (1927 *Oktober* und 1929 *Der 1. Mai*), ohne deshalb in den instrumentalen Teilen auf Material-Experimente zu verzichten.

Doch er war unzufrieden und hatte das Gefühl, sich zu verlieren: „Von Anfang 1929 bis Ende 1931 arbeitete ich ausschließlich im musikalischen Kunstgewerbe. [...] Es ist für niemanden ein Geheimnis, dass die Lage an der musikalischen Front am Vorabend des 14. Jahrestages der Oktoberrevolution katastrophal ist. [...] Ich fasse zusammen: Fort mit der Entpersönlichung des Komponisten! [...] Ich kann nicht mehr ‚unpersönlich' und schablonenhaft komponieren. Auf diese Weise bahne ich mir den Weg zu einer großen Sinfonie, die dem 15. Jahrestag der Oktoberrevolution gewidmet ist." Diese *Deklaration der Pflichten eines Komponisten* veröffentlichte Schostakowitsch 1931 in der Zeitschrift Der Arbeiter und das Theater[13], also zeitgleich zu Eislers frohgemuten Proklamationen.

Jedoch hatte er die Rechnung ohne den Wirt gemacht: Entpersönlichung war gerade das, was die Partei von den Künstlern forderte. Im April 1932 ließ Stalin alle Kunstorganisationen gleichschalten. In der Musik kam die Botschaft naturgemäß etwas später an. Auch die Machtübernahme der Nazis in Deutschland im Januar 1933 beunruhigte die russischen Musiker kaum. Schostakowitsch schrieb erst einmal seine Oper *Lady Macbeth von Mzensk* zuende, danach 24 Präludien für Klavier und ein Klavierkonzert. Die Uraufführung der *Lady Macbeth* am 22. Januar 1934 in Leningrad und zwei Tage danach in Moskau war bei Publikum, Presse und Musikern ein großer Erfolg. Das Werk fand auch internationale Aufmerksamkeit in Buenos Aires, Zürich, Cleveland, New York, Ljubljana, Stockholm, Zagreb. Leopold

Stokowski dirigierte die Erste Sinfonie in Philadelphia, Otto Klemperer in New York. Arturo Toscanini nahm sie auf, und in England erschien eine Schallplatte mit der Suite aus dem Ballett *Das goldene Zeitalter*. Der junge Benjamin Britten hörte die konzertante Aufführung der *Lady Macbeth* in London mit Begeisterung. Schostakowitsch wurde auch international berühmt.

Der erste Fünfjahresplan wurde vorfristig erfüllt – der Sozialismus hatte Fahrt aufgenommen, und von den Opfern sprach man nicht. Schostakowitschs drittes Ballett *Der helle Bach* führte auf das sozialistische Dorf, den Kolchos, und zeigte die Freude an der Arbeit. Die Handlung schildert die unmögliche Liebe zwischen dem verheirateten Kolchos-Agronomen und einer gastierenden Balletttänzerin. Da war die Begeisterung nicht ganz so groß, aber es gab noch lange keinen Grund, sich Sorgen zu machen – bis zum 27. Januar 1936, als in der Parteizeitung Prawda in dem Artikel *Chaos statt Musik* eine Generalabrechnung mit *Lady Macbeth* veröffentlicht wurde. Die Abfertigung des *Hellen Bachs* folgte am 6. Februar. Beide Stücke wurde vom Repertoire gestrichen. Auf einer Sitzung des Komponistenverbandes am 5. und 7. Februar fielen auch zahlreiche Kollegen über Schostakowitsch her, die ihn vorher gepriesen hatten.

Schostakowitsch suchte Rat bei seinem musikalischen Freund, dem Marschall Tuchatschewski. Am 13. Juni 1937 erschien die Nachricht von der Hinrichtung Tuchatschewskis wegen einer angeblichen Verschwörung gegen Stalin. Auch Schostakowitsch wurde verhört, um weitere Verschwörer zu verraten. Nur weil sein Verhöroffizier ebenfalls erschossen wurde, kam er davon. Danach schlief er monatelang angezogen, den Notfallkoffer neben sich, und wartete darauf, dass er vom Geheimdienst abgeholt würde. Schostakowitschs Studienfreund Michail Kwadri war am 12. Juni 1929 erschossen worden. Sein väterlicher Komponistenfreund Nikolai Schiljajew wurde 1937 wegen angeblicher Kollaboration mit Tuchatschewski hingerichtet. Schostakowitschs Schwager wurde als Klassenfeind verhaftet, seine ältere Schwester musste sich von ihm scheiden lassen und wurde nach Sibirien verbannt, sein Großvater wurde ins Lager verschleppt[14]. Zahllose Künstlerkollegen wurden verhaftet oder umgebracht, man lebte in fortdauernder Angst. Seine Vierte Sinfonie, an deren Uraufführung in Leningrad gerade geprobt wurde, zog der Komponist zurück, obwohl Otto Klemperer, dem er sie 1936 in Leningrad gezeigt hatte, davon begeistert war und sie sogar auf Tournee aufführen wollte[15]. Ein Jahr lang hörte man nichts mehr von Schostakowitsch. „Er suchte Vergessen, unter anderem auch im Alkohol, und zwar in immer stärkerem Maße"[16]. Was sollte er tun?

Im Westen las man unterdessen die begeisterten Reiseberichte und Rechtfertigungen von Louis Aragon, André Malraux, Romain Rolland, George Bernhard Shaw, Lion Feuchtwanger, Heinrich Mann, Bertolt Brecht, Ernst Bloch über die tollen Erfolge in der Sowjetunion und die Unausweichlichkeit der Schauprozesse. Ernst Bloch, kein KP-Mitglied, schrieb im Parteijargon über Bucharin und Rykow: „Sie haben sich mit dem faschistischen Teufel verbündet. Sie sind politische Verbrecher und Schädlinge großen Ausmaßes geworden. Ihre Verbrechen sind objektiv die schwersten."[17]

Der Erste Schriftstellerkongress 1934 in Moskau war ein Triumph für Stalins Kulturpolitik[18]. Die ausländischen Gäste verschlossen die Augen vor der Mordmaschine Stalin, weil ihnen im Kampf gegen die Mordmaschinen Hitler, Mussolini und Franco die Sowjetunion als letztes Bollwerk der Hoffnung erschien. Auf der Trauerfeier für Maxim Gorki sagte André Gide 1936 in Moskau: „Das Schicksal der Kultur ist in unseren Sinnen geknüpft an das Schicksal der UdSSR selbst. Wir werden sie verteidigen."

Doch als Gide später seinen enttäuschten Bericht *Retour de l'URSS* (*Zurück aus der UdSSR*) veröffentlichte, fiel die vereinigte Linke über den Verräter her: Was nicht wahr sein durfte, konnte nicht wahr sein. „Wenn alles, was wir in Sowjetlanden sehen, fröhlich erscheint," schreibe Gide, „so auch deswegen, weil alles, was nicht fröhlich ist, verdächtigt wird. Zum Klagen ist nicht Russland der rechte Ort, sondern Sibirien. Die UdSSR ist kinderreich genug, um sich, ohne dass es auffällt, grausame ‚Abholzungen' im Dickicht der Menschheit leisten zu können. Die, die verschwinden (die man verschwinden *lässt),* das sind die Wertvollsten – jene, die ihre Stirn nicht so tief senken konnten und wollten, wie es erforderlich gewesen wäre." Und Gide fügte hinzu: „Was aber soll man vom marxistischen Standpunkt aus denken über jenes Gesetz, das sich gegen die Homosexuellen richtet, sie den Kontrarevolutionären gleichstellt (denn der *Nicht-Konformismus* wird verfolgt bis in die sexuellen Fragen hinein) und sie zu fünfjähriger Deportation verurteilt, mit Erneuerung der Strafe, falls sie durch die Verbannung nicht gebessert sein sollten?" Gides Buch störte auch bei der Verteidigung der Spanischen Republik, denn diese Verteidigung schien unlösbar mit der Sowjetunion verbunden. Selbst ein Autor wie Klaus Mann, der der Sowjetunion immer kritisch gegenüber gestanden hatte und in der US Army diente, fragte sich, ob man jetzt im Krieg die Sowjetunion nicht doch positiver beurteilen müsse.[19]

Eisler blieb bei seiner Haltung. Adorno berichtete Walter Benjamin von Eislers hämischen Kommentaren über Stalins ermordete Opponenten[20]. An den Moskauer Prozessen schieden sich die Geister endgültig. Wien, Prag, Paris, Dänemark, London, Holland, USA, Moskau – das waren einige von Eislers Exil-Stationen nach Hitlers Machtergreifung, überall war er aktiv. 1936 reiste er zu den Internationalen Brigaden, die im Spanischen Bürgerkrieg gegen Franco kämpften, und schrieb für sie neue und feurige Lieder. Ernest Hemingway und Joris Ivens dokumentierten die Kämpfe gegen die Falangisten, in Madrid dirigierte der Mexikaner Silvestre Revueltas seine Sinfonie, um die Arbeiter und Soldaten der Republik zu unterstützen. Der Schriftsteller Gustav Regler wurde politischer Kommissar bei der deutschen Brigade und erlebte dort das gleiche wie vorher in Paris, wo Walter Ulbricht[21] „Abweichler" von der Parteilinie liquidieren ließ. Der Marxismus hatte sich zur Ersatzreligion entwickelt und Ulbricht nahm die Funktion des Inquisitors wahr. Doch auch Regler blieb dabei, weil die Weltlage keinen Ausweg zu bieten schien.

Gerhart Eisler war einer von den Hardlinern[22]. Er wird seinem Bruder seine Sicht der Dinge vermittelt haben, als beide sich im amerikanischen Exil wiedertrafen. Von Spanien aus war Hanns Eisler für acht Monate nach Dänemark zu Brecht gegangen, wo er an seiner *Deutschen Sinfonie* weiterarbeitete, die er 1935 begonnen hatte. Im Januar 1938 kam er in New York an und blieb zehn Jahre in den USA.

Durch die Errichtung der Nazi-Herrschaft war Eisler immer mehr abgeschnitten worden von seiner unmittelbarsten Inspirationsquelle: der Arbeiterbewegung. Wer sollte das 1936 komponierte A-Cappella-Chorstück *Gegen den Krieg. Thema und Variationen nach Gedichten von Bertolt Brecht* jetzt singen? Die Komposition folgt dem Konzept einer Materialvariation und die Variationen sind einzelnen Textzeilen zugeordnet, die das Thema Krieg variieren. Text und Musik erklären sich gegenseitig und entwickeln eine Dialektik *in* der Musik.[23]

Hier im Wartestand, zwar ohne finanzielle Not, aber ungeduldig das Ende des Krieges abwartend, schrieb Eisler Musik ohne Adressat. Und er sah wieder regelmäßig seinen alten Lehrer. Dort in Los Angeles trafen sich nämlich alle wieder: Arnold Schönberg, Thomas und Heinrich Mann, Lion Feuchtwanger, Bertolt Brecht, Hanns Eisler, Paul Dessau, Otto Klemperer, Fritz Lang, Theodor W. Adorno, Max Horkheimer. Als Flüchtlinge waren sie hier wieder Freunde.

Für die rein instrumentale Musik war nun Schönberg wieder das Maß von Eislers Handwerk.[24] Im Gespräch mit Nathan Notowicz beschrieb Eisler später in der DDR Schönbergs Verständnis von Variationstechnik: „Schönberg unterscheidet, historisch gesehen, zwei Variationstechniken, und zwar die figurierte Variation und das, was er die Charaktervariation nennt. Unter figurierter Variation versteht er vor allem die Variationstechnik, sagen wir, Mozarts und Haydns, wo die festgehaltenen Themen oder Themenstrukturen figuriert werden. [...] Charaktervariationen – das bedeutet nicht nur eine Frage des Ausdrucks der Variationen [...], sondern Schönberg meinte damit auch die unspielerische, konstruktive Art, mit der Beethoven von einer bestimmten Phase seines Schaffens an die Variationstechnik betreibt."[25]

Im amerikanischen Exil trafen auch die beiden alten Freunde Eisler und Adorno wieder aufeinander. Kalt gestellt auf einem anderen Kontinent, in einer fremden Gesellschaft, konnten sie den entsetzlichen Dingen, die in Europa geschahen, nur zusehen. Das Zusehen hatte Eisler Adorno ja schon immer vorgeworfen, während Adorno jetzt Eisler vorwarf, dass er sich mit dem Spottbild des „Dialektischen Materialismus" abfand, zu dem beim offiziellen Kommunismus die Marx'sche Theorie und Hegels Dialektik verkommen waren. Der „Diamat" bezeichnete sich ausdrücklich als eine Ideologie und ordnete sowohl das Denken als auch die Kunst rabiat einer Praxis unter, die bei Strafe des Todes nicht mehr kritisch hinterfragt werden durfte[26]. Wenn jetzt Schostakowitschs Siebte Sinfonie in Amerika als Beispiel des heroischen Widerstandes der Sowjetmenschen gegen die Nazis aufgeführt wurde, erschien sie Eisler und Adorno als minderwertiges Schlachtengemälde à la *Wellingtons Sieg* von Beethoven.

Adorno arbeitete für das Institut für Sozialforschung, das aus Frankfurt emigriert war, Eisler war Professor an der New School for Social Research, die vielen aus Europa vertriebenen Gelehrten Unterschlupf bot, und bekam 1940 von der Rockefeller Foundation das Geld für eine Filmmusikstudie. Da Adorno gleichzeitig ein Rockefeller-Stipendium für eine Studie über Radiomusik erhalten hatte, taten die beiden sich zusammen, um Eislers Filmmusik-Erfahrung auch theoretisch auszuwerten. Daraus entstand das gemeinsame Buch *Komposition für den Film*, das beide 1947 bei Oxford University Press und später getrennt in Ost- und Westdeutschland veröffentlichten: Nicht Geschmacksverstärker und Überwältiger sollte die Musik sein, sondern dem Zuschauer eine kritische Distanz zum Gesehenen ermöglichen. Eislers Zwölftonstück *Vierzehn Arten den Regen zu beschreiben* zu einem kurzen Dokumentarfilm von Joris Ivens entstand in diesem Rahmen als Demonstrationsbeispiel.

„In vielen Sprachen steht für Trauer auch der Regen. Das Einregnen. Erinnern Sie sich an die großartigen Regengedichte zum Beispiel von Verlaine. Auch – glaube ich – bei Rimbaud kommt das vor. Auch bei der großen Lyrik. Regen steht als Zeichen für Trauer. So war gewissermaßen *Vierzehn Arten den Regen zu beschreiben* auch: vierzehn Arten, mit Anstand traurig zu sein.“ So Hanns Eisler 1958 in einem Gespräch mit Hans Bunge[27].

Zum Traurigsein hatte Hans Eisler im amerikanischen Exil Grund genug. Seine auf den Straßen so wirksame Musik hatte die Machtübernahme der Nazis nicht verhindern können. Jetzt musste er sich, wie viele Flüchtlinge, in Amerika durchschlagen, und konnte noch froh sein, überlebt zu haben[28]. In Hollywood erhielt er immerhin Aufträge, Musik für zahlreiche Filme zu schreiben. Wie Brecht betrachtete er das als Geldquelle, um das Eigentliche machen zu können. Doch da es nun keine Bewegung mehr gab, die man mit seiner Kunst unterstützen konnte, was war dann das Eigentliche?

„Brecht beklagte sich auch gesundheitlich. Es wäre ihm alles zu lau und milde, und es gäbe keinen Unterschied zwischen den Jahreszeiten, und diese ewige Blumenblüherei wäre überhaupt schon zum Kotzen. Kurz und gut, er war bitterlich. Er war ganz verbittert darüber. Und das führte eben auch zu diesem ganz knappen und konzisen Stil als Gegengift. ‚Da darf man sich auf keinen Fall gehen lassen, wenn die Luft so milde ist‘, meinte er.“[29] Dass in diesen Gesprächen mit Bunge später in der DDR auch ein wenig Selbststilisierung dabei gewesen sein könnte, lassen Erinnerungen von Brechts Übersetzer Eric Bentley vermuten, der Eisler als fröhlichen und von Amerika begeisterten Mann schilderte, der sich erst vor einem Jahr ein neues Haus in Malibu gekauft hatte, als er Anfang 1948 ausgewiesen wurde.[30]

Ergebnis der Übungen in knappem Stil waren die sieben *Hollywood-Elegien* von Brecht und Eisler. Weitere Gedichte von Brecht (*Vom Sprengen des Rasens*), Hölderlin oder Mörike (*Anakreontische Fragmente*) füllten Eislers *Hollywooder Liederbuch*. Wenn man das heute von Matthias Goerne gesungen hört, kommt kein Zweifel auf an der Eigenständigkeit dieses Stils und der Zeitlosigkeit dieser Kunst. Schon 1939 hatte Eisler sich Shakespeares berühmtes *Sonett Nr. 66* über die Schlechtigkeit der Welt vorgenommen, das auch Schostakowitsch 1942 in seinen *Englischen Liedern* vertonte. Im Exil entstand aber auch viel Instrumentalmusik: ein Streichquartett, zwei Nonette, Klaviervariationen, die dritte Klaviersonate. Musik für den bürgerlichen Konzertsaal, geschult an Schönberg und Beethoven, kompositorisch auf hohem Niveau. Bei den Internationalen Schostakowitsch-

Tagen in Gohrisch 2016 behauptete sich Eislers Streichquartett von 1938 unter den Händen des Quatuor Danel mühelos zwischen den letzten Quartetten von Beethoven (mit der Großen Fuge) und Schostakowitsch (mit den sechs Adagios). Das Leipziger Streichquartett spielte Eislers Quartett zusammen mit dem von Adorno für eine CD ein. Heute hört man stärker die Gemeinsamkeit als das Trennende.

Sich nicht gehen lassen im Unglück, das führte zurück auf das Handwerk des Komponisten, auf die Sprache der Musik, auf den musikalischen Gedanken. Form entscheidet jetzt über Qualität. Da ein politischer Nutzen nicht in Sicht ist, wird das Kunstwerk zur Flaschenpost für zukünftige Generationen. Oder für verständige Zeitgenossen mit ähnlichen Empfindungen. Eislers Fluchtpunkt ist jetzt Beethoven, jenes Zentralgestirn der bürgerlichen Musik, der Prophet des Individualismus – darin Schostakowitsch gleich. Wenn Eisler auch jeder individuell-romantischen Ausschweifung aus dem Weg geht und weiterhin knapp und sachlich bleibt, ist es doch die Wiener Klassik, die ihm jetzt die Sprache liefert, in der er sich ausdrücken kann.

Dass die Verwendung der Zwölftontechnik nun nicht nur aus Sentimentalität geschah, sondern kalten künstlerischen Blutes, darauf hat János Maróthy hingewiesen. Im Lied *An die Nachgeborenen*, der zweiten der *Zwei Elegien* auf einen Brecht-Text von 1936, verwendete Eisler die Technik geradezu modellhaft mit einer Reihe, deren Spiegelumkehrung, Krebsumkehrung und schließlich der Spiegelkrebsumkehrung. Daraus resultiert das Schwebende der Musik, aber auch ihre endlose Wiederkehr: „Jemand taucht aus der Flut auf, in der andere untergegangen sind."[31] Wie stets bei Eisler, wird die Grundreihe dabei letztlich doch wieder in Charaktervariationen transformiert. Die musikalische Form unterstützt die kritische Tendenz des Brecht-Textes, gibt der Verzweiflung ihren Ton und verweigert sich auch am Ende der Versöhnung.[32]

Schostakowitsch nutzte später wie Eisler die Mechanik der Reihe für die Darstellung der Unentrinnbarkeit des Verhängnisses, des Verblendungszusammenhangs[33], des Weltlaufs. Konkret zeigte Maróthy dies am ersten der *Sechs Gedichte von Marina Zwetajewa* von 1973, *Meine Verse*, die mit den Worten enden: „für meine Verse, wie für kostbare Weine, kommt einst die Zeit!" Auch hier herrscht nicht die reine Lehre der Zwölftontechnik vor, sondern Reihenabschnitte werden als variierbare melodische Keime benutzt, die sich „schon im Augenblick ihrer Geburt in etwas anderes verwandeln.[34] Maróthy findet die Keimzelle dieses Verfahrens sogar schon in Schostakowitschs Kürzel „d-es-c-h", das er zum ersten Mal in den einleitenden Takten der *Lady Mac-*

beth von Mzensk verwendete und für eine raffinierte Licht- und Schatten-Dramaturgie nutzte, die nicht nur technisch gewitzt, sondern auch inhaltlich bedeutsam war.[35]

Der Schostakowitsch der Stalinzeit allerdings hütete sich, bald wieder Musik mit Texten zu schreiben, die den Linienrichtern der Partei zu viele Hinweise geben würden, worum es geht – schließlich hatte er auch seine Familie zu schützen und zu ernähren. Schostakowitsch hat die sinfonische Tradition von Beethoven, Tschaikowsky und Mahler genauestens studiert und ist entschlossen, sich nur noch in der Sprache dieser Musik zu äußern und sie für seine Bedürfnisse zu modifizieren. Schon mit der Vierten hatte er sich auf den Weg der großen Sinfonie begeben, allerdings nicht in der Form einer Propagandasinfonie über die Oktoberrevolution, wie er es verkündet hatte, sondern in der Form, die die Klassik entwickelt hatte und die er jetzt entsprechend seinen Bedürfnissen weiterentwickelte. Die Sprache ist zwar die gleiche, doch liegt die musikalische Aussage nicht in der Erfüllung des Beethoven-Modells, sondern in der Abweichung davon. Und die klassizistische Camouflage führt die Wächter in die Irre.

Mit der Fünften Sinfonie schrieb Schostakowitsch 1937 ein Werk, mit dem er als der „sozialistische Beethoven" wie der Phönix aus der Asche wiederauferstand. Eine Sinfonie von dieser Wucht und mit diesem Ernst war genau das, was nun von den sowjetischen Komponisten erwartet wurde – von einer neuartigen proletarischen Musikkultur sprach niemand mehr. In Anwendung von Eislers Worten in seinem oben zitierten frühen Vortrag *Die Kunst als Lehrmeisterin im Klassenkampf* könnte man zynisch sagen, Schostakowitsch sei das beste Beispiel dafür, wie die „Änderung der Technik zwangsläufig bedingt wird durch eine historisch notwendige Änderung der Funktion der Musik in der Gesellschaft." Der Klassizismus war hinfort Schostakowitschs Maske. Und doch hatte der Komponist in dieser Form seine wahren Gedanken ausgesprochen, was das erschütterte Publikum auch bemerkte, ohne sie indes fassen zu können. Im Jahr darauf komponierte er sein erstes Streichquartett, eine noch bürgerlichere, individuellere Form. Zwar benutzten Eisler und Schostakowitsch unterschiedliche Motorentypen, doch bezogen beide Antriebsmaschinen ihre Energie noch immer vom Beethoven-Sprit Marke „Fortschritt". Den Unterschied bemerkte Adorno hellsichtig, als er über Eislers Musik notierte: „Musik, die Nasen schneidet (keine Masken aufsetzt)."[36]

Am 22. Juni 1941 griffen deutsche Truppen die Sowjetunion an. Schostakowitschs Heimatstadt Leningrad war vom 8. September 1941 bis zum 27. Januar 1944 belagert, was über einer Million Einwohnern den Tod durch Verhungern brachte. Die Schilderungen der Grausamkeiten der Deutschen in der Sowjetunion sind schwer auszuhalten. Der Komponist stellte sich bedingungslos dem Kampf gegen die Nazis zur Verfügung und mit seiner Siebten, der *Leningrader Sinfonie* trug er wirksam zum Widerstand bei – keine Sinfonie des 20. Jahrhunderts kam so rasch zu so großer weltweiter Popularität. Gleichzeitig wandte Schostakowitsch sich aber auch gegen den wachsenden Antisemitismus von Stalins Regime, indem er in seinen Kompositionen jüdische Melodien einsetzte.

Die Jahre nach dem Sieg über Nazideutschland brachten den Künstlern kaum Ruhe: Vom 10. bis 13. Januar 1948 tagte das ZK der KPdSU und verurteilte die besten Komponisten als Kosmopoliten und Formalisten und verpflichtete sie wieder auf den „Sozialistischen Realismus“. Schostakowitsch verlor seine Ämter und hielt sich die nächsten Jahre mit Filmmusik und „offiziellen“ Werken wie dem *Lied von den Wäldern*, mit Liedern auf Dolmatowski-Texte und mit revolutionären Chören über Wasser.

Arnold Schönberg sah die neue Eiszeit zwischen Ost und West heraufziehen und erkannte die Gefahren für Eisler: „Es ist wirklich zu dumm, dass erwachsene Menschen, Musiker, Künstler, die wahrhaftig Besseres zu sagen haben sollten, sich mit Weltverbesserungstheorien einlassen, obwohl man ja aus der Geschichte wissen kann, wie all das ausgeht. Ich hoffe, man wird ihn schließlich hier doch nicht ernst nehmen. Ich habe ihn ja nie ernst genommen, sondern diese Tiraden immer für Interessantmacherei gehalten. Wenn ich etwas zu sagen hätte, würde ich ihn wie einen dummen Jungen übers Knie legen und ihm 25 heruntermessen und ihn versprechen lassen, dass er nie mehr seinen Mund aufmacht und sich aufs Notenschreiben beschränkt. Dafür hat er Talent und das andere soll er andern überlassen. Wenn er ‚bedeutend‘ scheinen will, so soll er bedeutende Musik komponieren.“[37] Bedeutend scheinen war aber das Letzte, das Eisler interessierte. Mit Brecht und Dessau wartete er darauf, in Deutschland wieder nützlich zu werden.

1948 musste Schönberg nicht nur erleben, dass Hanns Eisler vom McCarthy-Komitee gegen unamerikanische Umtriebe verhört und als Kommunist aus den USA ausgewiesen wurde, sondern er sah sich auch durch Hermann Scherchen in Unruhe versetzt, der 1951 die Wiener Erstaufführung seines *Überlebenden aus Warschau* dirigieren sollte. „Sind Sie Kommunist?“, fragte Schönberg Scherchen direkt, worauf dieser ebenso direkt mit „Ja!“ antwortete. Erst als Schönberg die

Bestätigung hatte, dass Scherchen nicht auf den McCarthy-Listen verzeichnet war, beruhigte er sich und erlaubte ihm die Aufführung. Scherchens politische Offenheit brachte ihn 1950 um seine Anstellungen beim Orchester von Radio Beromünster und beim Stadtorchester Winterthur, das er seit 1922 auf höchstes Niveau gebracht hatte.

1951 bekam Scherchen in Ostberlin die umgekehrte Keule zu spüren. Um das Stück *Das Verhör des Lukullus,* das Bertolt Brecht 1940 im schwedischen Exil geschrieben hatte, entwickelte sich eine kulturpolitische Kampagne. 1949 erarbeitete Brecht mit Paul Dessau (1894 – 1979) daraus eine Oper, die an der Berliner Staatsoper Unter den Linden uraufgeführt werden sollte. Den Kulturfunktionären, die gerade damit beschäftigt waren, einen Kampf gegen den „Formalismus" zu führen, wie er 1948 in der Sowjetunion über Schostakowitsch und seine Kollegen hereingebrochen war, war auch Paul Dessau, der 1943 Bertolt Brecht nach Los Angeles gefolgt war, zu „kosmopolitisch". Für die Probeaufführung am 17. März 1951 vergab das Ministerium für Volksbildung gezielt Eintrittskarten, um einen Misserfolg herbeizuführen – was gründlich misslang. Um „pazifistische Tendenzen" zu mindern, wurde Brecht zur Unterscheidung zwischen Angriffs- und Verteidigungskrieg gezwungen, und unter dem neuen Titel *Die Verurteilung des Lukullus* wurde die Oper am 12. Oktober 1951 dann unter Scherchens Leitung uraufgeführt.

Hermann Scherchen blieb Kommunist aus Lebenserfahrung, was ihn aber nicht ideologisch einengte. Er dirigierte moderne Musik von Monteverdi über Bach und Beethoven bis Nono, Stockhausen, Xenakis. Mozarts Requiem lag ihm ebenso am Herzen wie Haydns *Sieben letzte Worte Jesu am Kreuz*, wovon bewegende Aufnahmen zeugen. Die Kantate *Il Canto sospeso* (Schwebender Gesang) des italienischen Kommunisten Nono auf Abschiedsbriefe zum Tode Verurteilter aus dem europäischen Widerstand gegen die Nazis wurde 1956 von Hermann Scherchen beim WDR Köln uraufgeführt. Luigi Nono zählte Scherchen ebenso zu seinen Schülern wie Bruno Maderna, Ernest Bour, Francis Travis und Harry Goldschmidt.

Hanns Eisler arbeitete nach der Deportation aus den USA erst einmal in Prag und Wien für Film und Theater, bevor er ab Juni 1949 vorwiegend in der neu gegründeten DDR lebte. Sein Ziel im sozialistischen Aufbau war es, eine „neue Einfachheit" zu finden, zum zweiten Mal eine neue Kultur zu erarbeiten. An der 1950 neu gegründeten Deutschen Akademie der Künste in Ostberlin übernahm er die Meisterklasse für Komposition, die einmal Schönberg geleitet hatte. Die Musik der Zweiten Wiener Schule unterrichtete er nicht, dafür die Musik Bachs, Beethovens, Schuberts, Brahms', vor allem in Bezug auf die Variationstechniken, auf die Umwandlungen musikalischer Gedanken: „Wir können nur das unterrichten, was in der Geschichte sich erprobt hat. Wir unterrichten auch keine Stile. Wir unterrichten handwerkliche Fähigkeiten: einen fließenden Satz zu schreiben, ein präzises Thema zu schreiben, eine Überleitung, mit zwei Themen zu operieren etc."[38]

Zu Goethes 200. Geburtstag 1949 schrieb Eisler eine *Rhapsodie für großes Orchester mit Sopran-Solo nach Worten aus Goethes Faust, 2. Teil.* Eine neue Einfachheit und Zugänglichkeit war nun das Ziel, um den Zugang zum „klassischen Erbe" zu öffnen. 1951 folgte *Das Vorbild*, ein Triptychon für Alt-Solo und Orchester nach Worten von Goethe mit einer *Aria – Edel sei der Mensch* und dem *Symbolum – Des Mannes Wandeln.* Dazwischen entstanden die *Neuen Deutschen Volkslieder* auf Texte von Johannes R. Becher, mit dem Eisler auch gemeinsam die DDR-Nationalhymne geschrieben hatte. Etwa zur gleichen Zeit komponierte Schostakowitsch seine *Zehn Poeme nach revolutionären Gedichten für Chor a capella* und die Kantate *Über unserer Heimat scheint die Sonne* nach Dolmatowski-Texten. Beide Komponisten entrichteten dem „Sozialistischen Realismus" ihren Tribut, doch nachhaltig waren solche Arbeiten bei keinem von beiden. Adorno notierte: „An dem falschen, vor allem dem heroisch-triumphalen Ton der positiv proletarischen Vokalsachen lässt sich heraushören, was aus dem Kommunismus wurde. Und die Texte! Das Mieße als Ideal."[39]

In Berlin erfährt Eisler von Arnold Schönbergs Tod und schreibt folgende Notiz nieder: „Der erste Entwurf des Textes zu einer Oper *Dr. Faustus* wurde fertig am Freitag den 13. Juli 1951 und ich bekam die Reinschrift am Sonnabend den 14. Juli 1951 vormittags. Gestern am Sonntag, den 15. Juli, erfuhr ich, dass Arnold Schönberg in der Nacht vom 13. zum 14. Juli im Alter von 76 Jahren verstorben ist. Damit schließt sich in merkwürdiger Weise ein Kreis." Den letzten Satz strich Eisler wieder durch und ersetzte ihn handschriftlich: „Ich bin auf das tiefste bewegt. Er war mein Lehrer …" An die Witwe schrieb er: „Wenn ein so genialer Musiker wie Schönberg stirbt, dann hält unsere Kunst bestürzt den Atem an. Er war der letzte große Komponist. Mit ihm geht die Epoche der modernen bürgerlichen Musik zu Ende. Sein Platz bleibt leer. Ich war sein Schüler; ich bleibe ihm dankbar."[40]

Eisler nahm in seinen Notizen auch Bezug auf den Faust-Roman von Thomas Mann: „In seinem *Doktor Faustus* hat Thomas Mann eine Romangestalt namens Leverkühn erfunden. Dieser Leverkühn hat gewisse Züge Arnold Schönbergs. Er macht einen Pakt mit dem Teufel. Als sein letztes Kompositionswerk gilt Dr. Faustus Höllenfahrt. Nach Beendigung des Werkes wird er wahnsinnig. [...] Die Beschreibung von Leverkühns Oratorium *Dr. Fausti Wehklag* hat Thomas Mann, der mit Schönberg, Adorno und mit mir persönlichen Umgang pflog, sehr interessant gestaltet: Es ist eine 12-Ton-Komposition. [...] er lässt Leverkühn träumen von einer neuen Zeit, wo die Musik gewissermaßen ‚auf Du und Du' mit dem Volke stehen wird. Mein *Doktor Faustus* soll eine Oper werden, die mit dem Volk auf Du und Du steht."[41] Und weiter: „Ich kann das nur tun, wenn ich nicht experimentiere, wie mein Freund Brecht, oder gar provoziere und schockiere, wie es ebenfalls Brecht liegt, sondern indem ich mit einer reifen, runden, gültigen Leistung komme; sie muss begriffen werden von den unerfahrenen Ohren und den erfahrensten, und der Text muss begriffen werden von den unerfahrensten und den gebildetsten."[42] Im Oktober 1952 erschien Eislers selbstverfasstes Libretto im Aufbau-Verlag, dessen hohes Niveau Adorno feststellte.[43]

Eisler versetzt seinen Faust in die Zeit Luthers, Thomas Müntzers und der Bauernkriege, die den klassenkämpferischen Hintergrund liefern. Und er verweigert ihm ein Happyend: Faust bereut und ist doch verdammt („Dagegen, dachte ich, dürfte auch der große Goethe nichts einzuwenden gehabt haben, nach allem, was passiert ist"[44]). Dagegen etwas einzuwenden hatten allerdings die Genossen von der SED, die eifrig ihren Kampf gegen den „Formalismus" in der Kunst führten, also immer noch den Moskauer Shdanow-Beschlüssen von 1948 nachliefen, die auch Schostakowitsch getroffen hatten. Von Eisler waren schon seit 1951 sowohl alle Zwölftonkompositionen verboten als auch seine Ernst-Busch-Songs mit Jazz-Einschlag. Beim Slánsky-Prozess in Prag war auch Eislers Freund Otto Katz hingerichtet worden. Gerhart Eisler verlor seinen Posten im Informationsamt der DDR-Regierung.

Im Mai und Juni 1953 wurde auf drei Diskussionsabenden in der Berliner Akademie der Künste Eislers Faust-Libretto heftig kritisiert. Man warf ihm vor, er habe die „Grundfrage unseres patriotischen Kampfes nicht tief genug durchdacht", sonst hätte er Faust „als Heldenfigur des leidenschaftlichen Kampfes gegen die deutsche Misere" dargestellt. Dazu kam eine Pressekampagne gegen Eisler, dessen Faust man zum Entsetzen von Brecht und Felsenstein an die Seite der „Renegaten" Slánsky, Rajk und Tito stellte – damals eine lebensgefährliche Zuordnung. Das Urteil sprach SED-Chef Walter Ulbricht, der erklärte, man werde es nicht zulassen, dass eines der bedeutendsten Werke Goethes zur Karikatur gemacht wird wie in Eislers sogenanntem *Faustus*[45] – Ulbricht fehlte sogar die Fähigkeit, zwischen Werk und Stoff zu unterscheiden. Adorno war davon überzeugt, dass Eisler Schauprozess und Hinrichtung nur dank Stalins Tod entging, wie er 1968 seinem Verleger Siegfried Unseld schrieb.[46]

Eisler griff vermehrt zum Alkohol; berühmt wurde die Episode in Westberlin am 16. Juli 1953, als der Komponist der DDR-Hymne zum Vergnügen der Westpresse festgenommen wurde, weil er so betrunken war, dass er kaum gehen konnte und mit einem Taxichauffeur in ein Handgemenge geraten war. Tief gekränkt reiste Eisler nach Wien, wo er bis 1955 hauptsächlich blieb: Ihm sei „jeder Impuls, Musik zu schreiben, abhanden gekommen,“[47] schrieb er an das ZK nach Berlin. Brecht hatte bei der Formulierung des Briefes geholfen.

Am 5. März 1953 war Stalin gestorben. Schostakowitsch feierte den Tod seines Feindes mit der Komposition seiner Zehnten Sinfonie. Bis sich politisch etwas änderte, dauerte es noch bis zum XX. Parteitag 1956, der den „Personenkult“ verurteilte und beendete. Eisler führte weiter seinen Kampf gegen die „Dummheit in der Musik“: „Ich bin gegen das schlechte Hören und gegen die schlechten Interpreten, und ich bin gegen die schlechten Komponisten, die Dummheiten, Schwulst, Dreck und Schwindeleien in der Musik ausüben. Ich bekämpfe das seit 1918. Heute ist 1961. Ich gebe zu, ich bin besiegt worden.“[48]

Doch wäre er nicht Eisler gewesen, hätte er die Lage der Dummheit in der DDR nicht als Marxist analysiert: „Die Deutschen – Sie wissen doch – sind ein unglückliches Volk. Wir sind nur sentimental und brutal. Wir haben zwei schreckliche Kategorien. Entweder vernichten wir Leute, vergasen Juden und schicken unsere jungen Leute gegen die russischen Panzer – oder wir sind sentimental und singen: „Ich weiß nicht, was soll es bedeuten“. Wobei ich den Satz umändern würde in „Ich weiß schon, was soll das bedeuten.‘ Das ist die nationale Schwäche, die nicht national ist, sondern die aus der Produktionsmethode Deutschlands zu erklären ist.“[49]

In seinen letzten Jahren schwankte Eisler zwischen Kampf und Resignation. Als er vom Leipziger Gewandhaus den Auftrag erhielt, eine Sinfonie zu schreiben, war er ratlos: Sinfonien waren das Letzte, was er für gesellschaftlich sinnvoll hielt. Zu Hans Bunge sagte er: „Was momentan notwendig ist, weiß ich nicht. Da ich die Oper für schwachsinnig halte – schon wegen der Sänger, die ja unerträglich sind – und die Sinfonien, wie Sie sehen, auch für schwachsinnig halte, gibt es nur etwas, was notwendig wäre: Das Schweigen.“[50]

Eine neue Musikkultur hatte sich nicht entwickelt, weil sich die erwartete neue Gesellschaft nicht entwickelt hatte. Statt des Sozialismus hatten die Parteibürokraten einen Staatskapitalismus aufgebaut und seit sie die Macht ergriffen hatten, terrorisierten sie den Rest der Gesellschaft. Die DDR war dem Vorbild der Sowjetunion treulich gefolgt. In den wenigen Jahren, die ihm blieben, konnte Eisler zwar das Versagen seiner Genossen erkennen und als Idealist weiterhin für die Utopie kämpfen, doch zugeben konnte er sich das Scheitern nicht.

Das 20. Jahrhundert ließ seine Helden nicht alt werden. Eisler starb am 6. September 1962 mit 64 Jahren. Adorno starb am 6. August 1969 mit 65 Jahren. Schostakowitsch starb am 9. August 1975 mit 68 Jahren. In seinen neun letzten Jahren stand der Tod im Zentrum der Werke Schostakowitschs, dessen Gesundheit sich seit langem ständig verschlechtert hatte. Eislers letztes Werk waren die *Ernsten Gesänge.* Im ersten Lied *Asyl*, einem Hölderlin-Fragment, lautet die letzte Zeile: „Sei du, Gesang, mein freundlich Asyl!“ Die Musik war der letzte Rückzugsort Hanns Eislers, hier sagte er vorbehaltlos die Wahrheit und das ist es, was er auch mit Schostakowitsch teilt.

Für die Wahl der Texte dieser sieben Lieder und des Vorspruchs glaubte Eisler sich ebenso entschuldigen zu müssen wie für die trübsinnigen Hollywood-Lieder: „Ich glaube, dass ein junger Mensch in der DDR das dritte Lied, *Die Verzweiflung*, kaum goutieren wird. [...] *Die Verzweiflung* ist natürlich ein Lied, das in einem sozialistischen Land kaum ein Komponist komponiert haben würde. Vor allem ich – ein alter Kommunist! – komponiere plötzlich *Die Verzweiflung*! Das mag einen Sinn haben für Leute, die sich in besseren Zeiten um meine Kunst kümmern werden.“[51]

Hanns Eisler über Schostakowitsch

Einiges über die Krise der kapitalistischen Musik und über den Aufbau der sozialistischen Musikkultur

Schostakowitsch wird nicht erwähnt.

(Typoskript vom Juni 1935, Vermerk „für Prawda Moskau")[52]

Schönberg und Schostakowitsch

Beschreibung Brechts über ein Zusammentreffen mit Schönberg im Juli 1942:

Eisler besuchte gemeinsam mit Brecht eine Vorlesung Schönbergs „Über modernes Komponieren". Schönberg war sehr lebhaft und sprach mit polemischer Haltung von der „Emanzipation der Dissonanz". [...] Nach dem Vortrag waren Eisler und Brecht zu Schönberg in seine Villa am Sunset geladen. Brecht beschreibt den Siebzigjährigen, der ihm gut gefallen hat, als einen „etwas vogelartigen Mann, der viel Charme hat bei angenehmer Trockenheit und Schärfe". Er sähe sich mit Recht historisch. [...] Dann wurde erwähnt, dass jemand bei einem Preisausschreiben Schuberts „Unvollendete" vollendet habe, und Schönberg antwortete schnell: „Ich könnte es besser machen, aber ich würde es nicht wagen." Die „Leningrader Symphonie" von Schostakowitsch kritisierte er. Er habe sie, von Toscanini gespielt, im Radio gehört und nicht besonders gefunden, „alles zu lang, 35 Minuten mit Material für 12 Minuten". [...]

Eisler: Sehr schön. Das ist eine glänzende, genaue Deskription des Zusammenseins mit Schönberg. Dazu habe ich nur zu sagen, dass es richtig ist.

(Gespräch mit Hans Bunge am 13. April 1958)[53]

Über Mahler

Auch gewisse Klänge, so wie Mahler die Harfe behandelt – gewiss war das in der damaligen Zeit originell – geht mir sehr auf die Nerven. Aber ich will nun nicht bestreiten, dass Mahler eine sehr außerordentliche Erscheinung war. Ich höre ja auch mit Vergnügen, dass mein verehrter Freund Schostakowitsch zum Beispiel Mahler sehr schätzt, und nicht nur er. Und ich bin ja da sehr objektiv, ich freue mich, wenn jemandem Mahler gefällt. Ich schließe mich da eben aus.

(Gespräch mit Nathan Notowicz, Anfang 1958)[54]

Über Geschmack

Ich erinnere mich, wie er (Schönberg) mir einmal erklärte, wie hübsch das sogenannte Fiakerlied harmonisiert ist. Da es sich in solchem tonalen Stück doch nur um einige Dreiklänge und deren Umkehrungen handelt, muss man schon ein großer Geist sein, um darin die Feinheiten zu sehen. Diese Art des Hörens scheint mir heute nicht so leicht voranzukommen, nämlich dass man in den einfachsten Tonverbindungen Geschmack und Sicherheit beweist. Auch das konnte man von Schönberg lernen. Selbstverständlich haben andere große Meister, ich nenne zum Beispiel Bartók, oder unser Freund Schostakowitsch, selbstverständlich haben sie das ohne Schönberg. Aber in meiner Zeit, in meiner Generation und in Wien damals studierend, konnte ich das nur von Schönberg lernen.

(Gespräch mit Nathan Notowicz Anfang 1958)[55]

Präludien opus 34

Als ich in Moskau war, bekam ich eines Abends im Hotel eine Einladung, morgen würde ich abgeholt um vier Uhr Nachmittag. Gorki lädt mich ein, ihn zu besuchen. Dort bin ich also hingefahren. Da war Barbusse anwesend und Gorki, der auch etwas Deutsch konnte und besonders herzlich mit unsereinem war, und der Pianist Neuhaus. Der spielte damals die gerade erschienenen Prelüden von Schostakowitsch vor. Wer noch dort war außer mir … ich glaube niemand. Es waren überhaupt nur fünf, sechs Leute, oder sieben Leute. Es ist möglich, dass noch jemand war, vielleicht war da noch ein Musikwissenschaftler, ich weiß es nicht.

(Gespräch mit Nathan Notowicz am 21. April 1958)[56]

Die elfte Sinfonie von Schostakowitsch

Einführung

Sie werden jetzt ein grandioses Stück hören, das die Kämpfe der russischen Arbeiterschaft 1905 zum Inhalt hat. Seine elfte Sinfonie schrieb Schostakowitsch zum 40. Jahrestag der Großen Oktoberrevolution. Es ist eine hohe Musik in einer großen Form. Diese Sinfonie, anscheinend einsätzig, enthält doch vier Sätze. Schostakowitsch hat jedem einzelnen Satz einen Titel gegeben. So heißt der erste *Vor dem Winterpalais*, der zweite *Der 9. Januar*, der dritte *In memoriam*, der vierte *Die Sturmglocke.* Schostakowitsch hat in dieser Sinfonie auf eine Art des Musizierens zurückgegriffen, die lange nicht mehr gepflegt wurde: die Programmmusik. Es ist Ihnen vielleicht bekannt, dass Programmmusik Ereignisse, Bilder, Ideen darstellen will. Wir haben Beispiele in der

Musikgeschichte, denken Sie nur an die sechste Sinfonie von Beethoven, die *Pastorale*. Schostakowitsch vermeidet aber die naturalistische Methode des Illustrierens der Schule Richard Wagners und bemüht sich mehr um den Ausdruck der Empfindung als der Malerei. Aber dem Ausdruck der Empfindung liegt die Erinnerung an die Revolution von 1905 zugrunde, die Lenin Generalprobe genannt hat.

Das Wichtigste dieser Sinfonie ist die Verwendung von russischen Arbeiterliedern und zwar verwendet Schostakowitsch Lieder wie *Brüder zur Sonne zur Freiheit*, *Die Warschawianka* und den *Trauermarsch der russischen Revolutionäre* und andere. Es ist meines Wissens zum ersten Mal in der Geschichte der Musik, dass in der großen Sinfonieform die Arbeiterklasse selbst ihre Stimme erhebt. Diese Arbeiterlieder sind revolutionäre Volkslieder. Auch so knüpft Schostakowitsch an die klassische Tradition an, wenn Sie bedenken, dass in den Sinfonien von Mozart, Haydn, Schubert, Brahms und Beethoven, aber auch in den Werken Mussorgskis und Rimski-Korsakows die Melodien Volksliederintonationen haben, zum Teil auch direkt übernommene Volkslieder sind.

Es ist nicht leicht für den Ungeübten Sinfoniemusik zu hören. Hohe Musik setzt nicht nur allgemeine Kultur, sondern eine spezifisch musikalische voraus. Im Kapitalismus hat es auch in der Musik ein Bildungsprivileg gegeben. Friedrich Schiller formuliert in seinem berühmten Aufsatz über die *Gedichte Bürgers* die Klassik als die Kunst, die die Kluft zwischen den gebildeten Ständen und dem Volk zu schließen hat. Wir müssen heute natürlich weitergehen und weitersehen, denn wenn auch das Bildungsprivileg in unserer Republik gebrochen ist, so ist Musikkultur noch in ihrem frühen Anfang. Es ist seltsam sich eingestehen zu müssen, dass es leichter ist, eine Formel der modernen Physik, wie z. B. die berühmte Albert Einsteins $e = mc^2$ zu erklären und zu popularisieren, als z. B. das Streichquartett f-moll op. 95 von Beethoven. Wir können rascher ein Atomkraftwerk bauen und eher auf den Mond gelangen, als bis es uns gelungen sein wird, das große Erbe der klassischen und modernen Musik anzutreten, so dass es in den Besitz des gesamten werktätigen Volkes ist. Hören von Musik muss nicht weniger erlernt werden als Schreiben und Lesen. Es ist oft zurückgeblieben hinter dem gesellschaftlichen Bewusstsein, aber es verändert sich wie alles in der menschlichen Gesellschaft, bis, wie Walter Ulbricht es auf dem V. Parteitag fordert, der Widerspruch zwischen Kunst und Unterhaltung aufgehoben sein wird.

(Typoskript vom 5. November 1958)[57]

Über Unterhaltungsmusik

Ich muss da jetzt eine kleine Einschließung machen, nämlich über Unterhaltungsmusik. Da hat zum Beispiel mein Freund Dr. Seeger (ein sehr begabter Bursche) im „Neuen Deutschland" einen Artikel über Unterhaltungsmusik veröffentlicht[58]. Ich will hier nicht den Kollegen, die das komponieren, in die Kandare treten und wünsche ihnen alles Gute. Aber das heißt doch eine Überbewertung der Unterhaltungsmusik, wie ich sie mir in meinen kühnsten Albträumen nicht vorgestellt habe. Ich erinnere an den Artikel von Schostakowitsch; mit welcher Verve er gegen die Estradenmusik angeht (das ist das, was bei uns Unterhaltungsmusik ist)[59]. Zu glauben, dass man mit dieser Art von Musik (ich möchte keinen Kollegen hier jetzt kränken), wie ich sie leider im Radio höre, die Nation zur musikalischen Bildung vorwärtsbringen könne – dann könnte man auch sagen, dass der Gartenzwerg die Nation zum Verständnis der klassischen Bildhauerei anregen würde; oder dass zum Beispiel der Öldruck oder diese „Gemälde", die ich in Hotelzimmern finde („Hirsch röhrt im Walde" und „Alpenglühen") das echte Verständnis von Leonardo da Vinci einleiten würden. (Vortragsmitschnitt vom 9. März 1962)[60]

Schostakowitsch über Eisler

Für Hanns Eisler

In einer Zeit, in der die fortschrittlichen Kräfte der Welt unerschrocken den Frieden auf unserem Planeten verteidigen, können wir uns nicht mit jener Sorte verstandesmäßig kalter und geschäftstüchtiger Künstler abfinden, die bewusst dem Leben, der Gesellschaft, den Menschen den Rücken kehren. Diese Art individualistischer, nur sich selbst liebender Komponisten-Drohnen, die sehr geschickt und wendig Klänge schreiben, scheint mir heute ein sonderbarer Anachronismus, schon ihr bloßes Vorhandensein ist eine Beleidigung für unsere Kunst.

Hanns Eisler stand mit seiner ganzen Persönlichkeit, seiner Lebensauffassung und seinen schöpferischen Erfahrungen im schärfsten Widerspruch zu dieser snobistischen Clique gleichgültig kühler Musiker, deren Beziehung zur Kunst nur beschämend ist. Hanns Eisler bleibt für uns alle das prachtvolle Beispiel eines Musikers, der immer an der vordersten Front stand und sein Schöpfertum aktiv für den Fortschritt und Frieden im Kampf für eine neue, gerechte Gesellschaftsordnung, für eine freundliche Zukunft einsetzte. Gemeinsam mit dem flammenden Wort der Tribunen der Revolution drang seine Musik ins Leben. Seine Lieder waren immer die geliebte und erprobte Waffe des Proletariats.

Wir Sowjetmusiker erinnern uns gut des verblüffenden Eindrucks, den die ersten Kampflieder Eislers bei uns hinterlassen haben, als sie anfangs der dreißiger Jahre zu uns gedrungen waren. In ihnen glühte das Feuer des revolutionären Kampfes, und wir hörten den stählernen Tritt von Millionen Werktätigen, die sich um das Banner des Kommunismus scharten. Diese Lieder geben Zeugnis davon, dass wir Sowjetkünstler, die wir für eine neue Welt, für eine neue Kunst kämpfen, im Westen treue Verbündete haben. In diesen Gesängen lebte der Geist, der auch die Werke Majakowskis und Brechts, Eisensteins und Pudowkins, den Bildhauers Iwan Schadt und von Käthe Kollwitz beseelte. In diesen Liedern offenbarte sich uns das Wunderbar-Neue, die schöpferische Freude der Inspiration, die das echte Kunstwerk auszeichnet.

Später lernte ich auch andere Werke Eislers kennen, seine antifaschistischen Balladen, Chöre und Kantaten. Er war ein großer Meister, der um das Geheimnis der höchsten Einfachheit wusste und nie durch Anwendung billiger und bequemer Spielereien sein Niveau verließ. Heute, wo in der sowjetischen Musik das Interesse am synthetischen Genre wächst, unter anderem auch auf dem Gebiet der Vokalsinfonie, der Kantate und des Oratoriums, scheinen mir die großen Erfahrungen Eislers besonders lehrreich. Wir Sowjetmusiker müssen tiefer und gründlicher in die Gedankenwelt des kostbaren Erbes von Hanns Eisler eindringen, um an seinem Beispiel die Kunst des sozialistischen Realismus zu erlernen.

Eisler war oft bei uns in der UdSSR zu Gast. Er liebte das Sowjetland, den ersten sozialistischen Staat der Welt, von ganzem Herzen. Er war stolz auf unsere Erfolge als treuer Revolutionär und echter Internationalist. Möge sein leuchtendes Andenken uns allen Unterpfand sein für eine nie erlöschende Freundschaft und Zusammenarbeit der deutschen und sowjetischen sowie der fortschrittlichen Künstler der ganzen Welt.

Dem Rufe Hanns Eislers folgend, werden wir die Front der sozialistischen Kunst festigen, einer wahrhaft volkstümlichen und avantgardistischen, an Millionen gerichteten Kunst, einer Kunst des Volkes und des Fortschritts, die uns den Weg weist zu den lichten Höhen des Kommunismus.

(1964)[61]

Wahrheit in der Musik
Wir stehen nicht allein mit unserer Auffassung von reiner Wahrheit und Schönheit der Musik. Das Humanistische, Fortschrittliche der Kunst, der Geist echten Neuerertums und gleichzeitig eine tiefe Verehrung für die Traditionen zeichnet die besten Arbeiten solcher hervorragender Komponisten unserer Zeit aus wie Béla Bartók, Igor Strawinsky, Paul Hindemith, Arthur Honegger, Hanns Eisler, Benjamin Britten, Witold Lutosławski, Lubomir Pipfkoff …
(1975)[62]

In einer ähnlichen Aufzählung aus dem Jahr 1956 fehlte Eisler:

Mit großem Interesse stehe ich der zeitgenössischen Musik gegenüber, solchen Komponisten wie Béla Bartók, Zoltán Kodály, Benjamin Britten, George Gershwin, Arthur Bliss, Igor Strawinsky, Arthur Honegger, Pantscho Wladigeroff, Paul Hindemith.[63]

Flaschenpost mit Sklavensprache – Schostakowitsch und Theodor W. Adorno

Theodor W. Adorno hat Schostakowitsch nichts geschenkt. Er spottete über „die Schlachten, die dieser freiwillig oder unfreiwillig programmmusikalisch abschilderte“[1]. Dem „von seinen Heimatbehörden zu Unrecht als Kulturbolschewist gemaßregelten Schostakowitsch“ warf er „Geschmack am Ungeschmack, Simplizität aus Unbildung, Unreife, die sich abgeklärt dünkt, und Mangel an technischer Verfügung“[2] vor. Und auch Verrat: „Auf Mahler allein passte das Wort sozialistischer Realismus, wäre es nicht selbst so depraviert von Herrschaft; häufig klingen die russischen Komponisten der Jahre um 1960 wie ein verschandelter Mahler.“[3]

Und einmal hat auch Schostakowitsch Adorno geohrfeigt: „Die Verfechter der Dodekaphonie sind sich selbst der Schädlichkeit ihrer Musik deutlich bewusst. Einer der treuesten Anhänger Schönbergs, Theodor Adorno, bekannte: ‚Die Angst des Einsamen wird zum Kanon der neuen Ästhetik der Kunst.‘ Diese ‚neue Ästhetik‘ ist eine Ausgeburt der alten Welt, die für immer der Vergangenheit angehört. Sie wurde von Menschen geschaffen, die die Gegenwart fürchten und an die Zukunft nicht glauben, die keine großen und lichten Perspektiven vor sich sehen.“[4]

Am 7. August 1964 druckte DIE ZEIT Schostakowitschs Artikel „Die Musik und die Zeit“, der in dem Satz gipfelte: „Unter den zahlreichen Problemen des zeitgenössischen Musiklebens bewegt mich besonders das Problem des sogenannten Avantgardismus. Ich weiß nicht, woher dieser Ausdruck stammt, aber seine Anwendung auf bestimmte schöpferische Erscheinungen scheint mir der größte Bluff zu sein. Von was für einer Avantgarde, das heißt ja von einer Vorhut, einem Zeichen des Fortschritts, kann man sprechen, wo doch nur eine totale Entartung der Kunst zu sehen ist!“ Joachim Kaiser versagte sich in seiner Antwort jede naheliegende Polemik und suchte sogar nach Doppelbödigkeit im Text (etwa wenn Schostakowitsch unter den Avantgarde-Komponisten auch den Kritiker Stuckenschmidt aufzählte) und nach Schwachpunkten: „Und obwohl es geradezu schwachsinnig wäre, annehmen zu wollen, die Differenz, ja die Kluft zwischen modernem Komponieren und Publikumswünschen ließe sich gewissermaßen auf dem Verordnungswege beseitigen, hat es doch offenbar für viele sowjetrussische Komponisten etwas Beflügelndes, gleichsam zum objektiven Träger des musikalischen Weltgeistes befördert zu werden. Gleichviel, ob diese verordnete Volksverbundenheit erschlichen oder ob sie wahr ist: sie zählt für Schostakowitsch." Und Kaiser fügte hinzu: „Was den Gegensatz zwischen ‚faulenden Holzscheiten' und realistischer Jugendkraft angeht, so hat bisher noch kein Werk der sogenannten realistischen Schule mit dem Grauen des Zweiten Weltkrieges fertig werden können." Nach Kaiser hätten also Adorno und Schostakowitsch eines doch gemeinsam: Sie hielten sich für den objektiven Träger des musikalischen Weltgeistes. Das schloss sich aber gegenseitig aus.

Der Eiserne Vorhang ging auch durch die Musik. Pierre Boulez und Dimitri Schostakowitsch hätten sich beim Warschauer Herbst 1959 treffen können, doch ein Gespräch zwischen den beiden kann man sich schwer vorstellen – als „Zweit- wenn nicht Drittpressung von Mahler" bezeichnete Boulez die Musik des russischen Kollegen. Luigi Nono traf Schostakowitsch dort tatsächlich: „Einst kam ich ins Gespräch mit einem jungen und nicht untalentierten italienischen Komponisten, der sich blindlings zum ‚avantgardistischen' Glauben bekannte. Seine Komposition, sehr fortschrittlich, was die Idee betrifft, erlebte bei der Aufführung einen totalen Durchfall. Der Komponist sagte mir, dass ihn das nicht aufrege: nach fünfzig Jahren würden ihn die Leute schon verstehen."[5] Beim Festival Warschauer Herbst wurden schon 1958 und 1959 Werke von Boulez, Stockhausen, Nono und Cage aufgeführt[6], was die sowjetische Kulturbürokratie als Widerstand gegen ihre ideologische Führerschaft anprangerte. Der 1956 nach dem Ungarnaufstand vor den Kommunisten geflohene György Ligeti weigerte sich in der 60er Jahren in Stockholm, dem Kommunisten Schostakowitsch die Hand zu geben. Zwischen beiden Fronten gab es nicht nur Denkverbote, sondern auch Sprachlosigkeit und ein Unvermögen zuzuhören. Der eine verstand nicht, wovon der andere sprach, keiner hatte Antennen für die Musik des anderen.

Noch in seinem Todesjahr 1975 erschien in der Zeitschrift *Kommunist* ein Artikel von Dimitri Schostakowitsch, der die westliche Avantgardemusik auf sarkastische Weise angriff: Er schilderte den Protest eines Orchesters, das solche Musik aufführen musste.[7] Wir wissen heute, dass Schostakowitsch die Artikel, die unter seinem Namen erschienen, kaum je selber geschrieben hat, und schon gar nicht, als er praktisch bereits auf dem Totenbett lag. Diese Episode ist aber zu genau beobachtet, als dass man sie damit einfach abtun könnte. Schostakowitsch war wirklich kein Freund der Nachkriegs-Avantgarde und auch kein Bewunderer von Schönbergs Zwölftonmusik. Als er 1959 das Musikfestival Warschauer Herbst besuchte, gab er einem polnischen Rundfunk-Journalisten ein Interview, das nicht weniger eindeutig war: „... trotzdem tut es mir leid, dass auf dem Festival nicht die Werke von zum Beispiel amerikanischen Komponisten, außer einem, von Komponisten Skandinaviens, Komponisten aus Bulgarien und einer Reihe anderer Länder erklungen sind. So war Frankreich vor allem mit Werken von Pierre Boulez vertreten [...] Es hätte, sagen wir, *ein* Werk genügt, um einen Eindruck von seiner Musik zu bekommen. Sehr schade ist, dass es auf dem Festival keine Musik von einem so bedeutenden polnischen Komponisten wie Lutosławski gab.“[8]

Gegenüber dem Gastgeber übte er noch Zurückhaltung. Aber in einem Interview für die Sowjetskaja Muzyka bestritt er dann die Existenzberechtigung der Avantgarde-Musik.[9] Und fuhr fort: „Ich möchte betonen, dass die Ausdrucksmöglichkeiten der Zwölftonmusik äußerst gering sind. Bestenfalls ist sie in der Lage, Zustände der Niedergeschlagenheit, der völligen Erschöpfung oder der Todesangst auszudrücken, das heißt Stimmungen, die der Gemütsverfassung des normalen Menschen, und umso mehr derjenigen des Menschen der neuen, sozialistischen Gesellschaft, entgegengesetzt sind.“[10] Es folgt der oben schon zitierte Ausfall gegen Adorno, wobei man davon ausgehen kann, dass Schostakowitsch dessen *Philosophie der Neuen Musik* nicht gelesen hatte, sondern dass dies ein Einschub der Redaktion war. In seinen Briefen an seinen Intimfreund Glikman hat Schostakowitsch die Phrasen über die lichten Perspektiven der Menschen im Sozialismus gerne persifliert – falls diese Bemerkung doch von ihm ist, hat er sie sicherlich sarkastisch gemeint.

Adorno begrüßte es ja tatsächlich, dass die jungen Komponisten „die Gegenwart fürchten und an die Zukunft nicht glauben“ und meinte, dass ihre Musik zu Recht der Ausdruck einer kritischen Haltung zur Verfassung der Welt sei: „Adäquat ist aber nur noch, was des letzten Harmlosen sich entschlägt. Die erschreckten Massenreaktionen auf die jüngste Musik sind weltfern dem, was dort rein musikalisch sich zuträgt, aber sie sprechen recht genau an auf die Differenz zwischen jener – heute bereits älteren – neuen Musik, in der das Leiden des Subjekts die affirmativen Konventionen abwirft, und der jüngsten, in der für dies Subjekt und sein Leiden schon kaum mehr Platz ist. Angst schlägt um in kaltes Grauen, jenseits der Möglichkeit von Gefühl, Identifikation und lebendiger Zueignung. Jenes Grauen reagiert präzis auf den gesellschaftlichen Zustand; die fähigsten unter den jungen Komponisten sind der sinistren Implikation selber sich bewusst. Unabweislich der Gedanke an tellurische Konflikte und die Fortschritte der Zerstörungstechnik nach ihrem Maßstab. Zwar kann, was da sich zusammenbraut, unmittelbar der Musik so wenig thematisch werden wie die Schlachten, die Schostakowitsch freiwillig oder unfreiwillig programmusikalisch abschilderte."[11] Hier bezog sich Adorno natürlich auf die Programmsinfonien Nr. 11 (*Das Jahr 1905*) und 12 (*Lenin*), die kurz vor seinen *Vorlesungen zur Musiksoziologie* im Wintersemester 1961/62 erschienen waren. In diesen „Revolutionssinfonien" sah er einen Tiefstand des Niveaus, sowohl von der Kompositionstechnik als auch von der Haltung gegenüber dem Regime her.

Doch es war nicht erst das Fallen des Eisernen Vorhangs, der sich 1945 vor dem Ostblock niedersenkte, was die Verständigung unmöglich machte. Die Sprachlosigkeit begann schon 1936, dem Jahr nicht nur von Schostakowitschs Verurteilung in der Prawda, sondern auch des ersten Moskauer Schauprozesses gegen Sinowjew und Kamenew, womit die Liquidierung der Gegner Stalins begann. 1937 wurde Schostakowitschs Freund, der Marschall Michail Tuchatschewski verhaftet, gefoltert, verurteilt und hingerichtet. Diese Vorgänge spalteten auch die Kreise westlicher Marxisten. Einer dieser Kreise hatte sich in Berlin 1928 um Walter Benjamin (*Ursprung des deutschen Trauerspiels*, 1925), Theodor Wiesengrund-Adorno und dessen künftige Frau Gretel Karplus, Ernst Bloch (*Geist der Utopie*, 1923), Bertolt Brecht, Hanns Eisler gebildet, zu deren Bezugspunkten auch Georg Lukács (*Theorie des Romans*, 1920, *Geschichte und Klassenbewusstsein*, 1923), Siegfried Kracauer (*Das Ornament der Masse*, 1927, *Die Angestellten*, 1929) und natürlich die Frankfurter Schule mit ihrem Oberhaupt Max Horkheimer gehörten. Adornos Antrittsvorlesung als Privatdozent an der Universität Frankfurt 1931 verstand Walter Benjamin als „sehr eindringliche Fixierung wesentlichster Gedanken aus unserem Kreis."[12] Benjamin und Bloch kannten sich schon seit 1919, Brecht lernte Benjamin 1929 kennen und schrieb von „aufgewühlten Gesprächsmassen"[13].

Diese Intellektuellen beobachteten kritisch die neuen künstlerischen und kunstgewerblichen Medien, die auf die Massen wirkten – moderne Massen und moderne Medien waren gleichermaßen von der Industrie hervorgebracht worden. Sie legten nun erste, noch heute diskutierte Studien über die politischen Auswirkungen vor. Ihrer aller Arbeit war auf die Kritik des kapitalistischen Industriesystems gerichtet, das die Welt in den Krieg getrieben hatte. 1848 hatte Karl Marx das *Kommunistische Manifest* verfasst, das die bisherige Geschichte als die Geschichte von Klassenkämpfen beschrieb und die Diktatur des Proletariats als notwendigen Übergang zur klassenlosen Demokratie propagierte (der von den Nazis ermordete Erwin Schulhoff hat das *Kommunistische Manifest* 1932 als revolutionäre Kantate vertont). Grundlage dafür waren die *Thesen über Feuerbach*, die Marx 1845 in den berühmten Satz hatte münden lassen: „Die Philosophen haben die Welt nur verschieden *interpretiert*; es kömmt drauf an, sie zu *verändern*." Die *Feuerbachthesen* waren der Ausgangspunkt der materialistischen Philosophie. In Russland hatte diese Philosophie 1917 zum Sturz eines Herrschaftssystems geführt. Auch Adorno ging stets von der kommunistischen Gesellschaft als Ziel aus.[14] Zwar hatte in Westeuropa die Revolution nicht geklappt, doch die Arbeiterbewegungen waren stark und gebildet. Nun aber musste man zusehen, wie erst in Italien und dann auch in Deutschland, Spanien, Rumänien, Kroatien und Ungarn die Faschisten an die Macht kamen.

Als die Nazis die Macht ergriffen, musste als erster Walter Benjamin im März 1933 das Land verlassen. Adorno ging im März 1934 nach Oxford, um dort eine neue Karriere zu versuchen, nachdem ihn die Frankfurter Universität hinausgeworfen hatte. Bis 1937 kehrte er alle drei Monate wieder nach Deutschland zu seiner Familie in Frankfurt und zu Gretel Karplus in Berlin zurück, um seinen Pass zu behalten. Im April 1937 besuchten Theodor und Gretel Adorno noch einmal fränkische Städte wie Würzburg, Bamberg und Nürnberg[15], wo sie auch das Reichsparteitagsgelände besichtigten. Im Februar 1938 fuhren sie dann mit der *Champlain* nach New York, wo sie sich in Greenwich Village in der Christopher Street niederließen. An Benjamin schrieb Adorno nach Paris: „Wenn wir Sie hier hätten, wären wir so ganz zufrieden, wie man noch in einer Welt sein kann, deren Interessen zur Hälfte von der Politik Chamberlains mit Hitler und zur anderen von der Justiz Stalins beherrscht wird."[16] Hanns Eisler und seine Frau Lou waren schon im Januar angekommen, Ernst Bloch reiste mit seiner Frau Karola im Juli von Prag nach New York. Brecht kam über Moskau und Wladiwostok erst 1941 mit Helene Weigel nach Santa Monica.

Eben noch war die starke deutsche Arbeiterbewegung mit der Sowjetunion im Rücken die Hoffnung auf eine neue Gesellschaft gewesen. Doch seit den Moskauer Prozessen hatte diese Stütze sich selbst um ihre Kraft gebracht. Aus Amerika schrieb Horkheimer an Adorno, man habe dort eine starke Abneigung gegen den Marxismus, weil man denke, dass „hinter der marxistischen Theorie irgendwie eine Macht stehe, während diese Macht doch gerade darum so erbarmungswürdig dahinschwindet, weil sie sich jeder Theorie begeben hat."[17] Angesichts der Verhaftungen und Schutzlager in Deutschland sagte sich der Theoretiker: Ran an die Ursachen!

In intensivem Austausch schrieben 1936 Benjamin *Das Kunstwerk im Zeitalter seiner technischen Reproduzierbarkeit*[18] und Adorno seine Kritik am Jazz[19] – er meinte damit weniger das, was wir heute unter Jazz verstehen, als die in den USA industriell produzierte Musik für die Massen: „Wie immer es in einer kommenden Ordnung der Dinge mit Kunst sich verhalten mag; ob ihr Autonomie und Dinglichkeit wird erhalten bleiben oder nicht – und die ökonomische Überlegung bringt manchen Grund dafür bei, dass auch die richtige Gesellschaft nicht auf die Herstellung purer Unmittelbarkeit aus sein wird – soviel jedenfalls ist gewiss, dass die Gebrauchsfähigkeit des Jazz die Entfremdung nicht aufhebt, sondern verstärkt."[20]

Ebenfalls in Diskussion mit Benjamin[21] entstand Adornos *Über den Fetischcharakter in der Musik und die Regression des Hörens*[22]. Der Fetisch-Aufsatz über die Verwandlung der Musik in eine kapitalistische Ware hat ein überraschendes Ende: Mahler sei deshalb für die bürgerliche Musikästhetik noch immer ein Ärgernis, weil er ein Gegenmodell sein könnte für die Beherrschung des Musiklebens durch die Industrie: „Wenn aber Mahler querstand zum Begriff des musikalischen Fortschritts, so mag man ebenso wenig die neue und radikale Musik, die in ihren avanciertesten Vertretern scheinbar so paradox auf ihn sich beruft, länger bloß unter dem Begriff des Fortschritts subsumieren. Sie setzt es sich vor, der Erfahrung des regressiven Hörens bewusst standzuhalten. Der Schrecken, den Schönberg und Webern heute wie einst verbreiten, rührt nicht von ihrer Unverständlichkeit her, sondern davon, dass man sie nur allzu richtig versteht."[23] Ein schönes Beispiel für materialistische Dialektik: In den Kunstwerken wird anschaulich, wie auch die Begriffe des Denkens dem geschichtlichen Wandel unterworfen sind und nicht auf ewig am Himmel stehen. Die Musik ist auch Philosophie, wie schon Beethoven gesagt hatte – um ein Beethoven-Buch bemühte sich Adorno bis zum Schluss[24].

Neben der Diskussion der Texte versuchte Adorno den ideologischen Einfluss Brechts auf Benjamin zurückzudrängen. Brecht warf er vor, den Marxismus nur vor sich herzutragen ohne ihn jemals ernsthaft studiert noch verstanden zu haben.[25] Außerdem ignoriere Brecht „… das tatsächliche Bewusstsein der tatsächlichen Proletarier, die vor den Bürgern nichts aber auch gar nichts voraushaben außer dem Interesse an der Revolution, sonst aber alle Spuren der Verstümmelung des bürgerlichen Charakters tragen. […] Der Zweck der Revolution ist die Abschaffung der Angst."[26]

All diese Entwürfe einer materialistischen Ästhetik erschienen in der Zeitschrift des Instituts für Sozialforschung, das Max Horkheimer und Friedrich Pollock vor seiner Schließung durch die Nazis im März 1933 frühzeitig von Frankfurt nach Genf und Paris überführt hatten. In Paris erschien auch die erste Studie des Instituts über *Autorität und Familie*[27], der dann die amerikanischen Studien *Studies in Prejudice* und *The Authoritarian Personality*[28] folgen sollten. „Sie suchten Antworten auf die Frage: Gibt es etwas in der seelischen Verfassung des heutigen Menschen, das ihn auf die Demagogie skrupelloser Agitatoren positiv reagieren lässt, und was ist die Technik dieser Demagogie?“[29]. Im Dezember 2016 veranlassten diese Studien Alex Ross im New Yorker zu dem Artikel *The Frankfurt School Knew Trump Was Coming.*

Die Entwicklung in Russland war da nur ein Nebenschauplatz. Brecht, Eisler und Bloch hatten sich auf die Seite Stalins geschlagen. Die Verurteilung und Ermordung Bucharins im dritten Moskauer Schauprozess quittierte Eisler mit Witzen[30], während Bloch Bucharins Schlusswort öffentlich verhöhnte[31]. Der Hitler-Stalin-Pakt von 23.8. 1939 stürzte die Menschen in noch größere Verwirrung[32]. Und doch war angesichts des Grauens, das sich in Europa abspielte, das Gemeinsame immer noch größer[33] und auch Adorno versuchte in den Publikationen des Instituts alles zu vermeiden, was Russland schaden könnte[34]. Die Flüchtlinge besuchten sich gegenseitig und sahen sich bei Arnold Schönberg, Thomas Mann, Charlie Chaplin oder Fritz Lang. Für den Naturfilm *White Flood* komponierte Eisler 1940 die zwölftönige, fünfsätzige Kammersinfonie und bezeichnete diese als „fortgeschrittenstes musikalisches Material (strenge Zwölftontechnik), angewandt auf die große musikalische Form“[35]: Passacaglia, Choralvariationen, Scherzo, Etüde und Finale (Sonatenform)[36]. Er widmete sie Adorno[37] – der sich später darüber mokierte, er habe ihr sofort angehört, dass sie für den Film komponiert worden war.[38] Zur gleichen Zeit brachte sich Walter Benjamin, dem das Institut bereits ein Einreisevisum für die USA verschafft hatte, auf der Flucht vor den Nazis um, als er am Übergang der französisch-spanischen Grenze am Franco-Regime scheiterte.

Was Benjamin nicht mehr erfuhr: Seine Geliebte Asja Lacis, die lettische Revolutionärin und Brecht-Vorkämpferin, die von orthodox-kommunistischer Seite an ihm zog, wurde in Moskau 1938 verhaftet, gehirngewaschen und bis 1948 ins Arbeitslager gesteckt.[39] Seiner Frau Dora gelang zwar die Flucht vor der französischen Polizei und sie konnte sich in die Schweiz retten, starb aber krank und mittellos 1946 in Zürich. Sein Bruder, der kommunistische Arzt Georg Benjamin, kam 1942 im KZ Mauthausen ums Leben. Dessen lesbische Witwe Hilde Benjamin wurde in der DDR fortschrittliche Staats- und Familienrechtlerin und 1953 nach dem niedergeschlagenen Aufstand gegen die SED-Herrschaft Justizministerin; sie ist auch für Todesurteile in Schauprozessen verantwortlich.

Die deutsche Seele

An den deutschen Universitäten hatte die Nazi-Ideologie wenig Widerstand gefunden. Auch Geistesgrößen wie Martin Heidegger hatten sich zum Büttel ihrer „Säuberung“ gemacht. Die Nazi-Musikwissenschaft bildete nun die Professoren, Lehrer und Journalisten aus, die nach der Befreiung von 1945 weiterhin die Köpfe von Schülern und Studenten und das Musikleben bearbeiteten – und gegen deren Übermacht Adorno nach seiner Rückkehr anzukämpfen hatte. Einer der einflussreichsten dieser Musikschriftsteller war Walter Abendroth, Feuilletonchef der ZEIT von 1948 bis 1955, danach ihr Musikkorrespondent in München. Er hasste die Moderne aus vollem Herzen und beschrieb sie bis ans Lebensende mit den gleichen Wörtern, die er im Dritten Reich über sie ausgeschüttet hatte[40]. Hitlers Machtübernahme war für ihn der Befreiungsschlag gegen die neue Musik gewesen, gegen einen „Fäulnisbazillus, den volksfeindlicher Zersetzungswille mit Witz und Berechnung dem Kulturkörper eingeimpft hatte.“[41] Über Schönbergs *Erwartung* schrieb er noch 1963: „Aufpeitschung des Uferlos-Gefühligen zum Pathologischen im klinischen Sinne.“[42]

Dies geschah in einer Broschüre, der Abendroth den Titel *Selbstmord der Musik?* gab. Zu seinem Entsetzen war die Musik der Schönberg-Schule nach der Befreiung Deutschlands wieder attraktiv geworden, sie wurde gespielt und wirkte auf die junge Komponistengeneration. Es gab sogar Experimente mit elektronischer Musik! In seiner Kampfschrift versuchte Abendroth zu beweisen, dass die Avantgarde gar keine Musik sei und die schöne deutsche Musik ersticken würde, wenn man sie nicht rechtzeitig ausjäte – die rechte Kritik an der Avantgarde glich der „linken“ aus DDR und Sowjetunion wie ein Ei dem anderen.

Walter Abendroth favorisierte Pfitzner gegenüber Mahler. In Hans Pfitzner sah er die Erfüllung der deutschen Romantik – und dass sein Idol außerhalb Deutschlands so gar nicht ankam, passte für den deutschnationalen Antisemiten Abendroth durchaus ins Schema. Seine große Biographie von 1934 witterte die Chance, Pfitzner in die Position des „Reichskomponisten“ zu manövrieren: „Mitten in die Arbeit an diesem Buch fällt die große politische Umwälzung, deren Ergebnis die Aufrichtung des nationalsozialistischen Staates in Deutschland war. Diese Umwälzung hat bekanntlich eine derart neue Kulturlage geschaffen, dass fast alle Angelegenheiten geistiger und künstlerischer Art heute einer völlig veränderten Beurteilung unterliegen. Das Persönlichkeitsbild Hans Pfitzners hält indessen auch den neuen Gesichtspunkten nicht nur in jeder Hinsicht stand; es kann und muss vielmehr auch dem neuen Deutschland höchster Verehrung wert sein. Dies um so mehr, als vielem, was die Macht des neuen Staates im Zeichen der Wiederaufrichtung deutscher Gesinnung und deutscher Vorherrschaft in deutschen Landen endlich erzwungen hat, Hans Pfitzner einer der stärksten und unerschrockensten geistigen Vorkämpfer gewesen ist.“[43]

Abendroth wie Pfitzner teilten dasselbe rassistische Denksystem und waren hocherfreut, dass es deckungsgleich war mit dem Hass-System der Nazis (für selbsternannte „Edelgeister“ wie Ernst Jünger und Abendroth waren Hitler und seine Genossen aber am Ende dann doch zu primitiv, was zu einem inneren Abrücken von den Nazis führte, ohne dass sich aber ihre ideologische Haltung geändert hätte): „Hatte ein Wagner seine tief durchdachten, wissensreichen Aufsätze über *Deutsche Kunst und deutsche Politik*, *Das Judentum in der Musik*, *Was ist deutsch?* und manches andere zu diesem Gedankenkreise in den Wind geschrieben? Und sahen wir nicht selber ringsumher in das Gehege des geistig-künstlerischen Lebensgebietes Kräfte einbrechen, die, von rein politischen Willensmächten gelenkt, den Geist vergifteten und zersetzten, die Kunst entwurzelten und zerstörten?“[44]

Der Hass auf die gesamte Moderne war gewaltig und die Energie, sie zu denunzieren, unerschöpflich: „... mit dem eigenen, allerfortschrittlichsten Komponieren, knüpfte man, da die Erfindung neuer Tonsysteme und die zwangsweise Bindung an deren Theoreme schließlich nicht jedermanns Sache war, an die aschgraue Vorzeit an und erneuerte den wilden Discantus vom Beginn des 14. Jahrhunderts. Was fehlte, um aus dieser geradezu abstrakten Ferne das Lebensgefühl des ‚Menschen unserer Tage‘ anzusprechen, ergänzte dann ein kühner Sprung über die Kulturen hinweg zum modernen Tanz und zur Barmusik degenerierter Neger.“[45]

Ein Jahr nach dieser Äußerung Abendroths, im Januar 1936, bekam Dimitri Schostakowitsch von der sowjetischen Parteizeitung Prawda Worte um die Ohren gehauen, wie man sie bisher von den Nazis gewöhnt war: „Diese Musik ist mit Vorbedacht ‚auf den Kopf gestellt', um nur in keiner Weise an die klassische Opernmusik zu erinnern, um nur ja nichts Gemeinsames mit sinfonischem Klang zu haben, mit einfacher, allgemeinverständlicher musikalischer Sprache. Das ist eine Musik, die auf dem gleichen Prinzip der Negierung der Oper aufgebaut ist, nach dem diese Art der Kunst überhaupt Schlichtheit, Realismus, klare Begriffe, natürlichen Wortsinn auf dem Theater ablehnt. [...] Die Gefahr einer solchen Richtung in der Sowjetmusik ist klar. Die hässliche Verzerrung in der Oper entspringt derselben Quelle wie die gleiche Verzerrung in der Malerei, der Poesie, in der Pädagogik und Wissenschaft."[46]

Gegenüber der Kunstfeindlichkeit der Nazis erschien es unfassbar, dass das kommunistische Russland nun nicht mehr ein Hort von Freiheit und Gerechtigkeit, von Avantgarde und Neuerertum sein sollte. Schon 1930 war der Maler Kasimir Malewitsch verhaftet und wegen politischer Unbotmäßigkeit für mehrere Wochen im Haus des KGB eingesperrt worden. Im gleichen Jahr erschoss sich der Dichter Wladimir Majakowski und nahm sein Kollege Isaak Babel (*Die Reiterarmee*, 1926) auf einer Reise durch die Ukraine mit Schrecken die Brutalität wahr, mit der die Zwangskollektivierung durchgeführt wurde (Babel wurde 1940 verurteilt und erschossen).

Die Unterscheidung nach gesunder und kranker Musik, nach Zersetzung, Verfall und Erneuerung traf deutsche wie sowjetische Komponisten gleichermaßen. Walter Abendroth: „Die Entartung alles deutschen Kulturlebens nach dem großen Kriege ging natürlich auch

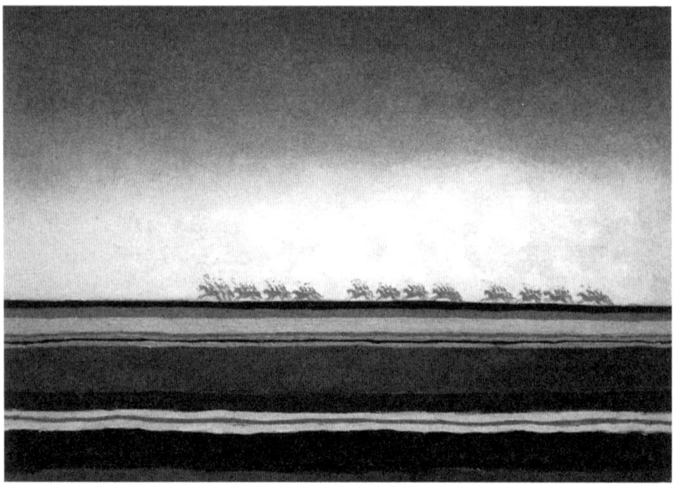

Kasimir Malewitsch: Rote Kavallerie, um 1932

an der Oper nicht vorüber. Es war einerseits ein tiefer, unheilbar scheinender moralischer und ethischer Verfall, andererseits die auflösende Wirkung krankhafter Entwicklung der Musik an sich, was in den Werken vieler heute bei uns schon wieder fast Vergessenen die Opernbühnen heimsuchte. Diese Epoche liegt endgültig hinter uns, und der Weg ist wieder frei für gesundere Kräfte sowohl der Meistergeneration wie der Generation der Werdenden."[47]

Im Jahr 1937 veröffentlichte Abendroth ein Buch über Anton Bruckner und Hans Pfitzner unter dem Titel *Deutsche Musik der Zeitwende.*[48] Unter der Zeitwende verstand Abendroth nicht den Anbruch der Moderne, sondern den Anbruch des Tausendjährigen Reichs der Deutschen: „Bei Bruckner erwachsen Gestalt und Werk aus einem Äußersten von Gottversunkenheit, bei Pfitzner aus einem Äußersten von Ichversunkenheit. Sie stehen beide so wie zwei Pfeiler eines Tores da, das sich über die Schwelle zwischen den geistesgeschichtlichen Zeitaltern erhebt; denn bis zu dieser Schwelle waren seine besagten Geistestypen Träger und Former des deutschen Innenlebens; von dieser Schwelle an aber beginnt eine neue deutsche Geistigkeit sich entwickeln zu wollen."[49] In diesem Sinn versuchte Abendroth sich an einem völkischen Konstrukt zweier Pole deutscher Geistigkeit[50], das Bruckner und Pfitzner, den Barocken und den Gotischen, den Katholischen und den Protestanten zur Grundlage „deutschen Menschentums" machen sollte: „deutsches Seelentum, hervorgegangen aus der Durchdringung germanischen Wesens mit christlichem Geist."[51]

Das arbeitsteilige Prinzip der kapitalistischen Wirtschaftsstruktur hatte unbewusst die Demokratisierung gefördert. Diese wollte der Faschismus mit der Rückkehr zu einer ständestaatlichen Ordnung rückgängig machen. Nach dem Ersten Weltkrieg erschien Oswald Spenglers *Der Untergang des Abendlandes.* Spengler, der den Antisemitismus ablehnte, stellte die geschichtlichen Entwicklungen dem Pflanzenwachstum gleich und legte den Menschen ein spezifisches, der „Rasse" entsprechendes „Seelentum" zu: Das war der Punkt, an dem die deutschnationalen Ästheten andockten. Damit war man jeglicher Gesellschaftsanalyse ledig, wie Adorno schon 1938 konstatierte.[52] Schlimmer noch, mit der Verachtung der Massen, die von Spengler als bloße Objekte der Vorgänge betrachtet wurden, wurde auch der Humanismus als erledigt abgehakt.[53]

Mit besonderem Stolz wies Abendroth darauf hin, dass Pfitzner 1923 im Krankenhaus Besuch von Adolf Hitler erhielt: „... die beiden Männer, die – jeder in seiner Art – ihr ganzes Sein und Wirken der Aufrichtung eines besseren und würdigeren Deutschland gewidmet hatten, unterhielten sich längere Zeit über allerlei Dinge und Gedanken, die beide in gleicher Weise bewegten und die für Gegenwart und Zukunft von entscheidender Bedeutung werden sollten: so über den Krieg und seine Auswirkungen, über Judenhass und Antisemitismus, über den großen Richter des Judentums aus seinen eigenen Reihen, den unglücklichen Idealisten Otto Weininger."[54]

Auch die Musikgeschichte betrachtete Abendroth durch die Brille des Rassismus von Houston Stewart Chamberlain: In der Oper suchte er „volks- und rassemäßige Ausdrucksformen".[55] Den in Paris erfolgreichen Berliner Komponisten Giacomo Meyerbeer denunzierte er als anpassungsfähigen jüdischen Bankierssohn[56]. Nach 1933 juckte es den Intellektuellen Abendroth, die Keule der Macht zu schwingen, selbst wenn es nur um einen Opernführer ging: „Die Reichskulturkammer hat ihre erste und schwierigste Aufgabe erfüllt, indem sie die weltanschaulichen Grundsätze und Richtlinien des neuen Staates im Neuaufbau des deutschen Kulturlebens restlos und endgültig zur Anwendung brachte. So bietet denn auch das Tatsachenbild des heutigen Opernbetriebes im Ganzen wie im Einzelnen ein vollkommenes Spiegelbild jener neuen Gesinnung, in deren Zeichen nicht nur das Fremde und Zersetzende aus dem deutschen Volksboden herausgerissen, sondern zugleich auch das Eigene und Artgemäße in diesen Boden wieder tiefer und fester eingepflanzt wurde."[57]

Zwecks Blut- und Bodenpflege wollte Abendroth sich zum Gärtner in einem geträumten romantischen Musikgarten machen. Gipfelpunkt der deutschen Romantik sei Richard Wagner, „die künstlerische Erfüllung einer geistigen Gebotenheit des Zeitalters, das mythische Gesamtkunstwerk, in welchem sein Vollbringer Wagner die ‚Kunst als Religion' Tatsache werden ließ."[58] Wagners Weltverneinung habe sich mit der des Christentums getroffen und zu einer wahrhaft germanischen Romantik vereint. Rein musikalisch ist der Ertrag von Abendroths Programmschrift gering, er holt wenig Erkenntnis aus der Musik heraus, er stopft nur vieles hinein. Wichtig ist ihm die Schlussfolgerung: „In diesem Sinne ist die deutsche Romantik nicht einfach eine kunstgeschichtliche Episode, überhaupt keine bloße Zeiterscheinung gewesen, die etwa heute ‚überwunden' zu sein hätte; sondern sie bleibt unvergänglich, solange und soweit das deutsche Volk es bleibt."[59]

Nach 1945 breitete sich über diese Schriften, die doch jeder gelesen hatte und die bis heute in den Bibliotheken stehen, Vergessen. Abendroth blieb ein geachteter Mann. Noch 1973 schwadronierte Zeit-Chefredakteur Josef Müller-Marein in seinem Nachruf auf Walter Abendroth von dessen Hitler-Gegnerschaft und fragte, wie man je Abendroths Haltung im Dritten Reich habe in Zweifel ziehen können.[60]

Sklavensprache und Flaschenpost

Im Exil beobachtete Adorno, wie alles, was ihm etwas bedeutete, der faschistischen Axt zum Opfer fiel. Einen Ausweg, einen anständigen oder gar einen subversiven, gab es für Künstler dort erkennbar nicht. Und auch der Versuch des Aufbaus des Sozialismus hatte nun in einen totalitären Staat geführt. Ein „teuflischer"[61] historischer Zwang hatte diesen Aufbruch in einem so unterentwickelten Land stattfinden lassen, dass unter der Peitsche der Parteibürokratie zwar die beschleunigte Industrialisierung, aber keine Befreiung der Menschen vorgenommen wurde. Es wurde lediglich ein neues Herrschaftssystem errichtet, dessen Geheimpolizei der Opritschnina Iwans des Schrecklichen an Grausamkeit in nichts nachstand. Und auch hier war ein Ausweg für die Künstler nicht erkennbar.

Lenins berühmte Gleichung „Sozialismus = Elektrifizierung + Sowjetmacht" hatte es frühzeitig verkündet: das Errichten des Industriesystems war zum obersten Ziel geworden, und damit hatte man sich auch dessen Logik ins Haus geholt: den Kapitalismus, nur eben als Staatsmonopol. Nicht nur wurde jegliche Freiheit – nicht nur für die Bourgeoisie, sondern auch für Arbeiter und Bauern – aufgehoben, auch blieben von der Marx'schen Theorie „wirklich nur Brocken übrig, dass einem das Hören und Sehen vergeht".[62] Zu welchen Blüten das in der Wissenschaft führte, zeigte Adorno später etwa am Beispiel der Behandlung des Ökonomen Eugen Varga in Russland und an der Bildung des absurden Begriffs vom „nicht antagonistischen Widerspruch" durch Mao.[63] Den „Diamat" (offizielle Kurzform für die Doktrin des dialektischen Materialismus sowjetischer Prägung) charakterisierte er so: „Es hängt eben mit der Transformation einer Theorie in Religion offenbar zusammen, dass sie von dem lebendigen Denken und der lebendigen Erfahrung der Menschen abgespalten wird und dass sie in dem Augenblick, in dem sie dogmatisch vorgetragen wird, bereits die Momente der Einsichtigkeit und der theoretischen Durchgebildetheit verliert, die allein es vermöchten, ihr irgendeine Kraft zu verleihen."[64]

„Ach Max, jetzt endlich ist es so weit, und wir wollen es zusammen schaffen", schrieb Adorno am 10. November 1941 an Max Horkheimer. Die Fahrkarten nach Los Angeles waren gekauft, der

Umzug organisiert. Es begann die gemeinsame Arbeit an der *Dialektik der Aufklärung*[65], dem Versuch, den Schattenseiten der abendländischen Vernunft auf die Spur zu kommen, die die negativen Seiten der Moderne verursacht hatten: den Kapitalismus, das Industriesystem, den Faschismus, den Judenmord, die Unterdrückung der Massen durch Demagogie und Kulturindustrie als Folge einer fehlgeleiteten Naturbeherrschung. Es war die glücklichste Zeit in Adornos Leben: Er hatte das Gefühl, endlich das tun zu können, „wozu wir da sind".

Adorno und Horkheimer standen selbst in der materialistisch-dialektischen Denktradition; noch die theoretischen Schriften Lenins erschienen ihnen der Erwägung wert. Auch in Amerika hatte sich das Frankfurter Institut für Sozialforschung um die Bewahrung der marxistischen Philosophie bemüht.[66] Dabei musste es taktisch vorgehen und seine Ausrichtung verschleiern – das bedeutete, nach ihrem eigenen Wort, „Sklavensprache" zu benutzen: in den wissenschaftlichen Publikationen, bei der Beschaffung der Finanzierung, für die Durchführung von Studien wie der *Autoritären Persönlichkeit.* Das Institut war in Frankfurt zur Entwicklung einer marxistischen Sozialwissenschaft gegründet worden und musste nun ohne Verbindung zur Basis und mit einem knapper werdenden Stiftungsvermögen ums Überleben kämpfen. Und jetzt waren auch noch Begriffe wie Marxismus oder Materialismus gekapert worden. Es ist ein Treppenwitz der Weltgeschichte, dass die wirkungsmächtigste Theorie der Befreiung ausgerechnet von denen, die in ihrem Namen die Macht ergriffen hatten, zu einem Herrschaftsinstrument pervertiert wurde; dadurch wurde diese Waffe weltweit stumpf, bis sie mit dem Ende des 20. Jahrhunderts gänzlich dahingeschmolzen war. Das veranlasste Horkheimer, statt von Marxismus von nun an von Kritischer Theorie zu sprechen.

Bertolt Brecht und Hanns Eisler hingegen standen in Treue zu Stalin. Sie waren in Amerika zwar ebenfalls von ihrer politischen Praxis abgeschnitten, hielten das Institut aber für eine besonders raffinierte Möglichkeit, sich aus dem politischen Kampf an der Seite der emigrierten KPD herauszuhalten (in der Weimarer Republik hatte die KPD die Sozialdemokraten als „Sozialfaschisten" bekämpft und dadurch Hitler gefördert, jetzt forderte sie zur Einheitsfront auf, das aber natürlich nur zu ihren Bedingungen). Brecht spielte gegenüber den anderen Emigranten den ätzenden Antiintellektuellen, um sich vor dem Widerspruch zu schützen, in den ihn die Wahrnehmung der tatsächlichen Vorgänge in der Sowjetunion und in der KPD gestürzt hätte. Sein *Tui-Roman* (Tui = tellekt-uell-in) sollte eine Kritik an den Intellektuellen werden, die sich der praktischen Politik verweigern, was Hanns Eisler noch in der DDR mit Genugtuung erzählte[67]. Bertolt Brecht schrieb Ende September 1941 aus Santa Monica an Karl Korsch von Begegnungen mit Max Horkheimer, Herbert Marcuse und Friedrich Pollock, die vornehmlich für seinen *Tui-Roman* (in dem er die Mitglieder des Instituts für Sozialforschung karikierte) gewinnbringend seien. Die Passage endet mit: „Es wird ja in nächster Zeit ein Lourdesfilm gedreht, ich nehme an, sie spekulieren auf die Pfaffenrollen."[68]

Und dennoch: ein Gefühl war allen Emigranten gemeinsam, die in Los Angeles dem Untergang des alten Europa hilflos zusahen. Schon 1940 schrieb Max Horkheimer in einem Brief an Salka Viertel, die Arbeit gleiche jetzt einer Flaschenpost[69]. Das Wort von der Flaschenpost münzte auch Brecht auf seine Hollywooder Elegien[70]. In diesem Wort „Flaschenpost" bündelten sich die vielfältigen Gefühle der Gestrandeten. Sie forschten, sie dichteten, sie komponierten – aber für wen? Wer würde einmal davon Gebrauch machen?

Eisler als Handlanger der Gleichschaltung

Auch in Amerika verfolgte man mit Spannung Schostakowitschs Wendungen. Die Siebte Sinfonie, die *Leningrader*, wurde als Dokument des Widerstandswillens der russischen Bevölkerung gegen die deutsche Belagerung und Zerbombung der Stadt propagandistisch breit ausgebeutet, aber die musikalische Substanz schien bei allem Effekt gering. Man stellte sie neben die klischeehaften Sinfonien nach dem Beethoven-Muster, wie sie jetzt zu Dutzenden aus der Sowjetunion kamen. Nach den Schauprozessen und Morden der 30er Jahre und nach der Verurteilung Schostakowitschs von 1936 konnte Kunst aus der Sowjetunion so wenig glaubwürdig erscheinen wie Kunst aus Nazi-Deutschland – ob die Bürokraten nun hier mit dem Stempel „volksfremd" oder dort mit dem Etikett„volksfeindlich" hantierten, war für die Künstler zweitrangig, in beiden Fällen bedeutete es das Verbot, wenn nicht die Ermordung.

Schon 1928 hatte Adorno in seinem Artikel *Die stabilisierte Musik* geschrieben, neben der fortgeschrittenen Musik, in der es anarchisch zugehe, wo die Menschen sich unmittelbar zueinander verhielten und als Verein von Freien die Wahrheit besäßen, die ihren Werken innewohnt, gebe es grob gesagt zwei Gruppen, in denen sich die zeitgenössische Musik stabilisiert habe: die klassizistische in den fortgeschritteneren, rational aufgehellten Staaten, während in den rückständigeren

Ländern – und kurioserweise auch Sowjetrussland – der Folklorismus vorherrsche[71].

Die wesentlich plattere Einteilung der Welt in fortschrittliche und reaktionäre, in proletarische und bourgeoise Erscheinungen durch die Sowjetkommunisten führte zu absurden Beurteilungen auch des so bezeichneten „bürgerlichen Erbes", was umstandslos in Aufführungsverbote mündete (beispielsweise durften keine Messe- oder Requiems-Kompositionen mehr gespielt werden). Das bekam auch Schostakowitschs Freund Iwan Sollertinski zu spüren, der Dramaturg der Leningrader Philharmonie und wohl klügste russische Musikpublizist jener Zeit. In einem Aufsatz hatte er 1932 versucht, die Musik von Hector Berlioz für das sowjetische Musikleben zu retten, indem er ihn sowohl mit der französischen Revolution als auch mit dem „revolutionären Erbe" Beethovens in Verbindung brachte: „Sein Platz, der Platz eines genialen Neuerers und wahren Revolutionärs in der Musik, ist in den vordersten Reihen jenes musikalischen Erbes, das als unverzichtbarer Bestandteil in die sowjetische Musikkultur eingeht. Denn Berlioz hat dem sowjetischen Hörer etwas zu sagen und dem sowjetischen Komponisten etwas beizubringen."[72]

Die sowjetischen Kulturbürokraten reagierten kühl. Sie stellten Sollertinskis Aufsatz eine Einführung voran, in der es hieß: „Sollertinski überschätzt zweifellos die revolutionäre Bedeutung von Berlioz' Schaffen in der ersten Hälfte seines Lebens (bis Mitte der 40er Jahre). Das vermeintlich Revolutionäre an Berlioz reicht, wie generell bei den Romantikern, schon in dieser Periode nicht weiter als bis zu einem aufgesetzten Frondeurtum und dem äußerlichen Protest eines individualistischen Intelligenzlers, der sich gegen den Alltag der bürgerlichen Sehweise auflehnte."[73] Derartige ideologische Urteile wurden natürlich im Westen genau registriert und brachten die gegängelte russische Musikwissenschaft um ihr Ansehen.

Im Februar 1948 hörte Adorno von der Maßregelung der sowjetischen Komponisten, der auch Schostakowitsch wieder zum Opfer gefallen war. Noch in Los Angeles reagierte er auf die Resolution des 2. Internationalen Kongresses der Komponisten und Musikkritiker in Prag im Mai 1948, der die Moskauer Direktiven in den Satellitenstaaten durchsetzen sollte (der gemaßregelte Schostakowitsch war nicht nach Prag geschickt worden). Vermutlich mit Entsetzen nahm er wahr, dass die einstimmig angenommene Resolution auch vom österreichischen Kongressteilnehmer und Redner Hanns Eisler unterschrieben war. Dass sie sogar dessen Handschrift trug, konnte Adorno wohl nicht wissen.[74] Sie setzte sich auf den gängigen Hass gegen die

Moderne und war ein Aufruf zur Gängelung der Komponisten – das geschah zu einer Zeit, als auch im Westen das gesunde Volksempfinden vorherrschte und die moderne Malerei dem Ressentiment „das kann ich auch“ verfallen war (bevor sie dem Kunstmarkt einverleibt wurde). Nach der Erfahrung mit der kulturindustriellen Massenkunst in den USA sah Adorno nun die Musik im Zangengriff von Kulturindustrie und Gewaltherrschaft. Deshalb nahm er die Resolution ernst und beim Wort. Er zerpflückte ihre Begriffe, in der Hoffnung, das Gift dieses pseudomarxistischen Kulturkampfs neutralisieren zu können.

Adornos heute auch in Bezug auf die Kulturpolitik der AfD- oder FPÖ-Demagogen wieder lesenswerter Aufsatz *Die gegängelte Musik* nimmt Partei für jene Massen, denen man nur noch positive Kunst mit fortschrittlichen Ideen und Emotionen zumuten möchte: „Je weniger die Massen fähig und willens sind, die Anstrengung des Verstehens auf sich zu nehmen, umso unbarmherziger werden sie zu bloßen Registraturapparaten dessen herabgesetzt, womit die Büros sie füttern. In der scheinbar massenfreundlichen Forderung des Einfachen verrät sich unverschämte Geringschätzung der Massen, der hämisch-behagliche Glaube an ihre naturgegebene Primitivität, die doch selber nichts anderes ist als der Inbegriff alles dessen, was von je, und stets aufs neue, den Massen widerfuhr.“[75]

Für Adorno war Kunst ein Mittel des Widerstandes gegen die Herrschenden, das den Schleier vor der Wahrheit lüpft.[76] Wie sollte sie das tun können, wenn man ihr die Ausdrucksmittel des 19. Jahrhunderts vorschreibt?[77] Diese Vergötzung des „bürgerlichen Erbes“ sollte Eisler fünf Jahre später beim Streit um seine Faust-Oper selbst schwer auf die Füße fallen. In der Sowjetunion wurde die Kunst zum Herrschaftsmittel[78], während das kommunistische Ideal verraten wurde.[79] Wenn die Künstler zu „progressivem“ Bewusstsein geprügelt werden müssen, sei etwas faul, schrieb Adorno.[80] Der Konformismus sei aber auch bei der jungen Generation in Ost wie West die Norm geworden.[81] Eisler besuchte Adorno Ende 1949 in Frankfurt, es war ihre letzte Begegnung. Ob sie über die Resolution gesprochen haben? Vermutlich ging es nur um die Rechte an ihrem gemeinsamen Filmbuch im geteilten Deutschland.

Mit einem korrumpierten Wissenschaftsbetrieb wurde Adorno bei seiner Rückkehr nach Westdeutschland konfrontiert. Ende Oktober 1949 war er aus dem amerikanischen Exil zurückgekehrt, um im Wintersemester Horkheimers restituierten Lehrstuhl zu vertreten. Die Philosophische Fakultät beantragte für ihren ehemaligen Privatdozenten beim Kultusministerium eine nichtplanmäßige außerordentliche Professur aufgrund des Wiedergutmachungsgesetzes. Adorno war nun 46 Jahre alt und hatte dank der Nazis seine Universitätskarriere verpasst; erst 1957, mit 54 Jahren, sollte er schließlich eine ordentliche Professur erhalten. Er wollte am demokratischen Aufbau mitarbeiten und widmete sich der Installation einer philosophisch grundierten materialistischen Soziologie. Was Kritische Theorie sein müsste in der geschichtlich veränderten Situation, war Gegenstand institutsinterner Diskussion: „Das kritische Bewusstsein muss frei sein von einem Marxismus, der besagt, wenn ihr sozialistisch werdet, wird alles gut.“[82] Im März 1956 fanden zwischen Horkheimer und Adorno Gespräche über Theorie und Praxis statt, in denen auch darüber gesprochen wurde, wie eine zeitgemäße Variante des Kommunistischen Manifests auszusehen hätte und ob nach dem Ausfall der KP eine sozialistische Partei zu gründen sei – obwohl eine revolutionäre Situation nicht in Sicht war, sondern im Gegenteil „wir zum ersten Mal in einer Welt leben, in der man sich das Bessere gar nicht mehr vorstellen kann.“[83] In der Globalisierung sahen sie eine neue Herrschaftsform heraufdämmern.[84]

Die Moderne kehrt zurück

Daneben bemühte Adorno sich – gegen den erbitterten Widerstand der konservativen Musikmachthaber – um die Wiederbelebung der musikalischen Moderne in Europa. Die wertlosen neobarocken bzw. neoklassischen Kompositionen, die in Nazi-Deutschland in Serie entstanden waren, behaupteten Gegenwartsmusik zu sein. „Suiten im alten Stil“ oder „Sinfoniettas“ traten die Nachfolge von Strawinskys *Pergolesi-Suite* und ähnlichem an, womit der Neoklassizismus sich von der Moderne abgesetzt hatte. Was jetzt im Gewand einer Sinfonie oder einer Sonate auftrat, war harmlose Musiziermusik und tat so, als hätte es den geistigen Anspruch Beethovens ebenso wenig je gegeben wie die Revolution der Moderne. Adorno meldete Einspruch an gegen das von den Nazis verordnete Volkstümliche und Wohlgefällige.[85] Nazis wie Sowjets wollten die Kunst zurückdrängen vor den Sündenfall der Moderne. Adorno bestand aber darauf, dass sich solche Entwicklungen innerhalb der Logik der Kunstwerke, innerhalb ihres Materials, vollziehen und nicht einfach durch vorgegebene Konstruktionsprinzipien abgelöst werden können.[86] Die Ergebnisse erzwungener neuromantischer oder sozialistisch-realistischer Kunstbemühungen konnten nur verlogen sein, wie er in seiner Ästhetik-Vorlesung

1958/59 in Frankfurt ausführte: „Wenn irgend etwas von der Realität ablenkt, dann sind es die pseudo-realistischen Gestaltungen des verschiedensten Typus – seien es die Herzenswärmer, die in Amerika und in Deutschland gedeihen und die einreden wollen, dass es auch jetzt noch nur auf das menschliche Herz ankäme, oder sei es die offizielle sowjetische Staatsliteratur, die uns glauben machen will, der Sozialismus wäre dort bereits verwirklicht, während das Gegenteil davon der Fall ist –, diese Art sogenannter realistischer Literatur, deren Realismus genauso verlogen und so scheinhaft ist wie der des nächstbesten Films, in dem zwar jedes Telephon genauso ist, wie es in der Wirklichkeit aussieht, und in dem jeder Briefkopf einer Firma so aussieht, wie ein Bankbriefkopf aussieht, in der aber kein Mensch so ist, wie die Menschen sind."[87]

Überall begegneten den Rückkehrern die gewendeten Nazis in Amt und Würden. Der Neuaufbau des Instituts für Sozialforschung stieß in Teilen der Universität auf Feindschaft. Selbst wenn Max Horkheimer zum Rektor gewählt wurde, erforderte es viel Taktik und Diplomatie, nicht sogleich wieder ins wirkungslose Abseits geschoben zu werden. Der Prozess, den Psychoanalytiker Alexander Mitscherlich und sein Sigmund-Freud-Institut an der von einer feindlich gesinnten Psychologie beherrschten Frankfurter Universität zu etablieren, war extrem schwierig und nie abgeschlossen.[88] Auch die Reste der Soziologie waren von der Nazi-Auszehrung und dem Duckmäusertum der Adenauerzeit gezeichnet. Gesellschaftliche Veränderung war nicht ihr Ziel. Gegen das Gewerkschaftsmodell des Soziologen Schelsky etwa empörte Adorno sich: „… hier wird die Verdummung durch den ‚kleinbürgerlichen Gruppenegoismus' begrüßt, weil sie den Arbeitern die Mucken austreibt. Das ist genau, was die Herrschaften sich unter ‚Realsoziologie' vorstellen."[89]

Von Oktober 1952 bis August 1953 musste Adorno zurück nach Amerika, um seine US-Staatsangehörigkeit zu behalten und seine Verpflichtungen gegenüber der Hacker Foundation zu erfüllen, solange seine Stellung in Frankfurt nicht gesichert war. In einem Brief an ihn kommentierte Horkheimer den Prager Schauprozess und die Ermordung des tschechischen KP-Vorsitzenden Slánsky im November 1952: „Der Schrecken, der von dem tschechischen Prozess ausgeht, ist keineswegs bloß das Resultat der Wiederholung. Hier hat die Schändung des Menschen eine neue Qualität erreicht. Dass angesichts des Unbeschreiblichen die Vertreter der westlichen Staaten Prag nicht verlassen haben – wenigstens als Demonstration – wird die östlichen Henker dazu ermutigen, dasselbe in der Ostzone zu inszenieren. Dazu die übrigen Vorgänge! Es ist als ob das Unheil immer näher rücke. Ihre Briefe bestätigen meine Gedanken.“[90] Das war ein halbes Jahr vor dem Aufstand vom 17. Juni 1953 in Ost-Berlin.

Nach seiner Rückkehr aus den USA leitete Adorno am Institut eine große Untersuchung über das politische Bewusstsein der westdeutschen Bevölkerung – wie gesichert war die Demokratie?[91] Mit soziologischen Studien hoffte das Institut dem auf die Spur zu kommen, was die Nazis den Menschen angetan hatten.[92] Der kalte Krieg hatte nun aber wieder neue Mauern in diesen Köpfen errichtet, die sie gegen emanzipatorische Gedanken taub machten: „Unter den Verhängnissen der [gegenwärtigen] Situation ist sicherlich nicht das geringste, dass durch die Existenz der russischen Tyrannei, die mit dem Marxismus so viel zu tun hat wie die heilige Inquisition mit der Bergpredigt, jedes substantielle, nämlich inhaltlich gesellschaftliche, nicht konformierende Denken in Deutschland vorweg paralysiert ist.“[93]

Die Darmstädter Schule und Adornos Fortschrittsbegriff

Bei den Darmstädter Ferienkursen hielt Adorno regelmäßig Vortragsreihen, wobei er intensiv versuchte, den jungen Komponisten einen Begriff davon zu geben, mit welchen Mitteln Schönberg und seine Schule gearbeitet hatten.[94] Teilweise wirkte dieses Bemühen gegenüber Komponisten, die längst eigene Wege gefunden hatten, rührend, doch versuchte er auch in die Wahrheit solcher neuen Wege einzudringen. Hier wurde er zum Theoretiker einer zweiten Avantgarde, der Darmstädter Schule. Gegen den Vorwurf, sein Fortschrittsbegriff sei so absolut, dass er darüber blind würde für alles, was anders ist als die Schönbergschule, wehrte er sich in der Ästhetik-Vorlesung ebenfalls:

„Heutzutage kommen solche Gedanken heruntergekommen vor etwa in Argumenten, wie sie gegen mich gelegentlich geltend gemacht werden, wenn man sagt, dass ich in Bezug auf die Musik einfach einen Fortschrittsglauben hätte, aber dass es da doch Seinsmächtigkeiten gäbe, die naturhaft und unberührt blieben und die mit der Dialektik nichts zu tun hätten. […] Es gibt einen Fortschritt in der Kunst, allerdings nur in einem ganz bestimmten Sinn, nämlich im Sinn eben des Fortschreitens der Naturbeherrschung. Dieser Prozess fortschreitender Naturbeherrschung, fortschreitender Materialbeherrschung, fortschreitender Technik ist in einer höchst merkwürdigen Weise irreversibel, in einer Weise, zu der man wirklich etwas wie eine primäre künstlerische Erfahrung besitzen muss, um sie richtig zu verstehen. Also wer heute etwa versuchen wollte, mit Mitteln von Beethoven zu komponieren oder mit den Mitteln von Monet noch zu malen, der würde dann eben nicht Werke von der Dignität Beethovens oder Monets hervorbringen, sondern Konservatoriumsschinken oder Hotelbildmalerei. […] Man dürfte aber andererseits diesen Fortschritt der Materialbeherrschung nicht undialektisch gleichsetzen mit dem Fortschritt der Kunst selber, in der eben dieses Moment gegenüber dem, was dabei beherrscht wird, und dem was sie selber ausdrückt, eben nur ein Moment ist und keineswegs das Ganze. Das etwa wäre der vernünftige Sinn, den man dem Begriff des Fortschritts in der Kunst zu geben hätte, der ebenso frei wäre von einer Art tierischer Technokratie der Kunst wie umgekehrt von dem Obskurantismus, der glaubt, dass das naturbewahrende Wesen der Kunst darin bestünde, dass sie gegen den Fortschritt sich abgrenzt.“[95]

Gleichzeitig verwahrte Adorno sich dagegen, dass damit ein zweidimensionaler Fortschritt gemeint sei, also eine zeitliche Gradskala, auf der die jeweilige Position des Kunstwerks abzumessen sei; vielmehr sei diese Entwicklung dialektisch und verlaufe nicht gerade und ungebrochen, sondern in Sprüngen, Zickzacklinien oder Spiralen.[96] Denn die Entwicklung der Kunstsphäre stehe ja in einer Wechselwirkung mit der Realität.[97] Damit wären zumindest theoretisch die Voraussetzungen gegeben gewesen, für unterschiedliche gesellschaftliche Umstände auch unterschiedliche Maßstäbe an die jeweilige Musik anzulegen. Das Verteufelte war nur wiederum, dass die sowjetische Ästhetik selbst von den Vorgaben der bürgerlichen Musik ausging und sich daran messen lassen wollte. Danach konnte ihren Produkten nur Lügenhaftigkeit nachgesagt werden. Dass sich hinter diesem Schleier aber auch Kunst entwickeln könnte, die auf eine neue Weise Wahrheit[98] enthält, auf diese Vermutung ist damals, beispielsweise bei der *Leningrader Sinfonie*, niemand gekommen.

Schostakowitsch fällt durchs Raster

Bei seinen Landsleuten aber fand Schostakowitsch in den 1930er und 40er Jahren ein rasch wachsendes Publikum, das sehr genau spürte, dass in seiner Musik auch ihr Leben verhandelt wurde – die Berichte über die emotionalen Reaktionen auf Schostakowitsch-Konzerte sind bekannt. Nach dem XX. Parteitag 1956, in der Tauwetter-Periode, hätte er sich alle Freiheit nehmen können, an den musikalischen Experimenten seines Anfangs wieder anzuknüpfen. Stattdessen schrieb er 1957 die Elfte Sinfonie und 1958 seine Operette *Moskau-Tscherjomuschki*. Das war seine Entscheidung, weiterhin für ein breites Publikum zu schreiben.

Dass auch in der *Leningrader Sinfonie* „die blinde Geschichtsschreibung einer Epoche" liegen könnte, darauf kamen Adorno und seine Zeitgenossen schon wegen der Schlachtenmalerei auf ihrer Oberfläche nicht. Ihre musikalische Substanz erschien ihnen allzu dünn. In Beethovens Schlachtengemälde *Wellingtons Sieg* hat auch noch niemand etwas Überraschendes entdeckt. Bis zu seinem Tod hat Schostakowitsch immer wieder bestätigt, dass der erste Satz den Einmarsch der Deutschen schildere – was hätte er auch anderes tun sollen! Man wird ja nicht im Ernst annehmen wollen, er hätte selbst die Doppelbödigkeit seiner Musik enthüllen können. Sie hatte ihm das Überleben und die künstlerische Integrität garantiert. Wer keine Ohren dafür hat, dem ist nicht zu helfen.

Hohn und Spott bekam Schostakowitsch zu spüren, als er 1949 in New York an einem Friedenskongress teilnahm. Bei einer Pressekonferenz fragte ihn der exilrussische Komponist Nicolas Nabokov, ob er dem Leitartikel der sowjetischen Parteizeitung Prawda zustimme, in dem Hindemith, Schönberg und Strawinsky als Obskurantisten, dekadente bourgeoise Formalisten und Lakaien des imperialistischen Kapitalismus gebrandmarkt worden waren. Was konnte Schostakowitsch, flankiert von KGB- und Parteikadern, anderes antworten als „Ich stimme der in der Prawda gemachten Äußerung voll zu"[99]? Und was hätte diese Provokation anderes verstärken können als Schostakowitschs Verachtung des Westens?

Es ist eine Tatsache, dass im Westen der sinnliche Schlüssel zur Musik von Schostakowitsch nicht gepasst hat. Nur wenn der sinnliche Ausdruck uns anspringt und die Musik spüren lässt, kommt auch der Geist ins Spiel. Dann entdecken wir, dass in dem unbekümmert-schwungvollen Hauptthema des ersten Satzes der *Leningrader* das Kernmotiv des mörderischen Marsches schon enthalten ist – die Gewalt. Und erkennen, dass es das Gewaltmotiv aus der *Lady Macbeth von Mzensk* ist: was also sollte es hier anderes bedeuten? Der sich endlos steigernde Marsch hat mit Deutschland nicht das Geringste zu tun, sondern enthüllt nur eine sich endlos steigernde Gewalttätigkeit. Kann die deutsch, russisch, chinesisch oder marsianisch sein? Das wunderbare Instrument Orchester verwandelt sich vor unseren Augen und Ohren in eine Gewaltmaschine. Es ist die Gewalttätigkeit des Stalinismus nicht weniger als des Faschismus, die die Menschen in Leningrad umgebracht hat. Dieser Marsch ist Totalitarismustheorie.

Genauso wenig ist dem überwältigenden Schluss der Sinfonie zu trauen. Er klingt nicht wie ein Triumph. Wo wäre denn 1944 auch ein Triumph gewesen? Es gab Hoffnung und Wut. Und das Aufbäumen der Coda war doch auch nicht mehr als die Hoffnung, dass all das vergossene Blut nicht vergeblich vergossen sein sollte und es vielleicht sogar einmal so etwas wie Gerechtigkeit geben würde. Dass das, was die Menschen – nicht nur in Leningrad – durchmachen mussten, nicht das letzte Wort sein sollte.

Schostakowitschs Landsleute haben das gespürt. Nur wenige von ihnen haben es auch verstanden – und darüber war der Komponist froh, denn wenn seine Musik verstanden worden wäre, wenn ihre Wahrheit ans Tageslicht gekommen wäre, dann wäre ihm der Tod sicher gewesen. Sein Spiel war gefährlich, denn selbstverständlich gab es auch Kulturbüttel, die fragten, was dieser „Affenmarsch" denn solle. Schostakowitsch musste darauf hoffen, dass diejenigen, die verstanden, den Mund hielten. Er wusste aber, dass die Menschen in besseren Zeiten sich mit seiner Musik beschäftigen und dann auch ihrer Wahrheit auf die Spur kommen würden. „Für meine Verse wie für alte Weine kommt noch die Zeit herauf": Wenn er dieses Gedicht von Marina Zwetajewa vertonte, dann dachte Schostakowitsch sicherlich zuerst an seine eigene Musik.

Keiner hat in den 1940er und 1950er Jahren klarer formuliert als Adorno, dass es nur durch die penible und konkrete Analyse des einzelnen Kunstwerks möglich ist, ihm seine Geheimnisse zu entlocken und es nach dessen eigenen Gesetzen zu beurteilen. Nur dann lässt sich die Wahrheit erkennen, die es über die gesellschaftliche Wirklichkeit in sich einschließt: „Diese Wahrheit – also das, wodurch ein Kunstwerk überhaupt sich manifestiert als wahr in dem einzigen Sinn, den ich einem Kunstwerk zu geben vermag, nämlich als die bewusstlose und gleichsam blinde Geschichtsschreibung, die eine jede Epoche in sich vollzieht –, diesen Begriff der Wahrheit kann das Kunstwerk nicht durch eine unmittelbare Angleichung an irgend etwas Inneres oder Äußeres und auch nicht durch seine bloße Richtigkeit erreichen, sondern nur vermittelt durch sein Formgesetz hindurch, also dadurch, dass alle seine Momente in einer sinnvollen Beziehung zueinander stehen; und eine jede Wahrheit von der Kunst zu postulieren, die dahinter zurückbleibt, würde eben doch schließlich hinauslaufen auf eine falsche Annäherung der Kunst an die Wissenschaft."[100]

Aus diesem Bewusstsein heraus war Adorno in der Lage, die Musik Gustav Mahlers in einer Weise zu entschlüsseln, die bis heute gültig ist: Er ist deren eigenen Gesetzen gefolgt, ist in die Kunstwerke hineingekrochen und mit ihrer Wahrheit wieder herausgekommen. Walter Abendroth hingegen hat – wie die sowjetischen Musikwissenschaftler in ihren Schostakowitsch-Büchern auf ihre Weise – in die Musik von Hans Pfitzner sehr viel Ideologisches hineingelesen, aber wenig Wahres herausgehört. Deshalb wartet die Musik von Hans Pfitzner bis heute auf ihre Wiederentdeckung – dass dieser Komponist als alter Mann ein böser Nazi wurde, ist kein ausreichender Grund, seine gesamte Musik für kontaminiert zu halten und quasi mit Aufführungsverbot zu belegen. Man muss bereit sein, sich ohne Vorbedingung auf das jeweilige Kunstwerk einzulassen, will man nicht Gefahr laufen, ein Fehlurteil zu fällen.

Adornos berühmte Fehlurteile über Elgar, Britten, Sibelius, Tschaikowsky und Schostakowitsch waren die Folge eines geschichtlich eingeschränkten Blickwinkels: „Der angedrehte Ruhm von Edward Elgar“: Realität eines Landes, in dem zwar die ursprüngliche Akkumulation des Kapitals, das finsterste Proletarierelend und die Analyse des Tauschwerts stattgefunden hatten, aber keine schlagkräftige Arbeiterbewegung entstanden war, wohingegen die Menschen gerne in Chören sangen und dafür Material brauchten und sei es der *Traum des Gerontius*. „Benjamin Brittens Dürftigkeit“: humane Musik für die realen Menschen seiner Gesellschaft, im Übrigen auf hohem künstlerischem Niveau, nicht umsonst Schostakowitschs Freund. „Tausend Löcher sind nicht tausend Seen“: ein köstliches Bonmot, aber blind für die Zukunftsträchtigkeit, die die Musik von Sibelius für den Minimalismus hatte, was sich allerdings noch nicht voraussehen ließ. Oder die verächtlichen Bemerkungen über den „schlechten Komponisten“ Tschaikowsky, in dessen Sinfonien doch so viel gesellschaftliche Wahrheit verborgen ist – und auch überraschende kompositorische Substanz, die sogar Mahler inspiriert hat (auch wenn im direkten Vergleich die Arbeit Mahlers sehr viel tiefer reicht). Was Adorno bei diesen Komponisten vermisste, war die Gegensätzlichkeit zur gesellschaftlichen Ordnung. Sie gehörte zu großer Kunst dazu – was für ihn grob gesagt auch bedeutete, dass in der Gegenwartskunst dissonante Züge progressiv und lustgewährende reaktionär sind.[101]

Adornos Philosophie war immer ein kritisches Denken, das sich gegen Herrschaft richtet, und so schrieb er einer fortschrittlichen Kunst auch die Aufgabe der Herrschaftskritik zu. In den *Paralipomena* zu seiner unvollendeten Ästhetischen Theorie hat er diesen Anspruch so formuliert: „Die Rationalität der Kunstwerke bezweckt ihren Widerstand gegen das empirische Dasein: Kunstwerke rational gestalten heißt soviel, wie sie in sich konsequent durchbilden. Damit kontrastieren sie zu dem ihnen Auswendigen, dem Ort der naturbeherrschenden ratio, von der die ästhetische herstammt, und werden zu einem Für sich. Die Opposition der Kunstwerke gegen die Herrschaft ist Mimesis an diese. Sie müssen dem herrschaftlichen Verhalten sich angleichen, um etwas von der Welt der Herrschaft qualitativ Verschiedenes zu produzieren. Noch die immanent polemische Haltung der Kunstwerke gegen das Seiende nimmt das Prinzip in sich hinein, dem jenes unterliegt und das es zum bloß Seienden entqualifiziert; ästhetische Rationalität will wiedergutmachen, was die naturbeherrschende draußen angerichtet hat."[102] Könnte es eine präzisere Bestimmung der Kunst der Maske geben, die Schostakowitsch entwickelt hat? Das Getöse des Finales von Mahlers Siebter hat Adorno so angewidert, dass er darüber dessen Sarkasmus nicht spürte, obwohl er im Fall von Wagners *Meistersingern*, die dafür Pate standen, den Trug sehr wohl sah.[103] Bei Schostakowitsch vernahm er wohl das gleiche Getöse.

Die Weltlage verschlechterte sich: die beiden deutschen Staaten wurden wiederbewaffnet und das atomare Wettrüsten setzte ein. Dem Koreakrieg folgte der Vietnamkrieg, den Befreiungsbewegungen in den Kolonien langdauernde Guerillakriege – die Welt schien geradewegs in den dritten und letzten Krieg zu rennen. Die Massen in den Industriestaaten bzw. dem Ostblock wurden von der Unterhaltungsindustrie bzw. von der Staatskultur eingelullt und zugleich von der monopolisierten Presse aufgehetzt. In Los Angeles hatte Adorno den unauflösbaren Widerspruch benannt, den es in Perioden gibt, „in denen die Kunst genau diesen Stellenwert besitzt, dass sie – und zwar je ernster und vollkommener sie ist – sich als Ersatz vor alle Dinge schiebt, die in einer solchen Situation eben ausgeschlossen sind [...] und dass es Situationen gibt, in denen die radikale Kunst zu einem Alibi für den Verzicht auf eingreifende Praxis werden kann."[104] Und schloss an, dass „auch dieser Gedanke zur Lüge geworden ist etwa in dem gesamten Ostbereich, wo man ja nun in der Tat die gesamte Kunst der sogenannten Praxis unterordnet, das heißt: zu einem praktischen Mittel umformt; und was dabei aus der Kunst wird, das heißt: die offensichtliche Insuffizienz und Dummheit und Primitivität der Kunst, die dabei herauskommt ..."[105]

Einer Musik, die aus dem Herrschaftsbereich Moskaus kam, traute Adorno nicht zu, subversiv zu sein. Immerhin legte er sich Rechenschaft darüber ab, dass das Scheitern des Kommunismus nicht nur die politische Theorie korrumpiert hatte, sondern auch das Nachdenken über die Kunst, zusätzlich zu der Sklavensprache, die die Voraussetzung für eine Existenz in der akademischen Welt war: „Die politische Selbstzensur, die üben muss, wer nicht zugrunde gehen oder wenigstens völlig ausgeschaltet werden will, hat eine immanente, wahrscheinlich unwiderstehliche Tendenz, in den unbewussten Zensurmechanismus und damit in die Verdummung überzugehen. Allein die Zentrierung meines Interesses auf die Ästhetik, die freilich meiner Neigung entspricht, hat zugleich etwas Ausweichendes, sich Entziehendes, Ideologisches noch vor allem Inhalt. Das Lähmende der ständigen Reflexion auf den Osten, die indirekt den Gedanken von diesem abhängig macht," konstatierte Adorno am 1. Oktober 1960 in einem Notizheft.[106]

Mit dieser Lähmung durch ständige Reflexion auf den Osten ist der blinde Fleck genau benannt, unter dem Adornos Blick auf Schostakowitsch litt. Er stellte sich eine Frage gar nicht erst, die doch nahe lag: Warum sollten nicht auch unter Stalins Knute Künstler, denen die Kulturvögte den Weg versperrten, Flaschenpost ins Meer der Zeit werfen, wie Schostakowitsch 1944 es mit seinem Zweiten Streichquartett getan hatte? Warum sollten nicht auch sie eine Sklavensprache entwickeln, die ihre Aufpasser täuschte? Schostakowitschs Äußerungen über die Nachkriegsavantgarde waren Sklavensprache, wenn er sie nicht sogar von Zetteln ablas, die andere ihm in die Hand gedrückt hatten. Wir wissen ja von seinen Schülern, dass er einzelne Partituren der geschmähten Avantgarde durchaus in seinem Unterricht behandelte. Das Publikum seiner Musik, seine Zuhörer am Radio, die Leser seiner Artikel lebten ja schon länger mit der Lüge. Aber im Westen wusste das keiner, weil auf fremdem Gelände keiner suchen ging.

Was wusste Bertolt Brecht von den inneren Vorgängen der russischen Kunst? Er kannte die russischen Kollegen ja. Im dänischen Exil gab er seinen *Svendborger Gedichten* den *Spruch 1939* mit, den Eisler vertont hat und der ihrer beider eigene Situation spiegelte:

In den finsteren Zeiten
Wird da auch gesungen werden?
Da wird auch gesungen werden.
Von den finsteren Zeiten.

Eisler war für Adorno vertrautes Gelände. In ihrem gemeinsamen kritischen Buch *Komposition für den Film* beschreiben Adorno und Eisler eine Szene aus dem Antikriegsfilm *Niemandsland* von 1930, für den Eisler die Musik geschrieben hatte: „Ein deutscher Tischler folgt dem Einrückungsbefehl 1914. Er schließt seinen Schrank, ergreift sein Soldatenköfferchen und geht, von seiner Frau und seinen Kindern begleitet, über die Straße zur Kaserne. Es werden viele ähnliche einzelne Gruppen gezeigt. Der Ausdruck ist deprimiert, das Gehen schlapp, unrhythmisch. Ganz leise setzt Musik ein, Andeutung eines Militärmarschs. Je lauter die Musik wird, desto frischer, rhythmischer, kollektiv einheitlicher werden die Schritte der Männer. Auch die Frauen und Kinder nehmen eine kriegerische Haltung an. Selbst die Schnurrbärte der Soldaten werden aufgezwirbelt. Triumphierendes Crescendo. Betrunken gemacht von der Musik, marschieren die Einrückenden, zu einer Bande von Schlächtern vereint, in die Kaserne. Abblendung."[107]

Das könnte auch eine Beschreibung der Marschepisode im ersten Satz der *Leningrader Sinfonie* sein. Was Eisler im Kleinen tat – die Szene dauert nur eineinhalb Minuten und die Musik ist viel schlichter – hat Schostakowitsch zehn Jahre später zur Perfektion gebracht. Adorno und Eisler analysierten den Musikeinsatz so: „Die dramaturgische Interpretation der Szene, die Verwandlung anscheinend harmloser Privatpersonen in eine barbarische Horde, kann nur durch den Einsatz der Musik gegeben werden. Die Musik ist nicht Ornament, sondern wesentlich Träger des szenischen Sinnes: das macht ihr dramaturgisches Recht aus. Sie verbreitet nicht einfach einen emotionalen Dunstkreis. Sie verbreitet auch diesen, aber durch das gleichzeitige Filmbild wird er gerade als Dunstkreis offenbar. Das Ineinander von Bild und Musik durchbricht eben den konventionellen Wirkungszusammenhang, in dem beide sonst stehen, indem dieser Wirkungszusammenhang sinnfällig vorgestellt und zum kritischen Bewusstsein erhoben wird. Musik wird als das Rauschmittel präsentiert, das sie in der Realität ist. Ihre berauschende, schlecht irrationale Funktion wird politisch durchsichtig. Komposition und Aufführung der Musik muss zusammen mit dem Bild das Destruktive, Verrohende solcher musikalischer Wirkung dem Publikum vormachen. Sie darf nicht etwa ungebrochen heroisch sein, in einer Weise, die dem naiven Zuschauer es erlaubte, sich selbst wiederum an ihr zu berauschen. Der Heroismus muss vielmehr bereits reflektiert, nach Brechts Ausdruck ‚verfremdet' erscheinen. Das wurde angestrebt durch übergrelle Instrumentation und eine Harmonisierung, deren Tonalität immerzu umzukippen droht."[108]

Kombiniert man Schostakowitschs Marsch mit entsprechenden Bildern, passiert genau das Gleiche. Allerdings erreicht Schostakowitschs Musik diesen Effekt der Negativität auch ohne Bilder, sie hat sie nicht nötig, sie zeigt die Verrohung über die Dauer einer Viertelstunde ganz von alleine. Diese Negativität ist weder Eisler noch Adorno aufgefallen, da die Erklärung, hier handle es sich um die deutsche Invasion, plausibel klang und die Wahrnehmung verschleierte: alle hörten nur Schlachtenmalerei. Dass auch die Vorbilder, Ravels *Boléro* und Tschaikowskys Marsch aus der *Pathétique*, negative Musik sind, darüber machte man sich ebenfalls keine Gedanken. Wir bemerken das kaum je beim ersten Hören, erst wenn wir mit dem Werk vertrauter geworden sind, erschließt sich uns der Zusammenhang.

Wir wissen gut, wie Sprache lügen kann. Warum trauen wir das der Musik nicht zu, die doch auch eine Sprache ist? Musik konnte seit je doppelzüngig sein. Ein Soldatenlied wie *L'homme armée* konnte ohne Schwierigkeiten in eine katholische Messe integriert werden, weil es aufgrund seiner Intervallstruktur so einfach gebaut war, dass es unendlich viele kontrapunktische Möglichkeiten zulässt. Auch von J. S. Bach sind uns seine Parodie-Verfahren geläufig, die einem leichtfertigen weltlichen Lied ohne Umstände geistliche Würden unterschob. Musik ist, wie die Sprache, gesellschaftliche Kommunikation, und nur aus dem Zusammenhang erschließt sich ihre Bedeutung. In der Sprache hören wir solche Bedeutungsnuancen jederzeit heraus, in der Musik brauchen wir etwas länger, bis wir merken, dass das pompöse Lob des Krieges in *Così fan tutte* in den Ohren der verlassenen Bräute, die um das Leben ihrer Liebhaber fürchten müssen, schrecklich klingt. Beim ersten Hören haben wir Spaß am Getöse des Finales von Mahlers Siebter Sinfonie, aber bei genauerer Erkenntnis ekelt uns der leere Prunk des Tages nach dem Genuss der fantastischen Nacht, die uns das Stück vorher bereitet hat. Ein Komponist wie Schostakowitsch hat die Nutzanwendung daraus gezogen, einer wie Eisler ist beim Ekel stehengeblieben.

Noch Mitte der 1960er Jahre wollte Adorno einen großen Rundfunkvortrag über Eisler halten und sammelte dafür zahlreiche Notizen[109]. Er hatte sehr genau hingehört und verstand die Stärken und Schwächen dieser Musik sehr gut. Vorab notierte er als „Problemstellung: Was wird aus einem Komponisten unter quasi experimentellen, ihn äußerst einschränkenden Bedingungen, soweit diese, als Produkte einer mächtigen gesellschaftlichen Tendenz, auch ihr Moment von Notwendigkeit mit sich führen." Dieses Experiment, das Eisler mit sich selbst durchführte und für das er auch selbst die Konsequenzen trug, wie Adorno mit einer gewissen Bewunderung feststellte, dieses Experiment wurde an Schostakowitsch unfreiwillig durchgeführt, ohne dass er danach gefragt wurde, ob er die Konsequenzen tragen wolle. Adorno hätte die richtige Fragestellung auch für Schostakowitsch parat gehabt. Dass er sie nicht auf ihn anwendete, lag daran, dass jede Theorie geschichtlich und gesellschaftlich gebunden ist und ihre blinden Flecken hat.

Schostakowitsch interessierte Adorno einfach nicht. Einmal weil er selbst Partei war als Exponent der Neuen Musik. Und dann weil Schostakowitsch für ihn ebenso wie Britten, Elgar oder Sibelius mittleres Niveau war, er sich aber entweder für die ganz verfeinerte, sensibelste Musik interessierte oder gleich für die Massenmusik, weil beide seismologisch am meisten über die Gesellschaft aussagten. Das Dazwischen bot ihm zu wenig Stoff. Über Musik, die ihn berührte, konnte Adorno mehr sagen als jeder andere. Über alles andere hätte er besser schweigen sollen.

Heute sind wir natürlich schlauer. Auch eine Philosophie ist ein Seismograph ihrer Zeit – es ist lehrreich, was sie erfassen kann und woran sie vorübergeht oder gar scheitert. Adorno hat sich selbst einmal als „Instrument" bezeichnet[110]. Wir verdanken ihm tiefe Erkenntnisse über die Musik des bürgerlichen Zeitalters. Wäre er nicht auch Philosoph gewesen, hätte er sie vielleicht nie gewonnen. Adornos Philosophie erzählt uns, genau wie die Musik von Schostakowitsch, unendlich viel über die Zeit, die er durchlebt hat, deshalb wurde sie ja so populär, als es an die Aufarbeitung dieser Zeit ging. In Brechts Gedicht *An die Nachgeborenen* heißt es:

Ihr, die ihr auftauchen werdet aus der Flut
In der wir untergegangen sind
Gedenkt
Wenn ihr von unseren Schwächen sprecht
Auch der finsteren Zeit
Der ihr entronnen seid.

Im gleichen Gedicht finden sich die Zeilen:

Was sind das für Zeiten, wo
Ein Gespräch über Bäume fast ein Verbrechen ist
Weil es ein Schweigen über so viele Untaten einschließt!

Wie genau trifft sich das mit Adornos – freilich aus dem Zusammenhang gerissenen – Satz „Nach Auschwitz ein Gedicht zu schreiben, ist barbarisch"! Dieser Zusammenhang lautet: „Als neutralisierte und zugerichtete aber wird heute die gesamte traditionelle Kultur nichtig: durch einen irrevokablen Prozess ist ihre von den Russen scheinheilig reklamierte Erbschaft in weitestem Maße entbehrlich, überflüssig, Schund geworden, worauf dann wieder die Geschäftemacher der Massenkultur grinsend hinweisen können, die sie als solchen Schund behandeln. Je totaler die Gesellschaft, um so verdinglichter auch der Geist und um so paradoxer sein Beginnen, der Verdinglichung aus eigenem sich zu entwinden. Noch das äußerste Bewusstsein vom Verhängnis droht zum Geschwätz zu entarten. Kulturkritik findet sich der letzten Stufe der Dialektik von Kultur und Barbarei gegenüber: nach Auschwitz ein Gedicht zu schreiben, ist barbarisch, und das frisst auch die Erkenntnis an, die ausspricht, warum es unmöglich ward, heute Gedichte zu schreiben. Der absoluten Verdinglichung, die den Fortschritt des Geistes als eines ihrer Elemente voraussetzte und die ihn heute gänzlich aufzusaugen sich anschickt, ist der kritische Geist nicht gewachsen, solange er bei sich bleibt in selbstgenügsamer Kontemplation."[111]

Der isolierte Satz wirkt demgegenüber wie ein Verbot, was aber natürlich nicht gemeint war. In seinem letzten Buch, der *Negativen Dialektik*, ging Adorno noch einmal darauf ein: „Das perennierende Leiden hat so viel Recht auf Ausdruck wie der Gemarterte zu brüllen; darum mag falsch gewesen sein, nach Auschwitz ließe kein Gedicht mehr sich schreiben. Nicht falsch aber ist die minder kulturelle Frage, ob nach Auschwitz noch sich leben lasse, ob vollends es dürfe, wer zufällig entrann und rechtens hätte umgebracht werden müssen."[112] Mit dieser Frage mussten Schostakowitsch und Adorno gleichermaßen leben.

Weder im Westen noch im Osten war eine Bewegung in Sicht, die Trägerin des Kampfes gegen die Herrschenden und deren Kriegstreiberei sein konnte, seien sie das globalisierte Kapital oder die Sowjetdiktatur. Sowohl die Arbeiterbewegungen in den westlichen Ländern als auch die nur nominellen Herren der Arbeiter- und Bauernstaaten standen unter einem entwaffnenden Bann, der sich auch in der Kunst deutlich abbildete. In der *Negativen Dialektik* suchte Adorno nach einer neuen materialistischen Philosophie gegen diesen Bann, die gegen den offiziellen Diamat aus dem Osten die Klassenkampftheorie bewahrt.[113] Es war nur eine Methode. Eine Methode zur „rücksichtslosen Kritik alles Bestehenden"[114]. Eine Flaschenpost an eine unbekannte Generation in der Zukunft. An den Strand welcher künftigen Klassenkämpfe sie geschwemmt werden wird – wer will das wissen.

Scherzo, Ironie, Satire und tiefere Bedeutung – Schuld und Unschuld der Ironie beim frühen Schostakowitsch

Bei Stücken von Samuel Beckett oder Thomas Bernhard, die seinerzeit als Inbegriff des Existentialistischen galten, lachen viele Zuschauer heute. Wenn Schostakowitschs Erstes Klavierkonzert gespielt wird, sind Musiker und Zuhörer heute todernst. Ironie scheint eine schwierige Sache zu sein. Schostakowitschs Konzert entstand 1933, die entscheidenden Stücke von Beckett in den 50er und von Bernhard in den 60er und 70er Jahren des 20. Jahrhunderts, also nach dem Untergang des Abendlandes.

Der Existentialismus war weitgehend humorfrei. Und wehleidig: Die Hölle, das sind die anderen, hieß es in Sartres *Geschlossener Gesellschaft.* Kein Wunder, dass die Franzosen Heidegger lasen, dessen Neigungen zum Nazitum sie einfach ignorierten. Das „Geworfensein“, die Ablehnung von Technik und Moderne, die Verweigerung der Mitarbeit an einer Verbesserung der Welt, das gefiel gewissen Intellektuellen. In seinem Frühwerk, das mit dem Prawda-Artikel *Chaos statt Musik* von 1936 abrupt abgewürgt wurde, war Schostakowitsch noch ein Anhänger der Verbesserung der Welt, obwohl ihm in den letzten Jahren davor schon einige Zweifel daran gekommen sein dürften, dass das Sowjetregime länger dieser Hoffnung diente.

Immerhin, vor 1936 finden wir jenen Zug noch nicht, der für die spätere Musik des Komponisten so prägend wurde: den Sarkasmus. Ironie und Satire hatten ihre Unschuld noch nicht verloren. Und auch der Scherz nicht und nicht das Scherzo. Die ersten Arbeiten des jungen Dimitri waren Scherzi und fantastische Tänze: opus 1, 5, 7, 9, die zweithäufigste Gattung waren Präludien – oder vielmehr Préludes, denn Bach kam erst später ins Spiel. Das Oktett opus 11 enthielt beides.

Ironie und Satire bedeuten, dass die Musik zu einem kritischen Selbstbewusstsein erwacht ist. Im Ersten Klavierkonzert ist das eindeutig der Fall. Auf die Frage eines Interviewers, ob ihm die Aufführung seines Konzerts beim Warschauer Herbst 1959 gefallen habe, antwortete Dimitri Schostakowitsch: „Ich bin sehr dankbar dafür, dass man ein frühes Werk von mir in das Festspielprogramm aufgenommen hat. Das Konzert wurde gewissenhaft gespielt, aber ich fand, etwas zu schwerfällig. Ich habe es als ein Werk des leichten Genres geschrieben."[1]

Es gibt ja die hinreißende Aufnahme des Konzerts mit dem Komponisten am Klavier und der Moskauer Philharmonie unter Leitung von Samuil Samossud von 1955, wo man Schostakowitschs schnodderigen Interpretationsstil genießen kann, der hier alles andere als seriös ist. Ihm und dem Trompeter Iwan Wolownik gelingt es vor allem im Finale, dass das Publikum zur Abwechslung mal nicht hustet, sondern kichert.

MUSIK 1: 1. Klavierkonzert C-Dur op. 35, Schluss ab 18'21"
(YouTube: Dimitri Schostakowitsch, Klavier, Josif Volovnik, Trompete, Moskauer Philharmonie, Samuil Samossud)

Zweiundzwanzig Jahre nach der Uraufführung wusste man also noch, wie diese Musik geht. Und der Komponist, der nicht gerade verwöhnt war mit Aufführungen seiner Frühwerke, konnte am Klavier zeigen, wo es lang geht – damals funktionierten die Hände noch. Anspruchslos war das Konzert keineswegs, der junge Pianist wollte ja auch zeigen, wie flink seine Finger waren. Und er zeigte, wie übermütig er war.

Eine „spöttische Herausforderung an den konservativ-seriösen Charakter des klassischen Konzert-Gestus"[2] nannte er das erste Solokonzert, das er komponierte. Solokonzerte gelten ja auch heute noch als ganz besonders konventionelle Gattung, abgestimmt auf die Selbstdarstellung des Virtuosen. Gustav Mahler hasste Solokonzerte. Es ist kein Zufall, dass Schostakowitsch sein erstes Solokonzert erst zehn Jahre nach seiner ersten und drei nach seiner dritten Sinfonie schrieb, und es ist auch kein Zufall, dass er diesen „Fehltritt" dann ironisch brechen musste. Das war also eine innermusikalische Ironie: Heute spielen wir „Klavierkonzert". Mit der dazugehören Bravour, aber …

Innermusikalisch ist die Ironie auch im Detail. Etwa wenn gleich zu Beginn Beethovens *Appassionata* mit sentimentalen Rachmaninow-Anklängen konfrontiert wird. Die Musik wirkt wie ein Kaleidoskop widersprüchlichster Klangsplitter. Der studierte Pianist dreht eine Klaviersonate von Haydn ebenso durch den Fleischwolf wie populäre Sowjetschlager. Der langsame Satz, eine Walzerparodie, schwelgt in spätromantischer Klavierlyrik. Im Finale tobt Beethovens Wut über den verlorenen Groschen neben anderen Versatzstücken aus dem Konzertsaal.

Schon die Orchesterbesetzung ist antitraditionell: dem Klavier und der Trompete steht nur der Streicherkörper zur Seite. Doch nicht alles ist gegen das Herkommen: die Sonatenhauptsatzform wird respektiert. Der Schostakowitsch-Biograph Iwan Martynow fand 1946: „bis zu einem gewissen Grade ist es auch dem Neoklassizismus der Klavierkonzerte von Hindemith und Poulenc verwandt“[3] – und die beiden hatten ja nun wirklich Humor. Wir schreiben immerhin das Jahr 1933, und in der Musik hat sich viel geändert seit Rachmaninow, auch wenn dieser noch lebt und weiterkomponiert. Der jetzt 27jährige Schostakowitsch hatte mit Majakowski, Meyerhold und Rodtschenko zusammengearbeitet und kannte die Artefakte der russischen Avantgarde, die suprematistischen Konstruktionen oder Bulgakows *Hundeherz* – da wollte er die Musik nicht alt aussehen lassen. Sein glasklarer, gemeißelter Klavierstil fand seine Parallele in der Musizierweise der Neuen Sachlichkeit, wie er sie unter anderem bei den Gastspielen von Otto Klemperer in Petersburg erlebt hatte.

Klavier und Trompete setzen das Ausrufezeichen des Anfangs. Danach spielt das Klavier eine wehmütige Melodie in c-moll, die dann vom Streichorchester aufgenommen wird. Unüberhörbar ist der Beginn von Beethovens *Appassionata* der Ausgangspunkt dieses ersten Themas. Bald wird es über Stock und Stein gejagt, dass es ein Spaß ist. Und wenn das Klavier auf eine lyrische Wendung der Streicher einzugehen scheint, wirft es sogleich das Steuer herum und rast mit einem besonders banalen Motiv weiter. Die Trompete ist ein seltsamer Begleiter bei dieser Jagd – sie greift vieles auf, spielt ihre Signale, vergreift sich aber gern im Geschmack. Ausgerechnet die Trompete für das Gefühl zuständig zu machen, ist an sich schon ein ironisches Stilmittel. Und so legt sie über den Schluss des ersten Satzes, wenn der Pianist sich in der Coda beruhigt hat und das Appassionata-Motiv wieder in langsamem Tempo spielt, ein sentimentales Leichentuch. Im Finale klingt Mahlers ironisches Lied zum „Lob des hohen Verstandes“ an, in dem der Esel sich zum Kunstkritiker aufwirft.

Bei Schostakowitsch sind Zitate – wörtliche und sinngemäße – nie nur Zitate. Sie haben auch Bedeutung, liefern einen doppelten Boden: Wir machen uns lustig über den Konzertbetrieb. Wir lachen darüber, wie dort die heiligste Musik zu Tode geritten wird (gibt es überhaupt noch etwas Heiliges?). Nicht umsonst klingt hier die Burleske aus Mahlers Neunter an, die genau das Gleiche getan hatte: „Gewidmet meinen Brüdern in Apoll“. Wir machen uns lustig über uns selbst und darüber, wie wichtig wir uns nehmen – und haben einen Mordsspaß dabei. Aber: Wir lassen die Splitter der alten Konzertmusik auch leuchten in der neuen Umgebung. Es ist ein doppeldeutiges Spiel, das der junge Komponist hier treibt, er mag sich wohl selbst nicht so recht entscheiden. Es war in der Kunst eine unpathetische Zeit: Die heroische Zeit der Avantgarde war vorüber, die Exzesse der Shdanow-Ära hatten noch nicht begonnen. Deshalb hat er es später gerne entschuldigend dem leichten Genre zugeschlagen, was nicht wirklich wahr ist.

Denn ist ein Chaplin-Film vom leichten Genre, nur weil der Zuschauer lachen darf? Der zweite Satz hat auch überraschend ernste, gefühlsechte Momente, doch ihr Charakter gleicht einem Chaplin-Film – für die Tragikomik ist dann die Trompete zuständig. Die Zeitgenossen haben Schostakowitsch Gefühlskälte vorgeworfen, auch wegen seines pianistischen Stils, und er hat sich wütend dagegen gewehrt. 1959 schrieb er unter dem Titel *Die Macht des Lachens und der Tränen* zum 70. Geburtstag von Charles Chaplin: „Nicht jeder Zuschauer legt sich darüber Rechenschaft ab, wie kompliziert Chaplins Meisterschaft, wie groß seine Wirkung ist. Das ist ebenfalls ein Kennzeichen der Großen Kunst, deren Moral, sei sie auch unmerklich, von ihr nicht zu trennen ist. Chaplin macht den Menschen vollkommener, erzieht, bildet und belehrt ihn. Und diese seine Fähigkeit, zu moralisieren im besten und höchsten Sinne des Wortes, hat nicht ihresgleichen."[4] Wir wissen, wie skeptisch man gegenüber Schostakowitschs öffentlichen Äußerungen sein muss, doch in diesen Sätzen drückt sich auch etwas von dem aus, was der Komponist für seine eigene Kunst anvisierte.

Während der Arbeit an seiner Vierten Sinfonie schrieb Schostakowitsch 1935 eine Bemerkung nieder, die für das Verständnis seines Frühwerks ebenfalls nicht unwichtig ist: „In meinen Studienjahren am Leningrader Konservatorium stand ich stark unter dem Einfluss der Werke des ‚Mächtigen Häufleins'. Nach dem Abschluss des Konservatoriums begann ich, die moderne westliche Musik zu studieren. Das Schaffen von Hindemith, Krenek und besonders Strawinsky übte auf mich einen ungeheuren Einfluss aus, der den des ‚Mächtigen Häufleins' völlig verdrängte. Ich muss sagen, es war ein guter Einfluss. Mir wurden nach dem Studium am Konservatorium die Hände gelöst, als ich ernsthaft und gründlich die Meister zu studieren begann, von denen ich am Konservatorium nur einen sehr schwachen Begriff hatte."[5] Das muss man sich auch beim Klavierkonzert noch einmal vor Augen führen.

Dem wilden Galopp des Finales kann man auch Scherzo-Charakter nicht absprechen. Und die Entwicklung der Scherzo-Charaktere ist eine Leitschnur durch das gesamte Schaffen des Komponisten. Das Scherzo aus opus 11 *Präludium und Scherzo für Streichoktett* entstand parallel zur Ersten Sinfonie und stand somit noch „stark unter dem Einfluss der Werke des Mächtigen Häufleins". Und doch steht der

Furor dieses Scherzos dem der Zehnten Sinfonie in nichts nach – es fehlt nur die Bösartigkeit – und seine grotesk angeschrägte Virtuosität lässt schon das Finale des Klavierkonzerts ahnen. Schostakowitsch geriet nicht unter irgendwelche Einflüsse, sondern er fand lediglich in der westlichen Musik Gleichgesinnte und nutzte deren Mittel, um seine eigenen Ziele besser verfolgen zu können. Das war ein aktiver und kein passiver Vorgang.

Und selbst die Erste Sinfonie des 19jährigen Konservatoriumsabsolventen, die so neoklassisch aufgenommen wurde, ist schon ganz vom innersten Wesen des Komponisten durchzogen. Mstislaw Rostropowitsch meinte im Interview mit Dorothea Redepenning: „Die Erste Sinfonie ist ein genialer Aufruf an die Freiheit und die Zukunft. Dieses Genie schrieb eine Sinfonie, die sogleich der ganzen Welt seine, Schostakowitschs Genialität zeigte. Da ist schon alles, wie bei einem Embryo angelegt, der ganze Schostakowitsch. Er war damals voller Hoffnung für seine künstlerische Laufbahn. Und diese allgemeine Hoffnung zur Zeit der Revolution, dass sie Freiheit und neue Möglichkeiten bringen würde, diese Welle erfasste natürlich auch den jungen Schostakowitsch."[6]

Ich bin mir da nicht so sicher. Sein Freund, der junge Komponist Michail Wladimirowitsch Kwadri (1897–1929), dem Schostakowitsch seine Erste gewidmet hatte, weil er ihm viel verdankte, wurde drei Jahre nach der Uraufführung verhaftet und erschossen. Mit ihm verschwand das Manuskript des Klaviertrios. Naiv war Schostakowitsch nicht. Aber ehrgeizig und selbstbezogen. Wie beim Achten Streichquartett, scheint mir auch in der Ersten Sinfonie eher eine Art ironisches Selbstportrait vorzuliegen. Oder jedenfalls eine persönliche Geschichte, keine politische. Denn was diese Musik kennzeichnet, ist ihre gestische Qualität. Das hat sie vom Stummfilmbegleiten gelernt – was als Brotberuf gedacht war, wurde für den jungen Komponisten eine prägende Erfahrung. Musik kann auch ohne Film im Zuhörer bewegte Bilder erzeugen, ja noch mehr, im Gegensatz zur Leinwand kann sie sozusagen dreidimensional werden und sich nach allen Seiten recken.

So wie es die Einleitung des Kopfsatzes der Ersten Sinfonie tut. Die Musik dehnt und streckt sich, bis schließlich das Hauptthema daraus entstanden ist. Hört man diese Einleitung vom Klavierkonzert her, merkt man, dass alles schon da ist: die plastische Gestik, die nervöse Unruhe, der erzählerische Impetus, die ironische Distanz:

MUSIK 2: 1. Sinfonie, 1. Satz, bis Ziffer 9 (RSO Köln, Barschai – bis 1'47)

Das ist musikalisch sehr gut gemacht, aber erzählt auch eine Geschichte. Die eines jungen Menschen – oder eines Zinnsoldaten? Vielleicht die eines jungen Tagediebes, der aufwacht und sich erst mal streckt und herzhaft gähnt. Und dann geht's los. Erst mal ziellos, das Hauptthema hat keinen gerichteten Impuls. Das zweite Thema tritt auf wie eine Erscheinung, wie etwas Schönes aus einer anderen Welt. Ein Spielzeug? Ein Mädchen?

MUSIK 3: 1. Sinfonie, 1. Satz, Ziffer 13–18 (RSO Köln, Barschai – 2'35–3'34)

Im weiteren Verlauf des Satzes hat das 2. Thema nur in der Durchführung noch einen Auftritt, in der Reprise kommt es nicht mehr vor. Das vorwitzige Hauptthema plustert sich aber auf zu einem lautstarken Marsch – ohne Folgen. In der Coda schläft der Kerl wieder ein. Vom Sinn her geschieht nichts anderes als etwa in der großen C-Dur-Sinfonie von Schubert oder in Mahlers Erster: ein Erwachen am frühen Morgen in der Einleitung, dann ein munterer Marsch in den Tag hinein. Bei Schostakowitsch gibt die Regression in der Coda dem Ganzen allerdings etwas dezidiert Ironisches.

Das dahingaloppierende Scherzo hat durch die Instrumentierung auch etwas Uneigentliches, etwa wenn die Jagd im Fagott weitergeht, oder wenn das Trio wie eine Episode aus einer anderen Welt erscheint. Die Klangwelt von Rimski-Korsakows Zauberopern und Tschaikowskys Märchenballetten ist zwar noch zu spüren, hat aber ihre Unmittelbarkeit verloren. Beim zweiten Erscheinen ist das Trio angsteinflößend ins Riesenhafte vergrößert: Die Abfuhr sitzt, die Jagd ist aus. Die Form ist also eigentlich A-B-A'-B', außerdem hat er das Scherzo formwidrig (aber wie Mahler in seiner Ersten auch) an die zweite Stelle gerückt, dazu das Klavier im Orchester: der junge Komponist ist ganz schön frech.

Der Held der Sinfonie ist also bei der Jagd auf die Schnauze gefallen, sei es die Jagd nach einem Ideal oder einem Mädchen; es hat sich ein unüberwindliches Hindernis aufgetan. Der langsame Satz ist nun üblicherweise für die Gefühlsvertiefung zuständig. Er tut das auch, entfaltet eine lyrische Melodie und erfüllt sie mit immer drängenderer Energie. Begleitet wird das durch Trompetensignale, die Aufrufcharakter haben – ein innerer Aufruf, endlich ernst zu machen und nicht nur zu träumen. Am Ende machen die ersten Geigen sich den Aufruf zu eigen und ein Trommelwirbel leitet über ins Finale.

Von der Großform her ist dieses Finale gebaut wie das von Mahlers Erster: Die Entwicklung führt zu einem Höhepunkt, den man für das siegreiche Ende halten könnte. Doch zu früh gefreut: das Ganze endet in einer Katastrophe. Die Pauke artikuliert *fff* das Aufrufsignal. Noch einmal müssen die Kräfte gesammelt und in einen neuen Anlauf geführt werden, der die Luft klärt und endlich zum Sieg führt – hat er das Mädchen für sich gewonnen? Von Revolution und Freiheit findet sich in dieser Sinfonie keine Spur!

Die Zeit der Zwanziger Jahre war keine Zeit für Subjektivität und individuelle Tragik. Neoklassizismus, Neobarock und Moderne nahmen einen distanzierten Standpunkt ein. Es ist auch kein Zufall, dass damals Barockmusik wiederentdeckt wurde, die man für mausetot gehalten hatte. Sie sprach wieder zu den Menschen jener Zeit, gerade weil sie unpersönlich ist und nicht „schwitzt". Schostakowitsch hatte das mit seinen 18 Jahren intuitiv erfasst. In seiner Ersten Sinfonie ist schon alles da, was später kommen würde – offen für jede Richtung, in die der Lauf der Welt ihn treiben würde.

Parallel zur Ersten Sinfonie entstand im Herbst 1923, nachdem er seine Tuberkulose überwunden hatte, das Erste Klaviertrio opus 8. Klaviertrios waren in der russischen Musik eine große Sache, meist wurden sie verstorbenen Kollegen gewidmet und waren sehr tief und sehr umfangreich – Tschaikowskys Requiem für Nikolai Rubinstein dauert 50 Minuten. Es ist charakteristisch für Schostakowitsch, dass er diese Tatsache einfach ignorierte und einen 10-Minuten kurzen Einsätzer schrieb. Dem 18jährigen war es aber nicht weniger ernst, denn er schrieb es für Tatjana Gliwenko, in die er unsterblich verliebt war.

Das Klaviertrio konfrontiert träumerische mit bizarren Feldern. Die Schwärmerei ist so romantisch, dass sie schon nicht mehr wahr ist, und die nervöse Raserei bildet den passenden Kontrast dazu – himmelhoch jauchzend, zu Tode betrübt. Das Reine ist überaus rein und das Verzweifelte übertrieben irre. Die Musik sagt nichts Konkretes und bringt den Zuhörer dennoch zum Schmunzeln, weil es keinen Zweifel geben kann, wovon die Rede ist. Den Selbstschutz der Ironie braucht der Liebeskranke, um sich gegenüber der Angebeteten keine Blöße zu geben. Und es ist nicht abwegig, auch in der 1. Sinfonie noch einen Nachklang dieser Liebesgeschichte zu hören.

MUSIK 4: 1. Klaviertrio opus 8: Ziffer 13–15, 1'20
(YouTube: The Moscow Trio 6'02–7'24)

Er hat Tanja trotzdem nicht bekommen. Aber er hat ihr bis 1927 Briefe geschrieben. Die wurden von ihren Erben versteigert und sind heute im Besitz von Maxim Schostakowitsch. Auch diese – bis dato nicht publizierten – Briefe waren natürlich ein Mittel, um das Mädchen zu beeindrucken, dessen politischen Standpunkts er letztlich nicht sicher sein konnte, aber sie bestätigen doch, dass die politische Haltung des jungen Komponisten keineswegs gefestigt war[7]. Er war ein Freund der Revolution, soweit sie die Kunst voranbrachte, und ihr Feind, wenn gewisse Gruppierungen sie ideologisch gängeln wollten. Vor 1927 konnte niemand wissen, wohin die Entwicklung gehen und ob die Herrschaft der Bolschewiki überhaupt bleiben würde. Erst Stalin hat dieser Entwicklung einen eschatologischen Sinn übergestülpt, der leicht zu Fehlurteilen über die Frühzeit der Sowjetmacht verführt.

Die Gliwenko-Briefe zeigen aber einen jungen Menschen, der keine Absicht hat, irgendwo mitzumachen. Einmal schreibt er statt Leningrad „Saint Leninburg“[8], um sich über die Heiligsprechung Lenins lustig zu machen. Sein Hang zur Ironie wurde auch zum musikalischen Ausdruck dieser distanzierten Haltung. Er will nur seine eigenen Ziele verfolgen und verabscheut alles, was ihn davon abbringen kann. An seinen Freund und Förderer Boleslaw Jaworski schrieb er: „In meinem Leben gibt es jetzt keine anderen Freuden als die Musik. Für mich ist die Musik das Leben.“[9] Sicher, Jaworski war in Dimitri verliebt und dieser musste ihn freundlich auf Distanz halten, aber der Satz erklärt uns dennoch den Kern von Schostakowitschs lebenslanger Haltung, von seiner Unbeugsamkeit.

Es warten ja auch so viele Chancen auf ihn! Nicht nur auf dem Konzertpodium, auch im Balletttheater, am Schauspiel und beim Film. Selbstverständlich nimmt er den ehrenvollen Auftrag an, eine Sinfonie zum 10jährigen Jubiläum der Oktoberrevolution zu schreiben und nutzt ihn, um neue musikalische Formen auszuprobieren. Die Propagandaseite der Sinfonie interessiert ihn überhaupt nicht. Er nimmt Aufträge an, Musik für Ballette und Theaterstücke zu schreiben, um auch diese Genres zu erproben. Und nutzt sie für die Entwicklung seiner Musiksprache. Schostakowitsch war ein Individualist, und das musste ihn einerseits in Konflikte mit der Macht bringen, andererseits eine große moralische Stärke bewirken. Dennoch trat er immer wieder in politische Fettnäpfchen oder wurde Opfer von Linienwechseln nach Machtkämpfen. Bei den Konzerten der Leningrader ASM lernte er viel neue Musik aus dem Westen kennen, hinter der er nicht zurückbleiben wollte.

Bei seiner Oper *Die Nase* folgte der Komponist nur seinen eigenen Intentionen. Hier geschah der Übergang von der Ironie zur Satire. Bezeichnenderweise sind es gesellschaftliche Vorgänge, die er der Lächerlichkeit preisgibt – wie später in *Lady Macbeth*: „Man braucht diese Erzählung nur nachzulesen, um sich davon zu überzeugen, dass ‚Die Nase', als Satire auf die Epoche Nikolaus' I., die stärkste von allen Erzählungen Gogols ist. […] Ich füge hinzu, dass die Musik nicht absichtlich ‚parodistisch' gefärbt ist. Nein! Trotz der ganzen Komik des Geschehens auf der Bühne will die Musik nicht komisch wirken. Ich halte das für richtig, weil Gogol alle komischen Vorgänge in ernstem Ton schildert. Darin liegt die Stärke und der Wert des Gogol'schen Humors. Er ‚witzelt' nicht. Die Musik ist ebenfalls bemüht, nicht zu ‚witzeln'."[10]

In der *Nase* entwickelte Schostakowitsch sein Talent zur Groteske zur Perfektion. Nur wenn die Vorgänge auf der Bühne ernst genommen werden, wirken sie komisch – der Satiriker darf selbst nicht lachen. Dabei wird eine Fähigkeit sichtbar, über die Schostakowitsch in ganz besonderem Ausmaß verfügte: als musikalisches Chamäleon jeden beliebigen Stil nachzuahmen. Berühmt ist der Fall *Tea for two*: der Dirigent Nikolai Malko hörte gemeinsam mit Schostakowitsch den Song von Vincent Youman und wettete mit ihm, wenn er in einer Stunde das Stück orchestrieren könnte, dann würde er es aufführen – Schostakowitsch hatte seine Version nach 45 Minuten fertig und sie wurde als *Tahiti Trott* op. 16 am 25. November 1928 in Moskau uraufgeführt.

Das war also ein Jazz-Stück ohne Ironie. Es ist offensichtlich, dass der Komponist den Jazz mochte, aber die Sowjets hatten damit das gleiche Problem wie die Nazis. Nur nannten sie es nicht „Negermusik", sondern bourgeoise Musik. Die RAPM führte 1929 eine Kampagne gegen den Jazz durch, der 1936 dann ganz verboten wurde. Schostakowitsch hatte 1934 eine Suite für Jazzensemble zusammengestellt, die nun nicht gespielt werden durfte. Die jungen Sowjetmenschen gaben aber nicht so leicht nach, und so wurde 1938 versucht, einen sowjetischen Jazz zu formen, inklusive staatlichem Jazzorchester. Schostakowitsch stellte dafür 1938 eine zweite Jazzsuite zusammen.

In der Zwickmühle war der Komponist nur, wenn es darum ging, das, was in der Sowjetunion Jazz hieß – und dazu gehörten alle amerikanischen Modetänze – als Ausdruck der bürgerlichen Lebensweise zu verwenden. In seinem Ballett *Das goldene Zeitalter* nach einem Libretto des Filmproduzenten Iwanowsky und mit der Choreographie von Wassili Wainonen, das am 26. Oktober 1930 am Staatlichen Akademischen Theater ohne großen Erfolg herauskam, besucht eine Sowjetmannschaft eine Sportmeisterschaft im kapitalistischen Ausland. Nicht nur die Aristokraten und Kellner, auch eine Operndiva verkörpern die Dekadenz. Durch die Modetänze wurde diese Dekadenz aber höchst attraktiv auch für Besucher, denen Stalins politische Korrektheit auf die Nerven ging. Nicht von ungefähr waren auch die frechen, politisch unkorrekten Stücke von Bulgakow damals so beliebt.

Der Komponist erklärte zu seinen Absichten: „Mein Ziel bei diesem Ballett war es, den Unterschied zwischen den beiden Kulturen hervorzuheben. Ich ging dabei folgendermaßen vor: die westeuropäischen Tanznummern sind vom Geist eines lasterhaften Erotismus durchdrungen, wie er typisch für die gegenwärtige Kultur der Bourgeoise ist. In den sowjetischen Tänzen dagegen versuchte ich, gesunden Sport und Körperkultur auszudrücken. Ich kann mir nicht vorstellen, dass sich der sowjetische Tanz jemals in einer anderen Richtung entwickeln wird. Es ging mir darum, Musik zu komponieren, zu der es sich nicht nur leicht tanzen lässt, sondern die auch die dramaturgische Spannung und sinfonische Entwicklung aufweist."[11]

Zuzustimmen ist dem Komponisten, der hier schon ängstlich um politische Korrektheit bemüht ist, nur beim letzten Punkt – vor allem die Sätze des kurzen dritten Aktes sind kaum mehr Tänze als vielmehr groß angelegte sinfonische Sätze. Beim lasterhaften Erotizismus und der gesunden Körperkultur ist er hingegen auf ganzer Linie gescheitert. Das Ballett funktioniert nur, wenn die ganze Kolportagegeschichte nicht ernst genommen, sondern aus ironischer Distanz betrachtet wird. Dann allerdings macht es einen Höllenspaß, so interessante Stücke wie den Foxtrott des ersten Finales zu hören und sich dazu die Tänzer als dekadente Bourgeois vorzustellen – die Ironie verflüchtigt sich.

MUSIK 5: *Das goldene Zeitalter*, Foxtrott, 4'18

Ob Schostakowitsch ernste oder unterhaltsame Musik schrieb, sie stand jetzt immer unter ironischem Vorbehalt. Eigene Gefühle auszudrücken oder die eigene Haltung erkennen zu geben wurde allmählich gefährlich. Ironie war auch zum Selbstschutz geworden. Die Bekanntschaft mit Literaten wie Jewgeni Samjatin oder dem Satiriker Michail Soschtschenko, die die gesellschaftliche Entwicklung kritisch begleiteten, schärfte seinen politischen Blick und verfeinerte sein Gefühl für die musikalischen Mittel. Indem er Sollertinski kennenlernte, erweiterte sich auch seine Kenntnis des musikalischen Repertoires – so lernte er Mahlers ironische Musik kennen, deren Mittel er ab der Vierten Sinfonie anwenden sollte.

Alte Musik, westliche Neuerer, überkommene Formen waren die Muster, an denen er sich mit Mitteln der Ironie abarbeitete. Bei seiner ersten Filmmusik zu *Das Neue Babylon* des Regisseurs-Duos vom Kollektiv FEKS, Kosinzew und Trauberg, waren es neben raffinierten sinfonischen Strecken die Offenbachiaden, mit direkten Zitaten aus der *Schönen Helena.* Spielt die Handlung doch während der Pariser Kommune 1871 und dem deutsch-französischen Krieg, der Offenbachs Karriere in die Krise stürzte. Die ironische Musik weist jeder Figur ihren gesellschaftlichen Ort zu, und der wird musikalisch bestimmt. Dass Offenbach selbst ein scharfer Gesellschaftskritiker war, dessen Absichten nun ins Gegenteil verkehrt werden, wird der Zuschauer übersehen. Es kommt nur darauf an, durch die Operettenmusik den Leichtsinn der vergnügungssüchtigen Bürger zu untermalen. Der Stummfilm braucht die plastische Verdeutlichung der Idee und nicht die Dekonstruktion des geborgten Materials.

In seinem zweiten Ballett *Der Bolzen* interessierte ihn sicherlich die krude Story zur aktuellen Parteikampagne gegen angebliche „Schädlinge“ und wie man sie im Industriebetrieb zur Strecke bringt, am wenigsten, aber sie inspirierte ihn zu wunderbaren Karikaturen wie dem Tanz des Bürokraten:

MUSIK 6: *Der Bolzen*, Tanz des Bürokraten, 2’27

Schostakowitsch hatte bei Film und Theater nun aber auch gelernt, unterhaltsame Musik ohne jede Ironie zu schreiben. Sein drittes Ballett *Der helle Bach* ist ein Beispiel dafür und auch dafür, dass der Bannstrahl der Partei nichts mit der Musik zu tun hatte, sondern mit ganz anderen Zusammenhängen; der Librettist dieses Balletts, Adrian Piotrowski, wurde hingerichtet[12]. Einerseits fand Schostakowitsch Vergnügen an dieser neuen Fähigkeit und empfand Stolz, auch darin besser zu sein als die Kollegen, andererseits wuchs ihm dies allmählich über den Kopf – er drohte die Reputation als ernsthafter Komponist zu verlieren. Er entschloss sich 1931 zu einer radikalen Wende und lehnte sich dafür ziemlich weit aus dem Fenster. In seiner *Deklaration der Pflichten eines Komponisten* beklagte Schostakowitsch sich darüber, dass er im Theater mit Klischees zu arbeiten hatte, beispielsweise wenn ein Foxtrott für Zersetzung herhalten muss. Das Ergebnis sei schädlich und führe zur Entpersönlichung des Komponisten. Er könne nicht mehr schablonenhaft komponieren und wende sich daher vom Theater ab.[13] Ihm war offenbar noch nicht klar, dass Entpersönlichung das Ziel der Partei war, dass es vielmehr der Wunsch der Menschen sein sollte, nur ein Schräubchen und Rädchen im Getriebe zu sein.

Auch bei seiner zweiten Oper bemühte sich der Komponist, die Deutungshoheit zu behalten. In einem Artikel berief er sich sicherheitshalber auf Gorki, um den Text des nicht liniengemäßen Leskow als Vorlage zu rechtfertigen. Und er wies auf den satirischen Charakter der Musik hin: „Ich würde sagen, man kann *Lady Macbeth* eine tragisch-satirische Oper nennen. Obwohl Katerina Lwowna die Mörderin ihres Mannes und ihres Schwiegervaters ist, habe ich Sympathie für sie. Ich war bemüht, den ganzen sie umgebenden Lebensverhältnissen einen finster-satirischen Charakter zu geben. Das Wort ‚satirisch' verstehe ich durchaus nicht im Sinn von ‚lächerlich, spöttisch'. Im Gegenteil, in der *Lady Macbeth* habe ich mich bemüht, eine Oper zu schaffen, die eine entlarvende Satire ist, die Masken herunterreißt und dazu zwingt, die ganze schreckliche Willkür und das Beleidigende des Kaufmannsmilieus zu hassen."[14]

Dank der vorhergehenden Arbeiten war er nun imstande, das gesamte Arsenal der Satire aufzufahren – wie er das getan hat, ist bestens bekannt. Nur Katerina bleibt von der Kritik verschont, ihr Liebhaber aber ist die Karikatur eines Operntenors, der glaubt, mit seinem Gesülze jede aufs Kreuz legen zu können; Schostakowitsch hat die Figur einem real existierenden Freund nachgebildet. Ihm gelingt die Balance zwischen Tragik und Satire so perfekt, dass beim Schluss kein Fünkchen Ironie übrig bleibt. Hier erlaubt der Komponist sich wieder Gefühle, denen der Zuschauer trauen darf, ja ein Pathos, das die Verhältnisse anprangert, die solche Tragödien herbeiführen. Mit diesen Mitteln konnte er später auch die Vierte Sinfonie entwerfen, die zwischen Tragik, Mahlerscher Ironie und blanker Satire hin- und herpendelt.

Zuerst aber schrieb Schostakowitsch nach dem Klavierkonzert 1934 noch Musik zu einem nie fertig gewordenen Zeichentrickfilm, *Das Märchen vom Popen und seinem Knecht Balda* von Michail Zechanowski nach Puschkin, für den er seine Technik der Ironie noch einmal verfeinerte. Dort stehen witzige Nummern wie der *Aufmarsch der Finsterlinge* neben Bildern wie dem *Traum der Popentochter*. Hier hat die Ironie einen naiven, quasi kindlichen Charakter, wie er den Genre des Trickfilms entspricht.

MUSIK 7: *Das Märchen vom Popen*, Aufmarsch der Finsterlinge, 1'09 (YouTube: Shostakovich: The Tale of the Priest and His Helper Balda, Part 2)

Nach den beiden Prawda-Artikeln führte Schostakowitschs Weg zu jenen sarkastischen Scherzi, die aus dem ironischen Mahler-Typus entwickelt, aber eine andere Welt sind. Die Attacken auf *Lady Macbeth* und *Der helle Bach* hatten einen anderen Menschen aus ihm gemacht, er erwartete von nun an jede Nacht abgeholt zu werden. Doch er war entschlossen, einen neuen Weg zu finden, auf dem er seinen Verfolgern entkommen und dennoch seiner künstlerischen Wahrheit nicht untreu werden würde. Als der Albtraum 1956 vorbei war, feierte er den Witz als den Gegner der Mächtigen, den sie niemals umbringen können – nach den Vorbildern von Strauss' *Till Eulenspiegel* und Strawinskys *Petruschka* – so in der Dreizehnten Sinfonie, aber auch schon im Scherzo der Sechsten, dessen Ironie so viele missverstehen. Vom harmlosen Scherzo des Teenagers über die ironische Haltung des gesamten Frühwerks und die freche Satire kam der Individualist Schostakowitsch zu einer doppelbödigen Musik, deren tiefere Bedeutung den Parteibürokraten und unmusikalischen Musikfunktionären, kurz: allen Denunzianten, verborgen bleiben musste.

Sinfonie ohne Kopf – Schostakowitschs Sechste Sinfonie

Im Januar 1936 brach nicht nur seine Welt zusammen: In der Prawda, dem Zentralorgan der Kommunistischen Partei und damit der mächtigsten Zeitung der Sowjetunion, las der Komponist Dimitri Schostakowitsch unter dem Titel *Chaos statt Musik* einen Totalverriss seiner Oper *Lady Macbeth von Mzensk*: „Von der ersten Minute an verblüfft den Hörer in dieser Oper die betont disharmonische, chaotische Flut von Tönen. Bruchstücke von Melodien, Keime einer musikalischen Phrase versinken, reißen sich los und tauchen erneut unter im Gepolter, Geprassel und Gekreisch. Dieser ‚Musik' zu folgen, ist schwer, sie sich einzuprägen unmöglich. Das gilt für die ganze Oper. Auf der Bühne wird der Gesang durch Geschrei ersetzt." Und so weiter. Das alles hätte genauso auch in einem Nazi-Pamphlet gegen „entartete Musik" stehen können.

Stalin selbst hatte die Oper zwei Tage vorher im Bolschoi Theater besucht und „was not amused". Es ging aber um mehr als um Musik: „*Lady Macbeth* erfreut sich eines großen Erfolges bei der ausländischen Bourgeoisie. Vielleicht wird die Oper gelobt, weil sie so absolut unpolitisch und verwirrend ist. Lässt sich das nicht damit erklären, dass diese zappelige, kreischende, neurotische Musik den perversen Geschmack der Bourgeoisie kitzelt?" Komponierte Schostakowitsch für den Klassenfeind? Als Musikkritik wäre der alte Prawda-Artikel heute uninteressant, doch 1934 hatte er eine strategische Funktion. An *Lady Macbeth von Mzensk* wurde ein Exempel statuiert: Rodtschenko, Meyerhold, Babel, Bildende Kunst, Literatur, Theater, Musik – alle Kunstsparten wurden gleichgeschaltet.

Der Komponist bekam das Etikett „Volksfeind" angeheftet, verlor seine Professur und seine Kompositionsaufträge. Enge Freunde waren bereits getötet worden oder verschwanden im Gulag. Schostakowitsch hatte zwei kleine Kinder und damit gute Gründe, darüber nachzudenken, wie er sich retten könnte. Vier Sinfonien hatte er bereits geschrieben, die Vierte war gerade in Proben für die Uraufführung durch die Leningrader Philharmonie. Nach der Ersten, die er mit 19 Jahren als Diplom-Abschlussarbeit in neoklassischer Form vorgelegt hatte, war er mit jeder Sinfonie weiter gegangen im Ausloten der Grenzen der Moderne, hatte Klangflächenmusik ebenso komponiert wie Agitpropchöre. Die Vierte zog er nun zurück und legte sie für ein Vierteljahrhundert in die Schublade. Und schwieg ein Jahr lang.

Dann rehabilitierte er sich durch die Uraufführung seiner Fünften Sinfonie, die er die „Antwort eines Sowjetkünstlers auf gerechtfertigte Kritik“ nannte. Untertitel: „Das Werden der Persönlichkeit“. Da war sie endlich, die sowjetische Sinfonie, da war der sowjetische Beethoven! Die Uraufführung wurde zu einem Triumph für den Komponisten, der sich nun als reifer Klassizist zeigte. Viele Konzertbesucher weinten. Viele spürten, dass die Sinfonie eine Tragödie darstellte. Die Kulturbürokraten konnten den Noten keine bösen Absichten nachweisen. Der Schriftsteller Ilja Ehrenburg schrieb: „Die Musik genießt das große Vorrecht, alles aussagen zu können, ohne irgend etwas zu erwähnen.“ Mit dem Klassizismus als Maske hatte Schostakowitsch sein Überleben gesichert.

Doch schon mit seiner Sechsten Sinfonie ging er wieder ein Risiko ein. Denn dieser Sinfonie fehlt der Kopfsatz. Sie beginnt mit einem großen langsamen Satz, dem zwei Scherzos folgen – denn auch das Finale ist quietschvergnügt. Nach dem Abschluss der Fünften hatte Schostakowitsch ein Jahr lang fast nichts komponiert – außer seinem ersten Streichquartett, einer kaum publikumswirksamen Form. Sie stand dafür aber auch nicht unter Beobachtung und sollte daher für den Komponisten immer wichtiger werden. Für die Öffentlichkeit kündigte er die Entstehung einer großen Sinfonie über Lenin an – und dann erschien am 3. Dezember 1939 diese seltsame dreisätzige Sechste.

Das *Largo* in h-Moll ist länger als die beiden folgenden Sätze zusammen. Es beginnt mit einem pathetischen Unisono-Thema der Streicher, bäumt sich zu einem tragischen Ausbruch auf und versinkt dann immer mehr in namenloser Trauer. Ferne Trompeten senden einen letzten Gruß an die Opfer. An die zahllosen Opfer des Stalinismus, seien es Freunde oder Unbekannte. Eine gab es noch, die Ähnliches auszudrücken vermochte: Die große Dichterin Anna Achmatowa schrieb unermüdlich gegen das mörderische Regime an. Ihr *Requiem* gehört zu den großen Dokumenten des inneren Widerstandes. In diesem Sinne ist auch Schostakowitschs *Largo* ein Requiem. Im Alter hat er gesagt, seine gesamte Musik sei ein Requiem für die Opfer. Eine Flöte singt über dem Abgrund – eine Stimmung wie im Finale von Mahlers Zweiter Sinfonie vor der Auferstehung, nur dass es hier keine Auferstehung gibt. Stattdessen ein langer, feierlicher und warmer Trauergesang der Streicher.

Darauf folgt unvermittelt das Scherzo mit seiner überdrehten Lustigkeit, besser gesagt: es knallt darauf. Doch wirkt der Spaß ganz natürlich und selbstverständlich, die Musik sehr inspiriert und engagiert. In der Mitte wird es jedoch bedrohlich, etwas Ungeheuerliches nähert sich und in einem harten Ausbruch zerbirst der Spaß, der in der Wiederaufnahme des Anfangs seine Direktheit nicht zurückgewinnt. In der musikalischen Gestik erinnert das an *Till Eulenspiegel* von Richard Strauss oder an *Petruschka* von Igor Strawinsky: Es geht um die Spaßmacher, die den Gewaltherrschern ihre Karikaturen präsentieren und von diesen dafür exekutiert werden! Der Witz blüht in Zeiten der Unterdrückung, ist ein wesentliches Ventil. Die Witze der Sowjetunion und der DDR waren legendär. Schostakowitschs Scherzo will sagen: Der Witz ist nicht totzukriegen, er hat ein Leben über die Hinrichtung hinaus. In seiner Dreizehnten Sinfonie hat er später auf Worte von Jewtuschenko dem Witz ein ähnliches Denkmal gesetzt, das dann durch den Text eindeutiger zu identifizieren ist und Rückschlüsse auf das Scherzo der Sechsten erlaubt.

Doch zum Hofnarren wollte Schostakowitsch sich nicht machen lassen. Man hat ihn als Gottesnarren bezeichnet, gleich dem „Blödsinnigen“ in *Boris Godunow* sagte er den Mächtigen die Wahrheit. Wie verträgt sich das mit der Offenbachiade des Finales? Nun, war nicht auch Offenbach ein großer Spötter, der der Gesellschaft des zweiten Kaiserreichs den Marsch blies, auch wenn es ein Galopp war? Diese überzogene Lustigkeit macht schauern, es ist ein Tanz auf dem Vulkan. Die Parole der Politik war damals „Wir genießen das glückliche Leben“ – während Millionen starben. Von der Kunst wurde verlangt, sie habe „gesunde Lebensfreude“ darzustellen. Der Zweite Weltkrieg hatte ja bereits begonnen, der Hitler-Stalin-Pakt (der den Moskauern eine von Eisenstein inszenierte *Walküre* im Bolschoi bescherte) hatte zum Überfall auf Polen geführt, es herrschte wieder Krieg.

Wundert man sich noch über den fehlenden Kopfsatz? In der klassischen Sinfonie fand im Sonatenhauptsatz eine dialektische Auseinandersetzung statt. Es gab aber keine dialektische Auseinandersetzung mehr, nur noch die offizielle Lüge und die elende Wahrheit. Es ließen sich keine Sonatenhauptsätze mehr schreiben. Deshalb fehlt der Sinfonie der Kopfsatz. Es gibt nur noch den unüberbrückbaren, unversöhnlichen Gegensatz zwischen der Trauer und dem Vergnügen. Kopflos ist diese Sinfonie, weil sie einen denkenden Schöpfer hat.

Der Sieg des Kleinbürgertums über die Avantgarde – Schostakowitsch als Zeitzeuge

Selten ist ein Künstler jäher gefallen als Dimitri Schostakowitsch im Januar 1936. Mit der Ersten Sinfonie als 19jähriger weltbekannt geworden, mit seiner zweiten Oper *Lady Macbeth von Mzensk* einer der meistaufgeführten zeitgenössischen Autoren, eine großangelegte vierte Sinfonie kurz vor der Uraufführung – liest er in der „Prawda" einen ebenso gnaden- wie hirnlosen Verriss der *Lady Macbeth.*

Der junge Komponist hatte mit dem Regisseur Meyerhold, mit dem Dichter Majakowski und dem Maler Rodtschenko zusammengearbeitet – Majakowski ist jetzt der einzige, dessen Ruhm immer noch steigt, denn er hat sich schon 1930 erschossen. Meyerhold wird bald verhaftet werden und im Lager umkommen. Der Konstruktivist Rodtschenko war schon länger heftig attackiert; auch er muss sich umorientieren. Der 15 Jahre ältere Maler wird bis zu seinem Tod 1956 keinen künstlerischen Weg mehr finden, der dem kraftvollen Anfang gliche.

Der 29jährige Schostakowitsch überlebt, nicht nur körperlich. Er wird sogar zum Oberhaupt einer neuen Komponistenschule werden. Die Musik des jungen Schostakowitsch wird für Jahrzehnte vergessen sein, und dafür wird auch er selber sorgen. Unumstritten ist er nie gewesen, aber er hatte gekämpft, mit Partituren wie mit Deklarationen. Er hatte vieles probiert. Er war mit wehenden Fahnen in die Sackgasse der Theatermusik gerannt – was dem Publikum beispielsweise des Theaters der Arbeiterjugend prächtig plakative Nummern bescherte – und er hatte in der Zweiten und Dritten Sinfonie nach einer Verbindung radikal neuartiger Kunstmusik mit deklamatorischen Revolutions-Chören gesucht.

Diese seltsame Verbindung erscheint nur dann brüchig, wenn man kein Ohr hat für den hohen Ton jenes gesellschaftlichen und künstlerischen Aufbruchs. Der Neuen Zeit die Neue Form! Das Gefühl, den Sturm einer großen Zeit mitzugestalten, gab den Fotografien des von der Tafelmalerei abgekommenen Rodtschenko die kühnen Schrägen, ebenso Dsiga Wertows *Mann mit der Kamera* den rasanten Schnitt oder Bjelys Roman *Petersburg* die atemlose Bruchstückhaftigkeit und die impressionistische rot/grün-Färbung. Genauso rast Schostakowitschs 1930 uraufgeführte Oper *Die Nase* (nach Gogols grotesker

Erzählung) als szenisch-musikalische Collage am Zuschauer vorbei – jede naturalistische Inszenierung wäre ihr Tod.

Frech auftrumpfend wird die Tonalität gesprengt und amerikanischen Tanzrhythmen das Tor in die Kunstmusik geöffnet – das tun in Russland gleichzeitig auch andere, und sie tun es radikaler als Schostakowitsch. Er entwickelt jedoch eine ganz eigene Sprache musikalischer Satire. Die Technik lässt ihn kalt, für Lokomotiv- und Fabrikepen hat er keinen Sinn, eher für das von Majakowski verhöhnte Uraltthema Liebespech. Als der Maschinenrhythmus auch in Schostakowitschs Musik einzieht – in der Vierten Sinfonie – ist es schon passiert: der Aufstand der Maschinen, die Unterwerfung der Menschen unter das Diktat des industriellen Aufbaus, aber man darf es nicht mehr sagen.

Niemals leugnet Schostakowitsch den akademischen Standard, die vorrevolutionäre Ausbildung am nachrevolutionären Konservatorium. Krieg und Bürgerkrieg ließen die liberale, bescheiden bürgerliche Familie Schostakowitschs verelenden, doch Proletarier ist er deshalb noch keiner. Lenin hatte die Avantgardisten für „saublöd“ gehalten, seinen Ratgebern aber freie Hand gelassen. Er hatte davor gewarnt, die „bürgerliche“ Kultur einfach auszulöschen, und mitten im Bürgerkrieg 6 Millionen Rubel für die Erhaltung des Bolschoi Theaters gebilligt. Gebildete Bürger wie der legendäre Kommissar für Volkbildung Anatoli Lunatscharski, der über Schubert so kompetent schrieb wie über Tschaikowsky, oder Außenminister Georgi Tschitscherin, der die Bekanntschaft Otto Klemperers gesucht hatte, galten 1930 bereits als lästige Überreste aus der alten Gesellschaft. Sie mussten gehen; Tschitscherins erstaunliches Mozartbuch wurde gar nicht mehr gedruckt.

Inzwischen war auch wirklich nicht mehr zu verbergen, dass die Avantgarde-Kunst nicht der Revolution entsprossen war, sondern dass eine in ganz Europa ausgebrochene Entwicklung im revolutionär erregten Russland bloß besonders explosiv eingeschlagen hatte. Es mochten sich auch Arbeiter dafür begeistert und daran künstlerisch geschult haben, aber letzten Endes war es ein neuerlicher westlicher Einbruch in die russische Kultur.

Im 19. Jahrhundert hatte der russische Nationalismus sich an der Tatsache gerieben, dass die Elite des Landes französisch sprach und italienische Opern hörte und das eigene Volk für barbarisch hielt. Demokratische und revolutionäre Bewegungen vermengten sich leicht mit Huldigungen an die von Autokratie und Kirche unterdrückte Volkskultur, bis hin zum Panslawismus als Heilslehre gegen den materialistischen Westen. „Westlerei“ war ein Schmähwort auch in künstlerischen Fehden.

Zehn Jahre nach der Oktoberrevolution kam derlei als Ressentiment neu in Kurs. Auf dem 15. Parteitag im Dezember 1927 beraten, war der erste Fünfjahresplan 1929 in Kraft gesetzt worden, eine Fixierung der gesamten Gesellschaft auf die Technik, die zugleich ein Sieg der Technokratie war. Die emanzipatorische Utopie des Marxismus ging unter im Pragmatismus wirtschaftlichen Aufbaus. „Die Technik entscheidet alles" – dann werden die Menschen zu Rädern und Schräubchen, die nur noch funktionieren sollen, in emsiger Arbeit am Bild des Kommunismus webend, der so fern rückt wie ehedem das Paradies. So hat Schostakowitsch es in seiner Vierten dargestellt, die er jetzt nicht mehr aufführen zu lassen wagte.

Die technikvernarrten Konstruktivisten werden von den realen Technikern weggefegt, denen für die bewegte Fantasie der Avantgardisten Zeit und Sinn abgehen. Der Patriotismus erweist sich gegenüber dem proletarischen Klassenbewusstsein als das wirksamere Stimulans, wenn es darum geht, den Arbeitseifer und die Entbehrungsfähigkeit des ganzen Volkes anstacheln. Die Weltwirtschaftskrise 1929, das Vordringen der Nazis in Deutschland, die Angst vor der Einkreisung – all das wird von der herrschenden Bürokratie ebenfalls in hysterische Fremdenfeindlichkeit umgemünzt, in eine „Schädlings"-Kampagne, die die Denunziation salonfähig macht und der die erfahrensten Kader zum Opfer fallen.

Schostakowitsch hatte mit seinem Ballett *Der Bolzen* (1931) zwar die Schädlingskampagne unterstützt, dort aber auch *Karrieristen*, *Opportunisten* und *Bürokraten* karikiert. Er schien nicht gemerkt zu haben, dass das inzwischen als zersetzend betrachtet wurde. Seit dem 17. Parteitag, der 1934 den zweiten Fünfjahresplan verabschiedete, sind die Kader offiziell tabu: „Die Kader entscheiden alles", lautet Stalins Orakel. In Wahrheit werden die Kader gerade durch die Troikas gerichtet, die Altbolschewiki ausgelöscht, die Kulaken „als Klasse" und als Person liquidiert.

Aus den Bildern verschwinden die moderne Kühle, die klaren Linien, das Kollektive und Utopische, sie werden ersetzt durch spießige Beschaulichkeit, Realistik und Individualismus. Walter Benjamin erlebt bei einer Moskauer Kunst-Debatte Meyerhold mit dem Rücken an der Wand kämpfend – er gibt ihn verloren. Zu all den niederträchtigen Vorurteilen, die jetzt zur Herrschaftssicherung mobilisiert werden, gehört in der Kunst das billige Form/Inhalt-Schema. Der Kunst werden „Inhalte" abverlangt: es ist natürlich leichter, ein revolutionäres Thema auszumalen, als revolutionär zu malen.

Hat einer noch den großen Schwung, glaubt er immer noch dem Neuen hinterher jagen zu müssen, so bekommt er den „Formalismus"-Vorwurf als Knüppel zu spüren. Eigensinnige Kunst ist ebenso verdächtig geworden wie eigenständiges Denken, denn ihm entspringt sie ja. Kleinbürgerlicher Nippes-Geschmack wird zum Diktat. Mancher Künstler ergibt sich gern der Regression – das Chaos ist aufgebraucht, die neue Ordnung lockt. Die gigantischen Aufbauprojekte, teilweise noch von echtem Enthusiasmus der Arbeiter getragen, sind dankbare Gegenstände, um Problemen aus dem Weg zu gehen.

Der emigrierte deutsche Maler Heinrich Vogeler schämt sich seiner expressionistischen und Jugendstil-Vergangenheit und polemisiert gegen „‚permanente' Revoluzzer, die alle Realitäten verneinen und im vollkommenen Formalismus landen". Der Dienst an der Masse steht jetzt als Ausrede vor dem künstlerischen Gewissen, das zuvor der Klasse sich doch nicht verweigert, sie durchaus nicht geringgeschätzt hatte.

Auch Rodtschenko fotografiert den Bau des Weißmeerkanals, macht Fotos von prämiierten Siegern, aber für den Kenner entlarven sie das Ausstellen dieser Parade-Individuen. Als man seine Fotos nicht mehr veröffentlicht, malt er wieder. 1935 fotografiert er eine Zirkus-Serie und wird vom Thema gepackt: die Reihe gegenständlicher Zirkus-Bilder führt zum ironischen Selbstportrait als Clown mit Saxophon von 1938.

Der alte Konstruktivist findet in einem vorindustriellen Raum wieder zurück zum Tafelbild, er malt ein Idyll, das Reservat einer vor dem Zeitsprung geretteten Gruppe. Das Zirkusleben bewahrt die verratene Humanität. Deshalb sind diese bewegenden Bilder weder eine Konzession an die neue Linie noch regressiv.

Ebenso täuscht die klassisch-romantische Außenseite von Schostakowitschs Fünfter Sinfonie einen Rückzug nur vor. Das Scherzo scheint auf die Forderung nach der Schilderung bunten Volkslebens einzugehen – und man hört, was man hören will: die ersten Kritiker loben den Ausdruck gesunder Lebensfreude in diesem Satz. Das Gerücht hielt sich die ganze Stalinzeit hindurch und rettete Schostakowitsch das Leben. Doch Schostakowitsch hat das Spiel nicht mitgespielt, das Volk mit sich selbst an der Nase herumzuführen. Wären die Kulturbeamten gebildeter gewesen, hätten sie nicht nur die Anklänge an Scherzi Mahlers, vor allem aus dessen Zweiter Sinfonie, gemerkt, sondern auch gewusst, was es mit jenem Mahler-Scherzo auf sich hat. Hätten sie ein wenig mehr Gefühl gehabt, hätten sie den schneidenden Hohn gespürt, den Mahler unter Verwendung eines eigenen Liedes

(„Des Antonius zu Padua Fischpredigt") über alle Spießer ausgießt, weil denen der beste Heilige die höchsten Ideale predigen kann, die sich in ihrem Mund doch in den Laut des Gemeinen verwandeln.

Schostakowitsch schätzte Mahler sehr und bediente sich dankbar dieses Modells, um seinen Typus des sarkastischen Scherzos daraus zu entwickeln. Die Mahler'sche Methode, in der Musik den Leuten ihre eigene Sprache vorzusingen, wird zum Ausdrucksfeld Schostakowitschs. Schon die Fünfte Sinfonie legt die klassische Dialektik zweier Themen im Kopfsatz beiseite, indem sie sie radikal voneinander trennt, die Sechste wird den Kopfsatz ganz fallen lassen und nur noch ein hoffnungsloses Largo mit zwei Scherzi konfrontieren: nachdem es im ersten dem Spaßmacher an den Kragen geht, ist die quietschvergnügte Fröhlichkeit des zweiten reiner Zynismus.

Das Maschinenhafte verbindet sich für Schostakowitsch nur noch mit dem Militaristischen: im berühmten Marsch der Siebten wie in den beiden Scherzi der Achten, erst auftrumpfende Brutalität, dann von gellenden Schreien unterlegte Vernichtungsmaschinerie. Russische Folklore ist in dieser Umgebung kein Kolorit, sondern zeigt mit dem Finger auf die Verbrechen, die unter dem nationalistischen Deckmäntelchen begangen werden. Positiv verwendet Schostakowitsch nur noch jüdisches Kolorit, in Opposition zum Antisemitismus Stalins.

Die emotional aufgeheizte Atmosphäre vieler Schostakowitsch-Aufführungen zeigt, dass viele die Doppelbödigkeit spüren. Verstanden wird sie allenfalls von einer winzigen Gruppe musikalisch gebildeter Menschen. Die Bürokraten sind zufrieden: Schostakowitsch schafft die neue sowjetische Sinfonie, endlich ist der sowjetische Beethoven in Sicht. Dass die Sinfonie eine bürgerlich-westliche Form ist, haben sie vergessen, wie sie den Neuen Menschen vergessen haben, den der Sozialismus doch möglich machen sollte. Für das Sowjetvolk soll die bäuerliche, vorindustrielle Folklore in Formen des 19. Jahrhunderts abgefüllt werden – alter Wein in alte Schläuche.

Stalins gewaltsames Aufpfropfen des westlichen Industriesystems auf das unentwickelte Russland, sein ebenso gewaltsames Schaffen einer Machthaberklasse, die über ein Kleinbürgerniveau nicht hinauskommt, findet sein Echo in einer westlich-kleinbürgerlichen Musikkultur. In alten Gleisen rumpelt sie dahin und dokumentiert die wahren Veränderungen. Einen präziseren Zeitzeugen als den Außenseiter Schostakowitsch gab es nicht.

Das verfluchte Jahrzehnt – Schostakowitsch und Paul Hindemith zwischen 1935 und 1945

Paul Hindemith und Dimitri Schostakowitsch – ein erstaunlicher Parallelfall. Ein deutscher und ein russischer Komponist der gleichen Generation, jeder mit einem der beiden totalitären Systeme konfrontiert, beide zunächst durchaus nicht abgeneigt und dann doch Opfer der heftigsten Kulturkämpfe: Wie 1934 das Verbot von Hindemiths Oper *Mathis der Maler*, so war 1936 das Verbot von Schostakowitschs Oper *Lady Macbeth von Mzensk* das Signal für den Kampf gegen die „entartete Kunst".

Die geschichtlichen Bedingungen waren gesetzt. Was konnte ein Komponist tun? Der eine ging, der andere blieb. Hieß das auch: der eine blieb seiner Musik treu, der andere verriet sie? Beide hatten in der heftigen Umbruchzeit nach dem Ersten Weltkrieg mit frecher Musik Aufsehen erregt, die sich nicht um Traditionen scherte, sich ungeniert auch der Unterhaltungsmusik bediente und die dennoch ganz unprätentiös blieb. Auch Musik für den Gebrauch sollte es sein, beim einen allerdings für Musizierende, beim andern für die politische Bewegung. Nachdem an den beiden Siegertypen die Exempla statuiert waren, scheinen sie am eigenen revolutionären Frühwerk Verrat begangen, sich ins bürgerliche Konzertleben integriert und einem fragwürdigen Folklorismus gehuldigt zu haben. Wo Hindemith von der „ethischen Aufgabe" des Komponisten sprach, schwadronierte Schostakowitsch von der „aufbauenden Kraft" der Musik.

Die beiden Kapitulanten exerzierten mit Passacaglien, schrieben Fugenzyklen und traten im Bachjahr 1950 beide mit fordernden Bekenntnissen zum verpflichtenden Erbe hervor. Schostakowitsch genierte sich nicht, die *Lady Macbeth* entschärfend umzuschreiben, eine Beschäftigung, der sich Hindemith so umfänglich hingab, dass es ihn fast hinderte, Neues zu schreiben. Entsprechend groß war ihr offizieller Einfluss, der die junge Musik fast plattdrückte. Als sie starben – Hindemith 1963, Schostakowitsch 1975 – galt ihre Musik als hoffnungslos veraltet. Fortschrittliche Musiker und Kritiker hielten beide für Langweiler, wenn nicht für Reaktionäre.

Doch da sind auch Unterschiede. Der Stilwandel Schostakowitschs nach 1936 scheint unter Zwang erfolgt zu sein, Hindemith aber wurde längst vorher völlig freiwillig konservativ. Andererseits: Hindemith ging 1938 ins Exil, doch Schostakowitsch hat politisch mitgemacht, ist schließlich aufgestiegen bis in den Obersten Sowjet. Indes: Führt solche Betrachtungsweise nicht dazu, den Komponisten bloß den Schauprozess zu machen? Die Musik vom politischen Standpunkt des Betrachters aus zu vermessen?

Fraglich ist nur, ob unser Jahrhundert der Musik politikfreie Räume gelassen hat. Vergleichen wir die beiden beanstandeten Opern. Hindemith beschwor laut die ethische Verantwortung des Künstlers, um sich im *Mathis* gleichzeitig davon auszunehmen. In bester Tradition des 19. Jahrhunderts stellte er den Künstler – also auch sich selbst – neben den Fürsten von Gottes Gnaden: Der göttliche Auftrag hebt ihn aus den Niederungen der politischen Verantwortung. Und das in einer Zeit, als es einzig darauf ankam, wie verantwortlich jeder Staatsbürger sich verhielt! Eine Demokratie mit Sonderrechten? Warum nicht auch z. B. für die Metzger? Deshalb klingt die Musik des *Mathis* so penetrant heilig. Es ist keine Oper, sondern ein aufgeblasenes Lehrstück. Für die Nazis war der Inhalt zwar unannehmbar, weil die Kunst gegen politische Funktionalisierung verteidigt wurde, letztlich wurden Hindemith wie Schostakowitsch aber für ihre früheren Positionen abgeurteilt.

Hindemith hatte moralisch argumentiert, Schostakowitsch begründete sein gesellschaftliches Interesse sozial. Die *Lady Macbeth* ist ein Bekenntnis zur politischen Verantwortung des Künstlers. Und zwar schon infolge der Wende von 1931, als Schostakowitsch sich von der unmittelbar nützlichen Theater- und Propagandamusik abwandte. *Lady Macbeth* funktioniert nicht nach Klischee. Sie verteidigt eine Mörderin, die noch dazu aus dem bürgerlichen Lager kommt. Es lag ja nicht nur daran, dass Schostakowitsch Sexuelles drastisch auf die Bühne brachte. Das hatte auch Hindemith in *Sancta Susanna* getan, wo eine Nonne sich mit dem Kruzifixus vereinigt. War dies bei Hindemith die expressionistische Lust am Ausdruck, die Abfuhr unterdrückter Triebe, so argumentiert bei Schostakowitsch der auf offener Bühne vollführte und vom jaulenden Blech unterstrichene Beischlaf sozial: Der Frau geschieht ein Gewaltakt. Obgleich sie nicht nur einverstanden, sondern ganz wild darauf ist, kann der Mann sein Spiel mit ihr nur treiben, weil sie durch die entwürdigenden Verhältnisse wie ein Tier im Käfig gehalten wird. Das machte Schostakowitsch klar durch eine ganz aggressive Musik, die nichts Erotisches hat, und durch ein leitmotivisch gebrauchtes „Gewaltmotiv“.

Selbst das, was auf den ersten Blick wie billige Folklore wirkt, argumentiert bei Schostakowitsch sozial und politisch. Mit grotesker Schablonenmusik kennzeichnete er gesellschaftliche Typen. Es hat Stalin besonders erbost, dass in der *Lady Macbeth* die populär klingenden Stellen rein denunziatorischen Charakter haben. Die Musik sagt: Was so plump-vertraulich daherkommt, lügt. In der nach 1936 geschriebenen Musik, die im Westen als konformistisch registriert wurde, ist diese Haltung sogar noch schärfer; mit Sarkasmus wird der von Stalin verordnete Patriotismus als großrussischer Chauvinismus entlarvt. Das hinderte Schostakowitsch nicht, für Feinheiten unplakativ die spezifischen Eigenheiten der russischen Musik zu nutzen. Die Versöhnung zwischen „Massenmusik" und „Kunstmusik" gelang aber natürlich auch ihm nicht. Im Gegenteil, erst im Stalinismus begann er mit der Produktion bedeutender, aber „elitärer" Streichquartette.

Inmitten einer immer verwirrenderen gesellschaftlichen Realität suchte Hindemith in den Resten nationaler Musiktradition nach Unmittelbarkeit, näherte sich der Jugendmusikbewegung und der Laienmusik. Gegen seinen Willen hat er nachgewiesen, dass im industrialisierten Deutschland die (bäuerliche) Volksmusik nichts Unmittelbares mehr hatte. Dieser Konservativismus konnte nicht produktiv werden. Er blieb ja viel zu sehr in der Sphäre der „Kunstmusik" seiner verehrten alten Meister, als dass er hätte populär werden können. Ein Volksliedzitat macht noch keine volkstümliche Musik. Je gewaltsamer die restaurative Konstruktion wurde, desto gewollter auch die Naivität, mit der Hindemith sich zum Musikanten stilisierte. Ein Bratschenkonzert, zu dem das philharmonische Publikum sich vorstellen soll, ein Spielmann komme in frohe Gesellschaft, breite aus, was er aus der Ferne mitgebracht hat, und erweitere und verziere als rechter Musikant die Weisen nach Einfall und Vermögen, das wird dann völkisch.

Der junge Hindemith hatte aus Hass gegenüber dem bürgerlichen Konzertwesen einen Verein für musikalische Privataufführungen gegründet. Später bevorzugte er kleine, unkonventionelle Ensembles, um seine spritzige Musik flexibler aufführen zu können. Dann wurden aus den antiautoritären „Kammermusiken" der Zwanziger Jahre biedere „Konzertmusiken". Das Chaos war verbraucht, Hindemith passte sich an – in den dreißiger und vierziger Jahren schrieb auch er schlicht „Konzerte". In Amerika fraß ihn der Musikkommerz soweit auf, dass er brillante Virtuosenkonzerte und Sinfonien lieferte und ungeniert bombastisch wurde. Wenn er davon sprach, es komme wieder eine Zeit für „große Musik", benutzte er die gleichen Worte, mit denen der in die Sowjetunion zurückgekehrte Prokofjew seine Arbeit rechtfertigte. Doch begann Hindemith nicht etwa sinfonisch zu schreiben, die Vorliebe für ältere Formen blieb. Sie wurden handwerklich benutzt, weil die Musik sich damit so schön fortspinnen lässt. Auch die nun auftretenden großen Gesten können nicht darüber hinwegtäuschen, dass nichts das Material transzendiert.

Die Emigration hatte Hindemith weniger von irgendwelchen musikalischen Wurzeln getrennt, als er das anfangs befürchtet haben mag. In Amerika gab es keine ideologischen Musikbewegungen mehr, die ihn zu pädagogischer Musik inspiriert hätten. So blieb ihm für die Befriedigung seines pädagogischen Dranges neben der gestrengen Lehrtätigkeit nichts, als alle erreichbaren Instrumente zu „besonaten". Die dabei entstandene Serie neoklassizistischer Spielereien will allerdings kaum höheren Ansprüchen genügen.

Bei Schostakowitsch wurde nach 1936 aus dem Spiel mit traditionellen Formen Ernst. Die Passacaglia, schon in der *Lady Macbeth* dialektischer Träger des Ausdrucks des Verhängnisses wie der scheinbaren Sicherheit, wurde vom langsamen Satzcharakter zum Code entwickelt: Im Zweiten Klaviertrio, in der Achten Sinfonie, im Ersten Violinkonzert, in mehreren Streichquartetten nimmt die unentwegte Wiederholung des immergleichen Themas den Ausdruck ohnmächtiger Ausweglosigkeit an und im Finale wird das Passacaglienthema als Zeichen des fortwaltenden Verhängnisses wieder aufgegriffen. Schostakowitsch hat in seinen Werken gleichsam Kassiber versteckt, deren Enthüllung emotional wie intellektuell in hohem Maße anregend ist, und mit deren Hilfe sich noch Generationen von Sowjetbürgern an die Vergangenheitsbewältigung machen können.

Von solcher Doppelbödigkeit ist bei Hindemith beim besten Willen nichts zu finden. Die abschließende Passacaglia der *Nobilissima Visione* trumpft nur breit auf. Das Lob der franziskanischen Bescheidenheit erfolgt mit geborgtem Pathos. In Zeiten, in denen selbst Hanns Eisler, der Hindemith oft überraschend nahesteht, ein unüberwindbarer Widerwille gegen alles Marschmäßige überkam, handwerkelte Hindemith zu Kontrastzwecken fröhlich mit lärmenden Orchestertutti und knallenden Märschen. Vergleichbare Jubelmusik lieferte Schostakowitsch nur in offiziellen Pflichtstücken. Im Finale der Fünften Sinfonie, die 1937 als „Selbstkritik" ausgegeben wurde, hat er den byzantinischen Jubelzwang des Stalinismus ad absurdum geführt.

Schostakowitsch war das Opfer eines Gewaltregimes und einer Ideologie, an die er selbst nicht glaubte. Doch sollte man nicht den Konformitätsdruck unterschätzen, der auch auf Hindemith lastete. Welche Gewalt es ihn kostete, seine ideologische Position zu halten, ist aus seiner zunehmenden Verbitterung und Abkapselung abzulesen. Offensichtlich zog er deshalb mit so großer Wut über den „neuen Bockmist" her und lobte sich als altes Eisen, weil er sich des eigenen frühen „Bockmists" schämte, mit dem er genauso vehement gegen das alte Eisen angegangen war. Soweit er diese Werke nicht umarbeitete, versuchte er alles, um sie zu vertuschen. 1963 erschien zwar die entschärfte Fassung der *Lady Macbeth*, aber Schostakowitsch äußerte sonst stets eine spitzbübische Freude, wenn wieder eines seiner verfemten Frühwerke ans Licht gezogen wurde (als die revidierte *Lady* verfilmt wurde, schrieb er der Wischnewskaja mit Bleistift die alten Noten über die neuen). Und wenn es darauf ankam, unterstützte Schostakowitsch die jungen Komponisten tatkräftig, während Hindemith seinen Einfluss ausübte, um ihnen den Geldhahn zudrehen zu lassen.

Hindemith selbst hat es befürchtet: Die Macht der Hindemith-Verehrer in der Nachkriegszeit hat bewirkt, dass es um sein Ansehen heute nicht besonders gut bestellt ist – auch wenn Musiker ihn aus verständlichen Gründen immer noch gerne spielen. Zu sehr sind die Deutschtümelei, die Meisterattitüde, der Musikantenhumor und die gespielte Naivität durch die Nazis und die Vergangenheitsverdränger der Restaurationszeit diskreditiert. Seine Harmonielehre spielt dabei keine Rolle mehr. Hier hat ein Künstler das ausformuliert, was er für sich brauchte, nur darauf lässt es Rückschlüsse zu, eine allgemeine Gültigkeit seines Systems vermutet niemand mehr, zumal man heute sieht, wie mühsam er sich selber später daraus wieder befreien musste.

An Adornos Polemik gegen die „Unterweisung im Tonsatz" von 1939 kann man sich zwar auch heute noch vergnügen, aber solche kämpferische Parteilichkeit ist doch wohl nur dem Zeitgenossen möglich. Fünfundzwanzig Jahre nach Hindemiths Tod haben sich die Fronten verflüchtigt, man wird ihn höchstens noch geschmacklich ablehnen, sollte man meinen. Von den Wissenschaftlern erwartet man womöglich bereits eine objektive Einordnung. Warum ist es dazu noch nicht gekommen?

Politisch bleibt Hindemith ein Fiasko. Warum eigentlich? Er hat nicht mitgemacht wie Pfitzner und Strauss. Als sein Freund Gottfried Benn nach der Machtergreifung zu sehr jubelte, belächelte er ihn milde. Gefahren für die musikalische Zukunft sah er zwar nicht, aber schon die Tatsache, dass er eine jüdische Frau hatte, schloss Begeisterung aus. Er war kein Faschist wie Puccini und Mascagni. Weder hat er wie Strawinsky den Duce als Retter Europas apostrophiert und sich 1933 dem Naziregime als Antikommunist und Antisemit angepriesen, noch wie Webern 1938 den Anschluss bejubelt. Bekanntlich hat nicht einmal Eisler aus Schönbergs reaktionärer, antidemokratischer Haltung den Strick für dessen Musik gedreht. Wer polemisiert heute noch politisch gegen Puccini, Mascagni, Strawinsky, Schönberg, Webern? Gerade die beiden letzteren gelten bei den Musiktheoretikern als ausgesprochen progressiv.

Strawinsky schrieb so elegante Musik, dass sie weit über seinen politischen Desastern steht, und Schönberg und Webern sind von der Doktrin der fortschrittlichen Materialästhetik aus unangreifbar. Eben: Auch für Hindemith ist eine Ästhetik des Materials denkbar (deren Linie sogar zu Stockhausen führen könnte), doch eine mit anderen Wertmaßstäben. Sind es also Sprachschwierigkeiten? Woher rühren sie?

Warum kommt Hindemiths Musik mir vor wie eine Fremdsprache, warum finde ich zu ihr auch nach Jahren intensiven Bemühens keinen Zugang? Schostakowitsch sagte über Hindemith, dass er seine Meisterschaft anerkenne, die Musik selbst aber zu wenig menschlich finde. Habe ich persönliche Ressentiments? Hindemiths Musik jagt mir manchmal die gleichen Schauer über den Rücken wie seine künstlich altertümelnde Sprache. Erinnerungen an fürchterliche Schultage werden wach, Lehrer erstehen wieder auf, die längst verblichene Schatten sein sollten, bildungsbürgerlicher Mief, hohle Phrasen, kindische Anbiederung, autoritäre Unterdrückung, 50er Jahre, Adenauerzeit. Hindemith war auch so einer. Er war so deutsch und ist noch so nahe.

In kleinbürgerlicher Enge erzogen, dann den antiautoritären Aufstand geprobt. Die Trümmer des sich zersetzenden Bildungskanons aufgeschnappt, aber nicht verdaut. Dass er es fertigbrachte, im selben Liederzyklus Texte von Brecht und Benn zu vertonen, sagt noch über alle drei etwas aus, aber dass er schließlich von Brecht zu Benn wechselte, zeigt das Ende des kritischen Impulses. Hindemith ist so schrecklich normal. Seine Anpassung an die gesellschaftlichen Verhältnisse und der Verrat der alten Ideale ist so typisch. Er kann als Schulbeispiel der kleinbürgerlichen Entgrenzungsängste durchgehen, die ihr Heil in Kulturgütern, Ewigkeitswerten und heimeligen Stuben, bei entrückten Künstlergenies, starken Männern und Hohen Frauen suchen. Gerade weil er die Geschichte nicht verstand, formulierte er so verbissen musikalische Ewigkeitswerte. Der Faschismus war nicht nur die Folge eines Aufstands der Massen, sondern auch der Proletarisierung des Geistes – das lässt sich an Hindemith studieren.

Warum habe ich Schostakowitsch schließlich verstanden, obwohl der mir anfangs genauso wenig sympathisch war? Weil er seine Ideale nicht verraten, sondern mit List verteidigt hat. Er hat nach außen hin als Galionsfigur gedient, aber doch den Mächtigen ein Schnippchen geschlagen. Das macht auch dann Eindruck, wenn man seine Schwächen nicht verkennt. Wer das freche Frühwerk im Ohr hat und außerdem versteht, dass es zum Verständnis eines Künstlers nicht notwendig ist, vorgefertigte Maßstäbe anzulegen, sondern die ihm eigenen aufzuspüren, dem erschließen sich die Werke der Stalinzeit. Rückständiger und aufgedonnerter Plunder entpuppt sich dann als originelle und vielschichtige künstlerische Auseinandersetzung mit seiner Zeit.

Paradoxerweise folgt der Qualitätszuwachs bei Schostakowitsch aus der Knebelung der Kunst im Stalinismus. Er musste sein ästhetisches Konzept mehrfach revidieren und dies führte jedes Mal zu neuen, originellen künstlerischen Lösungen. Die schwächste Periode ist bezeichnenderweise die Tauwetterzeit unter Chruschtschow, als Schostakowitsch positiv werden wollte und auch in die Partei eintrat. Bei Hindemith fehlte die produktive Reibung. Er hatte der Naziästhetik zunächst so wenig Prinzipielles entgegenzusetzen wie Benn, seine Widersprüche blieben auf der politischen Ebene. Dann wich er der Gewalt, die ihn mundtot gemacht hatte: erst in die Türkei, dann in die amerikanische Emigration. Dort fehlte ihm die Resonanz für eine künstlerische Bewältigung der Kollision seines Konzepts mit dem der Nazis: Die hätte nur ein deutsches Publikum bieten können. So arbeitete er ohne Echo emsig weiter und bot doch der ideologischen Aufweichung durch die Kulturindustrie eine offene Flanke.

Sinnlos wäre es, Hindemith an Schostakowitsch zu messen. Er hat einen ganz eigenständigen Ton gefunden, und dem muss man gerecht werden. Seit einiger Zeit wird sein Frühwerk immer stärker ausgegraben. Unter anderem lässt sich da der herbe Charme der Neuen Sachlichkeit entdecken. Wird die Frische dieser Stücke die Ohren auch für die Reize der späteren öffnen?

Sinfonik im Stalinismus – Schostakowitsch und Gustav Mahler

„Es ist eine Freude, in einer Zeit zu leben, in der die Musik des großen Gustav Mahler sich die allgemeine Anerkennung erringt. Die Kraft des Genies unterwirft sich alle, denen die musikalische Kunst teuer ist. Noch vor relativ kurzer Zeit konnte man die Meinung hören, Mahler sei ein hervorragender Dirigent, aber als Komponist habe er keinen Wert. Wie zutiefst ungerecht doch eine solche Meinung ist! Was fesselt an seiner Musik? Vor allem die tiefe Menschlichkeit. Mahler verstand die hohe ethische Bedeutung der Musik. Er drang in die verborgensten Winkel des menschlichen Bewusstseins, ihn bewegten die höchsten Ideale der Welt. Humanismus, unbändiges Temperament, heiße Liebe zu den Menschen in Verbindung mit einer wundervollen kompositorischen Begabung halfen Mahler, seine Sinfonien, die *Lieder eines fahrenden Gesellen*, die *Kindertotenlieder* und das grandiose *Lied von der Erde* zu schaffen. Die sowjetischen Menschen, die sowjetischen Musikfreunde lieben die Werke Mahlers sehr. Sie stehen uns durch ihren Humanismus und ihre Volkstümlichkeit nahe. Man könnte über Mahler viel sagen, diesen großen Meister des Orchesters, an dessen Partituren unzählige Generationen lernen werden. Im Kampf um die Verwirklichung des höchsten Ideale der Menschheit wird Mahler ewig bei uns sowjetischen Menschen sein, bei den Erbauern des Kommunismus, der gerechtesten Gesellschaftsordnung auf Erden."[1]

Diese Einleitung zu einem Sammelband über Mahler erschien im Jahr 1964 unter dem Namen von Dimitri Schostakowitsch. Neben den offiziellen Floskeln enthält sie doch auch persönliche Worte. Wie im Westen begann Mahler sich in den 60er Jahren des 20. Jahrhunderts erst langsam durchzusetzen (diese Gleichzeitigkeit ist ein bemerkenswertes Phänomen), und Schostakowitsch wollte das offensichtlich ideologisch abstützen. Für ihn selbst war es das Jahr seines 9. und 10. Streichquartetts und der Kantate *Die Hinrichtung des Stepan Rasin*. Seine Oper *Katerina Ismailowa* durfte, nach verharmlosender Umarbeitung, wieder aufgeführt werden, auch seine Zweite und Dritte Sinfonie wurden nach 30 Jahren wieder gespielt. Zwei Jahre war es her seit seiner eigenen 13. Sinfonie auf Gedichte von Jewtuschenko, die von der Presse totgeschwiegen und von den Bürokraten in der Aufführung behindert wurde, und fünf Jahre war es hin zu seiner 14. Sinfonie, die nur ein Thema hatte: den Tod.

Schostakowitsch hielt Mahlers *Lied von der Erde* für das Größte in der Musik, erst am Ende seines Lebens stellte er Bach darüber. *Das Lied von der Erde* war ihm so wichtig, dass er eines Tages seinen Schüler Boris Tischtschenko zurechtwies, als dieser ein Motiv daraus vor sich hin spielte. „‚Wozu spielen Sie das?' Ich antwortete: ‚Einfach so.' – ‚Ach, einfach so!' Mir wurde unbehaglich." Sein Schüler Edison Denissow berichtet aus den 50er Jahren, dass Schostakowitsch während einer Krankheit das *Lied von der Erde* sechs- bis sieben Mal angehört habe und nun auswendig kenne. „Mir fiel ein," schreibt Denissow, „dass er zuvor, als wir im Aragwi zusammen waren, gesagt hatte, dass der letzte Satz des *Liedes von der Erde* das Genialste sei, was in der Musik je geschaffen wurde: ‚Dies steht höher als Bach und Offenbach.' Er machte sich ein bisschen darüber lustig, dass bei Mahler die Ewigkeit mit der Celesta dargestellt werde"[2]. Schostakowitsch hat das dann aber – in Varianten – auch selbst nachgemacht, in den Schlüssen seiner Dreizehnten und Fünfzehnten Sinfonie und in seiner *Michelangelo-Suite*, einer Lieder-Sinfonie, die ohne das *Lied von der Erde* wohl auch nicht entstanden wäre.

Von Schostakowitsch selbst darf man kaum Auskunft über sein Verhältnis zu Mahler erwarten. Über seine eigene Musik sprach er nicht, und auch nicht über Dinge, die ihm wirklich etwas bedeuteten. Unter seinem Namen wurden zahllose Aufsätze und Stellungnahmen veröffentlicht, die er nicht einmal gelesen hatte. Nicht einmal brieflichen Äußerungen darf man trauen. Als ein Lehrer aus der DDR ihn fragte, was es mit der Marsch-Episode im ersten Satz der Siebten Sinfonie, der *Leningrader* auf sich habe, antwortete er: „Das Marschthema aus meiner Sinfonie verkörpert den Einfall des aggressiven deutschen Faschismus. Ihre Erklärung dieses Themas ist richtig. So war diese Episode von mir gemeint."[3] Wenn jemand seine Musik nicht verstand, war es auch sinnlos, sie ihm zu erklären – was hätte er auch für einen Grund gehabt, die Maske zu lüften, die er sich zugelegt hatte, um im Stalinismus und darüber hinaus zu überleben.

Wenn Schostakowitsch das *Lied von der Erde* so sehr schätzte, bedeutet das auch, dass er die Auflösung der idealtypischen Sonatenform und die Transformation der Sinfonie in neue, freiere Formen bewunderte. Allen Berichten zufolge war es erst sein enger Freund Iwan Sollertinski, der ihm in den dreißiger Jahren Mahler nahebrachte, mit dem Schostakowitsch vorher nicht viel anfangen konnte.

Sollertinski veröffentlichte 1932 auch das erste russische Buch über Mahler.

Wenn man die Erste von Schostakowitsch aus den Jahren 1924/25 mit der Ersten von Mahler vergleicht, könnte man zwar auf den Gedanken einer intensiveren Kenntnis des Mahler-Stücks kommen, doch die Parallelen sind eher vordergründig. Beide Sinfonien folgen dem klassischen viersätzigen Schema. Das „Erwachen" des Themenmaterials im ersten Satz mag an den Geist von Mahlers Sinfoniebeginn erinnern, danach wechseln sich „männlich" martialische und „weiblich" lyrische Themenkomplexe ab, wobei diese Charakterisierungen nicht ironiefrei klingen – ich höre da bestenfalls einen amourösen Feldzug heraus. Der zweite Satz ist wie bei Mahler nicht der langsame Satz, sondern das Scherzo, hier ein wilder Galopp, der in einer gewaltigen Katastrophe endet – bei Mahler war *Mit vollen Segeln* der Arbeitstitel und die Katastrophe muss bei ihm zwischen dem zweiten und dritten Satz passiert sein, denn der dritte ist voller Weltschmerz. Bei Schostakowitsch ist der dritte ebenfalls eine Klage, doch dieses *Lento* ist maßlos melodramatisch übertrieben und ganz offensichtlich ironisch. Am überraschendsten aber ist die Parallele im Finale: Hier wie dort steigert sich die Musik in der Mitte zu einem verfrühten Finalchoral, der im Desaster endet; es ist noch ein weiterer, gründlicherer Anlauf nötig, bevor der ordentliche Sinfonieschluss gelingt.

Es könnte allerdings sein, dass der siebzehnjährige Schostakowitsch das Konzert besucht hatte, in dem Bruno Walter 1923 Mahlers Erste dirigiert hatte. Ursprünglich wollte Walter die Vierte aufführen, doch bekam er beim Hauptrepertoirekomitee Schwierigkeiten mit dem Text des Liedfinales vom *Himmlischen Leben*: Man könne im sozialistischen Russland nicht mehr von Heiligen singen! Bruno Walter, Mahlers Schüler, lernte seinerseits 1926 die Erste von Schostakowitsch kennen und beschloss, sie in Berlin aufzuführen. Von dort machte die Sinfonie rasch ihren Weg durch die internationalen Konzertsäle – als ein Pendant zu Prokofjews *Sinfonie classique*, ein Signal des Neoklassizismus, einer anti-modernen Strömung, die zu den alten, auch vorklassischen Formen zurückstrebte. Ob Schostakowitsch nun Mahlers Erste zufällig kannte oder nicht, ist eigentlich gleichgültig. Mag sein, dass er sie als Vorlage nahm, um sich daran abzuarbeiten: Dann könnte es keine größere Distanzierung geben. Gegen Mahlers Weltschmerz steht Schostakowitschs freche, antiromantische Konzeption. Aber auch wenn er sie nicht kannte, ist seine eigene Erste ein Statement gegen die romantische Sinfonie des 19. Jahrhunderts. Keine Gefühlsduselei, sondern neoklassischer Witz. Irgendwie musste er das

Konservatorium ja abschließen, warum nicht mit einer Sinfonie, die scheinbar die klassische Vorlage nachahmt, sie insgeheim aber verlacht?

Wie sich in seinen folgenden Kompositionen zeigt, war das vermutlich Schostakowitschs ursprüngliche Haltung zur klassischen Form. Vor Gefühl hatte er Angst, Offensive fiel ihm leicht. Persönliches Pech galt auch nicht viel in der heroischen Zeit der sowjetischen Künstler-Avantgarde, als deren Teil er sich zu Beginn seiner Karriere vorfand. Seine Zweite und Dritte Sinfonie waren einsätzig und verbanden avantgardistische Experimente im instrumentalen Teil mit einem Propagandachor als Finale. Auch in der Kammermusik fand eher ein Suchen nach neuen Formen statt als ein Finden, und der Schwerpunkt verlagerte sich immer mehr in Richtung sozialistischer Gebrauchsmusik. Die Vierte Sinfonie war ein großangelegtes, einstündiges Abenteuer in drei Sätzen und hätte dem Komponisten vielleicht den Kopf gekostet, wenn er sie nicht vor der Uraufführung zurückgezogen hätte. Inzwischen war nämlich in der Prawda der Artikel *Chaos statt Musik* erschienen, der seine Oper *Lady Macbeth von Mzensk* in der Luft zerriss – und derartige Todesurteile für Kunstwerke mündeten damals in den 30er Jahren oft auch in physische Todesurteile für den Künstler.

Die klassische Form war für Schostakowitsch von da an die Rettung. Was klassisch und konservativ aussah, war unangreifbares Kulturgut – orientiert am „bürgerlichen Erbe". Solange er die Maske Beethovens und Tschaikowskys trug, war er für die Kulturbürokratie unangreifbar. Seine Fünfte Sinfonie betitelte er *Das Werden der Persönlichkeit – Praktische Antwort eines Sowjetkünstlers auf gerechtfertigte Kritik.* Sie ist viersätzig, das Scherzo steht an zweiter, der langsame Satz an dritter Stelle, wie in der Ersten, eine kleine, aber nicht unwichtige Abweichung vom Formendogma. Durch Tschaikowsky war die Sinfonie Wiener Typus' auch in Russland als eine Hauptform der Musik etabliert worden, und Komponisten wie Tanejew, Skrjabin, Rachmaninow pflegten sie weiter. In der Sowjetära schrieben unzählige Komponisten wie Glasunow und Mjaskowski weiterhin Sinfonien[4], und nachdem die avantgardistischen Künstler-Vereinigungen weggefegt worden waren, blieb der klassische Formenkanon allgemeinverbindlich. Der Komponist, Theoretiker und Politiker Boris Assafjew bildete sogar das Wort „Sinfonismus" für die sowjetische Entwicklung. Auch der zurückgekehrte Prokofjew schrieb Sinfonien, allerdings war er formal laxer, bis hin zur Zweitverwertung von Opernmusik. Auch der Schostakowitsch-Kreis schrieb Sinfonien, Weinberg beispielsweise. Sie hielten sich an sein Modell, und das tendierte schließlich zur Auflösung der viersätzigen Form bis hin zur elfsätzigen Liedform in der Vierzehnten Sinfonie und der *Michelangelo-Suite.*

Sie haben hier die Siebte Sinfonie aufgeführt und ihr in dieser Vorlesungsreihe nachgespürt. Auch die Siebte ist viersätzig, und auch hier sind die Binnensätze vertauscht. Im ersten Satz ist die Durchführung durch eine Variationenkette ersetzt. Die Schluss-Steigerung des Finales schaltet sozusagen in den Turbo-Gang, wie Mozarts *Jupitersinfonie*, die durch die Fuge in einen höheren Aggregatzustand getrieben und gekrönt wird. Doch bei Schostakowitsch ist das anders, von einer Krönung kann hier keine Rede sein, so wenig wie die Fünfte einen Jubel-Schluss hat. Dazwischen entstand die Sechste, ein Dreisätzer, dem der Kopfsatz fehlt: Einem Largo von starrer Trauer folgen zwei Scherzi mit quietschfröhlicher Überdrehtheit. Nach welchen Regeln baute dieser Komponist seine Formen? Gewiss nicht aus überzeugtem Klassizismus, wie noch vor 25 Jahren auf musikwissenschaftlichen Kongressen gemutmaßt wurde.

Man kommt dieser Frage nur näher, wenn man auf die Echos der Vergangenheit in Schostakowitschs Musik hört. Komponisten standen seit je im Dialog mit den Vorgängern und studierten deren Methoden. Die musikalischen Formen haben ihre Regeln, und am interessantesten sind natürlich die Regelverstöße. Haydn erfand die klassische Sinfonie und hatte seinen Spaß an den Überraschungen, die die Abweichung bot. Das war weit mehr als nur Spiel, es erweiterte die Ausdrucksmöglichkeiten enorm. Nicht nur die harmonische Dynamik, auch die formale Gestalt bot ganz neue Energien. Schostakowitsch hat genau studiert, wie Beethoven das gemacht hat, dort fand er sein Modell – und eine gewaltiger Beethoven-Gipskopf stand oben auf seinem Notenschrank. Aber er kannte auch Tschaikowskys Sinfonien genau und war seit den 30er Jahren durch Sollertinski, den russischen Meister-Dramaturgen, in Mahlers Welt eingeführt worden. Sollertinski, der die Konzerte der Leningrader Philharmonie programmierte, hatte den neugierigen jungen Komponisten in alle Raffinessen der Sinfonik eingeführt, bevor er 1944 überraschend starb. In seinem Nachruf schrieb Schostakowitsch: „Denken wir an seine hochinteressanten Vorträge über die Sinfonik, über Tschaikowsky, über die russische Musikkultur, über Mahler, über Brahms und viele andere.“[5]

Im gleichen Jahr 1944 hielt Schostakowitsch das Lagereferat beim Komponistenverband, eine Standortbestimmung der sowjetischen Musikkultur. Darin stehen viele regimekonforme Äußerungen ohne großen Wert, doch der Absatz über Mahler trägt seine persönliche Handschrift, denn Mahler war bei den Bürokraten durchaus nicht beliebt, sondern war mit dem Etikett des „Formalismus“ gebrandmarkt: „1911 starb der größte Sinfoniker der westeuropäischen Kultur, Gustav Mahler. Mit ihm sank die westeuropäische Sinfonik ins Grab. Nach Mahlers Tode wurde im Westen nicht ein einziges sinfonisches Werk von Rang geschaffen, das auch nur in bescheidenem Maße einen Vergleich zum Beispiel mit den Sinfonischen Werken Tschaikowskys standhalten könnte.“[6]

Mahler und Tschaikowsky – das scheinen zwei verschiedene Welten zu sein. Die beiden Komponisten haben sich ja in Hamburg kennengelernt und einander sicherlich nicht verstanden. Über Tschaikowskys Sechste sagte Mahler, das sei doch ein veraltetes Kinderspiel, mit dessen Faden nicht mal mehr die Katze spielen wolle. Mahler dirigierte gerne *Eugen Onegin* und *Pique Dame* und kannte Tschaikowskys Sinfonien offenbar so gut, dass dessen Sechste zum Modell seiner eigenen Neunten wurde. In seiner letzten Sinfonie hatte Tschaikowsky die Form radikal verändert, indem er nicht nur langsamen Satz und Scherzo vertauschte. Ihn ekelte vor dem applaustreibenden, äußerlichen Kehraus-Finale so sehr, dass er es vor den langsamen Satz zog und die Sinfonie mit dem Adagio enden ließ. Das ergibt also die Abfolge: Sonatenhauptsatz, Scherzo, Finale, Adagio. Immer wieder fällt das Publikum darauf herein und klatscht nach dem dritten Satz begeistert Beifall. (Dieser Marsch ist übrigens in der gleichen crescendierenden Variationenform gebaut wie die Marsch-Episode im ersten Satz von Schostakowitschs Siebter und war ganz zweifellos viel stärker deren Vorbild als Ravels *Bolero.* Nur dass Tschaikowskys pompöser Marsch ironisch gemeint ist, während der sonst so sarkastische Schostakowitsch mit seinem Marsch tragisch den Triumph des Bösen gestaltet.)

Mahler hat Tschaikowskys Modell genau studiert und für seine Zwecke genutzt. Der erste Satz schreitet bei Mahler nicht ins Allegro fort, sondern bleibt im Andante – alles Aktive ist getilgt, wie im Grunde bei Tschaikowsky auch; damit ist auch die Dialektik aufgelöst, die sonst das Wesen des Sonatenhauptsatzes ausmacht. An zweiter Stelle steht beide Male der Tanzsatz. An Stelle von Tschaikowskys Marsch, in dem man den äußerlichen Triumph seines Musikerlebens sehen mag, steht Mahlers Burleske an seine „Brüder in Apoll“, also ebenfalls eine ironische Auseinandersetzung mit dem Umgang mit dem „Guten, Wahren, Schönen“. Das Final-Adagio freilich ist bei Mahler nicht im Mindesten sentimental – er hatte das Leben nicht satt wie Tschaikowsky, sondern hing zärtlich daran, seit er wusste, dass er Abschied nehmen muss. Kompositorisch allerdings steht Mahlers Ausführung des gleichen Konzepts unendlich weit über dem von Tschaikowsky. Dieser Qualitätssprung kann einem so klugen Komponisten wie Schostakowitsch nicht entgangen sein. Man geht auch nicht völlig fehl, wenn man zwischen den Rondo-Finales der Fünften von Tschaikowsky und Mahler Parallelen sieht: Hier wie da die gleiche Form und der gleiche Versuch, mit ihrer Hilfe einen Choral als Klimax durchzusetzen. Offenbar eignete sich die Sinfonie für den Transport philosophischer Gedanken, ja sogar für deren Disput über die Generationen hinweg.

Als ich mein Schostakowitsch-Buch schrieb, wäre niemand auf die Idee gekommen, Schostakowitsch mit Mahler zu vergleichen. Man sah in seinen Sinfonien bestenfalls einen „verschandelten Mahler" (so Adorno, ohne Schostakowitsch beim Namen zu nennen) und nahm ihn als sowjetischen Hofkomponisten nicht ernst, zumal er der Denkschablone des „Materialfortschritts" nicht entsprach. Dieses Vorurteil musste übersprungen werden, bevor man hinter seine Maske blicken konnte. Wenn er in der Zeit des stalinistischen Terrors und der Schauprozesse überleben wollte, musste er eine neue Identität erwerben. Mit Meyerhold, Rodtschenko und Majakowski im Theater arbeiten – das war vorbei. Seine Ballette zu politischen Themen waren allesamt verboten worden. Künstlerisch anspruchsvolle Musik zu künstlerisch anspruchsvollen Filmen schreiben – keine Chance mehr. Oper war ganz ausgeschlossen, nachdem die *Lady Macbeth von Mzensk* als volksfeindlich gebrandmarkt worden war. Schostakowitsch war Komponist, er kannte die Forderungen der Bürokratie nach Respektabilität der Musik. Die Vierte Sinfonie sprach dem Hohn, also durfte sie auf keinen Fall aufgeführt werden – die Uraufführung hätte eine weitere Verurteilung zur Folge gehabt; sie fand erst 1961 durch Kyrill Kondraschin statt. Ein Jahr später präsentierte der Komponist seine – in der Tat – praktische Antwort in Form der Fünften Sinfonie. Er war mit seinen Vorläufern in Kontakt getreten und hatte gelernt, wie diese das Formenpotenzial ausgenutzt hatten, um ihre Anschauungen auszudrücken.

Mahlers „Weltlauf-Scherzo", um einen Begriff Adornos aufzugreifen, etwa in der Zweiten Sinfonie, blickte auf die Gesellschaft mit dem Blick des Außenseiters. Das Scherzo von Mahlers Zweiter ist nach einem Lied gebildet: *Des Hl. Antonius zu Padua Fischpredigt* aus *Des Knaben Wunderhorn*. Das Lied handelt von einem Heiligen, dem die Zuhörer in der Kirche abhandengekommen sind und der deshalb am Fluss eine Predigt für die Fische abhält. Doch die verhalten sich gegenüber der Frohen Botschaft nicht anders als die Menschen und werden so zu deren Spiegelbild. Sie sind hocherfreut, dass ein Heiliger zu ihnen kommt, doch verwandeln sie dessen Worte zuerst ohne Umstände in ihre eigene Sprache, um sie dann schnell wieder ganz zu vergessen. Für sein Scherzo brauchte Mahler keine Worte mehr, denn das Leiern der verzerrten Melodien, das „taumelige und wie besoffene" Dudeln der Klarinetten, das Gekreisch der Es-Klarinette, das schmierige Schleifen der Geigen, das antreibende Schlagen der Rute ans Holz der großen Trommel – all diese musikalischen Mittel drückten drastisch genug aus, was gemeint war und schufen eine ironische Ausdruckswelt, die durch die ausweglose, einem Perpetuum mobile gleiche Wiederholung so mächtig wird, dass sie zunehmend Ekel weckt beim Zuhörer.

Mahler hat das in einem Brief folgendermaßen formuliert. Ausgehend vom vorhergehenden langsamen Satz schreibt er: „Wenn Sie dann aus diesem wehmütigen Traum aufwachen, und in das wirre Leben zurück müssen, so kann es Ihnen leicht geschehen, dass Ihnen dieses unaufhörlich bewegte, nie ruhende, nie verständliche Getriebe des Lebens grauenhaft wird, wie das Gewoge tanzender Gestalten in einem hell erleuchteten Ballsaal, in den Sie aus dunkler Nacht hineinblicken – aus so weiter Entfernung, dass Sie die Musik hierzu nicht mehr hören! Sinnlos wird Ihnen da das Leben, und ein grauenhafter Spuk, aus dem Sie vielleicht mit einem Schrei des Ekels auffahren! – Dies ist der 3. Satz!"[7]

Genau so blickt auch das Scherzo von Schostakowitschs Fünfter im Jahr 1937 auf die „gesunde Lebensfreude", die nun den Sowjetmenschen verordnet war. Die auftrumpfende Eitelkeit, das schmierige Schmeicheln, die plumpe Tanzmechanik, all dies ist im Mahler'schen Geist geschrieben, eine bissige Satire auf die ewig unbelehrbaren Spießer. Man hatte das allerdings auch im Scherzo der Vierten Sinfonie schon hören können, dem ersten von Schostakowitschs sarkastischen Scherzi. Hier wie dort die gleichförmige Bewegung, das Dudeln der kreischenden Klarinetten, die chromatischen Läufe, das abstoßende Winseln der Geigen. Im Mittelteil erhebt sich aus dem gleichgültigen Getriebe eine dissonante Hymne des Schwachsinns. Am Beginn des dritten und letzten Satzes steht, gewissermaßen als Rest des langsamen Satzes, eine Einleitung, die den Trauermarsch aus Mahlers Erster persifliert. Und die Märsche der Vierten erinnerten doch deutlich an den unerbittlichen Marschtritt in Mahlers Sechster. Im Finale gibt es einen gewaltigen, acht Mal aus dem Nichts ins fünffache Forte wachsenden Trommelwirbel, der sofort an die entsprechende Stelle in Mahlers Zweiter erinnert. Die Vierte war mit der Auflösung der Form allerdings zu weit gegangen, sie war zu episodisch und hätte zu viele Fragen gestellt, so dass der Komponist mit der Fünften sich die Aufgabe stellte, das Gleiche in einer anderen Form zu formulieren. Und diese konzentrierte Form war eine viersätzige Sinfonie von vierzig Minuten Dauer, die den Hörer nicht derart herausforderte wie der einstündige Dreisätzer der Vierten.

Die Vierte war Schostakowitschs erste Sinfonie, die vom Geist Mahlers durchtränkt war – ohne deshalb weniger ganz und gar seine eigene Schöpfung zu sein. Das Finale der Vierten war im Nichts verdämmert, das konnte bei der Behauptung von Klassizität nicht bestehen bleiben. Wenn es von Mahler ein ironisches Finale gibt, dann in der Siebten Sinfonie, wo der Festwiesen-Prunk das Hereinbrechen der blendenden Tagwelt in die nächtlichen Schwärmereien dieser romantischen Sinfonie auswalzte. So etwas war nicht geeignet, um die Wachhunde der Kulturbürokratie zu übertölpeln, die ihre beschränkte Vorstellung von Tschaikowsky-Sinfonien zum Maß aller Dinge machten. Für das Finale schaute Schostakowitsch daher genauer bei Tschaikowsky nach, der sich in seinen letzten drei Sinfonien sehr mit dem Finalproblem abgequält hatte. In der Vierten mündete das turbulente Treiben in eine Katastrophe samt „Schicksalsmotiv", bevor der Satz mit Gewalt in eine übersteigerte Fröhlichkeit getrieben und brutal abgeschlossen wurde. In Tschaikowskys Fünfter wurde das bis dahin zerstörerische „Schicksalsmotiv" zum Choral umgefälscht und im Rondo von Umdrehung zu Umdrehung feierlicher zelebriert, bis es schließlich als triumphaler Schlusschoral die Sinfonie beschloss. Die Reaktion war die Abkehr vom Triumphschluss überhaupt in der Sechsten, über die wir schon gesprochen haben. Die Schlüsse der Vierten und Fünften hatten also etwas Unwahres. Sie bedeuteten die Negierung des Schlusses der Fünften von Beethoven, die stolz war auf das Erkämpfte und es darum zu Recht feiern konnte. Bei Tschaikowsky gab es weder etwas zu feiern noch einen Kampf, an den man glauben konnte. Das bürgerliche Ethos war aufgebraucht, das Individuum sah sich nicht mehr als Subjekt der Geschichte, sondern nur noch als Objekt, das unter deren Räder gerät. Im Finale von Schostakowitschs Fünfter haben wir daher ein Final-Thema, das einen stürmischen Anlauf zu einer Siegeskrönung nimmt, aber in eine Katastrophe mündet. Danach wird ein Triumphschluss aufgebaut, der erstens rein mechanisch funktioniert und bei dem zweitens vom Finalthema nur noch die Auftaktfanfare übrig geblieben ist – eine hohle Behauptung. Diese wurde allerdings so effektvoll aufgeblasen, dass Einwände gar nicht erst aufkamen. Und nicht wenige Dirigenten verdoppelten das

Tempo, um über diesen Abgrund hinweg zu kommen. Das ist dann doppelt gelogen …

Und dennoch wird von der Uraufführung berichtet, dass die Menschen tief erschüttert waren und geweint haben. Sie wussten nicht genau, was in dieser Sinfonie vorging, aber sie spürten es. Es gibt Berichte von Zeitzeugen, die die Sinfonie als eine Tragödie verstanden. Die Musik konnte alles sagen, ohne ein Wort verlieren zu müssen. Schostakowitschs Fünfte verfügte über eine unwiderstehliche formale Kraft, gegen die die Kulturbürokraten nicht ankamen, so sehr sie es auch versuchten – sie konnten den widerständigen Kern nicht auf den Begriff bringen und so keine Waffe dagegen in die Hand bekommen.

Das Wort „Waffe" in Bezug auf Musik, auf ein bloßes Musikstück? Ja, diese Musik war gefährlich, das spürte jeder. Unter dem Mantel des Klassizismus, des klassischen Erbes, des sowjetischen „Sinfonismus", war sie unschädlich. Aber als Phänomen der Gemeinschaft war sie gefährlich. Und das ist vielleicht die wichtigste Parallele zu Mahler. Auch Mahlers Sinfonien haben die Tendenz zur Gemeinschaftsbildung. Die Zuhörer bleiben im Konzertsaal nicht vereinzelt, sondern bilden eine Gemeinde. Das ist per se etwas Separatistisches, etwas Oppositionelles, etwas Unkontrollierbares. Schostakowitsch war ja nicht irgendein Orchestermusiker, sondern stand als bekannter Komponist unter besonderer Beobachtung. Er stand quasi nackt im Rampenlicht und musste den geforderten Jubel ausbringen. Wenn er nicht so platt werden wollte wie manche seiner Kollegen, musste er sich eine Maske zulegen, musste er einen doppelten Boden in seine Musik einziehen.

Vor fünfundzwanzig Jahren konnte auch ich das nur fühlen, aber dieses Unbehagen trieb mich so sehr um, dass ich einfach herausfinden musste, was hinter dieser Maske steckt. Es ist vielleicht nicht uninteressant, dass mein ursprüngliches Interesse nicht auf Schostakowitsch allein gerichtet war, sondern gleichermaßen auf Mahler und Tschaikowsky. Ich hatte gespürt, dass in der Musik von Schostakowitsch etwas nicht stimmt. Und ich konnte nicht verstehen, warum ein Komponist, der scheinbar zeitlebens jede Menge affirmative Musik komponiert hatte, in seinem Spätwerk sich nur noch mit dem Tod beschäftigte. Und dieses Phänomen teilten Mahler und Tschaikowsky. Tschaikowsky hatte noch in seiner Fünften affirmativ gelogen, quasi durch Identifikation mit dem Angreifer, doch in seiner Sechsten hatte er aufgegeben und die Wahrheit formuliert. Sein rätselhafter Selbstmord eine Woche nach der Uraufführung der „Pathétique" bestätigt diese Wahrnehmung. Und Mahlers Musik ist bei weitem nicht so depressiv und tragisch, wie sie oft dargestellt wird – Mahler arbeitete sich immer noch am Beethoven-Schema ab, das eine positive Lösung der aufgeworfenen Konflikte fordert. Bis auf die Sechste hatten alle Sinfonien Mahlers einen affirmativen Schluss, mochte in der Siebten auch Ironie dabei sein. Und dann, plötzlich in der Neunten, der Zehnten und im *Lied von der Erde* der völlige Verzicht auf jede Beschönigung aus Gründen des Formzwangs. Ich musste auch herausfinden, was für eine Macht diese Form hat. Nur dann würde es möglich werden, auch Schostakowitsch zu verstehen.

Ohne eine klare Vorstellung von der Tradition der Sinfonie wäre mir das nicht gelungen. Der Neoklassizismus war eine verführerische Schublade, in die viele Musikwissenschaftler Schostakowitsch zu stecken versuchten. Strawinsky und Prokofjew passten da ja auch nicht wirklich hinein. Neoklassische Tendenzen gab es eher in Frankreich bei Poulenc, Milhaud oder Martinů und im Deutschland der Neuen Sachlichkeit. Nach 1933 bedeuteten sie in Deutschland aber ebenfalls nur die Kapitulation vor der Nazi-Kulturpolitik. Zudem ging der Weg oft noch weiter zurück in barocke Formen. Die Passacaglia oder Chaconne erlebte eine ebenso überraschende Wiederauferstehung wie die Fuge. Schon Brahms hatte für das Finale seiner Vierten Sinfonie die Form der Passacaglia wiederbelebt, ebenso Webern für sein Opus 1, auch Hindemith natürlich.

Schostakowitsch nutzte diese Form ebenfalls extensiv, sowohl in seinen Streichquartetten wie auch im Ersten Violinkonzert aus dem Jahr 1947 oder seiner fünfzehnten und letzten Sinfonie von 1971. Die Passacaglia hat eine nicht-dynamische Form. Im Bass wird immer wieder die gleiche Formel wiederholt, während in der Oberstimme frei verfahren werden kann. Gegen Ende wandert das Bassthema meist einmal in die Oberstimme. Schostakowitsch hat seine Passacaglienthemen häufig an das Gewaltmotiv angelehnt, das auch den Kern des Variationenthemas im ersten Satz der Siebten bildet. Die Gewalt als fortdauerndes, unauflösliches Verhängnis, das dann vom Soloinstrument auch noch verinnerlicht wird – ein solcher Gedanke wäre Mahler nun allerdings fremd gewesen. Das ist eine genuine Schostakowitsch-Erfindung, wie sie erst unter den Gewaltverhältnissen des Stalinismus möglich war. So wurde auch im Violinkonzert die Viersätzigkeit der sinfonischen Form erhalten und zugleich unterlaufen.

Dieses Violinkonzert lag zusammen mit anderen Kompositionen wie dem Liederzyklus *Aus hebräischer Volkspoesie* lange Jahre in der Schublade und konnte erst nach Stalins Tod uraufgeführt werden. Leonard Bernstein hat einen berühmten Vortrag über das Jüdische in Mahlers Musik gehalten, ein in der Tat spannendes Thema, das vieles Verborgene zutage fördert. Bei Schostakowitsch muss man nach jüdischen Elementen nicht erst suchen, sie liegen an der Oberfläche und waren der Grund, warum etliche Stücke nicht aufgeführt werden konnten. Er verwendete häufig jüdische Themen und Intonationen, zum ersten und deutlichsten Mal 1944 im 2. Klaviertrio. Er wusste von Hitlers Antisemitismus und er kannte Stalins Antisemitismus aus nächster Nähe. Antisemitismus war ein ausgezeichnetes Herrschaftsinstrument. Und für Schostakowitsch war Antisemitismus das Lackmuspapier der Charakterprobe – antisemitische Vorurteile verabscheute er zutiefst, mit Antisemiten konnte er nicht befreundet sein. Wenn er jüdische Themen benutzte, wenn er jüdische Lieder vertonte, dann identifizierte er sich mit den Verfolgten und stellte auch sich als Verfolgten dar. Am deutlichsten zeigt dies das Achte Streichquartett, das er 1960 in Gohrisch in der Sächsischen Schweiz schrieb, und in dem er das jüdische Thema aus dem 2. Klaviertrio mit seinem eigenen Kürzel „D. Sch." (d-es-c-h) kombinierte – ein Aufschrei in höchster Not.

Der Juden Blut fließt nicht in meinem Blut.
Doch tiefer Hass verfolgt mich bis zum Schlusse:
Für Judenfeinde bin ich wie ein Jud'.
Und darum steh ich hier als wahrer Russe.

So heißt es in dem Gedicht *Babij Jar* von Jewgeni Jewtuschenko, das Schostakowitsch als ersten Satz seiner Dreizehnten Sinfonie vertonte.

Im Zweiten Cellokonzert wird die Kadenz des ersten Satzes eingeleitet durch einen dumpfen Schlag auf die große Trommel, der sofort an den Beginn des Finales von Mahlers unvollendeter Zehnter erinnert. Und wie dort zieht sich die Wiederholung dieses Schlages weiter unter der sich fortspinnenden Musik. Wir wissen, dass dieser Schlag auf die gedämpfte Trommel aus einem persönlichen Erlebnis Mahlers heraus als ein Symbol für den Tod gemeint war – eine geheime Botschaft an seine Frau Alma. Der Gedanke an den baldigen Abschied von ihr bildet den Hintergrund dieser Komposition. Bei Schostakowitsch bedeutet der Trommelschlag nichts anderes, nämlich die Unausweichlichkeit des Todes. In den letzten neun Lebensjahren, seit diesem Zweiten Cellokonzert von 1966, handelt Schostakowitschs Musik im Grunde von nichts anderem als dem Tod. Im Cellokonzert geht er damit allerdings weder wehmütig noch sarkastisch um, sondern heiter-ironisch.

Er komponiert eine Musikantengeschichte, die schlecht ausgeht, als sei sie von Tschechow erzählt, Mahlers Zeitgenossen.

Tschechow war Schostakowitschs Lieblingsautor, und im Geiste einer von dessen tiefgründigsten Geschichten entstand seine Fünfzehnte Sinfonie: *Der schwarze Mönch.* An den polnischen Komponisten Krzysztof Meyer schrieb Schostakowitsch am 16. September 1971: „In der letzten Zeit bin ich oft kränklich. Ich bin es auch jetzt. Aber ich hoffe, dass ich wieder gesund werde und zu Kräften komme. Im Moment bin ich sehr schwach. Im Sommer dieses Jahres habe ich noch eine Sinfonie abgeschlossen, die 15. Vielleicht sollte ich nicht mehr komponieren. Doch ohne das kann ich nicht leben. Die Sinfonie ist viersätzig. Sie enthält genaue Zitate aus Rossini, Wagner und Beethoven. Manches steht unter dem direkten Einfluss von Mahler." Schostakowitschs Letzte steht ganz gewiss unter dem Einfluss von Mahlers Letzter. Die *Todesverkündung* aus Wagners *Walküre* lässt keinen Zweifel, worum es geht. Doch diese Tschechow-Geschichte ist ganz objektiv und lässt keine Sentimentalitäten zu. Die Fünfzehnte ist keine Abschiedssinfonie, sondern eine kritisch-ironische Reflektion des Künstlers und seines Schaffens, und hier liegt die Differenz zu Mahler. Ach ja: die Celesta und die Ewigkeit – das ist hier eine Spieluhr, die die letzte Melodie spielt und plötzlich entzwei geht, einige Takte sinnlos repetiert, bis schließlich das Klappern des Schlagwerks den nackten Mechanismus bloßlegt und auslaufen lässt. Von wegen Ewigkeit! Dieses Ende ist endgültig und garantiert trostfrei.

Schostakowitschs wirklich letzte Sinfonie ist der Liederzyklus nach Gedichten von Michelangelo aus dem Jahr 1974, ein Jahr vor seinem Tod. Er folgt dem gleichen Schema wie die Vierzehnte Sinfonie, die für das Moskauer Kammerorchester von Rudolf Barschai, einen Solosopran und einen Solobass komponiert wurde: die letzten drei Lieder sind von den vorhergehenden durch das Wiedererscheinen des Leitmotivs abgesetzt – was übrigens beim ebenfalls elfteiligen jüdischen Liederzyklus vorbereitet war. Einerseits gefielen dem Komponisten wohl einfach die Gedichte des Renaissance-Bildhauers, andererseits sprach ihn Michelangelos antiautoritärer Impuls an. Sowohl als Homosexueller wie als Ausnahmekünstler war Michelangelo Außenseiter und forderte energisch sein Recht ein. Das Sonett *Tod* erinnerte Schostakowitsch – und natürlich nicht nur ihn – an Shakespeares berühmtes Sonett Nr. 66, das er 1943 in den *Sechs Liedern nach englischen Texten* op. 62 in Pasternaks Übersetzung vertont und 1971, also drei Jahre vor dem Michelangelo-Zyklus, für Orchester instrumentiert hatte:

All dessen müd', schrei ich nach gnäd'gem Tod:
Dass Große ich als Bettler seh gebor'n,
Und hohles Nichts zum Prunke aufgeputzt,
Und treusten Glauben in der Lüge Zaum,

Und wertvoll' Ehren kränkend falsch verteilt,
Und Mädchenreinheit gnadenlos verkauft,
Und hohen Anstand schändlich angeschwärzt,
Und Stärke kraftlos durch ein schlaff' Regime.

Und Kunst geknebelt von der groben Macht,
Und Geist von Dummheit mit Doktrin regiert,
Und schlichte Wahrheit Einfalt dreist gezieh'n,
Und Böses als des Guten Kerkerwart –

All dessen müde, wär ich längst davon,
Ließ' ich im Tod den Liebsten nicht allein.

Bei Michelangelo heißt es so:

Der Tod ist sicher, fraglich nur die Stunde,
Das Leben kurz, gering ist sein Ertrag,
Dem Leib genügt's, jedoch die Seele mag
Sich finden nie und löst sich gern vom Bunde.

Die Welt ist blind, des Niederträchtigen Kunde
Besiegt, was höh'ren Flug nimmt, Tag um Tag.
Das Licht erlischt, der Hoffnung Glanz wird zag,
Das Falsche herrscht, das Wahre stirbt im Munde.

Ach Herr, wann kommt das Heil, das Du verhießen
Den Gläubigen? Da dieses leere Warten
Die Hoffnung und mit ihr die Seele tötet?

Was nützt der Glanz, der einst uns soll umfließen,
Wenn vorher wir im Todeskampf erstarrten
Und ohne Obdach das Gefühl verödet?

Gustav Mahler hat zweifellos im gleichen Geist für seine Kunst gekämpft, doch in seiner Musik hat das einen anderen Ausdruck gefunden. Er lebte in einer anderen Zeit, und diese Zeit brachte eine andere Kunst hervor. In welchem Maß künstlerische Formen der geschichtlichen Situation unterworfen sind, lässt sich gerade beim Vergleich von Mahler und Schostakowitsch gut studieren. Dafür ist es allerdings sinnvoll, sich noch einmal die Geschichte der Form im Ganzen vor Augen zu halten.

Die Form der Sinfonie ist weder vom Himmel gefallen, noch Haydn im Traum erschienen. Sie lag schon in der Luft, als die bisherigen Formen der Instrumentalmusik ihre Kraft verloren. Im Barock war eine Sonate noch eine recht schlichte Form und von der Suite nicht wirklich geschieden. Man reihte Charaktersätze aneinander und bildete einen musikalisch sinnvollen Bogen. Man dachte noch in Zyklen, in Jahreszyklen, in Lebenszyklen, und kein Mensch kam darauf, dass sich daran einmal etwas ändern könnte. Erst die Französische Revolution zeigte 1789, dass sich bereits etwas geändert hatte: Die Ideen der Aufklärung hatten in den Gang der Geschichte eingegriffen. Die industrielle Revolution bereitete sich vor. Ihr bürgerliches Denken ist linear auf ein Ziel gerichtet, das erreicht werden muss – im Gegensatz zum zirkulären Denken der statischen Gesellschaftsformen, die bis dahin vorgeherrscht hatten. Es versteht sich von selbst, dass eine so grundsätzliche gesellschaftliche Umwälzung auch Folgen für die Kunstproduktion hat. Joseph Haydn war von der Aufklärung infiziert, als er Sinfonien zu komponieren begann. Und beim späten Mozart kam diese schöne neue Welt bereits in die erste Krise, als das höfische Menuett nicht mehr funktionieren wollte. Auch das war kein Wunder …

Warum es gerade die künstlerische Form der klassische Sinfonie war, die die Vorherrschaft erlangte? Vielleicht sollte man dies nur konstatieren und interessiert verfolgen, wie ihr weiteres Leben verlief. Schon die Mozart-Krise, die zur Ersetzung des Menuetts durch das Beethoven'sche Scherzo führte, reizt aber sehr zur soziologischen Analyse. Eine Ausdrucksform verschwindet durch eine gesellschaftliche Umwälzung. Das bedeutet im Umkehrschluss, dass die Gesamtform unter Ideologieverdacht gerät. Genau dies war der Anstoß für die Untersuchungen, die der Hamburger Musikwissenschaftler Vladimir Karbusicky in den 70er Jahren des vergangenen Jahrhunderts anstellte. Ihm waren bestimmte Denkschemata aufgefallen, die ihren Ausdruck in künstlerischen Formen fanden. Nicht unbedingt nur hohen künstlerischen Formen. Karbusicky war Tscheche und hatte in Folge der Niederschlagung des Prager Frühlings durch die Truppen des Warschauer Pakts nach Deutschland ausweichen müssen: Er hatte gute Gründe, nach Ideologie in Kampfliedern zu suchen. Er fand dort ein vierstrophiges Schema, und er fand es sowohl in kommunistischen wie in nationalsozialistischen Liedern, in Liedern der Bundeswehr ebenso wie in Liedern der Nationalen Volksarmee der DDR. Dieses Schema des Kampfliedes, egal welcher Couleur, verfolgte er dann zurück in die Geschichte und wurde beispielsweise bei einem Lutherchoral fündig. Von da aus weitete sich seine Analyse dieses vieraktigen Kampfschemas auch in die Hochkultur, wo er es in der Sonatenform dingfest machte. Mir hat dieses Schema damals sehr geholfen, zu verstehen, was Schostakowitsch mit der Sinfonie gemacht hat. Ich möchte es Ihnen daher nicht vorenthalten, auch wenn das vielleicht bedeutet, Eulen nach Athen zu tragen, ist doch das Deutsche Volksliedarchiv, wo man mit diesem Schema bestens vertraut ist, eine Institution der Freiburger Universität.

Exkurs

Das Vier-Akte-Schema nach Karbusicky[8] (s. Folgeseite)

Für die nicht Bibelfesten hier zur Erinnerung die zehn Gebote:

I 1. Ich bin der Herr, dein Gott, du sollst keine anderen Götter neben mir haben.
2. Du sollst den Namen des Herrn, deines Gottes, nicht missbrauchen.
3. Du sollst den Feiertag heiligen.

II 4. Du sollst Vater und Mutter ehren.
5. Du sollst nicht töten.

III 6. Du sollst nicht ehebrechen.
7. Du sollst nicht stehlen.
8. Du sollst kein falsches Zeugnis reden wider deinen Nächsten.
9. Du sollst nicht begehren deines Nächsten Haus.
10. Du sollst nicht begehren deines Nächsten Weib, Knecht, Magd, Vieh oder alles was sein ist.

IV Das Heilsversprechen

Karbusicky fand das Vier-Akte-Schema bereits in hussitischen Liedern vom Ende des Mittelalters. Auch der Luther-Hymnus *Ein feste Burg* (1528) von Friedrich Engels die „Marseillaise des 16. Jahrhunderts“ genannt, folgt dem Vier-Akte-Schema:

Das Vier-Akte-Schema nach Karbusicky

	I	II	III	IV
Sonatenform:	Hauptsatz	Andante	Scherzo	Finale
C.G.Jung:	Gott	Maria (=Sophia,Erkenntnis)	Satan	Christus
Genesis:	Adam	Eva	Kain	Abel
Philosophie:	Ontologie	Erkenntnislehre	Logik	Ethik
	Wo bin ich?	Was bin ich?	Was treibt mich?	Wohin gehe ich?
	„Geworfensein“	„Sinn des Lebens“	„Problem des Bösen“	Was tun – „Prinzip Hoffnung“
Biologie:	Umweltreiz	Reaktion des Organismus	Gegenangriff	Ausgleich
Psychologie:	neue existenzielle Lage	Auswegsuche	Gegenaktion	libidinöser Ausgleich
Antiker Mythos:	Frühling	Sommer	Herbst	Winter
Tierkreis:	Widder (Wille, Stärke)	Krebs (Schwäche,Rückwärts)	Waage (Kategorial)	Steinbock (Abschließung)
Zehn Gebote:	1–3 (Existenzbestimmung durch Gott)	4-5 (Existenzsorgen)	6–10 (Fesselung der bösen Triebe in uns)	Drohung und Versprechen Reich Gottes, Imagination
Bergpredigt/Vaterunser (Negation des Mythos):	1.–3. Bitte (nichtreduzierte Realität, daher Wortfetischimus überflüssig)	4.–5. Bitte (Gnade Gottes, Milderung des Sündenfalls, Befreiung von Sorgen)	6.–7. Bitte (nur das Böse in uns selbst ist unser Feind)	Beschluß (humane Eschatologie: Zukunft im Reich Gottes, Mensch hat ethische Wahl)
Luther:	Ein feste Burg i.unserGott	wir sind gar bald verloren	Der Fürst dieser Welt	das Reich muß uns doch bleiben
Parteitagsreden:	Elementares	Exemplarisches	Kategoriales	Praktisches
	historisches Ereignis	überstandene Gefahr	Klassen-/Rassenkampf	Aktionsrichtlinien
	weltpolitische Lage	wirtschaftliche Lage	Kampf der Prinzipien	Ordnung und Disziplin
	thematische Arbeit	kognitives Moment	Liquidierung des Feindes	lichte Zukunft
Dramaturgie:	Reduktion der Realität auf die ideol.Kampfbestimmung	Meditation, Gruppenappell	Feindbild Notwendigkeit des Kampfes	Ausrichtungsparolen, Erlösungsversprechen

1
Ein feste Burg ist unser Gott,
ein gute Wehr und Waffen.
Er hilft uns frei aus aller Not,
die uns jetzt hat betroffen.
Der altböse Feind, mit Ernst ers
jetzt meint;
groß Macht und viel List sein grausam
Rüstung ist,
auf Erd ist nicht seinsgleichen.

2
Mit unsrer Macht ist nichts getan,
wir sind gar bald verloren;
es streit für uns der rechte Mann,
den Gott hat selbst erkoren.
Fragst du, wer der ist? Er heißt Jesus
Christ,
der Herr Zebaoth, und ist kein andrer
Gott,
das Feld muss er behalten.

3
Und wenn die Welt voll Teufel wär
und wollt uns gar verschlingen,
so fürchten wir uns nicht so sehr,
es soll uns doch gelingen.
Der Fürst dieser Welt, wie saur er sich
stellt,
tut er uns doch nicht, das macht er ist
gericht'.
Ein Wörtlein kann ihn fällen.

4
Das Wort sie sollen lassen stahn
und kein Dank dazu haben;
er ist bei uns wohl auf dem Plan
mit seinem Geist und Gaben.
Nehmen sie den Leib, Gut, Ehr, Kind
und Weib:
lass fahren dahin, sie habens kein'
Gewinn,
das Reich muss uns doch bleiben.

Das Kampfschema fand Karbusicky ebenfalls in der Hymnologie des 16. und 17. Jahrhunderts – dort wurde es als rhetorisches Mittel eingesetzt, dessen Wirkung sich bis in die Instrumentalmusik des 18. Jahrhunderts verfolgen lässt. In der Sinfonie wurden die galanten Figuren des Menuetts nach Johann Stamitz und beim späten Mozart unzulänglich, davon haben wir schon gesprochen. Die auf Neuerung bedachten Komponisten studierten die Anregungen aus Glucks Opern, die mit den feudalen Anschauungen brachen: In der Alceste-Vorrede von 1767 beispielsweise hatte er geschrieben, die Sinfonia solle „den Argomento bilden", und darin wurde ein Hinweis gesehen, die aufklärerische Ideologie in Musik auszudrücken.

Der Zeitpunkt der ersten Krise lässt sich ziemlich gut bestimmen: in Mozarts Sinfonie D-Dur KV 504 findet sich kein Menuett vor dem echten, abschließenden Finale, weil diese Form nicht mehr gepasst hätte. In den Sinfonien KV 543 und 550 finden sich „umfunktionierte" Menuette, die ihren Charakter gewandelt haben; sie sind die direkte Antizipation des 3. Satzes der Fünften von Beethoven. Das gleiche Phänomen findet sich in der Sinfonia c-moll op. 4 Nr. 3 von Stamitz.

Beethovens *Eroica* repräsentiert dann den voll entfalteten Typus der ideologischen 4-Akte-Sinfonie. Die Sonatenform umfasst nun idealerweise: Hauptsatz, Adagio, Scherzo, Finale. Die dritten Sätze von Beethovens V., VII. und IX. Sinfonie sind genau genommen keine Scherzi, sondern Kampfinhalte.

Für die Entfaltung der Kampfideologie in Deutschland erwies sich der Faust-Stoff als besonders wirksam. Richard Wagners Faust-Ouvertüre (1840) führt nur den I. Akt des Schemas aus, erfüllt ihn aber exemplarisch. Liszts Faust-Sinfonie (1854) umfasste zunächst nur drei Sätze: I. *Faust* – II. *Gretchen* – III. *Mephisto* – und erhielt 1857 als Korrektur einen IV. Satz, den Schlusschor „Alles Vergängliche..." Weitere Sinfonien im 19. Jahrhundert, die das Kampfschema erfüllen, sind beispielsweise die d-moll Sinfonien von Dvořák, Raff, Franck oder Tschaikowskys *Manfred-Sinfonie.*

Wo menschenfreundliche Ideen dominieren, herrscht Umbauzwang: Beethovens Neunte stellt die Binnensätze um. Das Gleiche tut Bruckner in seiner VIII. und IX. (1884–96), wobei die letztere auch dreisätzig, ganz ohne weiteres Heilsversprechen in einem Finale, schon vollendet wirkt – damit ist das ideologische Vier-Akte-Schema in der Sinfonie obsolet geworden; 1893 hatte Tschaikowskys Sechste den gleichen Schritt vollzogen und das Finale abgeschafft.

Gustav Mahler stellte in seiner Ersten und Vierten Sinfonie (1888 und 1900) die Binnensätze ebenfalls um. In der Ersten, deren Form Schostakowitschs Erste folgt, dringt dadurch der Subjektivismus durch, kritisch gesagt wird die Sinfonie dadurch privat. Fünf- bis sechssätzige Sinfonien sind nicht leicht unter das Schema zu bringen, bei Mahlers Dritter würde es noch gelingen, bei der Fünften nicht. Bei Schostakowitsch ist die Umstellung der Binnensätze die Norm. Ausnahmen sind bezeichnenderweise ideologische Werke:

- 2. Sinfonie op. 14 an die Oktoberrevolution (1927)
- Die propagandistische Kantate *Über unserer Heimat scheint die Sonne* op. 90 (1952)
- 12. Sinfonie op. 112 (1961), vielleicht Schostakowitschs schlechteste Sinfonie, Lenin gewidmet und bis heute nicht vom Verdacht der Hagiographie befreit. Adorno bezeichnete Mahler als einen schlechten Jasager; das Gleiche gilt für Schostakowitsch.

Ein modernes Beispiel für das ideologische Vier-Akte-Schema ist Luigi Nonos *Ein Gespenst geht um in der Welt* aus dem Jahr 1971 – was auch kein Wunder ist, handelt es sich doch um eine Vertonung des Kommunistischen Manifests während der ideologischen Kampfzeit der 68er-Bewegung. Nono wollte ideologisch sein, folglich verwendete er ein bewährtes ideologisches Schema. Karbusicky wies sogar nach, dass das Kommunistische Manifest selbst dem ideologischen Vier-Akte-Schema folgt, ebenso Karl Marx' *Der Bürgerkrieg in Frankreich*, die Schrift von Friedrich Engels über Feuerbach, der Text von Lenin über Marx und erst recht die marxistisch-leninistischen Schriften späterer Zeit.

Mit dem Ende des 19. Jahrhunderts ging auch die bürgerliche Epoche zuende und die Ära der Massengesellschaft begann. Das war eine so weitgehende Umwälzung der Gesellschaft, dass sie nicht ohne Auswirkungen auf die Kultur bleiben konnte. Die Kulturindustrie übernahm die Herrschaft, der Film ersetzte die Oper. Die Massen konsumierten Massenkultur, die Hochkultur verwandelte sich in den Elfenbeinturm der Intellektuellen oder wurde von den Herrschenden für ihre Zwecke in Dienst genommen. Für Schostakowitsch galt letzteres, die sowjetische Kultur wurde geknebelt von der Macht. Offen konnte er nicht mehr sprechen, doch blieb ihm die Sprache der Musik, die auch vom Gefühl verstanden wird. Schostakowitsch war kein Klassizist, er hat Form und Fassung gesucht, um zu überleben. Die Sonatenform bot ihm die Möglichkeit, Kassiber zu schmuggeln, die von denen, für die sie bestimmt waren, gelesen werden konnten. Mahler hat ihn diese Sprache gelehrt, weil er als Außenseiter – als Böhme, Österreicher und Jude – ebenfalls Botschaften zu vermitteln hatte, die besser nicht an der Oberfläche transportiert wurden. Deshalb war Mahler für Schostakowitsch unerschöpflich. Bis er am Ende seines Lebens das Kämpfen aufgab. Da war es dann Bach, in dem er Ruhe fand.

Not, List und Lust – Brecht, Strawinsky und Schostakowitsch. Parallelen in der Verfremdung

Bertolt Brecht wurde im Jahr 1898 geboren, Dimitri Schostakowitsch im Jahr 1906, war also acht Jahre jünger. Brecht war beim Sturz des Kaiserreichs 1918 zwanzig Jahre alt und schon bei ziemlich klarem Bewusstsein. Schostakowitsch hatte ein Jahr davor die Oktoberrevolution im Alter von elf Jahren erlebt und durch diese brutalen Ereignisse einen beträchtlichen Bewusstseinsschub erfahren. Als er dann blutjung mitten in die Künstleravantgarde hineinplatzte und am Theater mit Majakowski, Meyerhold und Rodtschenko zusammenarbeitete, fühlte er sich der revolutionären Bewegung unbedingt zugehörig und begann Sinfonien auf den 10. Jahrestag der Oktoberrevolution (1927) und auf den 1. Mai (1930), sowie ziemlich ideologische Ballette zu komponieren. Avantgardist war er auch als Filmkomponist (sein Studium hatte er sich als Stummfilmpianist verdient), seine Partituren zu den Kosinzew/Trauberg-Filmen *Das Neue Babylon* (1929) und *Allein* (1930) schrieben Filmgeschichte.

Die Musik wird dort im selben Sinne kritisch eingesetzt wie etwa bei Kurt Weill. Im *Neuen Babylon* charakterisiert die Offenbach-Musik die Vergnügungssucht der Bourgeoisie während der Pariser Kommune, wie die amerikanische Tönung das Treiben der Londoner Halbwelt in der *Dreigroschenoper* charakterisiert hatte. Alles ziemlich lustvoll, entsprechend dem Motto Brechts im *Kleinen Organon*, dass das dialektische Theater und seine Erkenntnisvermittlung ein Vergnügen sein solle.

Schostakowitsch hatte einen instinktiven Widerwillen gegen Romantik und Gefühl. Sein Klavierstil – er war ein erstklassiger Pianist – war messerscharf und hart. Mit seinem Ersten Klaviertrio (1923) oder seinem Ersten Klavierkonzert mit Trompete und Streichorchester (1933) schrieb er Persiflagen auf romantische Musik. Auch seine Erste Sinfonie kann man als Verhöhnung des Durch-Nacht-zum-Licht-Schemas lesen. Karikatur und Satire lagen ihm blendend. Und wenn er ein Gedicht mit dem Titel *Vor dem Selbstmord* vertonte, dann in der distanzierenden Art einer Tuschzeichnung und auf einen japanischen Text (1928) – in der Haltung verblüffend ähnlich den Hollywood-Elegien von Brecht in der Vertonung durch Hanns Eisler. Einfühlung war seine Sache nicht, den Brecht-Satz „Da das Publikum ja nicht eingeladen werde, sich in die Fabel wie in einen Fluss zu werfen, um sich hierhin oder dorthin unbestimmt treiben zu lassen“[1] aus dem *Kleinen Organon* hätte er sofort unterschreiben können, wenn er ihn denn gekannt hätte. Er kannte allerdings genügend ähnliche Sätze aus den Debatten der sowjetischen Künstlervereinigungen.

Auch Schostakowitsch hat ein Manifest geschrieben, allerdings mit der Zielrichtung einer Abwendung vom Gebrauchswert der Musik. In der Zeitung Arbeiter und Theater, in deren Spalten er häufig angegriffen worden war, ließ er 1931 eine „Deklaration der Pflichten eines Komponisten“ abdrucken:

„Von Anfang 1929 bis Ende 1931 arbeitete ich ausschließlich im musikalischen Kunstgewerbe … Es ist für niemanden ein Geheimnis, dass die Lage an der musikalischen Front am Vorabend des 14. Jahrestages der Oktoberrevolution katastrophal ist … Ich bin fest davon überzeugt, dass gerade durch die allgemeine Flucht der Komponisten zum Theater diese schwierige Lage entstanden ist … Die Musik spielt dort die Rolle eines Akzents der ‚Verzweiflung‘ oder der ‚Begeisterung‘. Es gibt bestimmte Schablonen in der Musik: Trommelwirbel beim Auftritt eines neuen Helden, der ‚frische‘ und ‚energiegeladene‘ Tanz der positiven Helden, der ‚Foxtrott‘ für ‚Zersetzung‘ und ‚frische Musik‘ für ein Happy End. Das ist das Material für das Schaffen eines Komponisten. Es darf jedoch nicht sein und ist ein Verbrechen an der sowjetischen Musik, wenn man die Rolle der Musik auf nackte Anpassung an den Geschmack und die schöpferische Methode des Theaters reduziert … Dadurch ergibt sich eine wahre Entpersönlichung des Komponisten … Was die sowjetische Musikbühne betrifft, so können wir hier ganz unmögliche Schaffensmethoden sehen (*Roter Mohn*, *Eis und Stahl*, *Der Bolzen*, *Das goldene Zeitalter*) … Alle diese Aufführungen entstanden in engem Zusammenhang mit dem Theater. Das Ergebnis ist jedoch schädlich …

Ich fasse zusammen … Fort mit der Entpersönlichung des Komponisten!

Schweren Herzens versichere ich dem Wachtangow-Theater, dass ich die Musik zu *Hamlet* komponieren werde. Was den *Neger* und *Der Beton wird hart* betrifft, so werde ich die entsprechenden Verträge in den nächsten Tagen annullieren. Ich kann nicht mehr ‚unpersönlich‘ und schablonenhaft komponieren. Auf diese Weise bahne ich mir den Weg zu einer großen Sinfonie, die dem 15. Jahrestag der Oktoberrevolution gewidmet ist.“[2]

Diese große Sinfonie hat er oft angekündigt, aber nie geschrieben. Alle Theorie war plötzlich gegenstandlos, als die Freunde erschossen wurden und die Bürokraten das Kulturleben nach ihrem Sinn zu kanalisieren begannen. Schostakowitsch musste 1936 ein Scherbengericht über sich ergehen lassen – an seiner Oper *Lady Macbeth von Mzensk* wurde das Exempel an der Avantgardekunst statuiert. 1948 folgte ein zweites Scherbengericht. Dies, die Zeit um 1950, ist die Zeit, mit der wir uns beschäftigen wollen. Bertolt Brecht baute damals in Ostberlin sein Theater auf, das dem Aufbau des Sozialismus hilfreich sein sollte, während Schostakowitsch versuchte, gegenüber der Gewalt dessen, was sich Sozialismus nannte, seinen künstlerischen und menschlichen Anstand zu wahren.

Brecht träumte vom Menschen des wissenschaftlichen Zeitalters:

„Es ist eine Lust unseres Zeitalters, das so viele und mannigfaltige Veränderungen der Natur bewerkstelligt, alles so zu begreifen, dass wir eingreifen können. Da ist viel im Menschen, sagen wir, da kann viel aus ihm gemacht werden. Wie er ist, muss er nicht bleiben; nicht nur, wie er ist, darf er betrachtet werden, sondern auch, wie er sein könnte. Wir müssen nicht von ihm, sondern auf ihn ausgehen. Das heißt aber, dass ich mich nicht einfach an seine Stelle, sondern ihm gegenüber setzen muss, uns alle vertretend. Darum muss das Theater, was es zeigt, verfremden.“[3]

Brechts Verfremdungseffekt war eine List und eine Lust. Er wollte die Menschen politisch agitieren, aber so, dass es ihnen ein Vergnügen sein sollte. Ohne diesen Zweck ist Verfremdung bei Brecht nicht denkbar. Schostakowitsch hatte zwei Opern geschrieben, bevor die Verurteilung der *Lady Macbeth* ihn davon abbrachte, weiterhin Eindeutiges zu schreiben: als 22jähriger *Die Nase*, eine Satire nach Gogol, und als 26jähriger *Lady Macbeth von Mzensk*, eine schon schwieriger zu etikettierende Oper nach Leskow. In der *Nase* wacht der Kollegienassessor Koljakow eines Morgens auf und vermisst beim Rasieren seine Nase. Die läuft derweil in der Uniform eines Staatsrates auf den Petersburger Straßen umher. Um die Tollheiten der Verfolgungsjagd zu schildern, schrieb Schostakowitsch unter anderem das erste reine Schlagzeugstück der klassischen Musik.

Lady Macbeth von Mzensk hingegen war geplant als Teil einer Trilogie über die Lage der Frau in der alten Gesellschaft, wie man das damals nannte. Katerina Ismailowa ist mit einem Waschlappen von Kaufmann verheiratet, der noch immer unter dem Diktat seines tyrannischen Vaters steht. Die Gewaltverhältnisse erstrecken sich auch auf das Verhalten der Männer auf dem Kaufmannshof gegenüber den

Frauen. Schostakowitsch charakterisiert dies durch ein „Gewaltmotiv“, das in solchen Momenten auftaucht. Die Verhältnisse kommen ins Tanzen, als ein neuer Gehilfe eingestellt wird, dem ein Don-Juan-Image vorausgeht. Die sexuelle ausgehungerte Katerina wird seine leichte Beute – wie er über Katerina herfällt, wird musikalisch genüsslich ausgemalt, aber nicht nur genossen, sondern durch das Gewaltmotiv auch eindeutig in einen gesellschaftlichen Kontext gestellt.

Gewisse gesellschaftliche Elemente werden scharf und witzig karikiert: Die Polizei in ihrer Lust am Zuschlagen, was ebenfalls aus dem Gewaltmotiv entwickelt wird, oder die Selbstgefälligkeit des Popen, den der Hinweis des sterbenden Schwiegervaters, er krepiere wie eine Ratte, nur zu einem pompösen Gogol-Zitat reizt. Ein nicht nur musikalischer Witz ist es, wenn die Überzeugungskraft Sergejs in den Attitüden eines Tenors dargestellt wird. Die Zeremonien einer russischen Hochzeit einschließlich der zunehmenden Trunkenheit werden ausgekostet, während der Zuschauer schon auf das Eintreffen der Polizei wartet. Zwischen den beiden Morden am Schwiegervater und am Ehemann steht eine große, aufgewühlte instrumentale Passacaglia, die mehrere Gefühle bündelt: Geborgenheit in den Armen des neuen Mannes, Angst vor der Entdeckung und Schicksalhaftigkeit der Situation. Der Zuschauer wird also nach allen Regeln von Überraschung und Suspense, von Distanz und Überrumpelung unterhalten und geistig wach gehalten. Das ändert sich erst im Schlussakt, wenn Katarina in die sibirische Verbannung geführt wird. Nun ist sie zum Opfer der Verhältnisse geworden, und durch den Verrat Sergejs, der sich noch unterwegs eine Andere gesucht hat, wird sie zum doppelten Opfer. Nach russischer Art wird sie nun als „Unglückliche“ betrachtet und erntet eine tragische Musik voller Einfühlung.

Igor Strawinsky wurde 1882 in Russland geboren, war also eine halbe Generation älter als Brecht, und starb 1971 in New York, vier Jahre vor Schostakowitsch. Opern waren nicht sein Hauptfeld, eher Ballette dank der Zusammenarbeit mit Diaghilew. Seine wichtigste Oper *The Rake's Progress* wurde 1951 in Venedig uraufgeführt, also auch in der Nachkriegszeit. Das Libretto entstand nach einer Serie von acht Gemälden und Kupferstichen von William Hogarth aus den Jahren 1733/34. Der Londoner Barockmaler liebte es, die Unsitten seiner Zeitgenossen zu zeichnen, und diese liebten es, von ihm verhöhnt zu werden – denn schlimm sind ja immer nur die anderen. Die Geschichte des jungen Tom Rakewell, der das Erbe seines geizigen Vaters antritt und alsbald durchbringt, wurde von den Autoren W. H. Auden und Chester Kallman ein wenig verändert, indem dem „Wüstling“ ein Mephisto an die Seite gestellt wurde, Nick Shadow. So konnte aus den statischen Bildern ein Bühnenwerk werden.

Das erste der Bilder, die voller Anspielungen sind, zeigt den jungen Tom, wie er sein Erbe antritt, das zweite zeigt ihn im Kreis von Künstlern und Professoren, mit deutlicher Anspielung an den Kastraten Farinelli, der damals in London großes Aufsehen erregte, und an den Komponisten Nicola Porpora, der für Farinelli komponierte. Im dritten Bild verspielt Tom sein Vermögen in der Rose Tavern mit Huren und Spielern, im vierten wird er wegen seiner Schulden verhaftet. Und da ist auch Sarah Young, deren Liebe er verschmäht, die ihn aber auslöst – bei Strawinsky trägt sie den sprechenden Namen Anne Trulove. Im Bild Nr. 5 heiratet Tom eine hässliche Alte, um seine Finanzen zu sanieren – bei Strawinsky ist es die bärtige Türkenbab –, und im sechsten Bild verspielt er auch dieses zweite Vermögen. Im siebten Bild sitzt Tom im Schuldturm, im achten wird er von Sarah Young im Irrenhaus versorgt.

Verwandtschaften mit der *Beggar's Opera* von Johann Pepusch auf einen Text von John Gay, die 1728 in London den Opernbetrieb Georg Friedrich Händels aufs Korn genommen und aus ihm kräftig Profit geschlagen hatte, sind nicht zufällig. Die *Bettleroper* war wiederum das Vorbild für die *Dreigroschenoper* von Brecht und Weill. Auch in *The Beggar's Opera* erkannten sich die Zeitgenossen wieder, im Vergleich zu Händels Arien waren die Songs simpel – es war einfach ein anderes Genre, das des Singspiels. (Singspiel hieß ja auch die erste Version von *Mahagonny*, bevor es zur schwerfälligeren Oper mutierte.) Strawinskys *Rake* ist unzweifelhaft eine Oper, die sich wie eine *Beggar's Opera* von Händel gibt und damit einen doppelten Salto macht.

Da es in Strawinskys Oper einen Mephisto gibt, darf Tom Rakewell drei Wünsche äußern. Das Stück fängt in behütet-bürgerlichem Milieu an, im Haus des Vaters von Anne. Doch der erste Wunsch ist der nach Geld, und schon liefert Nick Shadow ihm eine Erbschaft und entführt ihn nach London. Dort lernt Tom das Sündenbabel kennen und besucht das Bordell von Mother Goose, während Anne sich wundert, dass sie nichts mehr von ihm hört. Im zweiten Akt wünscht Tom sich Glückseligkeit und heiratet zuerst die groteske Baba the Turk, dann träumt er, er könne mit einer Maschine aus Steinen Brot machen, und wünscht, es sei wahr. Das ist sein Ruin, und so versteigert im dritten Akt der Auktionator Sellem Toms Besitz. Baba sorgt dafür, dass Anne sich um Tom kümmert, und warnt sie vor Nick. Dieser fordert nun von Tom seinen Lohn, nämlich seine Seele. Im Kartenspiel gewinnt jedoch Tom, und der Teufel versenkt ihn dafür in Wahnsinn.

Im Irrenhaus hält Tom sich für Adonis und Anne für seine Venus. Sie singt ihn in den Schlaf, und als er sich verlassen sieht, stirbt er. Folgt die Moral: „Für faule Hände, Herzen und Köpfe findet der Teufel eine Beschäftigung, eine Beschäftigung, ihr lieben Herren, ihr schönen Damen, für Euch und Euch!"

Von irgend einem Realitätsbezug, geschweige denn von Gesellschaftssatire kann bei Strawinskys Oper nicht die Rede sein. Was ist denn auch so schlimm an diesem Wüstling? Dass er ins Bordell geht? Dass er eine bärtige Türkin heiratet? Dass er sein Mädchen vergessen hat? Dass er sich verspekuliert? Das sind heute harmlose Sünden. Das Stück spielt im Barock, die Musik spielt Barock, aber alles ist nur Verkleidung. Die Musik ist nicht da, um die Handlung zu gestalten, sondern die Handlung hat nur den einzigen Zweck, Musik zu generieren. Der Reiz der Musik wiederum besteht nur darin, dass sie in Anführungszeichen steht und so tut, als wäre sie von Händel oder Mozart – so genau will man das gar nicht wissen. Der Reiz dieser Art von Verfremdung allerdings ist unerhört. Diese durch und durch stilisierte und gefälschte Musik ist so großartig und in ihrer Selbstironie so witzig, dass ihr Genuss ein hohes Vergnügen ist, das den Zuschauer zu beständigem Schmunzeln bringt.

Wenn Verfremdung für Brecht List und Lust war, so war sie für Strawinsky und seine Librettisten pure Lust. Die Oper hat keinen anderen Zweck, als dem Vergnügen zu dienen. Die menschlichen Schwächen werden wir schon erkennen. Und nach den Millionenopfern von Holocaust, Stalinismus und Weltkrieg und vor der Komplettausbeutung der Erde müsste die Oper sich schon gewaltig anstrengen, wollte sie die realen Weltprobleme in sich aufnehmen. Der Realismus ist Vergangenheit, vom Naturalismus ganz zu schweigen. In die Personen des *Rake* kann man sich nicht einfühlen. Die Bühnenvorgänge haben Zeige-Charakter und leben von der Verfremdung – aber einer Verfremdung von was? Einer Verfremdung über die Oper des 19. Jahrhunderts hinweg. *The Rake's Progress* feiert mit seinem Barock-Sujet die Barock-Oper. Sie erscheint in neuem Gewand wieder. Und es ist eine echte Wiederauferstehung. Lange Zeit war das nicht klar. Erst mit der zunehmend erfolgreichen Wiederbelebung der Barockoper gingen unsere Ohren auch hierfür auf. Und je mehr Barockoper wir hörten und sahen, desto besser verstanden wir auch, warum.

Bei unserem Festival „Winter in Schwetzingen" spielten wir ein Pasticcio von Vivaldi mit dem Titel *Bajazet*. Dort quält der für seine Grausamkeit berüchtigte Mongolenherrscher Tamerlan den unterworfenen Türken-Sultan Bajazet so lange, bis dieser sich umbringt.

Danach gibt es ein *lieto fine*, ein Happy End, bei dem Tamerlan innerhalb von zwei Minuten Einsicht zeigt, die richtigen Paare vereint und mit allen singt:

Gekrönt mit Lilien und Rosen,
kehre mit der Liebe der Frieden zurück.
Und im Schein von tausend Liebesfackeln
möge das Lodern des Hasses ersticken.

Der Regisseur fand dieses *lieto fine* angesichts der vorangegangenen Grausamkeiten so grausam, dass er seine Inszenierung daraus entwickelt hat. Das funktioniert ganz unpsychologisch prächtig. Aber von unserem heutigen Standpunkt aus. Dürfen wir denn glauben, dass die Menschen im Barock so dumm waren zu glauben, der Herrscher werde auf Eins, Zwei ein vernünftiger Mann und alles sei wieder gut? Die damaligen Menschen hatten nicht die geringste Illusion, der Herrscher werde gut oder die Welt werde besser: Lediglich musste der Opernabend einen erträglichen Schluss bekommen, damit man nicht mit einem schlechten Geschmack im Mund nachhause geht. Theater war nicht zum Weltverbessern da, sondern zur Unterhaltung; die konnte natürlich mehr oder weniger intelligent sein. In der Oper wurden die großen Gefühle ins Feld geworfen, die aus den menschlichen Leidenschaften resultieren. Aber man hielt die Gefühle auf der Bühne doch nicht für echt, deshalb bezeichnete man sie als Affekte. Der Darsteller sollte diese Gefühle nicht selbst empfinden, und der Zuschauer sollte höchstens über die Kunstfertigkeit der Darsteller in Ohnmacht fallen, was sie bei den berühmten Opernstars auch reihenweise taten. Die Handlung war nur Anlass zum Kunstgenuss – wie bei unserem Freund Strawinsky.

Um die Sache noch komplizierter zu machen: Strawinskys musikalische Inspiration kam gar nicht direkt aus der Barockoper, sondern aus deren Nachklang in den Belcanto-Opern von Rossini, Donizetti und Bellini. Dieses Dreigespann hatte, lange nachdem Mozart und Beethoven die Oper bürgerlich emanzipiert hatten, am Beginn des 19. Jahrhunderts sozusagen eine erste Postmoderne eingeleitet und waren zu den starren Formen von Opera buffa und Opera seria zurückgekehrt. Kulturhistorisch war das restaurativ, kulturpolitisch reaktionär. Muss man Strawinskys Neoklassizismus deshalb ebenfalls als reaktionär werten?

Das *lieto fine* fand einen späten Nachklang noch bei Mozart. Der Schluss des *Rake* erinnert überdeutlich an den Schluss von Mozarts

Don Giovanni. Schon Beethoven ertrug die lustige „Scena ultima“ nicht mehr, die sich an die hochdramatische Höllenfahrt des „bestraften Bösewichts“ anschließt. Die „Scena ultima“, die Schluss-Szene, dient hier ebenso der Entspannung nach dem Höhepunkt wie im *Rake.* Das 19. Jahrhundert und die ersten beiden Drittel des 20. Jahrhunderts ließen sie in der Regel weg, und noch Theodor W. Adorno äußerte 1966 sein Unbehagen darüber, dass Otto Klemperer sie in seine Aufnahme eingeschlossen hatte. Hegelianisch gesehen bedeutet das *lieto fine* der Barockoper tatsächlich die Unwahrheit, ist die „Scena ultima“ des *Don Giovanni* ebenso verlogen wie die Schlussmoral des *Rake.* „Das fabula docet Strawinskys ist versatile Fügsamkeit und störrischer Gehorsam, das Muster des heute allerorten sich formierenden autoritären Charakters,“[4] schrieb Adorno 1948 in der *Philosophie der Neuen Musik.*

So formalistisch hatte die Gattung Oper nicht begonnen. In ihrer Anfangszeit um 1600 war sie vor allem gesungenes Drama. Erst im 18. Jahrhundert übernahmen in Italien die Sänger die Macht, wurden ernste und komische Oper getrennt, entstand die zunehmend erstarrende Form der Opera seria mit der Dacapo-Arie, entwickelte sich ein Libretto nicht mehr auf das Ende hin, das dann mehr oder weniger gewaltsam von einem Deus ex machina oder einem plötzlichen Entschluss herbeigeführt werden musste. Die Form erstarrte im selben Maße wie die Gesellschaft des Ancien Régime (da haben wir sie wieder, die „alte Gesellschaft“). Erst mit der Aufklärung fand auch die Oper wieder in freiere Gewässer.

Wenn wir eine Barockoper heute auf das Ende hin inszeniert finden, mit psychologisch motivierter Handlung und mit einem ins Tragische gewendeten *lieto fine*, dann ist das eine Interpretation nach Art des 19. Jahrhunderts. Es müsste schon klar sein, dass beispielsweise ein Revolutionär wie Spartakus in der Barockzeit nicht als Revolutionär dargestellt werden konnte. In der Oper, die Giuseppe Porsile im Karneval 1726 in Wien für Kaiser Karl VI. schrieb, war Spartakus ein angemaßter Herrscher[5]. Es war dort eine Leistung des Librettisten, dass Spartakus nach der Wiederherstellung der Ordnung nicht wie sein historisches Vorbild sterben musste, sondern trotz all seiner Exzesse als Schwiegervater des neuen rechtmäßigen Herrschers im Wahnsinn sein Gnadenbrot essen durfte. Ist es für den Zuschauer nicht interessanter, von der damaligen Sichtweise zu erfahren und seine eigenen Schlüsse daraus zu ziehen, als plötzlich Rosa Luxemburg über die Bühne springen zu sehen?[6]

Strawinskys Verfremdung funktioniert genauso. Eine Aktualisierung des *Rake* in den heutigen Alltag wirkt leicht albern, es sei denn, sie wird bewusst albern angelegt. Dann kann die absurde Handlung in jeder Zeitepoche spielen, denn diese Musik behandelt nur zeitlose menschliche Gefühle, und die ohne allzu viel Mitgefühl. Das Ziel ist, den Kopf frei zu bekommen, geistig beweglich zu werden, selbst zu denken, selbst zu fühlen, ohne benennbaren Zweck. Die Methode Brechts war die gleiche, ihr Sinn das Gegenteil.

Währenddessen mühte Schostakowitsch sich mit der bloßen Existenz ab. Man hatte ihn 1948 wieder als Volksfeind aus dem Konservatorium gejagt, er ernährte seine Familie als Pianist und mit Filmmusik und schrieb seine wahre Musik für die Schublade. Für Theorien hatte er längst keinen Sinn mehr. Seit 1936 ging es ums nackte Überleben. Das ging nur, indem er sich von der eindeutigen Bühnenmusik ab und der uneindeutigen Instrumentalmusik zuwandte. Er setzte die Maske des Klassizisten auf und versteckte sich hinter den alten Formen, die für die Kulturpolizisten sakrosankt waren. Sie konnten nicht verstehen, was die Abwandlungen der sinfonischen Form für den Kenner bedeuteten. Sie konnten nicht verstehen, was die barocke Form der Passacaglia für ihn bedeutete: Wenn in dieser statischen Form ein Bass-Thema, das bei jedem Durchgang unverändert wiederholt wird, vom „Gewaltmotiv“ gebildet ist, dann macht das wohl den fortdauernden gesellschaftlichen Gewalt- und auch Verblendungszusammenhang sinnfällig. Er hat diese Methode in vielen Werken angewandt. Er verwendete jüdische Melodien, um sich in die Reihe der Opfer des Stalinismus zu stellen, konnte diese Werke aber zwischen 1947 und 1956 nicht aufführen. Auch sein musikalisches Kürzel „D. Sch.“ (d-es-c-h) bedeutete einfach „Ich“ – in der Zeit totalitärer Gleichschaltung ein Verbrechen, das in seiner Verschlüsselung nicht verfolgt werden konnte. Als Stalin 1953 starb, schrieb er in seiner Zehnten Sinfonie ein Finale, das mit dem endlos wiederholten „Ich“, „Ich“, „Ich“ das eigene Überleben feierte.

Schostakowitschs methodische Verschlüsselung war auch eine Form der Verfremdung. Die Werke sind nicht, was sie scheinen. Aber nur wer ebenso empfindet, kann den Zugang zu ihrer Bedeutung finden. Diese Form von Verfremdung wies nicht mit dem Zeigefinger auf sich, sondern blieb geheim. Deshalb waren Schostakowitsch-Uraufführungen magische Momente, deshalb reagierten Menschen mit Aufregung und Gefühlsausbrüchen darauf. Schostakowitschs Verfremdung war sicher eine List, aber wahrlich nicht mit Lust verbunden, sondern aus der Not geboren. Diese Musik hatte eine Wirkung in ihrer

Gesellschaft, gerade weil ihre Botschaft nicht wörtlich ausgesprochen, sondern als Kassiber geschmuggelt wurde.[7]

Was bedeutet es, dass Schostakowitsch die barocke Form der Passacaglia nutzte und nach dem Bach-Jahr 1956 einen Zyklus von 24 Präludien und Fugen schrieb? Oder dass auch die klassische Sinfonie bei ihm den bürgerlichen Fortschrittsgedanken aufgab? War die Verfremdung aus Not bei Schostakowitsch der Verfremdung aus List bei Brecht verwandt oder feindlich? War die Verfremdung bei Brecht in der DDR nicht ein bloßes Herrschaftsmittel geworden? War sie damit ebenso reaktionär wie bei Strawinsky? Brecht fühlte sich als Mensch des wissenschaftlichen Zeitalters und hielt den V-Effekt für eine wissenschaftliche Methode[8]. Fragen über Fragen. Bei ihrer Abarbeitung könnte am Ende herauskommen, dass Brechts V-Effekt viel stärker dem Zeitgeist geschuldet war als der politischen Absicht, für die er eingesetzt wurde: dass er vor allem in den künstlerischen Strömungen der Zeit lag.[9]

Und was bedeutet überhaupt die Rückkehr der Barockmusik in unserer Zeit? Gibt sie uns vielleicht einen Schlüssel für die Bewertung dieser widersprüchlichen Erscheinungen in die Hand? Bedeutet sie, dass die bürgerliche Zeit des Glaubens an die Machbarkeit von allem, ja vielleicht sogar der Hoffnung auf die Besserung des Menschengeschlechts vorbei ist? Brecht erlag der bürgerlichen Vorstellung vom unbegrenzten Fortschritt[10], er sah nicht, dass der Klassenwiderspruch nur ein Nebenwiderspruch war neben dem Hauptwiderspruch zwischen den Industriesystem und der Natur – der Sozialismus hat ja nur die Arbeit des Industriesystems in unentwickelten Ländern wie Russland oder China mit besonders grausamer Rigorosität besorgt. Das Neobarock und die Wiederkehr des Barock bedeuten die Rückkehr einer alten, vergessenen Denk- und Empfindungsweise. Es ist spannend zu beobachten, wozu sie genutzt wird.

Ich blieb bei meinem Volk in seinem Leiden – Schostakowitsch und Benjamin Britten

Im 20. Jahrhundert waren die Künstler meist polyglott. Im 19. Jahrhundert waren viele noch damit beschäftigt, Nationalstile auszubilden, aber spätestens mit dem 1. Weltkrieg hatte es ein Ende mit der gemütlichen Heimat. Entweder mussten sie ihre Wahlheimat verlassen wie Kandinsky, der aus Bayern nach Russland zurückkehren musste, oder sie verloren durch die russische Revolution ihre Heimat wie Strawinsky, Prokofjew, Rachmaninow und viele andere. Der Tscheche Martinů wurde zum Surrealisten in Paris, wohin auch Gertrude Stein und Virgil Thomson aus den USA gekommen waren. Die Kunst verlor ihre Erdung und schwang sich in abstrakte Höhen auf. Doch zwei große Komponisten des 20. Jahrhunderts kann man sich außerhalb ihres Landes nicht vorstellen: Benjamin Britten und Dimitri Schostakowitsch. Sie waren befreundet, widmeten sich gegenseitig Werke und besuchten sich – doch war diese Verwurzelung in ihrer Heimat wirklich eine Gemeinsamkeit oder trennte sie die beiden Künstler nicht eher?

„I am native rooted here … by familiar fields, marsh and sand, ordinary streets, prevailing wind," singt Peter Grimes in der gleichnamigen Oper von Benjamin Britten. Die Oper beruht auf der Erzählung *The Borough* von George Crabbe, die der dichtende Pastor im Jahr 1809 in Aldeburgh beendet hat. Britten las Crabbes Erzählung in Amerika, wohin er 1939 mit seinem neuen Freund Peter Pears gegangen war, und fand darin den Gegenstand für seine erste Oper, die ihn sogleich weltberühmt machen sollte. 1941 überfiel ihn in Kalifornien das Heimweh, als er einen Artikel von E.M. Forster über Crabbes Erzählung las: „I realized two things: that I must write an opera, and where I belonged."

Benjamin Britten war am 22. November in Lowestoft geboren worden, einem Seebad in Suffolk, in dem östlichsten Ort Englands. Er wuchs aber nicht im alten Ortskern auf, wo das alte Lowestoft-Porzellan hergestellt wurde, sondern im südlichen Stadtteil Kirkley. Sein Vater war Zahnarzt und hatte ein neues Reihenhaus, von dem aus der junge Ben nur eine Straße und die Strandpromenade überqueren musste, um sich ins Meer zu stürzen oder auf dem weißen Sand zu spielen. Die Morgensonne scheint auf die See – und ihre schimmernde Reflexion lässt sogleich die Sea Interludes aus *Peter Grimes* assoziieren. Der Vater war Mitglied im Yachtclub, so dass Benjamin von Anfang an mit dem Meer eng vertraut wurde. Er sah die Fischer ein- und ausfahren, ging in den kleinen Läden einkaufen, wohnte dem Gottesdienst in der heute abgerissenen Kirche bei und war Teil des Kleinstadtlebens. Das erste Geräusch, an das er sich erinnern konnte, war die Explosion einer Bombe, die ein deutscher Zeppelin in der Nachbarschaft abgeworfen hatte.

Mit acht bekam er von der Mutter den ersten Musikunterricht, mit 14 begeisterte er sich in Norwich für die Musik von Frank Bridge und nahm Unterricht bei diesem Komponisten. Mit 17 kam er durch ein Stipendium ans Royal College of Music nach London. Ab 1935 kamen die ersten Kompositionsaufträge vom Film – das war ja auch für den zehn Jahre älteren Schostakowitsch die erste Einnahmequelle gewesen. 1937 kehre Britten aufs Land zurück, kaufte eine alte Mühle in Snape bei Aldeburgh und lebte dort mit Peter Pears. Beide waren Pazifisten und beobachteten die sich zuspitzende Lage in Europa mit Sorge. Und als homosexuelles Paar machte ihnen die konservative englische Gesellschaft das Leben ebenfalls oft zur Hölle. Im Mai 1939 emigrierten sie zuerst nach Kanada, dann nach New York, auch um neue musikalische Erfahrungen zu machen. Doch am Ende der Emigration stand nach drei Jahren die Erkenntnis, dass Amerika niemals ihre Heimat werden würde. Britten und Pears kehrten zurück und ließen sich als Kriegsdienstverweigerer eintragen.

Dass *Peter Grimes* sogleich in durchschlagender Erfolg war, lag zum einen daran, dass dies die erste neue englische Oper war, deren Qualität außer Frage stand (Purcell war lange her und nicht im Repertoire und Delius auch schon wieder vergessen), auch an dem hohen Grad an Verfeinerung, den der junge Komponist erreicht hatte: „Musik bedeutet für mich Klarstellung; ich versuche zu klären, zu verfeinern, zu sensibilisieren. Strawinsky hat einmal gesagt, dass man beständig an seiner Technik arbeiten muss. Was aber bedeutet Technik? Schönbergs Technik ist oftmals eine riesige Durchführung. Meine Technik besteht darin, alles Überflüssige zu beseitigen, um eine vollkommene Klarheit des Ausdrucks zu erreichen, das ist mein Ziel."

Der Erfolg resultierte aber auch aus der genuin englischen Handlung. Britten modifizierte Crabbes Sicht auf den Fischer Grimes, indem er die Gesellschaft in den Mittelpunkt stellte, die den – anfechtbaren – Außenseiter Grimes in den Tod treibt. In den komponierten Stürmen des Meeres spiegelt sich der Lebenskampf der Menschen an der Küste. Jahre später räumte Britten ein, dass der Gegensatz Individuum-Masse „ironische Zwischentöne zu unserer eigenen Situation hatte. Wir konnten nicht sagen, dass wir körperlich litten, aber natürlich spürten wir eine ungeheure Anspannung" – unter anderem, weil er noch 1953 von der Polizei wegen seines Schwulseins verhört worden war und befürchten musste, Peter Pears würde eine Schein-Heirat eingehen müssen, um Denunziationen vorzubeugen. Er kritisierte heuchlerische Lebensbedingungen, die er kannte, und wiederholte das auf komödiantische Weise in *Albert Herring.*

Doch Britten kritisierte nicht nur, er wollte auch aktiver Teil der Gesellschaft sein. Im Sommer 1947 kaufte er das Crag-House an der Strandpromenade von Aldeburgh, in dem er und Pears zehn Jahre lang lebten, und gründete im folgenden Jahr mit Freunden das Aldeburgh Festival. Als ihm im Oktober 1962 in der Moot-Hall aus der Tudorzeit (in der auch die Eröffnungsszene von *Peter Grimes* spielt) der „Freedom of Aldeburgh" verliehen wurde, sagte Britten, er sei stolz, diese Auszeichnung zu erhalten „als einer von Ihnen, als nützlicher Teil der Gemeinde – und dies ist das höchste mögliche Kompliment für einen Künstler. Wie Sie sehen, glaube ich daran, dass ein Künstler Teil seiner Gemeinschaft sein, für sie und mit ihr arbeiten und von ihr genutzt werden sollte." Das sagte ein Künstler, der die Mechanismen der Gesellschaft gut kannte – die Kriminalisierung der Homosexualität wurde erst 1967 aufgehoben.

Das war kein erpresstes Lippenbekenntnis, sondern Brittens volle Überzeugung. Sonst hätte er nicht Stücke wie *St Nicholas* (1948) und sieben weitere für die Aufführung in der Kirche von Aldeburgh geschrieben – 1965 brachte Mstislaw Rostropowitsch dort beispielsweise Brittens erste Cellosonate zur Uraufführung. Auf *St Nicholas* folgten noch *Noahs Flut* und die drei Kirchen-Parabeln, die allesamt zur Aufführung in der Kirche gedacht sind, teilweise sogar unter Beteiligung von Laien. Britten und Pears ruhen nebeneinander auf dem Friedhof von Aldeburgh unter einem der üblichen einfachen, hohen Grabsteine, gestaltet von dem Künstler Reynold Stone. Ein Begräbnis in der Westminster Abbey hatte er klar abgelehnt. Dem Gedenkgottesdienst dort wohnten sowohl die Königin als auch Queen Mom bei.

Im Jahr 1957 musste Britten das Crag House verlassen, weil sein wachsender Ruhm dazu führte, dass sich die Neugierigen an seinen Fenstern die Nase platt drückten. Er tauschte mit seiner Freundin Mary Potter das Red House dafür ein, unter der Bedingung, dass sie weiterhin beim Red House Tennis spielen und Britten und Pears weiterhin beim Crag House baden gehen durften – denn er liebte das

Naturerlebnis, sei es beim Schwimmen oder beim Spazierengehen in der Marsch zwischen Aldeburgh und Thorpness. Im Jahr 1967 empfingen Britten und Pears im Red House die Queen und Prinz Philip zum Lunch, als die Queen das Aldeburgh Festival und den neuen Konzertsaal in der alten Mälzerei von Snape eröffnete. Mit diesem privaten Besuch der Königin im Haus eines homosexuellen Paares war Britten in der Gesellschaft angekommen, deren Teil er immer hatte sein wollen und immer war. Im Juni 1976, wenige Monate vor seinem Tod, wurde Britten zum Lord erhoben (Baron Britten of Aldeburgh), und zu seinem Tod kondolierte die Königin Peter Pears. Heute können Besucher sogar vor dem Ehebett von Britten und Pears stehen – und darüber lachen, dass 1967 dessen Verkäufer beim „Probeliegen" noch einigermaßen geschockt war.

In der Bibliothek in einem Anbau des Red House, die auch für Studien, Proben und Diskussionen genutzt wurde, steht ein langer Esstisch mit Sitzbänken, gebaut 1952 von Ralph Saltiel aus Norfolk. Hier saß 1972 Dimitri Schostakowitsch und studierte zwei Stunden lang die noch unvollendete Partitur von *Death in Venice.* Britten zeigte sonst niemals unfertige Werke anderen Leuten, aber für diesen Besuch aus Russland machte er eine Ausnahme. Der Komponist ging währenddessen nervös in seinem Garten umher …

Britten hatte Schostakowitsch in Moskau durch Rostropowitsch kennengelernt, für den er sowohl seine Cello-Sinfonie als auch seinen beiden Cellosuite und die Cellosonate schrieb. Die beiden Komponisten schätzten sich allerdings bereits durch ihre Werke. „Es sollte mehr Brittens geben", hatte Schostakowitsch gesagt, und er widmete dem britischen Kollegen seine Vierzehnte Sinfonie, die Britten dann 1970 beim Aldeburgh Festival aufführte. Er selbst widmete Schostakowitsch seine Kirchen-Parabel *Der verlorene Sohn.* Rostropowitsch berichtete, dass Schostakowitsch ihm gegenüber Brittens *War Requiem* als das größte Werk des 20. Jahrhunderts bezeichnet habe.

Das *War Requiem,* das der Toten beider Weltkriege über die Grenzen hinweg gedenkt, und die *Sinfonia da Requiem* von 1940 zeigen Britten als einen Künstler, der genau beobachtete, was in der Welt vor sich ging. Er wusste, dass er mit seiner Kunst die Welt nicht verändern konnte, aber er wollte als Teil der Gesellschaft an deren ständigen Verbesserung mitarbeiten – Kunst ist Kommunikation. Dass er so viele Liederzyklen und andere Vokalmusik schrieb, lag nicht nur an seiner Freundschaft mit dem Tenor Peter Pears, sondern auch daran, dass treffende Worte für ihn wichtig waren. Nachdem er 1945 mit Yehudi Menuhin bei einer Reise durch Deutschland das Konzentrationslager der Nazis in Bergen-Belsen besucht hatte, schrieb er die *Holy Sonnets of John Donne.* Der Besuch in Bergen-Belsen verstörte den Komponisten zutiefst und löste heftige Fieberattacken aus. Er konnte bis zum Ende seines Lebens nicht über diese Erfahrung sprechen und sagte zu Peter Pears, alles was er danach geschrieben habe, stehe unter diesen Eindrücken. Am 6. August, dem Tag, an dem die Atombombe auf Hiroshima abgeworfen wurde, entstand das zweite Lied *Batter my heart* (Oppenheimer, der Vater der Atombombe, liebte dieses Gedicht leidenschaftlich, und so komponierte auch John Adams es in seiner Oper *Doctor Atomic*). Viele Liederzyklen, aber auch eine Großzahl seiner übrigen Werke, gelten der bedrohten Unschuld. Reine Instrumentalmusik lag nicht im Zentrum seines Interesses. Er wollte sprechen innerhalb seiner Gemeinschaft, und seine Landschaft war Teil von deren Leben.

Benjamin Britten hing so an seiner Suffolk-Landschaft, wie die Schwestern Brontë im 19. Jahrhundert an den Hügeln von Yorkshire gehangen hatten. In Charlotte Brontës Roman *Jane Eyre* beschreibt die Titelheldin zwei Schwestern, die in den Yorkshire Dales aufgewachsen sind und denen die Landschaft zu einem Teil ihrer Persönlichkeit geworden ist:

„Sie hingen mit inniger Liebe an der rotblühenden Heide, in deren Mitte ihr Wohnsitz lag – an dem tiefen Thal, in welches der steinige Reitweg, der sich an ihrem Tor vorüberzog, hinunterführte und sich zuerst zwischen mit Farnkraut bewachsenen Hügeln und dann zwischen den wildesten kleinen Weideplätzen hindurchschlängelte, welche je ein weites Heideland begrenzt oder einer Herde grauer Moorlandschafe mit ihren kleinen Lämmern das Leben gefristet haben. Sie hingen mit vollständig enthusiastischer Liebe an dieser Landschaft, wie ich sagte. Und ich konnte das Gefühl verstehen und seine Wahrheit und Macht vermochte ich zu teilen. Ich empfand den fesselnden Zauber des Ortes. Ich empfand die Heiligkeit seiner Einsamkeit; mein Auge ergötzte sich an diesen Umrissen von Berg und Tal – an der wilden Färbung, welche Moos und Heiderosen und blumenbestreute Wiesen und prächtige Farnkräuter und Granitfelsenklippen den Hügeln und der Ebene verliehen. All diese Einzelheiten waren für mich, was sie für sie waren – ebenso viele reine und süße Quellen der Freude. Der scharfe Wind und die leichte Brise; die rauen und die halkyonischen Tage, die Stunde des Sonnenaufgangs und des Sonnenuntergangs; das Mondlicht und die wolkige Nacht – alles dies übte in diesen Regionen dieselbe Anziehungskraft auf mich aus, wie auf sie –

nahm mich mit dem selben Zauber gefangen, der sie längst umstrickt hatte."

Eine analoge Beschreibung der Landschaft der englischen Ostküste würde vieles am ästhetischen Empfinden von Benjamin Britten veranschaulichen. Anders der Bruder dieser beiden Schwestern. Er ist calvinistischer Pfarrer und ringt mit den Dogmen seiner Religion, mit seinen Aufgaben und seinen Plänen. Er analysiert die Gesellschaft seiner Heimat und bedenkt die Lage der Welt. Die Landschaft dient ihm nur dazu, wandernd zu denken und seinem Leben ein Gerüst zu bauen:

„Außerdem glaube ich nicht, dass die Natur ihm so viele Quellen der Wonne und des Entzückens bot, wie seinen Schwestern. Nur einmal, nur ein einziges Mal sprach er in meiner Gegenwart über den wunderbaren Reiz, welchen diese rauen, schroffen Hügel auf ihn ausübten, und über die angeborene Liebe für das düstere Dach und die bemoosten Mauern, die er sein Heim nannte. Aber in seinen Worten lag mehr herbe Trauer, als sich mit dem Gefühl vertrug, dem er Ausdruck verlieh. Auch schien es mir stets, als durchstreife er Heide und Moor nicht um ihrer beruhigenden, tröstenden Stille und Einsamkeit willen – als suche er sie nicht auf um der tausend friedlichen Freuden halber, die sie ihm doch hätten gewähren können."

Dimitri Schostakowitsch würde man wohl eher mit diesem zweiten Romanhelden vergleichen – für Naturschwärmereien ist er nicht bekannt geworden. Er ist auch nicht auf dem Land aufgewachsen, sondern in der Stadt. Und St. Petersburg ist eine große Stadt. Seine Kindheitserlebnisse fallen in die Zeit zwischen den beiden Revolutionen. 1903 geboren, war er fünf, als seine Eltern mit der bürgerlichen Revolution sympathisierten, und elf, als er 1917 bei den Ereignissen der Oktoberrevolution mit ansehen musste, wie neben ihm ein Junge starb. Er sah die Welt früh mit politischen Augen. Man redete über Politik, nicht über das Baden in der Newa oder Ferien auf dem Lande. Und wenn man über Seeleute sprach, dann über die Matrosen von Kronstadt oder die vom Panzerkreuzer Potemkin oder der Aurora. Wenn Romantik, dann Revolutionsromantik.

Gemeinsam war ihm mit Britten die frühe Begabung für die Musik. Beide waren erstklassige Pianisten, doch während Britten auch ein großer Interpret fremder Musik wurde, beschränkte Schostakowitsch sind darauf, seine eigene Musik auf dem Klavier zu spielen. Auch Schostakowitsch brannte darauf, in der Gesellschaft seine Rolle zu spielen. Doch die Umstände brachten es mit sich, dass er zunächst nach Anerkennung in den Kreisen der Künstler-Avantgarde strebte.

Dass er es schaffte, von Majakowski, Rodtschenko und Meyerhold als Ebenbürtiger akzeptiert zu werden, war ein wichtiger erster Schritt, der ihm zugleich die Maßstäbe der Künstler-Avantgarde vermittelte. Diesen Maßstäben zu folgen bedeutete, für die Revolution zu sein – die Künstler-Avantgarde begriff sich als Speerspitze der Revolution und damit als gesellschaftlich relevant und aktiv. Und der junge Schostakowitsch genoss es, gesellschaftlich relevant und aktiv zu sein!

Durch den Prawda-Artikel *Chaos statt Musik* vom Januar 1936 musste er lernen, dass er einer Illusion aufgesessen war. Das Regime brauchte keine Ratgeber und schon gar keine Kritiker, es wollte die Kunst ebenso totalitär beherrschen wie die Gesellschaft. Nicht nur wer sich nicht anpassen wollte oder konnte, wurde umgebracht, das konnte auch aus reiner Willkür geschehen. Jedes Individuum steht in Opposition zu den Zwängen, die die Gesellschaft ihm auferlegt, doch die bürgerliche Revolution hatte diesen Konflikt mit Regeln versehen; sie waren nun aufgehoben und es herrschte wieder die gleiche Rechtlosigkeit wie bei den Untertanen im Feudalismus. Auch Ausreisen war nicht möglich, außerdem hatte der junge Komponist ja Familie. Der Nationalsozialismus in Deutschland wurde als Endstadium des Kapitalismus dem Volk als Feindbild entgegen gehalten, unter dem es sich zusammenschließen sollte; nach dem deutschen Überfall auf die Sowjetunion 1942 galt es erst einmal das Überleben zu organisieren. Der wirkliche Feind war die größere Bedrohung als das Regime.

Auf diese Illusion fiel Schostakowitsch nicht mehr herein. Er hatte sich 1936 die Maske des Klassizismus zugelegt, die er mit der Fünften Sinfonie als „Antwort eines Sowjetkünstlers auf gerechtfertigte Kritik“ ankündigte. 1942 schrieb er die *Sechs englischen Lieder*: zwar hatte er nach dem Fiasko der *Lady Macbeth von Mzensk* Abstand genommen von der Vokalmusik, weil Texte belastend gewertet werden konnten, doch die Zustände im fernen England vergangener Jahrhunderte waren weniger angreifbar. Sicher, das letzte Lied *Königlicher Feldzug* konnte als Spottlied auf Hitler verstanden werden. Doch was konnte eine schwerere Anklage gegen das Regime und seine Schranzen sein als Shakespeares Sonett Nr. 66 – „Und Kunst geknebelt von der groben Macht“? Und *Macphersons Abschied* von Robert Burns war das muntere Lied eines Rebellen auf dem Weg zu seiner Hinrichtung, dessen Galgenhumor bestens dem Sarkasmus von Schostakowitsch entsprach. Und als er 1945 diesen Galgenhumor zum Finalthema seiner Neunten Sinfonie machte, war klar, dass er immer noch um sein Leben fürchtete.

Dank der Maske des Klassizismus konnten die Bürokraten und Scharfrichter das nicht entdecken. Doch wer widerständig fühlte, wer musikalische Bildung hatte, der hörte aus der Musik auch den widerständigen Impuls heraus. Das machte den Komponisten zu einer Leitfigur, was dem Regime wiederum nicht verborgen bleiben konnte. Schostakowitsch widerstand auch dem Druck zum Parteieintritt bis 1960 und dann zerbrach er förmlich daran. Aber auch da komponierte er zwar ein Selbstbekenntnis und Schlüsselwerk, das in Gohrisch entstandene Achte Streichquartett, doch er versteckte es hinter der Widmung „Den Opfern von Faschismus und Krieg". Die Mär, das Stück handele nicht vom Komponisten, sondern von Dresden, hielt sich lange. Im Ausland länger als in der Sowjetunion, wo die Musikliebhaber früh den wahren Sachverhalt erkannten, wie mir Rudolf Barschai versicherte, der das Achte Streichquartett zur Kammersinfonie umarbeitete, der Form, unter der es in der ganzen Welt berühmt wurde.

Schostakowitsch hatte zuerst zur Elite der Kunstavantgarde gehört, dann war er Teil einer inneren Emigration geworden, gehörte also wieder zu einer gesellschaftlichen Gruppe. Auch sein Widerstand war nicht individuell, sondern politisch und gemeinschaftlich. Die Umstände des Totalitarismus brachten es mit sich, dass man sich nicht organisieren konnte und auch nicht darüber sprechen durfte, da man überall mit Bespitzelung und Denunziation rechnen musste. Umso mehr galt daher die nonverbale Kommunikation, die über die Werke Schostakowitschs möglich war, weil sie einen Code verwendeten, der nicht so einfach zu knacken war. Die Musiksprache dieses Künstlers hatte sich im Stalinismus in eine völlig neue Richtung entwickelt, die in engster Verbindung mit seiner Heimat stand und auch nur dort verstanden wurde.

So wird auch nachvollziehbar, warum der weltberühmte Komponist nicht im Ausland blieb, wenn er die Gelegenheit dazu hatte. Zunächst war ihm der Kapitalismus keine Alternative – er verachtete den Westen, was er bei seiner New-York-Reise 1945, die er auf ausdrücklichen Wunsch Stalins unternahm, dadurch zum Ausdruck brachte, dass er dem Publikum in Madison Square Garden ausgerechnet das Scherzo aus seiner Fünften Sinfonie vorspielte, die Karikatur der „gesunden Lebensfreude". Er reiste nach England, wo er 1958 in Oxford mit dem Ehrendoktor ausgezeichnet wurde, aber er kehrte nach Russland zurück – jetzt war Stalin tot und die „Tauwetter"-Periode gab Hoffnung, man könnte aus den moralischen Prinzipien des Sozialismus doch noch gesellschaftliche Verpflichtungen ableiten wie etwa aus denen des Christentums. 1972 reiste er noch einmal nach

England, vor allem aus Anlass der Erstaufführung seiner Fünfzehnten Sinfonie in der Royal Festival Hall – im Rahmen dieser Reise fand nicht nur die Begegnung mit Britten im Red House statt, sondern der gesundheitlich schon schwer angeschlagene Komponist unterzog sich auch der Mühe einer Reise nach York, wo das junge Fitzwilliam Quartett zum ersten Mal in England sein Dreizehntes Streichquartett spielte. Er hatte den jungen Musikern auf ihren Brief geantwortet und spontan zugesagt, in der Lyons Concert Hall der Universität von York dabei zu sein. Ja, er kam sogar schon zu einer Probe, gab ihnen Hinweise zur Spieltechnik und verbrachte den Tag mit ihnen. Unter guten Musikern fühlte er sich wohl, überall auf der Welt, denn sie sprachen seine Sprache.

Das Motto des „Requiems" von Anna Achmatowa hatte er auch zum Motto seines eigenen Lebens und Arbeitens gemacht:

Ich ließ mich nicht von meiner Heimat scheiden,
Floh in die Fremde nicht vor der Gefahr.
Ich blieb bei meinem Volk in seinem Leiden,
Blieb, wo mein Volk zu seinem Unglück war.

Britten war aus England geflohen, weil die Gesellschaft ihn durch Vorurteil zum Außenseiter machte. Sein Konflikt mit der Gesellschaft war nur scheinbar persönlicher Natur, Homophobie ist eine politische Krankheit. Schostakowitschs Konflikt war offen politischer Natur – als Avantgardist nahm er absichtsvoll eine politische Position ein, doch der Stalinismus zwang ihn in eine andere politische Position. Britten versuchte niemals, sich als Mitglied einer Minderheit zu definieren und sich politisch für deren Rechte einzusetzen; er wollte so akzeptiert werden wie er war, es gab für ihn keine Welt der Schwulen und eine Bewegung der Schwulen schon gar nicht. Auch Britten hatte eine fragile Gesundheit und war sensibel für das Leid anderer Menschen – und es war wohl auch das Gefühl, selbst gefährdet zu sein, eine allzu starke Neigung zu Knaben zu haben (der er aber niemals nachgab). Das ließ die Gefährdung des Zarten, Schutzbedürftigen, Unschuldigen zu einem der Leitthemen seiner Musik werden. Dies war zwar sein ureigenes Thema, doch berührte es sich selbstverständlich mit den Empfindungen der meisten Menschen. Das Fehlen des Auftrumpfenden in Brittens Musik macht sie menschlich und sympathisch.

Doch auch Schostakowitschs Musik ist nicht nur politisch. Er war zwar selbst kein Außenseiter, doch er spürte starke Sympathie für verfolgte Minderheiten wie die Juden. Der zentrale Satz in seiner Dreizehnten Sinfonie lautete mit Jewtuschenkos Worten: „Für Judenfeinde bin ich wie ein Jude". Und in seinem Zweiten Klaviertrio ist es das jüdische Thema, das die Angst des Verfolgten zum Ausdruck bringt; er zitiert es im Achten Streichquartett wieder, wo es genau die gleiche Funktion hat. Der Verfolgte ist ganz allein, der Suchscheinwerfer ist auf ihn gerichtet, er kann sich nirgendwo verstecken. 1936 hätte Schostakowitsch gewünscht, sich als Tuttistreicher im Orchester verstecken zu können, doch er stand im Lichtkegel und man forderte von ihm: „Juble!" Und er lieferte den erpressten Jubel im Finale der Fünften Sinfonie, der die Einsamkeit des Verfolgten tragischer ausdrückt als jede andere Musik. Die *Lieder aus der jüdischen Volkspoesie*, das Erste Violinkonzert – diese und etliche weitere Kompositionen mussten im Stalinismus in der Schublade bleiben, weil der Antisemitismus auch in Russland ein beliebtes Herrschaftsinstrument war. Das Lachen durch Tränen, wie es in der jüdischen Musik zum Ausdruck kommt, machte Schostakowitsch sich zu eigen.

Die Erfahrung, dass die Einsamkeit des Individuums seine existentielle Grundbedingung ist, wurde für beide Komponisten prägend. Es gibt keine Freiheit außer der, die das Individuum sich dank Begabung und Umständen erkämpfen kann, doch auch die sind ihm vorgegeben. Es gibt keine absolute Freiheit, das Subjekt ist nicht souverän. Freiheitsgrade kann es nur erringen aus der gegebenen Unfreiheit. Es muss die Welt so nehmen, wie sie ist, obwohl es sie nicht einmal vollständig wahrzunehmen imstande ist. Es kann seine Befindlichkeit in der Welt in der Regel nicht einmal anders formulieren, als auf die allgemein übliche Weise. Die Musik ist eine zusätzliche Sprache, die auch Dinge aussprechen kann, die verbal nicht geäußert werden können. Sowohl Benjamin Britten als auch Dimitri Schostakowitsch haben hier als Künstler Sprachnischen gefunden, aus denen sie eine neue Klangwelt – und damit Erlebniswelt – bilden konnten, die vielen Menschen verständlich war, ohne explizit zu sein. Deshalb konnte ihre Musik populär werden, ohne populistisch zu sein, denn sie wirkt auch ohne das Verständnis dessen, was unter dem doppelten Boden ist. Denn einsam ist letztlich auch der Hörer, und seine Sinne wählen aus dem Gehörten das aus, was zu ihm passt. Alle gemeinsam – die Komponisten wie ihre Hörer – sind Teilchen der modernen Gesellschaft und müssen als Einzelne funktionieren – die Musik von Britten und Schostakowitsch hilft ihnen offenbar bei ihrer Positionsbestimmung, auf dem Weg zu etwas mehr Freiheit.

Filmmusik von Dimitri Schostakowitsch

Dimitri Schostakowitsch war nicht der bedeutendste Filmkomponist, aber zweifellos der bedeutendste Komponist, der sein Leben lang auch Filmmusik schrieb. Sein russischer Kollege Sergej Prokofjew trug zwar mit der Musik zu Eisensteins *Iwan der Schreckliche* und *Alexander Newski* zur Filmgeschichte bei, doch ist es bei diesen beiden Partituren dann auch geblieben. Schostakowitsch hingegen schrieb Musik zu 34 Filmen, die erste 1928, die letzte 1970, in einer Spanne also, die beinahe seine gesamte Schaffenszeit umfasst, und diese Partituren trug er auch sämtlich in sein Werksverzeichnis ein.

Während die Titelei zu dem sowjetischen Stummfilm *Das Neue Babylon* ablief, erklang nach dem obligatorischen Trompetensignal eine Musik wie aus der Giftküche des Jacques Offenbach, lustig und satirisch zugleich. Sie begleitete auch die folgenden Szenen in einem Pariser Kaufhaus, Szenen des Luxus und der Frivolität, in denen nur eine nicht glücklich ist, die kleine Verkäuferin Louise. Die Pariser Bourgeoisie feiert nämlich in ausgelassenster Stimmung den Krieg mit Deutschland und den Sturz des Kaiserreichs 1871. Sie wollen nichts wissen von der Not der kleinen Leute, deretwegen Louise sich dem Arbeiteraufstand der Pariser Kommune angeschlossen hat.

Die Pariser Kommune gehörte – nicht zuletzt weil Karl Marx einen glänzenden Essay darüber geschrieben hatte – zu den Mythen der Bolschewiki, sie galt als eine Vorläuferin der Oktoberrevolution. Es war also nicht verwunderlich, dass die beiden avantgardistischen Filmregisseure Grigori Kosinzew und Leonid Trauberg zehn Jahre nach der Revolution auf die Idee kamen, einen Film darüber zu drehen. Von Kosinzew und Trauberg war da kein bloß chronologischer Film zu erwarten. Sie waren die Gründer der FEKS, der Fabrik des exzentrischen Schauspielers, und die FEKS-Leute experimentierten mit einem neuen, futuristischen Stil des Schauspiels.

Für die Begleitmusik zu ihrem neuen Film gewannen sie den 22jährigen Komponisten Dimitri Schostakowitsch. Dieser war drei Jahre zuvor mit seiner 1. Sinfonie weltberühmt geworden, die er als Abschlussarbeit am Konservatorium geschrieben hatte. Von ihm war aber dennoch keine brave Partitur zu erwarten. Mit der ersten Klaviersonate und den *10 Aphorismen* hatte er für seine eigenen Auftritte recht radikale Stücke geschrieben, eine 2. Sinfonie hatte er mit einer gewagten Klangflächenepisode beginnen und mit einem revolutionären Oktober-Hymnus enden lassen. Und in seiner Gogol-Oper *Die Nase* hatte er mit Simultanszenen, dem ersten reinen Schlagzeugstück der Operngeschichte und durch Filmschnitttechnik dramatische Neugier gezeigt.

In seiner Studentenzeit hatte Schostakowitsch drei Jahre lang sein Geld als Stummfilmpianist verdient und sich für Charlie Chaplin begeistert. Nun lernte er die Techniken der sowjetischen Avantgarde kennen – Kosinzew war nur eineinhalb Jahre älter als er und blieb lebenslang sein Freund. Der Film wurde nach dem Prinzip der Montage strukturiert, und diese Schnitttechnik übernahm Schostakowitsch auch für seine Musik. Was er noch mit den Filmavantgardisten gemeinsam hatte, war das Prinzip der Stilisierung. Gefühle wurden dargestellt, nicht nachempfunden. Auch die Musik steht „in Anführungszeichen". Im *Neuen Babylon* werden der Walzer und Cancans von Offenbach mit Revolutionsliedern gegengeschnitten.

Schostakowitsch kam damals auch in Kontakt zu dem avantgardistischen Theaterregisseur Meyerhold. Mit ihm, dem Autor Wladimir Majakowski und Alexander Rodtschenko, der das Bühnenbild schuf, arbeitete er an dem Stück *Die Wanze*. „Wie eine Feuerwehrkapelle" wollte Meyerhold die Musik haben. Trocken und ein wenig schräg, geistreich statt sentimental sollte diese Gebrauchsmusik sein, und das lag Schostakowitsch sehr. Er schrieb damals Bühnenmusik für das Theater der Arbeiterjugend und für Ballette mit revolutionären Themen, daneben entstand jedoch auch anspruchsvolle Konzertmusik.

Schon 1930 schrieb er die Musik zu einem weiteren Film von Kosinzew und Trauberg, dem avantgardistischen Streifen *Allein*. Hier tritt die klare Welt des ländlichen Lebens in der Altai-Region nahe der mongolischen Grenze der Parodie des Stadtlebens gegenüber, überschneiden sich Träume und Wirklichkeit. *Allein* ist wieder ein experimenteller Film, mit kühnen Perspektiven in der Art der Fotografien von Alexander Rodtschenko, mit raffinierten Gegenschnitten und Montagen. Und so ist auch die Musik von Schostakowitsch, die Straßengeräusche integriert und nicht weniger fantasievoll montiert ist. Music Hall, Tanz- und Jahrmarktsmusik grundieren das Portrait der lebenslustigen Kusmina, der nach Beendigung ihres Studiums eine Lehrerstelle im Altaigebirge zugewiesen wird. Ein jäher Schock, den sie aber dank der Plakat- und Lautsprecher-Propaganda für die Kulturoffensive überwindet.

Grandiose Aufnahmen von der Gebirgsregion und ihrer Bewohner werden begleitet von authentischer Hirtenmusik, und der Schamane führt wilde Tänze mit dem Tamtam aus. Natürlich kann die junge Lehrerin ihre Kinderchen nicht in Ruhe unterrichten, sondern wird hineingezogen in den Kampf gegen den bösen Kulaken, der die einfachen Hirten schädigen will. Mit der simplen Geschichte versöhnen die genaue Komposition des Films, die großartige Kameraführung und – die Musik von Schostakowitsch, die immer wieder überraschende Perspektiven eröffnet. Die Kamera richtet den Blick auf die Szenen, in denen Kusmina die Missstände ohnmächtig mit ansehen muss. Hier ist es vor allem die satirische Kraft der Groteske, die Schostakowitsch als Kontrapunkt zu den Filmszenen einsetzt.

Schostakowitschs Musik wurde nun schon als ein eigenständiger, positiver Beitrag zu den Filmen wahrgenommen, während man beim *Neuen Babylon* noch den Dirigenten für betrunken gehalten und Schostakowitschs Partitur beim Kinoorchester durch die üblichen Schablonen ersetzt hatte. *Allein* war zwar noch ein Stummfilm, doch wurde die fertige Tonspur hier bereits nach einem von A. F. Schorin neu entwickelten Verfahren auf die Filmkopie übertragen.

Für Kosinzew/Trauberg schrieb Schostakowitsch noch die Musik zu *Maxims Jugend* und *Maxims Rückkehr*, zu *Die Wyborger Seite* und *Einfache Leute*, danach für Kosinzew allein 1947 *Pirogow*, 1950 *Belinski*, sowie 1964 *Hamlet* und 1970 *König Lear*, seine letzte Filmpartitur überhaupt. Auch die anderen Mitglieder der FEKS wurden von Schostakowitsch beliefert: Sergej Jutkewitsch, Fritz Ermler, Sergej Gerassimow, Leonid Arnstam. Insgesamt hat Schostakowitsch die Musik zu 34 Filmen in sein Werkverzeichnis aufgenommen. Darunter sind auch zwei Zeichentrickfilme von Samuil Marschak: 1933 *Das Märchen vom Popen und seinem Knecht Balda* und 1939 *Das dumme Mäuschen. Das Märchen vom Popen und seinem Knecht Balda* wurde leider zerstört, von der Musik fanden sich immerhin Reste. Sie gehören zum reizendsten, was Schostakowitsch je geschrieben hat.

Viele Nummern aus Schostakowitschs Filmmusiken wurden außerordentlich populär, Lieder nicht weniger als Walzer oder Märsche, und sie wurden obendrein oft als Suiten veröffentlicht und aufgeführt. Die Musik zu dem Film *Die Hornisse* (übersetzt auch als *Die Stechfliege* oder *Die Pferdebremse*) von Alexander Fainzimmer aus dem Jahr 1955 zeigt exemplarisch, was Schostakowitsch daran reizte: Hier konnte er unbeschwert spielen und bewährte Muster entweder bedienen oder persiflieren. Da steht die gespreizte Contredanse für die Österreicher, die Italien besetzt halten, neben der ausgelassenen Lustigkeit des Volksfestes der fröhlichen Italiener, die nachdenkliche, harfenunterlegte *Introduktion* neben dem schmissigen Galopp. Im Zentrum des Films, dessen Handlung um 1840 spielt, steht der Partisan, der unter dem Decknamen „Hornisse“ gegen die Österreicher arbeitet. Schostakowitsch ahmte die italienische Folklore nach, um den Szenen ein südliches Kolorit zu geben, und auch für die Liebesszenen fand er den richtigen Ton, wie man an dem cellobegleiteten *Nocturne* und der Violinromanze sieht. Das ist beste Unterhaltungsmusik, wie Schostakowitsch sie auch in seinen *Jazz-Suiten* schrieb, freilich immer mit einem sehr russischen Tonfall, den man auch schon in seinem frühesten Filmwalzer findet: In *Goldene Berge* von S. Jutkewitsch (1931) beginnt der Walzer in leisem Andante und steigert sich zu ausgelassener Fröhlichkeit – mit Johann Strauß hat das die Form, aber nicht den Inhalt gemeinsam. Der Stil liegt nahe bei Schostakowitschs frühen Balletten *Das goldene Zeitalter* und *Der Bolzen*, die allerdings zusätzlich einen satirischen Einschlag haben.

Goldene Berge war noch ein avantgardistischer Propagandafilm für die sozialistische Revolution. Bei *Maxims Jugend* (1935, Regie: Kosinzew/Trauberg) hat sich der Ton bereits gewandelt. Das „Slawa“-Jubeln im Vorspiel ist schon eine Stalin-Hymne und der Trauermarsch für den alten Arbeiter borgt sich trotz des Cellosolos das Pathos der *Eroica*. Dem Vorspiel geht freilich ein flotter Galopp mit Sopraneinlage als Prolog voran, und der Walzer hat nun Tschaikowsky-Charme. *Maxims Jugend* war im Kino überaus erfolgreich, die Zuschauer verlangten nach mehr, und so wurde schließlich eine Trilogie daraus, immer mit der Musik von Schostakowitsch. In der Zeit der Schauprozesse, als auch seine eigene Musik als volksfeindlich verdammt worden war, war der Film für den Komponisten beinahe die letzte Einnahmequelle, um seine junge Familie durchzubringen. Revolutionäre Gesinnung konnte er bei Nummern wie der Ouvertüre zum abschließenden Maxim-Film *Wyborger Seite* zeigen. Lew Atowmian, der die meisten Filmsuiten für Schostakowitsch zusammenstellte, machte sich bei der Maxim-Trilogie erst 1961 an die Arbeit. Die Nummer *Demonstration*, ein flottes Allegretto, das eigentlich aus dem Film *Das unvergessliche Jahr 1919* stammt und von Revolutionsliedern wie der *Warschawjanka* durchtost wird, nahm er wohl aus Gründen der Abwechslung in die Suite auf.

Im Januar 1936 erschien dann der Prawda-Artikel *Chaos statt Musik* gegen die Oper *Lady Macbeth von Mzensk*. Schostakowitsch hat das im Gegensatz zu vielen anderen überlebt, aber seine Musik hat sich danach vollkommen anders weiterentwickelt. Er komponierte

1937 die nach außen hin streng klassizistische 5. Sinfonie, die ihm die Rehabilitierung sicherte. Das Scherzos der 5. Sinfonie war allerdings ein sarkastischer Kommentar zu dem Verlangen der Partei nach volkstümlicher Kunst. Inwiefern, das versteht man sofort, wenn man daneben Musik hört, mit der Schostakowitsch wirklich populär und unterhaltend sein wollte.

Witzige, schlanke Musik schrieb Dimitri Schostakowitsch noch im Jahr 1940 für die Filmkomödie *Korsinskis Abenteuer.* Zur gleichen Zeit begann sein älterer Kollege Sergej Prokofjew, der seit einigen Jahren wieder in Moskau lebte, mit der Zusammenarbeit mit Sergej Eisenstein. Sie währte zwar nur zwei Filme lang – *Alexander Newski* und *Iwan der Schreckliche* – blieb aber filmhistorisch nicht ohne Folgen. Schostakowitsch hatte Musik geschrieben, die ironisch gebrochen war und oft einen selbständigen Kommentar zum Film lieferte. Prokofjew hingegen unterstrich die Filmbilder mit breitem, sinfonischem Sound, nicht anders, als er es mit seinen Ballettmusiken tat. Und wie der sowjetische Film im Stalinismus und im 2. Weltkrieg allgemein pathetischer, propagandistischer – und schlechter wurde, so wurde auch die Filmmusik von Schostakowitsch dickflüssiger, schematischer – und schlechter.

Für Lew Arnstams Film *Soja* schrieb Schostakowitsch 1944 eine beinahe sinfonische Partitur von großem, sicherlich auch der aktuellen Situation des Krieges geschuldetem Pathos; Schlagermelodien fehlen hier vollständig. Der Film schildert das Schicksal des Mädchens Soja Kosmodemjanskaja, die als Partisanin im Krieg den Tod findet. Für Sojas Untergang schrieb er ein großes Adagio, doch musste der Film natürlich mit einem kraftvollen Marsch enden, der das individuelle Opfer im Allgemeinen aufhebt, also im zu erwartenden Sieg der Roten Armee.

Für Sergej Gerassimows Propagandafilm *Die Junge Garde* arrangierte Dimitri Schostakowitsch 1947 das traditionelle *Lied der Jungen Garde.* Die Filmmusik Schostakowitschs schwingt sich nun nur noch selten zu charakteristischer Kraft auf. Sie ordnet sich ein in seinen „offiziellen Stil" der Massenlieder und Parteimusiken, wie er sie zu Jubiläen schreiben musste. Für Stalins Lieblingsregisseur Tschiaureli schrieb er 1949 die bombastische Partitur zu *Der Fall von Berlin* – und zeigte doch gleichzeitig mit seiner knapp gefassten, von Esprit sprühenden 9. Sinfonie, in welch andere Bahnen sein eigenes Musikdenken sich entwickelte.

Der Fall von Berlin gehört zu den Stalin-Filmen, die nach dem Krieg den Patriotismus als Mittel zur Festigung der Diktatur benutzen, und dementsprechend ist auch die Musik. Zu heroischen Schlachtszenen wie der *Erstürmung der Seelower Höhen* stehen Episoden des Entsetzens wie die Szene im *Verwüsteten Dorf* im Kontrast. Was aber ebenfalls zu ruhigen Momenten führen musste, war zum einen die obligatorische Liebesgeschichte zwischen Natascha und Alyoscha, den wir am Fluss beobachten. Sie löst sich erst am Ende, in Gegenwart Stalins, in Berlin auf: Der Marschall fliegt ein wie Hitler in *Triumph des Willens* und ziert die Siegesfeier, mit der der Film endet. Zum andern hat jedoch die Szene *Im Garten* zentrale Bedeutung: Der blutige Diktator, der sich ja unter anderem als „Gärtner" des Landes feiern ließ, wird unter dem Summen des Chores als das stille Auge im Taifun gezeigt. Solange Väterchen Stalin im Kreml wacht, braucht Russland sich keine Sorgen zu machen.

Was den Komponisten nicht nur bei diesem Film ärgerte, war, dass die Regisseure seine Musik nach ihrem Belieben einsetzten, ohne die Integrität seiner Musikstücke zu wahren. „So schrieb ich zum Beispiel für den Film Der Fall von Berlin ein großes sinfonisches Bild von acht Minuten Dauer, das den Kampf mit den Hitlertruppen darstellt. Darin verwendete ich Sinfonie-Hauptthemen, die in der Einleitung zum 2. Teil des Films vorkamen, sowie einige schlachtengemäldeartige Elemente. Es ist schade, dass diese sinfonische Episode im Film nicht vollständig gespielt wurde und an vielen Stellen von Dialogen und Geräuscheffekten überdeckt war."[1]

Ein deutsch-sowjetischer Propagandafilm war *Fünf Tage – fünf Nächte* (Regie: Lew Arnstam, 1961), der die Rettung der Dresdner Gemäldegalerie aus ihren Verstecken durch die Rote Armee darstellte – und ihre Verbringung nach Russland rechtfertigen sollte. 1955 waren die 1240 Gemälde feierlich wieder an die Dresdner Galerie zurückgegeben worden. Schostakowitsch wurde im Jahr 1960 nach Dresden eingeladen, wo er von den Folgen der Zerstörung tief beeindruckt war, aber ansonsten im Kurort Gohrisch eine schöne Zeit hatte. Nur die Filmmusik komponierte er dort nicht, stattdessen ein „moralisch verwerfliches Streichquartett", wie er seinem Freund Isaak Glikman nach Leningrad schrieb. Dieses autobiographische 8. Streichquartett, das er durch eine Widmung an die „*Opfer von Faschismus und Krieg*" tarnte, wurde ein Schlüsselwerk, das den doppelten Boden enthüllt, den er seiner Musik während der Stalinzeit einzog. So werden etwa die Revolutionslieder, die er in seiner Filmmusik verwendet hatte, mit dem Lied *Gequält von schwerer Sklavenfron* kombiniert, was sicherlich auch auf seine Fronarbeit als Filmkomponist hinweist. In *Befreites*

Dresden hören wir am Ende *Freude, schöner Götterfunken* als Untermalung der Befreiung der Nazi-Häftlinge.

Schostakowitschs Studienfreund am Konservatorium Lew Arnstam war ebenso ein Gefährte aus Jugendtagen wie Grigori Kosinzew. Dieser hatte zum avantgardistischen Theater um Meyerhold gehört und war Mitbegründer des „Theaters des exzentrischen Schauspielers" (FEKS) gewesen. Für ihn und Trauberg hatte Schostakowitsch seine ersten beiden Filmpartituren geschrieben: *Das Neue Babylon* und *Allein*, und für Kosinzew sollte er auch seine beiden letzten Musiken für den Film schreiben. In *Allein* (1930) hören wir noch den frechen, jungen, experimentierfreudigen Komponisten, der frische Musik schreibt, wie allein er sie für richtig hält. Die Musik zu den beiden Shakespeare-Filmen von Kosinzew schließt am Ende den Kreis: Schostakowitschs Spätwerk schließt keine Kompromisse mehr, und was dazwischen geschah, hat selbst die Dimension einer Shakespeare'schen Tragödie.

Die kleinen Szenen aus *Hamlet* (1964) haben schon einen ironischen Unterton, die brillante Ballmusik nicht weniger als das pompöse Auftreten der Schauspieler oder die gepuderte Gartenszene. Auch die feine Musik, die in *König Lear* (1970) das Mittagsmahl der bösen Tochter Goneril begleitet, steht in krassem Gegensatz zu ihrem Handeln. Die traurige Ballade der guten Tochter Cordelia freilich und der abschließende Marsch stammen aus der Schauspielmusik, die Schostakowitsch für die Inszenierung Kosinzews im Frühjahr 1941 in Leningrad geschrieben hatte – am Vorabend des Krieges und inmitten des stalinistischen Terrors war Shakespeares Beschreibung der Welt überaus aktuell.

Die beiden letzten Gemeinschaftsarbeiten mit Kosinzew inspirierten Schostakowitsch noch einmal zu Filmmusiken, die die alte Kraft spüren lassen. Die musikalische Sprache ist bei aller Monumentalität wieder lapidarer und knüpft bisweilen sogar an frühe Muster an. Die interessanteste Szene in *Hamlet* ist die Szene mit dem Geist von Hamlets Vater. Im Film wäre es noch einfacher, einen Geist erscheinen zu lassen, als auf der Bühne, doch Kosinzew fand das lächerlich. Gemeinsam mit seinem Komponisten fand er eine andere Lösung. Der Geist bleibt unsichtbar. Aber hörbar. Die Musik übernimmt diese Rolle.

Lieder der Nacht, Nächte der Angst.
Die Angst in der Musik des Dimitri Schostakowitsch

In der Stalinzeit fiel der Musik das Privileg zu, Dinge zu sagen, die nicht ausgesprochen werden konnten. Dimitri Schostakowitsch entwickelte geradezu ein System verborgener Bedeutungen, die in seine Musik einen doppelten Boden einzogen, den nur durchschauen konnte, wer ähnlich empfand und diese Sprache verstand. Er gab den Ängsten Ausdruck, unter denen eine ganze Epoche litt und die besonders nachts auftraten.

„Die Ängste in Russland sind tot, wie Phantome aus alter Zeit," heißt es in einem Gedicht Jewgeni Jewtuschenkos. „Fern die Ängste, die wir einmal kannten, seltsam scheint die Erinnerung mir: Jene Angst vor dem Denunzianten oder Angst, wenn es klopft an der Tür." Das war Tauwetter-Poesie, hervorgebracht in der Chruschtschow-Ära, als man glaubte, der Sozialismus könne wieder ein menschliches Gesicht gewinnen. Auch der russische Komponist Dimitri Schostakowitsch teilte diesen Glauben. Fünf Gedichte des populären Dichters Jewtuschenko wählte er 1962 als Grundlage für seine Dreizehnte Sinfonie aus. Schon die Tatsache, dass man Text wählte für eine Sinfonie, war ein Zeichen dafür, dass sich etwas geändert hatte (nur in zwei frühen Sinfonien hatte der Komponist mit Texten gearbeitet, doch damals waren Gleichschaltung und Terror noch nicht absehbar). Bisher war gerade die nonverbale Kunstform Musik ein Medium für wortlose Kommunikation gewesen, die alles sagen konnte, ohne etwas auszusprechen.

Immerhin sprachen Jewtuschenko und der eine Generation ältere Schostakowitsch aus, dass es diese Angst in nicht so ferner Zeit gegeben hatte. Und ein orchestraler Ausbruch erinnert an die Achte und Zehnte Sinfonie, die – wortlos – von den Schrecken des Krieges und des Stalinismus gehandelt hatten. Nun wurden im ersten Satz *Babij Jar* der Antisemitismus angeprangert, im zweiten der politische Witz gepriesen, im dritten die Plackereien der Frauen geschildert und im fünften und letzten die Karrieren von Männern gelobt, die von der Kirche (!) und anderen diffamiert und verfolgt wurden. Die Uraufführung der Sinfonie stieß auf unzählige Schwierigkeiten. Jewgeni Mrawinski wagte es nicht zu dirigieren, worüber die alte Freundschaft mit dem Komponisten zerbrach; Kyrill Kondraschin leitete die Uraufführung am 18. Dezember 1962. Seine Plattenaufnahme allerdings folgte bereits wieder unter dem Druck der Zensur vom Dichter abgeschwächten Texten. Am Tag vor der Uraufführung ließ Jewtuschenko sich auf einen Wortwechsel mit Chruschtschow ein, als dieser gegen „modernistische Abweichungen" wetterte. Wenige Tage zuvor hatte Chruschtschow in einer Kunstausstellung das abgetrennte Kabinett mit abstrakten Werken gesehen und dort einen Wutanfall bekommen; er stauchte Kulturministerin Jekaterina Furzewa zusammen und drohte, man werde keine ideologische Koexistenz dulden. Wieder wurden Versammlungen abgehalten, in denen die Bürokraten die Künstler einzuschüchtern versuchten.

Zeitzeugen der Uraufführung berichteten:

„Die Spannung steigerte sich unerträglich. Nach dem ersten Satz, *Babij Jar*, gab es spontanen Beifall; als das einstündige Werk zu Ende war, brachen Begeisterungsstürme aus, wie man sie nur selten erlebt. Auf der Bühne stand Schostakowitsch, scheu und linkisch, und verbeugte sich steif, neben ihm Jewtuschenko, der sich mit der Leichtigkeit des geborenen Schauspielers bewegte. Zwei große Künstler – zwei Generationen, geeint im Kampf für die Freiheit des menschlichen Geistes. Beim Anblick der beiden geriet das Publikum vollends außer Rand und Band, das rhythmische Klatschen, so typisch für russische Begeisterungsausbrüche, erklang mit doppelter Intensität, skandierte Rufe von ‚Bra-vo Schos-ta-ko-witsch' und ‚Bra-vo Jew-tu-schen-ko' erfüllten den Raum. Das Publikum schien von Musik und Text gleichermaßen hingerissen, obwohl letzterer, im Gegensatz zu den üblichen Gepflogenheiten, nicht im Programmheft abgedruckt war. Am folgenden Tag wurde das Ereignis in der Prawda mit einem Satz abgetan."

Am 18. März 1962 war der Komponist in den Obersten Sowjet der UdSSR gewählt worden, zwei Jahre vorher hatte man ihn in die Partei gepresst. Es schien sich einiges zum Besseren zu wenden: Zwei Tage nach der Uraufführung seiner Dreizehnten Sinfonie wurde im Musiktheater *Stanislawski und Nemirowitsch-Dantschenko* in einer vom Komponisten entschärften Version zum ersten Mal wieder seine Oper *Lady Macbeth von Mzensk* gespielt, die im Januar 1936 Opfer eines Autodafé geworden war. Und 1966 dirigierte Kondraschin die Uraufführung der Vierten Sinfonie, die seit jenem Jahr 1936 für 30 Jahre in der Schublade gelegen hatte. Der Grund hatte in der Angst gelegen, sie könnte den Anlass zu einem weiteren Schlag bieten, der dann nicht mehr nur aus einer vernichtenden Kritik, sondern aus Gefängnis, Gulag oder Tod bestehen könnte.

Das war in den dreißiger Jahren eine ganz reale Angst. Schostakowitsch sah so manchen Bekannten und Kollegen verschwinden. Sein guter Freund Michail Tuchatschewski, Musikfreund, Geigensammler und Marschall der *Roten Armee*, einer der besten russischen Kommandeure, war 1937 ohne langen Prozess hingerichtet worden. In einem von Freunden herausgegebenen Erinnerungsband schrieb Schostakowitsch 1965 unter dem Titel „Wie er mir fehlt": „Und plötzlich kam der furchtbare Tag, an dem ich in den Zeitungen von der Gewalttat an Michail Nikolajewitsch las. Mir wurde schwarz vor Augen. Vor Kummer und Verzweiflung empfand ich fast physischen Schmerz. Das Gefühl war so, als ob die Kugel, die ihn ereilt hatte, mir ins Herz gedrungen wäre…"

Die Angst, man selbst könnte der Nächste sein, verfolgte viele in diesen Jahrzehnten, und sie hinterließ in der Musik von Dimitri Schostakowitsch tiefe Spuren. Auch der berühmte Geiger David Oistrach, der im gleichen Haus wohnte wie Schostakowitsch, nämlich im „Haus der Komponisten" im Herzen von Moskau, erzählte, wie er nachts vor Angst nicht schlafen konnte, wenn der Aufzug kam. Wo würde er halten? Erst wenn er vorbeigefahren war, konnte man sich wieder zur Ruhe legen.

Der junge Schostakowitsch war ein frecher Hund, der vor nichts und niemand Angst hatte. Er arbeitete mit Meyerhold, Majakowski, Rodtschenko und fühlte sich im Aufbruch der sowjetischen Künstleravantgarde pudelwohl. Keiner war so begabt wie er, keiner stand so im Rampenlicht der öffentlichen Aufmerksamkeit. Der Prawda-Artikel *Chaos statt Musik* machte dieser Avantgarde jedoch im Januar 1936 ein für alle Mal den Garaus. Die Künstler mussten sich umorientieren. Nun war das Rampenlicht der öffentlichen Aufmerksamkeit zum Schrecken geworden. Der Dreißigjährige hatte schließlich auch eine Familie zu ernähren. Mit der Fünften Sinfonie gelang es ihm, sich zu rehabilitieren. Diese Sinfonie setzte die Maske des Klassikers auf, indem sie sich der Muster von Beethoven, Tschaikowsky und Mahler bediente. Doch wer genau hinhörte, der spürte gerade dort, wo im Finale der Schlusstriumph aufgebaut wurde, in den endlos wiederholten leeren „A"s der Geigen die Einsamkeit und Angst dessen, der im Rampenlicht steht und nun jubeln soll. Dieser Schluss hat denn auch nichts von Jubel, sondern von einer mechanisch aufgebauten Veranstaltung. Ein Bürokrat verstand das nicht, aber wer ebenso empfand, fühlte den doppelten Boden, den Schostakowitsch von nun an bis zum Ende der Stalinzeit in seine Musik eingezogen hatte.

Die Angst in der Dreizehnten Sinfonie äußert sich in einem langsamen Satz, die Vortragsbezeichnung lautet *Largo*. Es ist eine schleichende, nächtliche Musik. Der Gegensatz vom Tag als der Zeit der Lüge und der Nacht als der Zeit der Wahrheit, aber auch der Angst und des Verrats ist in der Kunst ein alter Topos. Doch nicht Wagners *Tristan und Isolde*, die nur im nächtlichen Reich glücklich sein können, das sie schließlich mit dem Tode gleichsetzen, war für Schostakowitsch der Bezugspunkt, eher war es die Siebte Sinfonie von Gustav Mahler. Dort werden drei nächtliche Sätze umrahmt von zwei sehr lauten Musiken: Der Kopfsatz marschiert, indem er das Muster des Kopfsatzes der Sechsten Sinfonie abwandelt, statt in den Kampf in ein phantastisches nächtliches Reich; mit dem Finale wird diese nächtliche Intimität durch das laute, blendende Licht und Getöse des Tages wieder weggewischt.

Schostakowitschs Sechste konfrontiert Nacht und Tag auf ebenso brutale Weise. Der erste Satz *Largo* prallt unvermittelt gegen ein Scherzo und ein Finale, die vor Vergnügen quietschen. Wo die Wahrheit liegt, bei der untröstlichen Trauer des Largo oder bei der hohlen Lustigkeit der beiden Scherzi, das bleibt dem Hörer überlassen. Interessanterweise fehlt dieser Sinfonie, wenn man sie am klassischen Muster misst, der Kopfsatz mit seiner dialektischen Auseinandersetzung zweier Themen – es gibt keine dialektische Auseinandersetzung mehr, es gibt nur noch den unversöhnlichen Zusammenstoß zweier Wahrheiten. Solche Dinge konnten nicht mit Worten gesagt werden, sondern nur durch Musik.

Galgenhumor

Die Lieder von Schostakowitsch sind kaum bekannt. Und doch hat er eine ganze Reihe von Zyklen geschrieben. Dass er in der Zeit des Stalinismus Verse von Puschkin wählte oder englische Dichtung, hat gute Gründe. Puschkin wurde als Klassiker nicht hinterfragt, und englische Gedichte bezogen sich natürlich auf englische, folglich auf feudale oder kapitalistische Verhältnisse, keinesfalls aber sowjetische – auch sie waren also ungefährlich. Die ersten *Vier Lieder nach Worten von A. Puschkin* opus 46 entstanden 1936, die *Vier Monologe nach Worten von A. Puschkin* opus 91 im Jahr 1952, beides Jahre scharfer Unterdrückung, als manches in der Schublade bleiben musste. Es sind

Nachtstücke, die an Künstlertum, Vergänglichkeit, Abschied, Verbannung erinnern, also Ängste bannen wollen, indem sie sie benennen. Das Sibirien Puschkins hat sich zum Gulag gewandelt, der Abschied Puschkins in die Verbannung könnte der Abschied beim Eintreffen des Autos der Geheimpolizei sein. Besonders berührend ist das *Fragment* in Opus 91, das eine nächtliche Szene in einer Judenhütte beschreibt. Schostakowitsch, der keinen Tropfen jüdischen Blutes in sich trug, identifizierte sich immer mit den verfolgten Juden, er liebte ihre Musik, die ein Lachen durch Tränen darstellt. Diese Haltung hinterließ tiefe Spuren in seinem gesamten Werk.

Im Jahr 1942 entstanden die *Sechs Lieder nach englischen Texten* op. 62, darunter das berühmte wütende *Sonett Nr. 66* von William Shakespeare, das die Verlogenheit der Welt und die Herrschaft der Dummheit beklagt: „Und Kunst geknebelt von der groben Macht“. Alle sechs Gedichte haben mit Freiheit zu tun, zwei stammen von Aufrührern, die hingerichtet wurden. Das Lied *Macphersons Abschied* von Robert Burns, das er seinem engsten Freund Isaak Glikman widmete, wurde für seine Musik besonders folgenreich:

So unbeschwert, so frohgelaunt, so furchtlos sah man ihn
beim letzten Gang mit Tanz und Sang hinaus zum Galgen zieh'n.
Lebwohl, du finstrer Kerkerturm, Macpherson muss heut fort.
Du bist bestimmt so manchem Wurm, mir ist's der Galgen dort.
In mancher Schlacht hab ich gelacht dem Tode ins Gesicht,
wenn er mir heut die Stirn auch beut, ich fürcht ihn dennoch nicht.
Nehmt ab dies Band von meiner Hand, und gebt mein Schwert mir her,
der stärkste Mann im Schottenland bezwingt mich nimmermehr!
Mein Leben lang war nie mir bang, im Kampfe blüht ich auf,
erst durch Verrat, durch Freveltat ward abgewürgt mein Lauf.
Ein einz'ger Schmerz durchglüht mein Herz, bis dass ich werd gehenkt,
weil ich soll geh'n und muss es sehn: kein Rächer an mich denkt.
Leb wohl du heller Sonnenschein, du Erdenrund so weit!
Mög' ruhmlos der vergessen sein, der sich zu sterben scheut!
So unbeschwert, so frohgelaunt, so furchtlos sah man ihn
beim letzten Gang mit Tanz und Sang hinaus zum Galgen zieh'n.

Mit Tanz und Sang zum Galgen! Das nennt man Galgenhumor! Und so ist auch die Musik: ein jüdisches Tanzthema, das springt und singt. Wir werden ihm in Schostakowitschs Musik wiederbegegnen. Zuerst im Finale der Neunten Sinfonie, dann im Satz *Der Witz* in der Dreizehnten Sinfonie.

Die Kriegszeit hatte für die Künstler wie auch für alle anderen Sowjetmenschen trotz der schweren Leiden durch Belagerung, Hunger und Todesdrohung auch eine gewisse Lockerung der ideologischen Fesseln mit sich gebracht. Sie wurden nicht mehr so streng kontrolliert. Im Krieg war die Achte Sinfonie entstanden. In ihr hallt der ganze Schrecken nicht nur des Krieges, sondern auch des Totalitarismus nach, der erzwungenen Unterordnung der gesamten Gesellschaft unter ein Prinzip, was nur durch Gewalt zu erreichen war. Und da diese Gewalt organisiert war, war sie sehr rasch unter die Herrschaft von primitiven Elementen gelangt. Das Erbe der Revolutionäre – die auch nicht alle reine Hände gehabt hatten – war zum Werk von Verbrechern geworden, die den Idealismus vieler junger Leute auszubeuten wussten. Der erste Satz *Adagio* der Achten Sinfonie ist ein großer, epischer Klagegesang von beinahe einer halben Stunde Dauer. Die Trauer des Streichergesangs schlägt kurz um in schrille, dissonante Angstschreie. In der Mitte des Satzes jedoch dringen in die nächtlichen Szenen des Wartens und der Angst brutale Blech-Interventionen. Die Angst steigert sich ins Unerträgliche. Was danach ausbricht, ist schiere Panik, und was sie niederwirft, eine Orgie der primitivsten Gewalt. Solche Gefühle hatte Musik niemals zuvor formuliert. Schostakowitschs Achte ist sicherlich das Entsetzlichste, das jemals von einem Komponisten zu Papier gebracht wurde. Da wird nichts „künstlerisch" oder malerisch kaschiert. Der zweite Satz ist dann eines der typischen „sarkastischen Scherzi" von Schostakowitsch, in dem die „gesunde Lebensfreude", die die Menschen im Sozialismus genossen, als rohes Vergnügen geschildert wird: Diese Kraftprotzerei war oft der Ausgang von Pogromen und Massakern. Daraus flieht der dritte Satz, eine Toccata, über Stock und Stein, hinter sich die Peitsche – wieder ein Bild auswegloser Angst ohne jeden Hoffnungsschimmer.

Als nächstes musste der Komponist eine Neunte schreiben. Dies ist nicht nur eine Zahl. Es ist ein Schrecken. Beethoven, Schubert, Bruckner, Dvořák, Mahler schrieben neun Sinfonien, danach starben sie. Ihre Neunten waren etwas Besonderes: Bei Beethoven die „Ode an die Freude" in d-moll, bei Schubert die große C-Dur-Sinfonie, bei Bruckner die unvollendete, „dem lieben Gott" gewidmete d-moll-Sinfonie mit dem geheimnisvollen Adagio, bei Dvořák die *Neue Welt*, bei Mahler ein von zwei gigantischen, völlig neuartigen langsamen Sätzen eingerahmter Viersätzer in D. 1945, nach dem Ende des Krieges, erwartete man nun eine „Sowjetische Neunte", eine Hymne an den Sieger Stalin, überhaupt eine Ode auf die gesamte Stalinära. Nur Schostakowitsch war fähig, dieses Werk zu vollbringen, das wusste jeder. Das wusste auch Stalin, der sich um die Kunstproduktion sehr aufmerksam kümmerte. Schostakowitsch hatte seit Jahren verkündet, er schreibe gerade an einer großen Chorsinfonie auf Worte von Marx, Engels und Lenin. Das tat er auch jetzt. Dies schürte die Erwartungen. Seine Freunde mahnten ihn zur Vorsicht – nein, nein, er sei an der Arbeit, komme gut voran. Sie mahnten erneut: ER erwarte ebenfalls eine große Neunte, ein Preislied auf ihn selbst. Ja, ja, das sei schon in Ordnung, er habe bereits mit dem Finale begonnen. Die Angst, die Schostakowitsch vor seiner Neunten gehabt haben muss, möchte man sich nicht vorstellen.

Doch wir kennen den Mut, den er hatte. Am 30. August 1945 war seine Neunte fertig. Bei der Uraufführung im November ereilte das Publikum ein Schock. Kein Chor, kein Solist auf dem Podium. Ein nicht sehr großes Orchester. Und dann ein spritziges Stückchen Musik von nicht einmal einer halben Stunde Dauer. Man war sprachlos. Dies war eine Ohrfeige ins Gesicht jedes Parteimenschen, der den Ankündigungen geglaubt hatte. Die Verblüffung war so groß, dass niemand sich die Mühe machte, genauer hinzuhören. Selbstverständlich kann man diese Sinfonie auch ganz einfach als ein farbenreiches, witziges Stück Musik hören. Man kann amüsiert verfolgen, wie der Komponist intelligent mit ihrer Form spielt. Doch was so harmlos klingt wie Prokofjews *Symphonie classique*, hat es faustdick hinter den Ohren. Mancher hat auch gleich gespürt, dass da etwas nicht stimmt, etwa der linientreue Funktionär Marian Kowal: „Der alte Haydn und ein waschechter Sergeant der US-Army, wenig überzeugend auf Charlie Chaplin getrimmt, jagten im Galopp mit allen Gebärden und Grimassen durch den ersten Satz dieser Sinfonie." Schostakowitschs Neunte wurde gleich weltweit populär und große Dirigenten nahmen sie in ihr Repertoire, so Otto Klemperer, damals Chef des Los Angeles Philharmonic Orchestra.

Man sprach von einer Sinfonie im Spielzeugladen. Der erste Satz hat tatsächlich etwas Puppenhaftes. Es ist wie ein Aufmarsch von Zinnsoldaten, die in Schlachten ziehen, die von Knaben in kurzen Hosen erdacht wurden. Eine Beleidigung der ruhmreichen Roten Armee! Die Presse reagierte ausgesprochen ungehalten – sie maß das Stück an ihren Erwartungen, nicht an sich selbst. Schostakowitschs Neunte hat fünf Sätze, von denen die letzten drei pausenlos ineinander übergehen. Eigentlich ein klassischer Viersätzer, nur dass zwischen Scherzo und Finale ein rezitativartiger Übergang eingebaut ist. Der erste Satz folgt der Sonatenhauptsatzform und wiederholt auch brav die Exposition von erstem und zweitem Thema. Was sofort auffällt, ist eine gewisse Theatralik, die sich beispielsweise zeigt, wenn die

Posaune eine Quart nach oben blökt und die kleine Trommel einen sturen Rhythmus dazu schlägt. Dazwischen hören wir ein vogelähnliches Gezwitscher der Piccoloflöte. Dennoch sprudelt die Musik in fünf Minuten am Hörer vorbei und gibt ihm kaum Zeit zum Luftholen.

Und schon hat er überhört, dass Schostakowitsch bereits in den Takten 3 bis 5 den Anfang des Mahler-Liedes *Lob des hoh'n Verstandes* zitiert hat: „Einstmals in einem tiefen Tal". Jakob Knaus hat darauf hingewiesen (NZZ vom 29.10.2016), dass am Beginn der Durchführung (Takt 92 folgende) in den Bratschen, Celli und Bässen wortwörtlich das passiert, was der Kuckuck bei Mahler veranstaltet: „Der Kuckuck drauf fing an geschwind sein Sang durch Terz und Quart und Quint". Der Esel findet das wunderbar, während er der Nachtigall vorwirft: „Du machst mir's kraus. I-a! Ich kann's in Kopf nicht bringen." In der Durchführung hat der lustige Wettstreit schon bedrohlicher geklungen und in der Reprise wird es ungemütlich. Das Urteil steht fest: Der dumme Kuckuck singt gut, die witzige Nachtigall ist formalistisch und volksfeindlich – so war die Lage der sowjetischen Komponisten. Der Esel aber ist niemand anderes als der große Führer und Lehrer. Gut, dass das niemand verstanden hat damals ...

Der DDR-Musikwissenschaftler Heinz Alfred Brockhaus, der sich später als Stasi-Spitzel entpuppte, formulierte sein Verständnis so: „Der Sinn der Neunten Sinfonie ist, dass der allzu sorglosen Freude der Menschen nach dem Ende des Krieges eine eindringliche Mahnung entgegengestellt wird. Die dröhnenden Posaunen- und Tubaklänge im vierten Satz erinnern an die Tragödie der Achten Sinfonie. Wenig später verwandte der Komponist sie abermals im *Lied von den Wäldern*, wo er die ‚Erinnerung an Vergangenes' lebendig werden lässt. Die Erinnerung an Vergangenes wird auch hier in der Neunten Sinfonie dem heiteren sorglosen Spiel entgegengestellt, und so muss man das Werk als eine Mahnung des Komponisten verstehen, der seine Mitmenschen zur tätigen Erhaltung des Friedens, des so teuer erkauften Glückes aufrufen will."

Schon im zweiten Satz ist Schluss mit lustig. Die Musik dieses *Moderato* klingt erschöpft und müde. Das von den Klarinetten vorgetragene Thema bricht immer wieder ab, als fehle die Konzentration. Dies ist ein nächtlicher Satz, der den vollkommenen Gegensatz bildet zu dem übermütigen, unbekümmerten, bisweilen freilich auch recht rohen Spiel des Kopfsatzes. Was bei Tag Spiel war, wird bei Nacht nun Ernst. Diese Nacht wird von Angst beherrscht. In zwei Trios bricht sie Fortissimo ein in die leise Moderato-Müdigkeit. Die Siebte und Achte

Sinfonie sind hier gar nicht so ferne. Der Schluss des *Moderato*-Satzes läßt die Musik dann jedoch einschlummern. Ob das Weitere ein Traum ist? Schostakowitsch hat immer Musik geschrieben, die formal für sich stehen kann, aber oft hat er eben auch Geschichten dahintergelegt, und nicht selten sind das selbstironische Geschichten.

Das wird noch deutlicher, wenn man die letzten drei Sätze hört. Es scheint, dass die Angst doch gute Gründe hatte und dass der Wartende abgeholt wurde, jedenfalls folgt ein *Presto*-Satz mit wildem, doch oft hinkendem Galopp, als fahre man mit dem schwarzen Auto direkt in die Lubjanka. Diese Szene muss man sich nur von dem Satiriker Michail Bulgakow erzählt vorstellen. Der Satz schildert eine ähnlich hektische Jagd wie das Polizei-Intermezzo in Schostakowitschs Oper *Lady Macbeth von Mzensk*, dem die Lust der Gendarmen am Draufhauen anzuhören ist; die Oper hatte dem Komponisten 1936 die erste Verurteilung als Formalist und Volksfeind eingetragen.

Auch der vierte Satz, ein *Largo*, wirkt nur auf den ersten Blick unbegreiflich: Er zerfällt in lange Monologe des Fagotts und seltsam starre Blechbläserchoräle undurchschaubaren Charakters. Es ist eine surreale Szene der Konfrontation eines Einzelnen mit einem Kollektiv. Das Fagott steht bei Schostakowitsch für die menschliche Stimme. Es singt das Lied des unerschrockenen Individuums, der nicht ausrottbaren und nicht zu unterdrückenden Menschlichkeit. Doch es steht unter Anklage: Wieder dröhnt das Blech ihm seinen starren Vorwurf entgegen. Den einschüchternden Blechakkorden antwortet nicht nur das rezitierende Fagott, es wird auch auf ein sanftes Streicherkissen gebettet. Und dann beginnt das Fagott sein Lied zu singen, das bald vom Orchester übernommen wird.

Zunächst stimmt es ein langsames Freudenlied an, das voll unterdrücktem Übermut steckt, der sich in regelwidrigen Betonungen Luft schafft. Dieses Lied ist nichts anderes als eine Variante von Macphersons Lied beim Gang zu seiner Hinrichtung! Galgenhumor! Leise singt die Musik vor sich hin, als könne sie nicht an sich halten. Noch einmal duckt sie sich unter den drohenden Hörnerakkorden, doch schließlich ist sie nicht mehr zu halten, wird schneller und schneller, bis das Thema schließlich im Fortissimo herausplatzt. Eine Stretta schließt das Stück effektvoll ab. Aber was für ein Effekt: Die Musik klingt nun wie eines der Tanzstücke des Ensembles der Roten Armee – und das mit einem jüdischen Thema! Dies war eine schallende Ohrfeige für den antisemitischen Diktator. Glücklicherweise wurde dies so nicht bemerkt, sonst wäre das die letzte Sinfonie Schostakowitschs geworden.

Der Galgenhumor war hier die kühne Antwort auf die Angst, der helle Tag ein Wahnwitz im Kontrast zu der nächtlichen Verzweiflung. Die Angst vor der Verhaftung war ja nicht nur die allgegenwärtige Angst in der Vergangenheit oder in der Gegenwart, sondern auch die konkrete Erwartung der Zukunft: In dieser Neunten Sinfonie wurden ihre eigenen Folgen gleich mit auskomponiert: die Angst des Komponisten beim Komponieren und vor den Reaktionen der Uraufführung; das Spielerische des Schaffens, das in den Ernst umkippt; die Anklage wegen Sabotage an der sowjetischen Sinfonik und Beleidigung des großen Führers und den Mut, trotzdem sein Lied zu singen und einzig davor Angst zu haben, dass kein Rächer erscheint, dass keiner da ist, der die Sache fortsetzt.

Doch die Anklage wurde bald genug erhoben. Im August 1946 kamen die ersten ZK-Beschlüsse gegen Künstler heraus. Eine Kampagne gegen den „Kosmopolitismus" erweiterte die antisemitische. Angst musste nun jeder Träger eines jüdischen Namens haben. Der „heimatlose Intellektuelle" war das Angriffsziel. Anna Achmatowa wurde von Andrej Shdanow als „Hure und Nonne zugleich" beschimpft. Die große Lyrikerin und Schostakowitsch bewunderten sich gegenseitig sehr, persönlich konnten sie nichts miteinander anfangen. Da ihre Datschen nicht weit voneinander entfernt waren und ihre Kinder sich kannten, brachte man sie einmal zum Kaffee zusammen – es ergab sich kein Gespräch zwischen ihnen. Über ihre Kunst konnten sie nicht sprechen. Dort hatten sie alles gesagt.

Für Schostakowitsch war es ein Prinzip, sich niemals inhaltlich über seine Musik zu äußern: „Das ist nur Musik, nichts weiter," sagte er dann. Aber er bemerkte sehr rasch, ob jemand verstand, was in seiner Musik vor sich geht. Dass Anna Achmatowa es verstand, hatte sie in dem ihm gewidmeten Gedicht „Musik" zum Ausdruck gebracht:

Ein wundertätig Brennen ist in ihr,
Und außen sieht man Edelsteine sprühen.
Sie führt alleine ein Gespräch mit mir,
Wenn andre furchtsam meine Nähe fliehen.
Und als der Freunde letzter fortgeblickt,
Da ist sie in mein Grab herabgekommen
Und sang – da hat Gewitter mich erquickt,
Zu sprechen haben Blumen da begonnen.

МУЗЫКА

Д. Д. Ш.*

В ней что-то чудотворное горит,
И на глазах ее края гранятся.
Она одна со мною говорит,
Когда другие подойти боятся.

Когда последний друг отвел глаза,
Она была со мной в моей могиле
И пела словно первая гроза
Иль будто все цветы заговорили.

* Д. Д. Шостаковичу
1958

Auch Anna Achmatowa war imstande, all das auszudrücken, was die Menschen in dieser Zeit erlebten und nicht aussprechen konnten. Auch sie war furchtlos, sah sich als „Stadtverrückte", die man einfach am Rande vergessen hatte. Achmatowa gab der Angst jener Epoche ebenso Ausdruck, wie Schostakowitsch es in seiner Musik tat.

Die Komponisten waren im Februar 1948 an der Reihe. Eine vom ZK einberufene Versammlung des Komponistenverbandes verurteilte die volksfeindliche Richtung des „Formalismus", den die führenden Komponisten wie Prokofjew, Schostakowitsch, Chatschaturjan, Schebalin usw. eingeschlagen hätten. Sie hätten ihren Studenten erlaubt, dekadente Werke von „Madler und Handemith" (sic) zu studieren. Der ZK-Versammlung, bei der Prokofjew selbstbewusst, Schostakowitsch äußerst nervös teilnahm, folgten Versammlungen in den verschiedenen Institutionen. Schebalin wurde als Direktor des Moskauer Konservatoriums abgesetzt, Schostakowitsch verlor seine Professur. Bei der Versammlung des Komponistenverbandes, an dessen Spitze sich damals der 1913 geborene Tichon Chrennikow setzte, der diesen Posten, von dem aus er alle bedeutenden Komponisten schikanierte, bis weit über die Wende hinaus behielt und noch heute Professor am Konservatorium ist, musste Schostakowitsch Selbstkritik formulieren: „Ich neigte wieder in die Richtung des Formalismus und begann eine Sprache zu benutzen, die dem Volk unverständlich war. Ich weiß, dass die Partei recht hat. Ich bin tief dankbar für all die Kritik, die in der Resolution enthalten ist."

Mit dem XX. Parteitag 1956 und Chruschtschows Abrechnung mit Stalin verschwanden die Ängste nur scheinbar. Zwar konnten jetzt jene Werke aufgeführt werden, die jahrelang in der Schublade gewartet hatten, doch viele, wie die Achte Sinfonie, blieben verboten. Die zahlreichen „populären" Werke, die Schostakowitsch in den folgenden

Jahren schrieb, waren eine Folge der Angst. Ihre Fröhlichkeit ist schal, wenngleich sie meisterlich gearbeitet sind. Das Schlimmste war: Nach der Zehnten Sinfonie, mit der der Komponist 1953 auf den Tod Stalins reagiert hatte, und in der er sein Recht als Individuum eingeklagt hatte, war ihm zunächst kein substanzielles Werk mehr gelungen. Der erste Satz der Zehnten hatte noch einmal sämtliche Ängste der Epoche in brüllenden Akkorden gebündelt, und im Scherzo war die Raserei des Diktators erschienen. Diesen angstmachenden Erscheinungen warf er sein musikalisches Kürzel entgegen: „d-es-c-h" in der deutschen Lautumschrift: „D. Sch." Es vereint sich im dritten Satz mit dem Aufruf zur Wahrheit. Diese auszusprechen hatten die Menschen noch die meiste Angst. Indem er den Aufruf aus Mussorgskis *Boris Godunow* mit seinen Initialen kombiniert, hofft der Komponist diese Angst aufzuheben, ihren Bann zu brechen.

Für sich selbst fand er keinen glücklichen Weg. Das Erste Cellokonzert von 1959 ist voller Geschäftigkeit, doch ohne gefühlsmäßigen Kern. Es beschreibt eine neue Angst des Komponisten: als Funktionär zu verbrennen, sich im Alltagsbetrieb aufzureiben. Die Musik rast dahin wie der Hamster im Tretrad. Das viertönige Kopfmotiv, aus dem alles weitere entwickelt wird, ist recht stupide, und wenn es den Schluss krönt, ist das so sehr die Verklärung des gesellschaftlichen Verblendungszusammenhangs wie schon beim Finale des Ersten Violinkonzerts, bei dem er auf diese Weise das Gewaltmotiv aus seiner Oper *Lady Macbeth* benutzt hatte, das sich ebenfalls durch viele seiner Werke zieht.

Erst mit dem Achten Streichquartett gelang ihm 1960 wieder ein Meisterwerk. Es war die Folge eines Nervenzusammenbruchs, nachdem man ihn zum Parteieintritt zwingen wollte. Das Quartett zitiert ausschließlich aus eigenen Werken, ja es stellt sie sogar in politische Zusammenhänge. Ganz deutlich wird im dritten Satz gezeigt, wie Schostakowitschs musikalisches Kürzel „d-es-c-h" sich in das betriebsame Kopfmotiv des Cellokonzerts verwandelt, das also dessen Verballhornung darstellt – der eifrige Präsident des Komponistenverbandes, der für alle da ist, die Maske, hinter der der wahre D.SCH. verschwunden ist. Und am Ende dieses Satzes ergreift ihn eine neue Angst: Die Angst, diese Maske könnte nun an seinem Gesicht kleben bleiben und ihn für immer entstellen. Mit heftigen Akkorden wird Abwehr formuliert, als versuche er sich die Maske von Gesicht zu reißen, bis schließlich das „d-es-c-h"-Motiv wieder unverstellt erklingt.

Im zweiten Satz taucht aus einem Anfall von Panik, in dem sein „d-es-c-h" angstvoll unterzugehen droht, mit Wucht das jüdische

Thema aus dem Zweiten Klaviertrio auf. Es ist wie ein Ausbruch des Schmerzes. Schostakowitsch schätzte die jüdische Musik. Indem er das jüdische Thema mit seinen Initialen „D. Sch." kombiniert, beschreibt er sich als den Clown, der die anderen mit seiner Musik unterhält, während ihm selbst ganz anders zumute ist. Wer die Zeit im Stalinismus ähnlich empfunden hatte, verstand diese Haltung. Und auch die Kulturbürokraten spürten natürlich genau, dass in dieser Musik etwas nicht stimmte, es ließ sich nur einfach nicht greifen. Mit Händen greifbar ist hingegen die grenzenlose Angst, die sich in diesem zweiten Satz erhebt.

Eine Angst, die sich auch im Achten Streichquartett äußert, ist die Angst vor der Ewigkeit: Wird meine Musik bleiben? Wie wird man sich an mich erinnern? Sie äußert sich in der Dreizehnten Sinfonie, im *Michelangelo-Zyklus*, immer dann, wenn von den Genies die Rede ist, die sich gegen Verfolgung behauptet haben, und von der Unsterblichkeit. So auch in der Vierzehnten Sinfonie: „Wo bleibt der Trost für die Begabung, zwischen Verbrecherpack und Wichten?" So formuliert es ein Gedicht des Dekabristen und Puschkin-Freundes Wilhelm Küchelbecker in der sibirischen Verbannung, das dem neunten Satz dieses elfsätzigen Liederzyklus zur Vorlage diente, der sich zur viersätzigen Sinfonie rundet. Die Vierzehnte Sinfonie entstand für das Moskauer Kammerorchester von Rudolf Barschai und bedient sich nur des Streichorchesters plus Schlagzeug. Ein Sopran und ein Bass tragen die Texte von García Lorca, Apollinaire, Küchelbecker und Rilke vor. Der Tod war eines der hartnäckigsten Tabus der Sowjetunion. Und er war das beherrschende Thema in Schostakowitschs Spätwerk seit 1966 bis zu seinem Tod im Jahr 1975. Seine Gesundheit war untergraben – sicherlich auch eine Folge des Lebens unter der Angst. Vor dem Tod selbst kennt die Vierzehnte allerdings keine Angst. Es wird zwar Nacht im Kerker der Santé, doch:

Der Abend naht lautlos und plötzlich über mir Licht, das die Dunkelheit bannt.
Im Stillen hier, ganz alleine in der Zelle: ich und mein klarer Verstand. (Apollinaire)

War es Angst vor den Mächtigen, die Schostakowitsch dazu bewog, vor dem inoffiziellen Vorspiel am 21. Juni 1969 Worte zu sprechen, er habe die Vierzehnte Sinfonie aus Protest gegen den Tod geschrieben? In diesem Text, den die Prawda schon am 25. April veröffentlicht hatte, sagte er, ihm seien dabei stets die Worte Nikolaj Ostrowskis im Bewusstsein gewesen:

„Das Wertvollste, was der Mensch besitzt, ist das Leben. Es wird ihm nur einmal gegeben, und er muss es so nützen, dass ihn später sinnlos vertane Jahre nicht qualvoll gereuen, die Schande einer unwürdigen, nichtigen Vergangenheit ihn nicht bedrückt und dass er sterbend sagen kann: Mein ganzes Leben, meine ganze Kraft habe ich dem Herrlichsten auf der Welt – dem Kampf für die Befreiung der Menschheit – geweiht."

Doch am Ende dieses Prawda-Textes ritt Schostakowitsch wieder der Teufel. Zum soundsovielten Mal machte er die bekannte leere Versprechung: „Jetzt fange ich an, an einem Oratorium zum 100. Geburtstag von W. I. Lenin zu arbeiten."

Bei Schostakowitschs Beerdigung sagte Isaak Glikman: „Ein seltsamer Mann: Vor Stalin hatte er keine Angst, aber vor dem Hausmeister."

Rudolf Barschai zum 100. Geburtstag von Dimitri Schostakowitsch[1]

Rudolf Barschai: Ich war von Schostakowitsch so fasziniert und habe ihn fast vergöttert. Für mich ist es unmöglich, ihn als Mensch zu beschreiben. Er war erstens sehr höflich, immer sehr bescheiden, aber gut angezogen, sehr akkurat, sehr pünktlich. Er hatte sehr starke Prinzipien für die Kompositionsarbeit. Einmal sagte er, als Oistrach, Oborin und das Beethovenquartett sein Quintett vor Chaussons Konzert für Violine. Klavier und Quartett spielten – man muss sagen, dass Chausson wirklich schöne Musik ist, die Schönheit ist hier die Hauptsache, große Bedeutung hat sie nicht, es ist Zuckerwasser, aber wirklich sehr schön – da kam Schostakowitsch ins Künstlerzimmer, gratulierte nicht sondern sagte noch in der Türe: „Für einen Komponisten ist, wie für einen Mann, nicht Schönheit wichtig, sondern Klugheit." Könnte sein, dass er beleidigt war, dass sie nach seinem Quintett den Chausson spielten…

Er war sehr humanistisch, sehr großzügig seinen Freunden gegenüber. Persönlich muss ich sagen, dass er mich in einer schweren Zeit meines Lebens einmal gerettet hat.

MUSIK 1: 9. Sinfonie, Finale
RSO Köln, Rudolf Barschai
Track 5, Anfang bis 4'15 (LC 09421 Brilliant 6275-6)

Bernd Feuchtner: Das Finale der Neunten Sinfonie von Dimitri Schostakowitsch, gespielt vom Radiosinfonie-Orchester Köln unter der Leitung von Rudolf Barschai. Diese Neunte ist auf den ersten Blick ein verspieltes Stück à la Haydn, eine Wiederauflage der *Sinfonie classique* von Prokofjew. Doch irgendetwas stimmt nicht in dieser Idylle. Das Stück entstand 1945, und alle hatten vom Komponisten eine „Sowjetische Neunte" zum Sieg Stalins im Zweiten Weltkrieg erwartetet. Rudolf Barschai hatte den Krieg als Student erlebt und kann sich an diese Zeit nur zu gut erinnern:

R.B.: Nach dem Zweiten Weltkrieg hat Stalin einige „Schönheiten" von Hitler aufgegriffen, so den Antisemitismus. Er war ein so begabter Schüler, dass er den Antisemitismus sogar weiterentwickelt hat. Schostakowitsch als großer Humanist konnte das nicht akzeptieren.

Er war sehr dagegen, er war ein Gegner jeder möglichen Art von Totalitarismus und Diktatur, besonders nachdem einige seiner Freunde jüdischer Nationalität unterdrückt und umgebracht wurden. So beispielsweise als der große Schauspieler Solomon Michoëls von Stalin umgebracht wurde. Auf Befehl Stalins wurde er auf der Straße durch einen schweren Lastwagen getötet. Aus Protest hat Schostakowitsch jüdische Themen in seinen Werken benützt und bearbeitet, besonders populäre Tanzthemen. Ein Beispiel ist die Neunte Sinfonie.

Die Neunte Sinfonie hat ein sehr besonderes und eigenartiges Schicksal. Nach der Achten Sinfonie erwarteten alle von Schostakowitsch eine große Neunte – auch Stalin – in der Art Beethovens. Das sollte eine Chorsinfonie sein mit Worten zum Lob der Stalinära. Und Schostakowitsch versprach das: „Das ist genau das, worüber ich gerade nachdenke." Und wieder fragte man ihn: „Ja, das geht voran." Schließlich sagte man zu ihm: „Mitja, weißt du, ER selber wartet darauf," und zeigte dabei bedeutungsvoll mit dem Finger nach oben. „Ja, ja ich weiß, ich bin schon im Finale." Schlussendlich stellte er eine Neunte Sinfonie vor, die eine Witz-Sinfonie war, aber ein böser Witz, wie Schostakowitsch das konnte. Besondern scharf war der Witz im Finale, sogar eine Verspottung Stalins. Durch jüdische Themen verspottete er den Antisemiten Stalin besonders. Mit großer meisterlicher Entwicklung hat er das gemacht, mit Beethoven'scher Durchführungs-Meisterschaft. Bei der Coda wird dieses Thema von Posaune, Trompete, Schlagzeug, mit allem brillanten Klang gespielt. Das bedeutet, dass dieses Tanz-Thema eine besonders wichtige Bedeutung hat, dass es sogar mit dem schweren Blech gespielt wird. Das provoziert das Bild, dass das Tanzensemble der Roten Armee tanzt – aber was für einen Tanz! Für den Antisemiten Stalin unerträglich, ein Schock, eine Bombe! Aber Stalin hat das zum Glück nicht verstanden. Sonst wäre das die letzte Sinfonie von Schostakowitsch gewesen.

MUSIK 2: 9. Sinfonie, Finale
RSO Köln, Rudolf Barschai
Track 5, Schluss ab 4'30 (2'18) (LC 09421 Brilliant 6275-6)

B.F.: Das war der Schluss der Neunten Sinfonie, gespielt wieder vom RSO Köln unter der Leitung von Rudolf Barschai.

Nach dem Ende des Krieges brach eine neue Eiszeit über die Sowjetunion herein, die bis zum Tod Stalins im Jahr 1953 andauerte. Im Februar 1948 wurden zum zweiten Mal sämtliche bedeutenden Komponisten an den Pranger gestellt und bei einer ZK-Veranstaltung als

„Formalisten" gebrandmarkt. Schostakowitsch verlor seine Stellung als Professor und damit die Grundlage zur Ernährung seiner Familie. Rudolf Barschai erinnert sich:

R.B.: Alle Komponisten haben das ganz unterschiedlich genommen. Man erzählt, dass Prokofjew sehr selbständig kam, sehr elegant angezogen in grauen Hosen und glänzenden Schuhen und saß in der ersten Reihe, sehr souverän. Den Nachbarn fragte er: „Wer sind Sie?" – „Ich bin Skerjatow." Das war ein sehr großer, berühmter Parteifunktionär. Prokofjew sagte, „Ich kenne Sie nicht."

Schostakowitsch hat es sehr schwer aufgenommen. Er war sehr nervös, und als nach dieser Versammlung im Moskauer Konservatorium eine große Versammlung aller Professoren, Dozenten und Studenten war, war Schostakowitsch auch dabei. Das dauerte lange, ich glaube zwei oder sogar drei Tage. Schostakowitsch war natürlich auch dort, er saß im Parkett und war wie verkrampft. Alle fünf Minuten rannte er hinaus zum Rauchen. Welche Reden es gab, daran zu erinnern fällt schwer. Die Rede des neu eingestellten Kulturministers Lebedew beispielsweise (der alte Kulturminister hatte die Gefahr des Formalismus nicht rechtzeitig erkannt). Der neue kam ich weiß nicht woher, vielleicht aus einer Fabrik, aber seine Rede! „Das Moskauer Konservatorium hat kriminelle Fehler gemacht. Der Direktor hat den Professoren erlaubt, dass die Studenten der Komponisten-Fakultät die Musik von Madler und Handemithen studieren." Genau so hat er das ausgesprochen. Schostakowitsch war stark schockiert, und danach war er sogar krank, im Krankenhaus. Einer der Professoren, ein berühmter Mann, sagte: „Genosse Prokofjew, Ihre Musik ist gefährlich für junge Pianisten, sie macht ihre Hände kaputt!" Ein anderer sagte: „Genosse Schostakowitsch, wir müssen akzeptieren, dass es in irgendeinem Quartett von Haydn mehr Musik gibt als in allen Ihren Sinfonien." Ich ging damals mit meinem kleinen Sohn in den Zirkus. In Moskau war ein wunderbarer Zirkus. Dort stand auf der Bühne ein kleines Klavier. Es kam der berühmte Clown Karand'asch. Er ließ seinen Hund über die Tastatur laufen. Als man ihn fragte, was der Hund macht, sagte er: „O, er spielt die neue Sinfonie von Schostakowitsch." Das war eine schwere Zeit für uns alle. Wir konnten schon ahnen, was für schwere Zeiten kommen würden. Was sollten wir weiter machen?

B.F.: Für Schostakowitsch war das ein Déjà-vu. Das Gleiche hatte er im Jahr 1936 schon einmal erlebt, als an seiner Oper *Lady Macbeth von Mzensk* das Exempel statuiert wurde, das die gesamte sowjetische

Avantgarde-Kunst auslöschte. Mit der Fünften Sinfonie hatte er sich rehabilitiert und als neuer Klassiker dargestellt, der die Regeln der Doktrin des Sozialistischen Realismus zu beherrschen weiß. Seine Vierte Sinfonie musste er dafür allerdings opfern.

Wir hören den Anfang der Vierten, live gespielt vom Bundesjugendorchester unter der Leitung von Rudolf Barschai.

MUSIK 3: 4. Sinfonie, Anfang
Bundesjugendorchester, Rudolf Barschai
Track 1, 10'33 (M0-009076 W00)

R.B.: Als er die Vierte Sinfonie komponierte – unmittelbar nach der *Lady Macbeth*, mit der sie viel zu tun hat – bereitete Stiedry die Uraufführung in Leningrad vor. Aber bei der Generalprobe haben Schostakowitsch und seine Freunde die Uraufführung aus Angst zurückgehalten. Sie wurde erst 30 Jahre später in Moskau uraufgeführt. Dumme Leute sagten, das sei ein schlechter Dirigent gewesen, der die Einstudierung mit dem Orchester nicht geschafft hätte. Das stimmt nicht. Er war ein großer Dirigent und das Orchester spielte sehr gut. Es war Angst, weil das gefährlich war. Einmal geschlagen, könnte das zweite Mal Gefängnis kommen. Er hatte immer Angst vor dem Gefängnis. Nicht nur er, viele Leute! Auch David Oistrach hat erzählt, dass er immer Angst hatte, wenn in der Nacht der Lift kommt. Dann konnten sie nicht schlafen und warteten, in welchen Stock er anhält. Sie lebten im zweiten Stock, und wenn er weitergefahren war, konnten sie ruhig weiterschlafen. So war das Leben in Moskau.

B.F.: Und dann kam der Krieg. Schostakowitsch blieb zunächst im belagerten Leningrad. Im Radio hörten die Menschen, dass er dort seine Siebte Sinfonie schrieb. Sie wurde ein Mythos. Als sie fertig war, war der Komponist schon an den Ural evakuiert. Rudolf Barschai war damals mit der Leningrader Musikschule nach Taschkent ausgelagert. Dort waren alle neugierig auf die neue Sinfonie und wollten sie unbedingt spielen. Einer seiner Lehrer war Schostakowitschs engster Freund.

R.B.: Damals war Isaak Glikman unser Literaturlehrer, und er fuhr mit anderen nach Swerdlowsk, um die Partitur nach Taschkent zu holen.

MUSIK 4: 7. Sinfonie, 1. Satz
RSO Köln, Rudolf Barschai
Track 1, 10'10 bis 16'10 (6'15) (LC 09421 Brilliant 6275-4)

R.B.: Wenn das Angriffsthema zur höchsten Apotheose kommt, tritt ein schwerer Blechbläserchoral ein: Schostakowitsch sagte damals: „Das ist mein Requiem! Ich hätte so gerne Worte dafür benutzt, aber ich konnte nicht die passenden Worte finden." Das ist klar: die Propaganda erlaubte das nie, denn das Requiem war für alle im Krieg Gefallenen, alle Seiten, nicht nur unsere Seite. Und dann geht die Musik weiter zu dem großen, berühmten Fagott-Solo. Er spielt diesen Monolog wie ein großes Rezitativ. Schostakowitsch sagte: „Das muss so traurig sein, dass es sogar keine Tränen mehr gibt."

MUSIK 5: 7. Sinfonie, 1. Satz
RSO Köln, Rudolf Barschai
Track 1, ab 20'00 bis 22'28 (2'28) (LC 09421 Brilliant 6275-4)

B.F.: Das war das Fagott-Solo aus dem ersten Satz der Siebten Sinfonie. Als Student am Moskauer Konservatorium kam Rudolf Barschai dann seinem Idol näher. Er hatte ein Quartett gegründet und studierte Schostakowitschs Erstes Streichquartett ein. Frech fragten die Studenten den Komponisten, ob er nicht zu einer Probe kommen wolle. Und er kam. Seitdem ging Barschai regelmäßig zu ihm, um ihm seine Kompositionen zu zeigen. Er war ein anspruchsvoller Lehrer:

R.B.: Was er von uns verlangt hat: nie Bleistift benutzen, alles nur im Kopf komponieren: „Im Kopf arbeiten und alle Skizzen im Kopf machen. Wenn Sie im Kopf bis zum letzten Instrument der Partitur fertig sind, dann nehmen Sie ein Blatt Notenpapier, Tinte und schreiben." Er hat so gearbeitet. Ich habe es gesehen. Zum Beispiel die Neunte Sinfonie schrieb er in einem fertigen Exemplar, ohne Skizzen, ohne Klavier, nichts, nur die Partitur.

B.F.: Ein Komponist wurde Barschai dann doch nicht, aber ein guter Bearbeiter. Prokofjews *Visions fugitives* bearbeitete er ebenso zur Zufriedenheit des Komponisten wie Schostakowitschs Achtes Streichquartett.

R.B.: Erstens hatte ich das Gefühl, dass einige Streichquartette von Schostakowitsch sinfonische Ideen enthalten. Diese Überlegung trug ich einmal Schostakowitsch vor. Er sagte, „Sie haben recht." Ich fragte, ob ich es einmal ausprobieren dürfe. „Warum nicht?"

Aber zweitens möchte ich diese Schönheiten popularisieren und mehr Menschen ermöglichen, sie zu hören, in größeren Sälen.

Das war natürlich eine nicht sehr einfache Aufgabe. Das war kompliziert. Man musste es so bearbeiten, dass es natürlich klingt und man die Musik nicht verschlimmert. Zu meiner Bearbeitung des Achten Streichquartetts sagte Schostakowitsch, „das klingt besser als das Quartett," aber das war ein zu starkes Lob. Ich war beschämt.

B.F.: In Barschais Bearbeitung und in seiner Interpretation mit dem von ihm gegründeten Moskauer Kammerorchester ging das Achte Streichquartett um die Welt. Schostakowitsch hatte ihm die Widmung „Den Opfern von Faschismus und Krieg" mitgegeben, und die Tatsache, dass es 1960 quasi im zerstörten Dresden entstand, trug zur Tarnung bei. Denn bei diesem Stück handelt es sich um ein Schlüsselwerk. Wenn hier von einer Ruine die Rede ist, dann höchstens von dem Komponisten selbst, der sich in den politischen Turbulenzen ebenfalls wie verbrannt fühlte. Das Quartett zitiert ausschließlich aus eigenen Werken, ja es stellt sie sogar in politische Zusammenhänge. Ganz deutlich wird im dritten Satz gezeigt, wie Schostakowitschs musikalisches Kürzel d-es-c-h sich in das betriebsame Kopfmotiv des Cellokonzerts verwandelt, das also dessen Verballhornung darstellt – der eifrige Präsident des Komponistenverbandes, der für alle da ist, die Maske, hinter der der wahre D.SCH. verschwunden ist.

R.B.: Im zweiten Satz taucht auf einmal mit Wucht das jüdische Thema aus dem 2. Klaviertrio auf. Es ist wie ein Ausbruch des Schmerzes. Schostakowitsch schätzte die jüdische Musik, weil ihm einfach ihre Melodien gefielen – und weil sie ein Lachen durch Tränen ausdrücken konnte. Er beschreibt sich damit selbst als der Clown, der die anderen mit seiner Musik unterhält, während ihm selbst ganz anders zumute ist. Wer die Zeit im Stalinismus ähnlich empfunden hat, verstand diese Haltung. Für die Kulturbürokraten war sie glücklicherweise nicht durchschaubar, obwohl sie natürlich genau spürten, dass in dieser Musik etwas nicht stimmte, doch das ließ sich nur einfach nicht greifen.

MUSIK 6: Kammersinfonie op. 110a, 2. Satz
(8. Streichquartett, bearbeitet von Rudolf Barschai)
Mito Chamber Orchestra Tokio, Rudolf Barschai
Track 6 3'32 (LC 09421 Brilliant 8212)

B.F.: Das war der zweite Satz der Kammersinfonie von Dimitri Schostakowitsch nach dessen Achtem Streichquartett. Instrumentiert wurde es von Rudolf Barschai, der bei dieser Aufnahme auch Dirigent des Mito Chamber Orchestra Tokio war. Bis heute legt Barschai immer wieder Instrumentierungen von Kammermusikwerken vor. Seine berühmtesten Bearbeitungen sind sicherlich *Die Kunst der Fuge* von Bach und die Zehnte Sinfonie von Mahler. Aber auch eine Bearbeitungs-Reihe weiterer Streichquartette von Schostakowitsch hat er vorgelegt, so das Dritte Streichquartett, bei dem er hier am Pult des Orchestra Sinfonica di Milano Giuseppe Verdi stand.

MUSIK 7: Kammersinfonie op. 83a, 2. Satz
(3. Streichquartett, bearbeitet von Rudolf Barschai),
Orchestra Sinfonica di Milano Giuseppe Verdi, Rudolf Barschai
Track 7 (7'04) (LC 09421 Brilliant 8212)

R.B.: Der dritte Satz des Dritten Streichquartetts hat einen faszinierenden Schluss. Es ist ein Beispiel dafür, wie Schostakowitsch nicht ohne Einfluss von Mahler eine Episode komponierte, in der zwei Tonarten zusammenstoßen. In diesem Fall c-moll und e-moll, und diese Dissonanz zwischen dem ‚es' in c-moll und ‚e' in e-moll bringt eine Atmosphäre hervor. Mahler hat solch eine Stelle in der Zehnten Sinfonie, wenn im Es-Dur in der Oberstimme ein ‚ges' kommt. Eine ähnliche Stelle gibt es am Ende des ersten Satzes der Zehnten Sinfonie. Das ist schon ein Einfluss des Zwölftonsystems, wie man ihn bei Schostakowitsch ab und zu antreffen kann. Seine Haltung zur Zwölftonmusik war sehr interessant. Ich kann nicht sagen, dass er sich sehr damit beschäftigt hat. Aber ich hörte ihn einmal sagen: „Viele ernsthafte Leute beschäftigen sich mit dieser Richtung. Das müssen wir akzeptieren."

B.F.: Für sich selber hielt der Komponist jedoch an der monumentalen Sprache fest, die die Zuhörer nicht nur in den sowjetischen Konzertsälen erreichte. Schostakowitsch-Uraufführungen waren für Musikfreunde magische Ereignisse, und seine Sinfonien waren die letzten, die in aller Welt ein Echo fanden. Die beiden Kriegssinfonien Nr. 7 und 8 haben den gleichen epischen Atem wie die Romane Boris Pasternaks und dieselbe poetische Gegenwärtigkeit wie die Gedichte Anna Achmatowas.

Wir hören jetzt den 3. Satz und den Anfang des 4. Satzes der Achten Sinfonie.

MUSIK 8: 8. Sinfonie, 3. Satz und Beginn 4. Satz
RSO Köln, Rudolf Barschai
Track 3 + 4 (Anfang) bis 2'00 (8'30) (LC 09421 Brilliant 6275-5)

R.B.: Wenn ich die Achte Sinfonie dirigiere und zum Schluss komme, wenn die Tempi richtig waren, wenn alles durchgearbeitet war und geklungen hat, dann hatte ich beim letzten Akkord das Gefühl, das ganze Leben sei an meinen Augen vorbeigelaufen. Und wenn ich die Musik von Schostakowitsch dirigiere, sehe ich ihn fast realistisch, sein Gesicht, seine Augen, höre seine Stimme. Ich habe gesehen, wie er komponiert und schreibt. Ich verbrachte einen Sommer mit meiner Familie auf seiner Datscha. Oft war er sehr früh im Wald. Wir haben gewartet und dann endlich gefrühstückt. Plötzlich sagte Maxim: „Da!" Er lief schnell aus dem Wald heraus, und Maxim sagte: „Er hat komponiert." Er geht nicht zum Balkon, zum Kaffee, sondern direkt in sein Arbeitszimmer, nimmt Papier, Tinte und schreibt. Die ganze Partitur. Ich sehe das. Und wie er Klavier gespielt hat! Ich habe das gehört und kann es nie vergessen. Ich habe fast alle Beethoven-Sonaten von ihm gehört. Wenn er Klavier spielte, spielte er immer Beethoven, entweder Sonaten oder Quartette. Wie er spielte, wunderbar! Mit so großer Bedeutung, perfekt, mit phantastischem Klang – er war ein großer Pianist. Wenn wir mit ihm sein Quintett spielten, war das der höchste Genuss für einen Ensemblespieler, denn sein Rhythmus war unvergleichlich, so stark, mit fast elektrisierendem Ton.

B.F.: Als Bratscher war Rudolf Barschai häufiger Kammermusikpartner Schostakowitschs, als Dirigent seines Moskauer Kammerorchesters hatte er wegen der Verschlechterung des Gesundheitszustands des klavierspielenden Komponisten immer seltener Gelegenheit, mit ihm zu musizieren. Doch im Jahr 1969 schrieb Schostakowitsch seine Vierzehnte Sinfonie für das Barschai-Orchester. Es ist ein elfteiliger Liederzyklus, der nur ein Thema kennt, das er unbarmherzig einkreist: den Tod. Ein Tabuthema im Sozialismus, in dem alle Menschen immerzu glücklich zu sein und auf eine bessere Zukunft zu hoffen hatten. Daraus hören wir jetzt den zweiten Satz *Malagueña*, gesungen von Alla Simoni.

MUSIK 9: 14. Sinfonie, 2. Satz *Malagueña*
Alla Simoni, Sopran, RSO Köln, Rudolf Barschai
Track 2 (2'50) (LC 09421 Brilliant 6275-10)

R.B.: Er hat mich angerufen. Aber wie: Ich hatte noch kein Telefon. Immer wenn er mit mir sprechen wollte, schickte er ein Telegramm. „Bitte rufen Sie mich so schnell an wie möglich. Schostakowitsch." Ich ging zur Telefonzelle. „Ich möchte Sie etwas fragen. Bitte sagen Sie mir genau die Besetzung Ihres Orchesters. Wie viele Geiger gibt es?" – „Insgesamt beide zwölf, vier Bratschen, drei Celli, ein Kontrabass." – „Das heißt, zehn Geigen divisi geht? Können Ihre Musiker divisi solistisch spielen?" – „Ja, ohne weiteres." – „Gut, kann man zwei Kontrabässe haben, können Sie noch einen engagieren?" – „Ja, ich kenne einen, er heißt Grischa Valevski, ich würde ihn gerne einladen." – „Gut. Und sind drei Schlagzeuger möglich?" – „Ja. Holzbläser brauchen Sie nicht?" – „Nein, nur Streicher und Schlagzeug." – „Unsere Bläser werden Schlagzeug spielen, ich bringe es ihnen bei." – „Gut, wenn ich so weit bin, werde ich Sie in ein paar Tagen noch einmal anrufen, wenn Sie erlauben." Nach einer Woche oder etwas mehr schickte er wieder ein Telegramm, ich solle ihn anrufen. „Was machen Sie heute Nachmittag?" – „Egal, was ich mache, für Sie bin ich frei." – „Sie sind motorisiert?" – „Bin ich." – „Können Sie um vier Uhr zu mir kommen?" Ich fuhr hin. „Ich möchte Ihnen meine neue Sinfonie vorspielen, wenn Sie erlauben." – „Natürlich, ich werde nur glücklich sein!" Er spielte sie mir vor. Es war die Vierzehnte. Die Partitur war schon fertig. Ich war sehr fasziniert. Und das heißt noch gar nichts. Ich war begeistert! Das sagte ich ihm auch. „Wenn sie ihnen gefällt, würden Sie sie dann uraufführen?" Erstens musste ich dankbar sein, zweitens war ich glücklich, mit ihm zu arbeiten. Aber ich brauchte so bald wie möglich Stimmen. „Ja, ja, schon morgen gebe ich die Partitur zum MusFond, dort gibt es eine Bibliothek, die werden das machen." Wieder eine Woche vergeht, und wieder kommt ein Telegramm: „Sie sind fertig! Wohin sollen sie geliefert werden?" – „In die Moskauer Philharmonie." Als ich sie kontrolliert hatte, bat er mich, ein wenig zu warten. Danach schickte er mir eine Fehlerliste, darunter stand: „Mehr Fehler habe ich nicht gefunden." Ich rief ihn an, dass ich anfangen wolle. „Ja, ja, wann geht es los, ich möchte schon bei der ersten Probe dabei sein." Und er kam, war erstaunlicherweise bei jeder Probe dabei, hat keine einzige verpasst. Manchmal passierte etwas Erstaunliches. Er war sehr natürlich und enthusiastisch bis zu Naivität, sehr spontan. Einmal probten wir die *Malagueña*, den zweiten Satz, eine sehr bravouröse Musik, ein in Charakter und Rhythmus energischer spanischer Tanz. Dort machte er eine sehr interessante Instrumentierung. Am Anfang spielen sie unisono über zwei Oktaven. Erste und Zweite Geige unisono sehr hoch und unten Celli und Kontrabässe, das klingt teuflisch, so wie ein Messer. Wir proben, und plötzlich fühle ich einen Schlag auf der Schulter. Ich drehe mich um und sehe Schostakowitsch, der mich umarmt. „Um Gottes willen! Ich habe nicht vermutet, dass das so fantastisch klingt! Bitte weiter." Er war immer so spontan und begeistert. Auch bei der Probe mit den Sängern war er dabei. Er sagte: „Sie arbeiten gut mit den Sängern, sie provozieren Sie zum Guten. Weiter so!" Er hat viel geholfen, das war unschätzbar.

Die erste Sängerin, die die ganze Vorbereitung sang, war Margarita Miroschnikowa. Wischnewskaja kam erst später, weil sie im Bolschoi stark beschäftigt war. Irgendwo schrieb sie, es habe sechzig Proben gegeben. Wie will sie das wissen? Sie hat nie geprobt! Sie kam erst ganz zum Schluss für ein, zwei Proben …

Schostakowitsch war immer dabei. Zum Schluss hat er seine Schüler eingeladen. Die waren so begeistert! Ich glaube Weinberg sagte, „Das ist so unwahrscheinlich komponiert, ich weiß nicht, womit man das vergleichen kann." Und Wassner sagte: „Nur das *Lied von der Erde*." Ich wäre einverstanden.

MUSIK 10: 14. Sinfonie, 11. Satz
Alla Simoni, Sopran, Vladimir Vaneev, Bass, RSO Köln, Rudolf Barschai, Track 11 (1'04) (LC 09421 Brilliant 6275-10)

Ein mausgrauer Komponist –
Die Streichquartette von Dimitri Schostakowitsch

Dimitri Schostakowitsch kam der Gedanke, sich auf die Gattung Streichquartett einzulassen, erst nach der Fünften Sinfonie; seine Nr. 1 trägt die Opuszahl 49. Umso nachdrücklicher hat ihn das Streichquartett danach beschäftigt. Fünfzehn Quartette wurden es schließlich, ebenso viele wie die Sinfonien, und im Gesamtwerk sind sie ebenso schwergewichtig wie diese. Wenn die Quartette auch einzeln nicht in direktem Gegensatz zu den Sinfonien stehen, dann beschreiben sie doch als Gattung zwei janusartig entgegengesetzte Gesichter des russischen Komponisten.

Diese Aufspaltung geschah allerdings erst mit der Fünften Sinfonie. Im Frühwerk hätte sich eine so feine Gattung wie ein Streichquartett seltsam ausgenommen, denn da war er vor allem ein frecher Hund. Gewiss, der Neunzehnjährige hatte 1925 mit einer klassischen Sinfonie weltweit Aufsehen erregt. Aber das war seine Diplomarbeit am Leningrader Konservatorium, und mit ihr wollte er sowohl seine formale Meisterschaft, als auch die nötige Portion Respektlosigkeit gegenüber der Tradition beweisen – etwa, indem er eine Korrektur, die sein ihm sehr wohlgesonnener Lehrer Alexander Glasunow in der Harmonisierung angebracht hatte, vor der Aufführung hinter dessen Rücken wieder rückgängig machte. Auch das Präludium und Scherzo für Streichoktett aus dem gleichen Jahr sind kompositorische Virtuosenstücke. Überhaupt sind Scherzi und fantastische Tänze die häufigsten Namen seiner ersten Kompositionen.

Höchstens das 1. Klaviertrio op. 8 bemüht sich um ein konventionelles Kammermusik-Genre, doch auch hier spielt der Siebzehnjährige sehr gekonnt mit einer alten Form und imitiert den Ton der Tradition, um ein hintergründiges Bild zu geben. Das entscheidende Instrument ist hier das Klavier, Schostakowitschs eigenes Instrument, auf dem seine große Virtuosität ihn bis zum ersten Preis beim Warschauer Wettbewerb brachte. Schostakowitsch war, wie wir von Zeitgenossen ebenso wie durch Aufnahmen wissen, ein ganz unglaublicher Pianist mit einem eigenartig scharfen und pointierten Anschlag; Pedal benutzte er fast nie – und solche Charakteristika sind auch ganz allgemein nicht unwesentlich für seine Musik. Für seine eigenen Auftritte schrieb er denn auch die 1. Klaviersonate und die *10 Aphorismen*, die die radikale Sprache seiner 2. und 3. Sinfonie vorbereiteten – wie ihre Titel *Oktober* und *1. Mai* schon zeigen, ging es da um die Verbindung experimenteller Klänge mit Anforderungen des Agitprop. Das Streichquartett war für ihn zu diesem Zeitpunkt eine wenn nicht antiquierte, so doch äußerst entlegene Sache.

Viel lieber schrieb Schostakowitsch für das Theater, das ihn in die Zusammenarbeit mit Meyerhold, Majakowski und Rodtschenko brachte, oder für das neue Medium des Films, wo er mehrfach mit den großen Regisseuren Kosinzew und Trauberg arbeitete, die bald Freunde wurden. Es entstanden die drei Ballette auf Stoffe, wie sie in der jungen Sowjetrepublik aktuell waren, und die beiden sozialkritischen Opern *Die Nase* und *Lady Macbeth*. Hinter diesen engagierten Arbeiten hatte die reine Konzertmusik zurückzustehen.

Das 1. Klavierkonzert mit seiner witzigen Trompetenstimme war eher eine Persiflage auf das romantische Konzert. Immerhin deuten die 24 Klavierpräludien und die Cellosonate darauf hin, dass ihm auch in politisch brisanter Zeit das Konzertpodium als solches wichtig war. Die Konzeption einer rein instrumentalen vierten Sinfonie brachte ans Licht, was Schostakowitsch auch in einer *Deklaration der Pflichten eines Komponisten* publizierte: Die Flucht der Komponisten ins Theater habe zur Produktion von bloßen Schablonen geführt, aber die Musik ruiniert, er könne nun nicht weiter der eigenen Entpersönlichung zusehen.

Der herausragende Musikwissenschaftler Iwan Sollertinski, mit dem Schostakowitsch sich eng befreundet hatte, impfte dem bisherigen Bürgerschreck die Achtung vor der Musik „von Bach bis Offenbach" ein und bestärkte ihn in der Auffassung, dass nur die künstlerische Qualität, nicht aber irgendeine gute politische Absicht der sowjetischen Musik Achtung eintragen könne.

Doch dann kam der Januar 1936. In der Prawda erschien der von Stalin initiierte Artikel *Chaos statt Musik*. Für Schostakowitsch begann die lange Reihe von Versammlungen, in denen seine Musik von den Bürokraten verurteilt und er zum Volksfeind abgestempelt wurde. Anderen Künstlern, darunter vielen Freunden wie dem Marschall Tuchatschewski, ging es bekanntlich weit schlimmer, sie wurden in Lager deportiert oder ermordet.

Zunächst war Schostakowitsch wie gelähmt und schrieb in diesem Jahr neben einer Film- und einer Theatermusik nur vier Puschkin-Lieder. Die Fertigstellung der Vierten Sinfonie schleppte sich hin, und vor der Uraufführung zog er sie plötzlich zurück. Er war nun 30 Jahre alt und hatte Familie. Er suchte nach einer Möglichkeit, zu überleben ohne sich aufzugeben. Er fand sie mit der nach klassischem Schema viersätzig angelegten Fünften Sinfonie. Unter dem politischen Druck formte sich seine Musik um. Sie erhielt einen doppelten Boden. Nach außen hin war sie demonstrativ klassizistisch und klang, als erfülle sie die Anforderungen der offiziellen Doktrin vom „Sozialistischen Realismus", doch für den Musikkenner enthielt sie verborgene Botschaften: die Volkstümlichkeit war sarkastische Posse, jüdische Melodik solidarisierte sich mit Verfolgten, bestimmte Themen und Motive bedeuteten ebenso konkrete Hinweise wie die Benutzung von Formen der Tradition und ihre anders gerichtete Verwendung. Das war die Maske Schostakowitschs in der Zeit des Stalinismus, mit der er sich die Rehabilitierung erkaufte, die in der Berufung zum Professor am Leningrader Konservatorium gipfelte.

Da er selbst in den letztlich doch immer als Großereignis angelegten Sinfonien die Grenzen des Möglichen immer wieder ausreizte und seine Gegner provozierte, bezahlte er für das Überleben mit dem frühen Ruin seiner Gesundheit, hoher Nervosität und psychischen Problemen. Gegenüber der Vortäuschung des Klassischen in den Sinfonien rückte nun das Streichquartett in den Mittelpunkt seines Interesses. Hier konnte er die kompositorische Meisterlichkeit in der Stille erproben. Kammermusik war für die Parteibürokraten nicht so interessant. Welcher feindlichen Agitation konnte die zahlenmäßig unbedeutende Besucherschar dort schon zum Opfer fallen!

Die Gefühlswelt des Ersten Quartetts aus dem Jahr 1938 ist denn auch reich an Schattierungen. Nachdenklichkeit und Verzicht auf äußerliche Effekte, eine ruhige Heiterkeit statt aufgeputzter Fröhlichkeit, rein musikalische Formlösungen befreien vom Krampf der Verstellung. Das Stück steht ausgerechnet in der „naiven" Tonart C-Dur und ist völlig unprätentiös – nach der bedeutungsschweren Geschichte der Gattung Streichquartett hätte dieser Anfang auch ganz anders ausfallen können. Im entspannten, wenn auch untergründig nicht sorgenfreien Ton des Stücks drückt sich eine Haltung aus, die allem politischen Druck mit souveräner Distanz zu begegnen weiß.

Hier erinnert alles an den frühen, unbekümmerten Schostakowitsch, den frechen Parteigänger der Avantgarde. Wie in der Ersten Sinfonie des 19jährigen ist im Ersten Streichquartett des 32jährigen Komponisten die traditionelle viersätzige Form eingehalten, aber im Inneren geht er natürlich wieder ganz eigene Wege. Das Stück dauert nicht mehr als eine gute Viertelstunde und hätte auch anders enden können, als in diesem Wirbel von Ausgelassenheit. Der erste Satz ist kein schnelles *Allegro*, sondern ein *Moderato*, und es gibt auch keine Durchführung. Die Themen entfalten sich lyrisch und zeigen sich in überraschenden harmonischen und rhythmischen Perspektiven. Die Musik erfreut sich am freien Spiel der einzelnen Stimmen.

Tröstlich in diesem Quartett ist vor allem, dass Schostakowitsch mit der russischen Tradition auch noch ganz positiv umgehen kann: Tritt uns in den Sinfonien immer mehr die Fratze des Nationalismus, der stumpfen Selbstbeweihräucherung entgegen, sobald russisches Kolorit benutzt wird, demonstriert er uns im zweiten Satz des Quartetts, wie anregend die russische Musiktradition auf seine Musik wirkt, so lange es um rein Kompositorisches geht. Hier kann er sich ganz entspannt seinen Vorbildern Tschaikowsky und vor allem Mussorgski beigesellen. Zauberspuk von Mendelssohn'scher Leichtigkeit beherrscht den dritten Satz.

Zunächst schien es, als sei das C-Dur-Quartett nur ein kleiner Seitensprung gewesen. Sechs Jahre sollte es dauern, bis das Zweite entstand, da schrieb man schon das Jahr 1944 und es herrschte Krieg. In der Zwischenzeit schrieb Schostakowitsch die sarkastische Sechste Sinfonie und gestaltete in den groß angelegten Bildern der Siebten (der *Leningrader*) und der Achten die europäische Tragödie des Totalitarismus. Während der Krieg tobte, seine Stadt Leningrad von den Deutschen belagert und er selbst in den Ural evakuiert wurde, entstand das Klavierquintett, dessen Uraufführung 1940 mit ihm selbst am Klavier ein überaus bedeutendes Ereignis für die russische Musik war; auch die zweite Klaviersonate ging zwei Jahre später den kammermusikalischen Weg weiter, der 1944 zu einem dritten Werk mit Klavierbeteiligung führte: dem großen Zweiten Klaviertrio op. 67, das für das Achte Quartett so wichtig werden sollte.

Ein bedeutungsvoller Hinweis war in der Sechsten Sinfonie, dass sie keinen Kopfsatz hat, sondern nur aus einem langsamen Satz und zwei Scherzi besteht: Kopflosigkeit angesichts unauflösbarer Widersprüche. In seinem Zweiten Streichquartett op. 68 vom Jahr 1944 legte Schostakowitsch hingegen großen Wert auf den Kopfsatz, der das umfangreiche Stück einleitet. Die Unbefangenheit des Ersten Quartetts hat die Musik verloren, sie ist von großer Verstörtheit. So kann man das Finale zwar als einen Variationssatz bezeichnen, doch was mit diesem russischen Thema geschieht, ist so wenig bloße kompositorische Virtuosität wie das Variationenfinale von Tschaikowskys Vierter Sinfonie.

Hatte man in der Klassik noch vom Streichquartett als der vernünftigen Unterhaltung von vier gebildeten Personen gesprochen, wird die Gattung mit diesem Stück zur einsamen Zwiesprache. Zur Zwiesprache mit sich selbst, mit einem imaginären oder mit einem ebenfalls einsamen Zuhörer in einer Zeit, in der die Massen gefährlich geworden sind. Dem entspricht das Rezitativ, die Deklamation eines Instruments nach der Art menschlicher Rede: kein „Lied ohne Worte", sondern eine Ansprache ohne Worte – ob an ein vertrautes Gegenüber, an einen erhofften Empfänger, in das Nichts hinein oder als ein Gebet: in jedem Fall eine Flaschenpost. War der Komponist in diesem Quartett mit vielem bereits auf die Neunte Sinfonie zugegangen, weist das genannte Rezitativ noch zwei Jahre weiter in die Zukunft, auf die große Kadenz des Ersten Violinkonzerts.

Nach dem Ende des Krieges mit allen seinen furchtbaren Verwüstungen und Opfern hatte Schostakowitsch das Pech, dass er bei der Nummerierung seiner Sinfonien bei der Neun angelangt war. Stalin, und nicht nur er, erwartete nun natürlich eine „Sowjetische Neunte" auf den Sieg seiner siegreichen Armee. Was bei der Uraufführung 1945 ans Tageslicht kam, war jedoch ein klassizistisches Leichtgewicht, das auch noch kräftig ironische Töne anschlug und Galgenhumor zum Ausdruck brachte. Die Wiederkehr des Spötters Schostakowitsch wurde nicht verziehen. Vor Stalins Tod wagte er keine Sinfonie mehr. Der Komponist zog es vor, seine nächsten Werke entweder für Kammermusik zu schreiben oder ganz in der Schublade verschwinden zu lassen.

Schlimmer wäre es freilich gewesen, die Kultur-Gängler hätten die Neunte verstanden. Was sie witzig formulierte, die Ängste der Unterdrückten wie ihren Galgenhumor, das bringt das Dritte Streichquartett op. 73 ein Jahr später in vollem Ernst. Es gehört zu den schwergewichtigen Kammermusikwerken, die Schostakowitsch in jenen Jahren schrieb. Hier hallen noch einmal die Ungeheuerlichkeiten der Achten Sinfonie nach. Auch die fünfsätzige Anlage entspricht ihr. Wie dort steht vor dem Finale als langsamer Satz eine Passacaglia. Diese Form diente Schostakowitsch seit der Oper *Lady Macbeth*, wo er ein Zwischenspiel als Passacaglia gestaltet hatte, als Ausdruck eines unausweichlichen Verhängnisses. Ein Bassthema wird ostinato, d.h. unverändert immerfort wiederholt, während sich die oberen Stimmen frei bewegen, bis sie auf dem Höhepunkt das Passacaglia-Thema übernehmen.

Die beiden Themen des ersten Satzes sind höchst gegensätzlich; das erste ist eine sarkastische Polka in neoklassischem Stil, das zweite eine zarte Melodie. Doch was geschieht mit diesen unscheinbaren Geschöpfen in der Durchführung! Sie wenden sich unvermuteter Gewalttätigkeit zu und stürzen sich in eine enorme Kollision, die etwas vom Trotz eines Kindes hat. Hier zeigt sich Schostakowitsch als ein phänomenaler Meister der Durchführung, der mühelos das Niveau Beethovens erreicht. Der Satz ist in seiner Haltung dem Kopfsatz der Vierten Sinfonie von Gustav Mahler nicht fern.

Neu im Streichquartett ist der Marionettenmarsch im ersten Scherzo, eine typische Ausdrucksform Schostakowitschs in der Stalinzeit, die meist im Allegretto-Tempo auftaucht, eine traurige Karikatur. Auch dieser zweite Satz *Moderato con moto* hat zwei Themen, das erste energisch federnd, das zweite fiebernd, durchbrochen von Seufzermotiven in den höheren Registern. Nach einer Reihe von Veränderungen endet er mit versöhnlichen Tönen. Auf einen langen Quartsextakkord in c-moll legen sich tiefe Terzen in e-moll, was eine Dissonanz ergibt, die an eine düstere Höhle erinnern mag. Der teuflische Rhythmus des Scherzos wechselt zwischen Zweier- und Dreiertakt und schafft dadurch eine ungeheure Spannung, die bis zum Ende nicht nachlässt. Danach erklingt das erwähnte *Adagio* mit der Passacaglia. Ohne Unterbrechung folgt der fünfte Satz *Moderato.* Sein erstes Thema klingt wie eine Barkarole. Dem gesangvollen zweiten Thema folgt überraschend ein kecker Tanz in A-Dur, dessen Anflug von Wehmut aber seine Herkunft aus einem jüdischen Tanz verrät – Schostakowitsch liebte die jüdische Musik besonders, da sie das tiefe Leid des Musikanten zugleich verbarg als auch offenbarte.

Noch eine weitere formale Neuerung greift der Komponist im Dritten Quartett auf. Im Zweiten Klaviertrio hatte er sie zum ersten Mal angewandt: Im Finale erklingt auf dem Höhepunkt das ostinate Passacaglien-Thema, die Quartettsätze werden auf diese Weise thematisch zyklisch verknüpft. Auch im Sechsten und Zehnten Quartett wird diese Form eine wichtige Rolle spielen, zunächst aber im Violinkonzert von 1947, in dem das Gewaltthema aus der Oper *Lady Macbeth* auch das Passacaglia-Thema abgibt – ein Symbol des fortwährenden Verhängnisses und in der Schluss-Apotheose auch dessen grauenhafter Triumph.

In der Reprise tritt das jüdische Tanzthema nach a-moll gewendet wieder auf. Nach unsteten harmonischen Wechseln findet die Musik schließlich zurück nach F-Dur und zeigt den Ausdruck tief empfundener Versöhnung. Bis zuletzt klingt dieser Akkord ostinato nach, während die erste Violine uns einen Abschiedsgruß zusendet.

Obwohl es zunächst wie eine private Oase in den Wüsteneien der Zeit wirkte, ist das Streichquartett auf diese Weise nun doch sehr rasch in Schostakowitschs System des Komponierens mit doppeltem Boden hineingezogen worden. Sowieso gab es kein Entrinnen aus einer nach Kriegsende wieder verschärften Reglementierung des Lebens und der Künste. Die Musik war diesmal die letzte, die es traf, als Andrej Shdanow die Keule gegen die Kultur schwang. Im Februar 1948 fand die große Versammlung statt, auf der mit Prokofjew, Schostakowitsch und Chatschaturjan die besten sowjetischen Komponisten als Abweichler und Volksfeinde gegeißelt und ihrer Lehrämter an den Hochschulen enthoben wurden.

Die folgenden fünf Jahre bis zu Stalins Tod 1953 wurden schwierig. Materiell ungesichert, musste Schostakowitsch wieder als Pianist auf Konzerttourneen gehen. Was er in diesen Jahren neben Stücken für ein Massenpublikum wie dem *Poem von der Heimat* oder *Über unserer Heimat scheint die Sonne* schrieb, wanderte in die Schublade. Stalin hatte zur gleichen Zeit eine antisemitische Kampagne angefacht, auf deren Höhepunkt auch der Leiter des Jüdischen Theaters, Solomon Michoëls, umgebracht wurde, den Schostakowitsch gut kannte. Der Komponist Mieczysław Weinberg, mit dem Schostakowitsch befreundet war, wurde eingekerkert und gefoltert. Da die jüdische Folklore ihn schon lange fasziniert hatte – im Zweiten Klaviertrio hatte das zum ersten Mal Ausdruck gefunden – verwendete er sie jetzt erst recht, im Violinkonzert, im Liederzyklus *Aus hebräischer Volkspoesie*, im Vierten Streichquartett op. 83, das 1949 entstand, ebenfalls für die Schublade.

Auf den ersten Blick erscheint das Vierte Quartett als typisches Produkt der inneren Emigration, der Welt abhandengekommen und nur für sich selbst da. Doch man muss nur auf die jüdischen Motive achten, und man hört anders. Wie viele andere Stücke Schostakowitschs ist auch dieses ein Requiem, hier ein Gedenken an die jüdischen Opfer des Regimes. Rudolf Barschai, der die bekannte Orchesterfassung des Achten Quartetts schuf, hat mit seiner Fassung des Vierten Quartetts sozusagen mit der Röntgenkamera des bunten Kammerorchesters in die Tiefenschichten hineingeleuchtet, und da war es mit der Gemütlichkeit schlagartig vorbei. Die im Galopp-Trio des Scherzos verborgenen Mahler'schen Militärsignale kann man nun ebenso wenig ignorieren wie den letzten Trompetengruß an den toten Freund am Ende. Im Finale finden die orientalischen Skalen, Orgelpunkte und Tanzrhythmen in einfach gebauten Liedthemen zusammen: Die Verbindung chromatischer Klagemotive mit fröhlichem Tanzcharakter und die hier deutlich hervorgehobene übermäßige Sekunde sind Charakteristika jüdischer Folklore. Dies war Schostakowitschs Kommentar zum staatlich geförderten Antisemitismus.

Barschai, erst Schüler Schostakowitschs, dann sein Kammermusikpartner, hatte sich über jene Stelle gewundert, in der ein orthodoxer Choral neben einem jüdischen Tanzthema steht, das ganz sarkastisch wirkt. Als sie beide einmal in Schostakowitschs Wohnung alleine arbeiteten, fragte er ihn danach. „Seine Augen blitzten auf und sahen mich genau an, und darin habe ich vieles gelesen. Zuerst las ich, dass er sehr zufrieden sei, dass das jemand versteht. Aber dann beherrschte er sich sofort und schloss sich völlig ab. Er sah nach unten und sagte ganz kalt und scharf: ‚Aber das bedeutet nichts, das ist Musik, das ist alles.' Da war mir alles klar."

Das beispiellos herbe Fünfte Quartett op. 92 ist der letzte Zeuge der ausweglosen Situation der späten Stalinzeit, die den Komponisten soweit demütigte, dass er sich als „Volksvertreter" in den Obersten Sowjet der Russischen Republik wählen lassen musste. In der nach dem Tod des Diktators erschienenen Zehnten Sinfonie bricht der angestaute Hass auf, wird ein Triumphlied auf den Individualismus angestimmt, das in der ständigen Wiederholung des Wörtchens „Ich" gipfelt – musikalisch tut Schostakowitsch das durch die Verwendung der deutschen Umschrift seiner Initialen D. Sch., also in den Noten d-es-c-h.

In Wirklichkeit brachte ihm die Befreiung jedoch ein Erlöschen der Produktivität. Er begann sich bereits als ein zweiter Rossini zu fühlen, bis er 1956 das schöne Sechste Quartett op. 101 und im Jahr darauf die Elfte Sinfonie komponierte. Im Sechsten Quartett macht gleich zu Beginn das bei Schostakowitsch so häufige Klagemotiv auf sich aufmerksam, eine fallende Tonfolge. Die Widersprüche in dieser Komposition werden versöhnt, indem jeder Satz mit der gleichen kadenzierenden Floskel harmonisch abgeschlossen wird – die resignierende Ironie ist nicht zu überhören. Das Gewaltmotiv deutet tiefergründige Schichten dieser Musik an, die aus einem Höhenflug schwindelnd abstürzt und im bekannten Marionettentrott endet. 1958 brachte eine Operette und 1959 ein Cellokonzert, erst das Jahr 1960 wurde wieder produktiver. Hier entstanden gleich zwei Streichquartette. Das knappe, in Erinnerung an seine erste Frau Nina geschriebene Siebte Quartett op. 108 steht freilich im Schatten des Achten Streichquartetts op. 110, Schostakowitschs berühmtester Quartettkomposition überhaupt.

Doch so häufig das Achte Quartett gespielt wird, so selten wird es verstanden. Dabei ist es das Schlüsselwerk, das uns das ganze Rätsel Schostakowitsch mit einem Schlag auflöst. Er hat es natürlich selbst verschleiert, indem er die pathetische Widmung „Den Opfern von Faschismus und Krieg" darüber setzte. Wenn man aber die Themen hört, die aus seinen eigenen Werken und Tschaikowskys Sechster Sinfonie sind, dazu das an den wichtigsten Stellen auftauchende „d-es-c-h“-Motiv, kann man eigentlich nicht übergehen, dass nur von ihm selbst die Rede ist.

Es war auch immer bekannt, dass das Quartett nach Schostakowitschs Eintritt in die Kommunistische Partei entstanden war – ein Schritt, den niemand recht verstand. Sicher, in der Tauwetter-Periode unter Chruschtschow schrieb er Musik, die nach Hoffnung auf eine Rettung des sozialistischen Gedankens aussah, aber wenn er unter dem ärgsten Druck nicht in die Partei eingetreten war, warum sollte er es jetzt tun? Man wollte ihn zum Vorsitzenden des Komponistenverbandes der Russischen Republik machen – an der Spitze des Allunionsverbandes amtierte seit 1948 sein Feind Tichon Chrennikow (er sollte es bis 1993 tun) – und die Voraussetzung für diese Position war die Parteizugehörigkeit.

Von Zeitzeugen wissen wir, dass Schostakowitsch sich mit allen Mitteln dagegen sträubte und dass er Ausreden suchte bis dahin, dass er noch nicht genug vom Marxismus verstehe und religiös sei; wir wissen, dass er aus Moskau floh und dass er hysterisch weinte. Es half alles nichts. Danach schickte man ihn nach Dresden, um die Musik zu Arnstams Film *Fünf Tage – fünf Nächte* zu schreiben. An seinen intimen Freund Isaak Glikman schrieb er einen Brief, der vom Empfänger erst 1991 veröffentlicht wurde. Darin berichtet er, dass er zwar von der Sächsischen Schweiz begeistert sei und ein Streichquartett komponiert habe, aber von der Filmmusik keinen Takt geschrieben habe.

Das Achte Streichquartett sei eine Pseudotragödie und „der Erinnerung des Verfassers dieser Musik“ gewidmet, schrieb Schostakowitsch: sarkastisch beschreibt er sich als einen Toten. Die Selbstdemütigung gipfelt in der Bemerkung, er habe geweint – aus Glück darüber, wie schön die Form gelungen sei. Der erste Satz erinnert an die Wendepunkte seines Komponistenlebens: aus weiter, nebelhafter Ferne steigen der Anfang der Ersten Sinfonie, deren Uraufführungstag er jedes Jahr zu feiern pflegte, und das zweite Thema der Fünften Sinfonie empor.

Die gehetzte Flucht des zweiten Satzes führt zu immer grelleren „d-es-c-h“-Rufen, die sich schließlich mit dem in dreifachem Forte ausbrechenden zweiten, jüdischen Thema aus dem Finale des Zweiten Klaviertrios verbinden – die Identifikation mit den jüdischen Opfern nicht nur des Holocaust, sondern auch der stalinistischen Pogrome. Im dritten Satz mit seiner untertänigen Beflissenheit enthüllt Schostakowitsch das Hauptthema des Cellokonzerts vom Vorjahr als eine

Entstellung des „d-es-c-h“-Motivs: das angepasste Mitglied des Komponistenverbandes, das seine Stücke gerne kritisieren lässt und stets als Helfer zur Stelle ist, als Maske des Komponisten D. Sch. Auch die fiesen Achtelfiguren geben Hinweise auf entsprechende Stellen in der Vierten und Fünften Sinfonie. Revolutionäre Trauerlieder und die sehnsuchtsvolle Klage der *Lady Macbeth* um ihren verlorenen Liebhaber Serjoscha stellen das „d-es-c-h“-Motiv schließlich wieder richtig, das dann den desolaten Schluss-Satz beherrscht.

Schwer zu glauben, dass danach die Zwölfte Sinfonie zum Gedenken an Lenin entstand, zu der die Dreizehnte vom Jahr darauf mit ihren provozierenden Jewtuschenko-Texten wieder jene kritische Solidarität mit dem Chruschtschow-Regime praktiziert, indem sie es bei seinem moralischen Anspruch packt. Der neuerliche Konflikt mit den Behörden war damit vorprogrammiert. Im Jahr 1964, in Chruschtschows letzten Monaten, entstanden wieder zwei Streichquartette: Nr. 9 op. 117 und Nr. 10 op. 118. Das Neunte Streichquartett op. 117 besteht aus fünf Sätzen, die ineinander übergehen. Ein bizarres, abgründiges und sehr eindrucksvolles Werk, dem schon im ersten Satz bei aller scheinbaren Leichtfüßigkeit die Grundierung durch eine gleichförmige Achtelbewegung im Halbtonschritt und ein marionettenhafter Marsch den Anschein des Leidens am gleichmütigen Trott geben. Das mittlere *Allegretto* wird von zwei *Adagios* umrahmt. Im Finale, auf das beinahe die Hälfte der Takte entfallen, ballen sich die aufgestauten Widersprüche. Ein Kernthema beherrscht alle Sätze und wird auf vielerlei Weise variiert; mit ihm beginnt das Quartett und mit ihm schließt es auch. Es ist in seiner schnellen Form dem „Anpfiff“ aus dem dritten Satz des Achten Streichquartetts ähnlich, jener Karikatur der eilfertigen Beflissenheit. Der erste und der vierte Satz bekommen durch die stetige Wiederholung eines Halbtonschritts einen monotonen Ausdruck. Das erinnert (wie im ersten Satz der Zehnten Sinfonie) an das Klage-Motiv, das hier im ersten Satz einmal auftritt, sonst aber durch ein – jedes Mal wiederholtes – Dreitonmotiv würdig vertreten ist, das durch das ganze Werk geistert und aus dem zweiten Takt des Kernthemas entwickelt ist.

Im Mittelsatz, einem ebenso witzigen wie schließlich gespenstischen Galopp (einer wilden Jagd: nach dem Erfolg?), kommen russische Intonationen in einem märchenhaften Ton hinzu, die mit jenem kräftigen, russischen „Uach!“ enden. Der vierte Satz reißt den Fluss der Musik auf, zuerst mit jener bohrenden Wiederholung des Halbtonschritts, lähmend langsam, ganz wie im ersten Satz der Zehnten Sinfonie, dann mit *ff*-Pizzicato-Akkorden ähnlich wie in der Kadenz des Ersten Cellokonzerts. Solche Aufhebung der motorischen Bewegung schafft den Eindruck völliger Einsamkeit. Drei aufeinander folgende fahle Quint- bzw. Quartakkorde erzeugen eine schauerliche Stimmung: In der Fünfzehnten Sinfonie wird sich so der Tod melden. Dazu ertönt eine deklamatorische Wendung – ein Aufruf, eine Mahnung? –, die jenes wiederholte Dreitonmotiv enthält, das auch in der Mitte des Allegretto die Antwort auf den „Anpfiff" war.

Das Finale beginnt in größter Hast und völlig verstört. Die Formulierungen ähneln der „Flucht" am Beginn des Allegro-Finales der Vierten Sinfonie. Die bisherigen Gestalten werden dabei verarbeitet, es dominiert zunächst das wiederholte Dreitonmotiv, das in einem Zwischenteil vorübergehend von einem harten, schweren, russischen Lied verdrängt wird. Schließlich tritt die deklamatorische Stelle aus dem zweiten *Adagio* auf, gefolgt von den *Pizzicato*-Akkorden und schließlich den monotonen Halbtonschritten. In die Lähmung hinein wird das schlichte Galoppthema aus dem Mittelsatz eingeführt, das nach weiteren heftigen, zeitweise scharf dissonierenden Entwicklungen zusammen mit dem Kernthema und dem russischen „Uach!"-Juchzer das Streichquartett unvermutet zu einem *fff*-Schluss von hysterischer Ausgelassenheit führt.

Das Werk bietet keine simple Pauschallösung der Formfrage und ist auch in kein programmatisches Schema einzuzwängen. Es öffnet sich dem Hörer bei der ersten Bekanntschaft noch lange nicht, sondern zwingt ihn zum Nachdenken, es gehorcht also nicht der herrschenden Ästhetik. Stücke wie dieses zeigen den Komponisten wieder auf der Höhe seiner Fähigkeiten. Sie erklären auch die Anziehungskraft Schostakowitschs auf die junge Generation, die von seiner kunstvollen Satztechnik fasziniert war.

Das unmittelbar danach begonnene und am 24. Juli 1964 beendete Zehnte Streichquartett op. 118 setzt an vergleichbar marionettenhaften Formulierungen an. In schärfstem Kontrast zu dem einleitenden gleichmütigen Andante steht der grobe zweite Satz, ein aggressives *Allegretto furioso* vom Typus des sarkastischen Scherzos, das wildeste Scherzo aller Quartette, das an das Stalin-Portrait im Scherzo der Zehnten Sinfonie erinnert. Dem dritten Satz, einer ernsten Passacaglia mit elf Durchgängen, folgt das Finale erneut mit einem mechanisch bewegten Thema. Wenn die Musik schließlich in abstoßend aggressive Töne übergeht, wird von Cello und Bratsche das Passacaglia-Thema dagegengesetzt. In den nach diesem Höhepunkt mechanisch weitertrottenden Marsch dringt eine Erinnerung an den ersten Satz. Schließlich verliert sich die Musik im Irgendwo.

Das Marionettenhafte hatte sich in Schostakowitschs Musik einen immer größeren Stellenwert erobert. Folglich sah er darin die größte Bedrohung: dass sich wieder die Anpassung, das Kuschen, die Doppelmoral, der Opportunismus breit machen. In seiner Musik findet sich auch der Hinweis für ein Bewusstsein dafür, dass er mit seiner öffentlichen Rolle zu dieser Doppelmoral beigetragen hatte und sie erhalten half. In den Mittelpunkt seiner Musik rückte jetzt immer mehr der Tod, über den auch das Elfte Streichquartett op. 122 reflektiert, offenbar nach dem Motto „Carpe diem" („Nutze den Tag!"), was im Systemzusammenhang aber doch nur wieder die moralisierende Erpressung zur Mitarbeit ist.

Es entstand 1966 noch in der Tauwetter-Periode, die dann durch Breschnews Machtübernahme und Restaurationspolitik ein jähes Ende nahm. Neben dem fantastischen Zweiten Cellokonzert schrieb Schostakowitsch in diesem Jahr auch ein bitter-ironisches *Vorwort zur vollständigen Sammlung meiner Werke und kurze Betrachtungen hinsichtlich dieses Vorworts*. Selbst zu seinem 60. Geburtstag, zu dem man ihn allseitig mächtig ehrte, war an eine solche Gesamtausgabe natürlich nicht zu denken. Er war in einer Stimmung, wie ein Brief an Glikman sie ausdrückt: Es gebe Komponisten, die zu früh sterben, welche, die zum richtigen Zeitpunkt sterben, und welche, die zu lange leben. Mussorgski beispielsweise sei zu früh gestorben, Schubert dagegen zum richtigen Zeitpunkt, während Tschaikowsky zu lange gelebt habe. Auch er selber habe sich überlebt und sei ein mausgrauer, durchschnittlicher Komponist.

Im Mai 1966 erlitt er einen Schlaganfall. Die letzten neun Jahre seines Lebens war er immer öfter kränklich und mehr und mehr auch ans Krankenhausbett gefesselt. Das Spätwerk, das mit der Liederfolge nach Texten von Alexander Block und dem düsteren Zweiten Violinkonzert einsetzt, ist die vierte, stilistisch eigenständige Periode in Schostakowitschs Werk. Ihr Thema ist der Tod, am unmittelbarsten in der Vierzehnten Sinfonie von 1969, die in elf Liedern ausschließlich den Tod betrachtet. Illusionen gibt es nicht mehr, die Musiksprache wird spröde, überschreitet bisweilen die Grenzen der Tonalität.

Hässliche Motive im Zwölften Streichquartett op. 133 (1968) erinnern an jene „schmierigen" Passagen früherer Werke wie im Scherzo der Vierten Sinfonie. Interessant ist hier, mit welchen Einführungsworten Schostakowitsch selbst dieses knappe, zweisätzige Werk vorstellte: „Der erste Satz portraitiert die Welt hoher Ideale. Der zweite Satz steht in scharfem Kontrast dazu. Sein erster (wie dritter) Teil stellt ein beunruhigendes Scherzo dar, eine Agonie, die unfähig ist, die Widersprüchlichkeiten des Lebens zu lösen.“

Zur Ausgestaltung der beklemmenden Episoden im zweiten Satz dieses Quartetts setzte Schostakowitsch bisher ungewohnt „moderne“ Formulierungen ein, die die Musik „grölen“ lassen und auch den lauten Schluss sehr ungemütlich machen. Seit diesem Werk benutzte Schostakowitsch übrigens auch Zwölftonthemen, allerdings ohne eine strenge Reihentechnik anzuwenden; offiziell beteiligte er sich gleichzeitig an der Verteufelung der Zwölftonmusik. Seine aus sämtlichen 11 bzw. 12 Halbtönen der Tonleiter zusammengesetzten Themen bedeuten jedoch nur ein partielles Verlassen der Tonalität, der er – mit altrussischen Modifikationen – treu blieb. Zwölftonthemen im Zwölften Streichquartett und im ersten und letzten Satz der Violinsonate bleiben umso stärker Fremdkörper, als sie an den Finalsatz von Schönbergs Zweitem Streichquartett anklingen, an das George-Lied *Entrückung* („Ich fühle luft von anderem planeten“): als gleite die Musik ins Irreale.

Die Primitivismen in diesem Werk sind jedoch nichts im Vergleich zu denen des B-Teils des Dreizehnten Streichquartett op. 138 (1970). Das einsätzige Werk ist nach dem Schema A-B-C-B‘-A‘ strukturiert, also wieder in Bogenform. Die Adagio-Außenteile werden vom Klage-Motiv dominiert. Der B-Teil entwickelt sich zur Horror-Vision, mit einem Crescendo- Aufschrei vom *fp* zum *sffff*, der nicht nur am Schluss wiederkehren wird, sondern auch in der *Serenade* des Fünfzehnten Streichquartetts, zusammen mit den Schreckensfiguren, die ihn hier umgeben. Der Mittelteil ist ein marschähnliches Gehopse, ziellos, ohne jede Entwicklung, dessen gespenstischer Ausdruck durch Schläge mit dem Bogen auf den Corpus der Instrumente verstärkt wird und über das sich ein schauderhaftes Grölen legt. Klagend und völlig desolat versickert die Musik dann schließlich, und am Ende steht ein pfeifendes Crescendo des b’’’ vom *pp* zum *sffff*.

Solche Klänge standen im Gegensatz zur Ästhetik des Komponistenverbandes, als dessen Funktionär Schostakowitsch wortreich den Modernismus bekämpfte. Auch der alte Schostakowitsch erfüllte die ihm auferlegten Pflichten treulich und hielt die geforderten Reden gegen den widerlichen westlichen Avantgardismus. Als Lehrer und Funktionär setzte er sich jedoch stets für das Recht der jungen Komponisten ein, aufgeführt zu werden, auch wenn ihre Stücke nicht nach seinem Geschmack waren. Er kümmerte sich sogar darum, dass gerade die Radikalsten von ihnen im Ausland wahrgenommen wurden. Der Bruch der neuen Generation mit der alten Garde nahm Schostakowitsch daher bewusst aus. Auch Interpreten, die in den Westen emigrierten, spielten dort weiterhin Schostakowitsch – oder erst recht, denn in der Sowjetunion standen immer noch viele seiner Werke auf dem Index, wenn auch in den 60er Jahren etliches aus dem Frühwerk wieder aufgeführt und sogar die Uraufführung der Vierten Sinfonie nachgeholt worden war.

Viel konnte Schostakowitsch in den letzten Jahren nicht mehr schreiben. Mit der Fünfzehnten erschien 1971 seine letzte Sinfonie, der 1973 und 1974 die letzten beiden Quartette folgten. Neben dem Vierzehnten Quartett op. 142 entstanden die sechs Lieder nach Gedichten der unglücklichen Marina Zwetajewa. Das letzte ist Anna Achmatowa gewidmet, der großen Dichterin der Stalinzeit, mit der Schostakowitsch eine tiefe gegenseitige Wertschätzung verband, ohne dass sie persönlich in Kontakt traten. Die Nachbarwerke des Fünfzehnten Quartetts op. 144 sind die nach dem Muster der Vierzehnten Sinfonie komponierte elfsätzige *Michelangelo-Suite* und die *Lieder des Hauptmanns Lebjadkin* aus Dostojewskis *Dämonen* – ein Preislied auf die Unsterblichkeit des schöpferischen Genies neben den primitiven Schundprodukten eines Widerlings.

Die Arbeit an dem Quartett begann Mitte 1972 und wurde durch die Reisen nach England und Irland sowie nach Kopenhagen unterbrochen; das halbstündige Werk wurde am 23. April 1973 abgeschlossen. Schon zwei Mitglieder des Beethoven-Quartetts, dem er die Uraufführung seiner Streichquartette zu überlassen pflegte, waren nun tot. 1965 war der 2. Geiger Wassili Schirinski gestorben, 1970 starb auch der Bratscher Wadim Borissowski, dem das 13. Streichquartett gewidmet ist. Im *Adagio*, dem elfminütigen d-moll-Mittelsatz des dreisätzigen Quartetts, führen die beiden verbliebenen Mitglieder, der Primgeiger Dmitri Zyganow und der Cellist Sergej Schirinski, ein Zwiegespräch. Erst spät und zurückhaltend treten auch die Mittelstimmen hinzu. Diese wunderschöne Musik gefasster Trauer wirkt schon deshalb nobel und ungewöhnlich, weil der Takt häufig zwischen 4/4, 3/2, 5/4 und 3/4 wechselt.

Die beiden Außensätze sind Allegretti und stehen in der Haupttonart Fis-Dur. Entsprechend fehlt dem Kopfsatz jede aktive Energie, die Musik tändelt beinahe vor sich hin. Das Cello hat durch das gesamte Werk hindurch eine dominierende Rolle – es ist dem Cellisten auch gewidmet – ohne aber die Aufgaben für die drei anderen Spieler zu vernachlässigen. Das Final-Allegretto hat dramatische Ausbrüche und wechselt vom anfänglichen 3/4-Takt später teilweise von Takt zu Takt zwischen 2/4, 5/8, 6/8, 7/8, 9/8. Diese Unruhe legt sich erst, als die

Musik des Adagios wiederkehrt und zu einem bittersüßen Ersterben der Musik führt – sie steht ja auch im gleichen Fis-Dur wie Mahlers Zehnte, deren Abschiedsschluss hier ein Echo findet.

Doch wichtiger als die persönlichen Verbindungen sind die Ideen, die dahinter stehen. Auch in diesem Quartett gibt es einen Hinweis auf Tschechows Erzählung *Der schwarze Mönch*, die Schostakowitsch so sehr faszinierte. Nach der Uraufführung kam der Komponist zu den Musikern und fragte sie unter anderem, wie ihnen sein italienischer Happen gefallen habe. Damit meinte er das Zitat des italienischen Schlagers *Leggenda Valacca* von Gaetano Braga in dem Duett zwischen Geige und Cello im Adagio, das auch am Ende des Finales wiederauftaucht. Diese Melodie wird in Tschechows Erzählung erwähnt. Seinen geplanten Operneinakter *Der schwarze Mönch* konnte er jedoch nicht mehr schreiben.

Das Fünfzehnte rundet den Kreis von Schostakowitschs Streichquartetten auf würdige Weise ab: formal beschreitet es mit der Folge von sechs *Adagio*-Sätzen, die doch ganz unterschiedlichen Charakters sind und frühere Stücke heranzitieren, wiederum Wege, die noch unbekannt sind. Sie sind überschrieben mit *Elegie – Serenade – Intermezzo – Nocturne – Trauermarsch – Epilog*. Die einleitende *Elegie*, mit 12 ½ Minuten der weitaus längste Satz des Quartetts, beginnt mit einem Fugato und ist eine Meditation mit äußerst minimalisiertem Linienspiel, von großer Konzentration und Ernsthaftigkeit. Eine Musik, die immer wieder abbricht, rätselhaft wie Beethovens letzte Quartette, eine Musik vor dem Verstummen. Zu den Musikern des Beethoven-Quartetts sagte der Komponist, sie sollten sein Stück so spielen, dass die Fliegen in der Luft tot herunterfallen und das Publikum aus Langeweile beginnt, den Saal zu verlassen.

Das letzte Werk vor seinem Tod am 9. August 1975, die Bratschensonate op. 147 mit ihren beiden langsamen Sätzen, die sich um ein mildes Scherzo gruppieren, ist ebenfalls ein intimes Kammermusikwerk. Obwohl sie erst spät in seinem Gesamtwerk auftauchen, gibt doch der Zyklus seiner Streichquartette wie keine andere Werkgruppe Nachricht von dem Menschen Dimitri Schostakowitsch, der seit 1936 alles getan hatte, um die Wahrheit über sich zu verschleiern. Vor allem im Westen ist man lange genug auf die Maske hereingefallen, die er trug, um zu überleben. Dass er dadurch einem totalitären System als in ihm lebender und auftretender Künstler auf die intelligenteste Weise opponiert hat, die uns bisher bekannt geworden ist, zeigen vor allem seine fünfzehn Streichquartette.

The Noise of Time: Schostakowitschs Fünfzehntes Streichquartett auf der Bühne Das Londoner Theatre de Complicite präsentiert sein Schostakowitsch-Stück *The Noise of Time*

Der erste Mensch im All sang. Juri Gagarin an Bord der „Vostok 1" sang ein Lied von Schostakowitsch: „Das Vaterland hört zu". Schostakowitsch war in der Sowjetunion bekannt wie ein Popstar. Stalin rief ihn 1949 an und bat ihn, zum Weltfriedenskongress nach New York zu fahren. „Aber was soll ich denn den Leuten sagen, wenn sie mich fragen, warum meine Sinfonien hier verboten sind? – „Was meinen Sie mit verboten?" soll Stalin geantwortet haben, „Verboten von wem?"

Und weil Dimitri Schostakowitsch zeitlebens im Fadenkreuz des Staatsterrors stand, schuf er sich eine private Welt, in die die Politik nicht hineinsehen konnte: das Streichquartett. Kammermusik verstanden die Politiker nicht. Über Sinfonien glaubte jeder mitreden zu können, aber ein so intelligentes Gespräch zwischen vier Menschen, wie ein Streichquartett es darstellt, erschien ihnen unpolitisch und damit ungefährlich. Fünfzehn Streichquartette schrieb Schostakowitsch in seinem Leben, und das letzte ist das allerseltsamste aller Streichquartette. Es besteht nur aus lauter Adagios, aus sechs langsamen Sätzen. Die Musik ist befreit von allen Äußerlichkeiten, von jedem Schmuck, sie ist reduziert auf das Wesentliche. Starke und schwächere Linien statt saftiger Farbenflächen. Und dennoch: welch eine Energie!

„Schostakowitschs späte Stücke, seine Quartette, kratzen an der Oberfläche einer anderen Welt," sagt Regisseur Simon McBurney, der Leiter des Theatre de Complicite. Also brauchen wir neue Ohren, um diese Musik zu hören. Das Rezept der Londoner Theatergruppe: die Ohren reinigen durch eine neuartige Theaterform. Ihr Stück *The Noise of Time* kombiniert Hörspielformen mit abstrakten Theateraktionen und am Ende steht eine komplette Aufführung von Schostakowitschs Streichquartett Nr. 15 durch das renommierte Emerson-Quartett.

Dass Schostakowitschs Leben Filmstoff ist, haben schon andere zuvor begriffen. Kein Musiker wurde so von der Politik in den Würgegriff genommen. Was frech und unbefangen begann und sich mit Meyerhold, Rodtschenko und Majakowski auf einer Höhe fühlte, wurde durch den stalinistischen Terror brutal abgebrochen und in ganz andere Richtungen gedrängt. Doch während der Westen dachte, der Komponist hätte sich angepasst, entwickelte Schostakowitsch ein verborgenes System oppositioneller Aussagen, das er in seine Musik einzog wie einen doppelten Boden. Nachweisen ließ sich das damals nicht, aber wer seine fünf Sinne beisammen hatte, der spürte das aus der Emotionalität der Musik. Schostakowitsch war ein Musiker der inneren Emigration, und seine Musik drückte aus, was alle Menschen empfanden, die am Druck der Zeit zugrundezugehen drohten.

Das Theatre de Complicite wirbelt dem Zuschauer zunächst dokumentarische und fiktive Radio-Fragmente um die Ohren, die jene Welt des Staatskommunismus lebendig werden lassen, die heute schon so weit entfernt scheint. In der zweiten Szene wird die Welt des frühen Kinos und des revolutionären Theaters lebendig, in der der junge Dimitri seine ersten Erfahrungen als Musiker machte. Die dritte Szene gibt eine Impression aus dem Familien- und Liebesleben des Komponisten, die sich natürlich ebenfalls in geheimen Botschaften in seiner Musik niederschlug, so der Name seiner Geliebten Elmira in der Zehnten Sinfonie. Diese Sinfonie war gleichzeitig der Triumph des Individuums über die Mechanik des Kollektivismus, ein Hinausschreien des „ICH, ICH, ICH“ nach Stalins Tod im März 1953, formuliert in der deutschen Notenschrift seiner Initialen D.Sch.: d-es-c-h. Musik wäre langweilig, wenn sie nur eine Dimension hätte, und Schostakowitschs Musik ist wegen ihrer schillernden Vielschichtigkeit besonders aufregend.

Eigentlich ist sie heute aufregender denn je. Er arbeitete mit der Wahrheit, und deshalb wurde er unsterblich: „Truth & immortality“ heißt der vierte Abschnitt des Theaterstücks. Doch die letzten Jahre des Komponisten bis zu seinem Tod 1975 waren überschattet von schwerer Krankheit und dem beständigen Gefühl der Nähe des Todes. Bereits mit 62 fühlte er sich wie ein Greis, und er bedauerte das Leben, das er hatte führen müssen: „Wenn ich noch einmal leben müsste, ich würde alles anders machen!“ Unter größten Schwierigkeiten, mit einer nicht mehr funktionierenden Hand und meistens im Krankenhaus entstand auch das Fünfzehnte Streichquartett. Wie alle Werke aus den letzten neun Jahren handelt es vom Tod. Es ist Musik am Rande des Verstummens. Und an diesem Rand wird das schabende Geräusch der Zeit hörbar, die uns alle in ihrem Griff hat. Das Schweigen war eine Erlösung in all dem großspurigen Geschwätz der Parteibürokraten. Nach der Verurteilung 1948, bei der er seinen Professorenjob verlor, erhielt Schostakowitsch Solidaritätsbesuch von seinem jungen Schüler

Rudolf Barschai, dem späteren berühmten Bratscher und Dirigenten. Der frisch ernannte „Volksfeind“ stellte Schokolade und Rotwein auf den Tisch, und dann schwiegen beide. Nach vielleicht einer halben Stunden Schweigen hatte Barschai das Gefühl, alles sei gesagt und stand auf. Schostakowitsch dankte und verabschiedete ihn.

Nutzlose Musik – Als Dimitri Schostakowitsch es sich in der Sächsischen Schweiz gut gehen ließ

Sie gehört zum Standardrepertoire aller Kammerorchester: die Kammersinfonie von Dimitri Schostakowitsch. In den Programmheften kann man dann lesen, das Werk sei im zerstörten Dresden entstanden und den Opfern von Krieg und Faschismus gewidmet. Rundfunkübertragungen werden mit der Erläuterung eingeleitet, im zweiten Satz höre man die Bomben auf die Stadt fallen. Doch das ist alles Unsinn. In dem Stück geht es nur um den Komponisten und seine Musik. Wer das fünfsätzige Werk unter die Lupe nimmt, entdeckt die Spuren eines vom Stalinismus verwüsteten Lebens. Und Dresden? Nun, der Komponist sollte die Musik zu einem Propagandafilm schreiben, genoss stattdessen aber das schöne Leben in der Sächsischen Schweiz. Noch ist das Zimmer erhalten, in dem er seine Komposition niederschrieb.

Das Haus liegt im Dornröschenschlaf. Im tiefen Winter sieht es verzaubert aus. Mit Schnee beladen die Buche, unter der Schostakowitsch am liebsten saß und auf den kleinen, nierenförmigen Teich blickte.

Auch in dem Haus ist vieles nierenförmig: Um 1958 als Gästehaus der DDR-Regierung erbaut, bewahrt das Hotel Albrechtshof im Kurort Gohrisch ein Stilensemble. Im Foyer Säulen mit großartigen Mosaiken, das Treppenhaus eine Orgie in goldenen Säulen, Lampengirlanden und weißen Stäben. Die Flure sind nüchtern, das letzte Zimmer links im ersten Stock, schon nach der Tür zum hinteren Treppenhaus, war das Zimmer von Schostakowitsch. Es trägt die Nummer 156, doch das Nummernschild ist nicht mehr original. Auch drinnen ist nicht mehr alles so, wie der Komponist es gesehen hat. Vom 9. bis zum 15. Juli 1960 hielt er sich hier auf. Als das zweite Haus hinzukam, wurde das alte Gästehaus 1969/70 modernisiert.

Immerhin wirkt jetzt, im Jahr 2005, alles noch etwas altmodisch. Das flache Design der Sideboards und die Sitzmöbel. Die chic dekorierten Deckenlampen. Der einfache Schrank in der Zimmermitte, der die Schlafkoje abtrennt – man hat jetzt die Wand zur Eingangstüre weggenommen, um das Zimmer beim Eintreten heller erscheinen zu lassen, aber dadurch den Raumeindruck der Bettnische zerstört. Es ist nicht mehr das Bett, in dem Schostakowitsch geschlafen hat, nicht

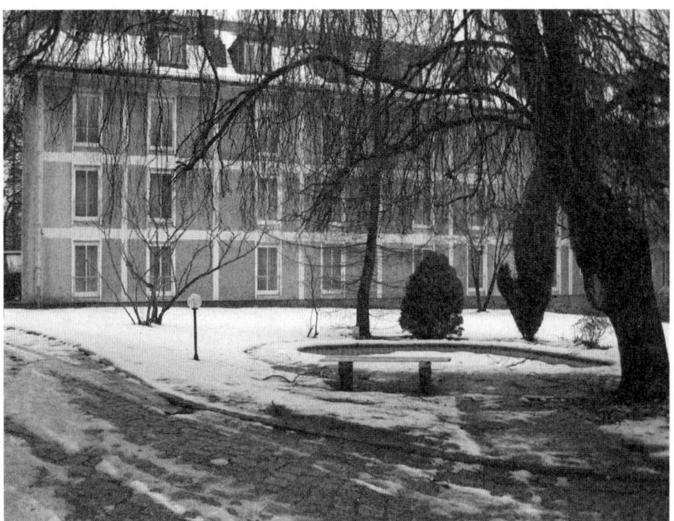

Das Haus liegt im Dornröschenschlaf.

mehr der Nachttisch, auf dem er seine Brille abgelegt hat. Ist es noch die gleiche Badewanne in dem rosa gekachelten Badezimmer, der gleiche bleifarbene Heizkörper und die gleiche rosa Toilette?

Unter das Sideboard wurde ein weißer Kühlschrank geschoben. Damals gab es einen Schreibtisch, dort lagen die Notenblätter, auf denen der Komponist niederschrieb, was er sich draußen unter dem Baum hatte einfallen lassen. Er scheint nicht einmal ein schlechtes Gewissen gehabt zu haben. Statt die Dreharbeiten seines Freundes Lew Arnstam in Dresden zu verfolgen, genoss er die großartige Landschaft der Sächsischen Schweiz und die Annehmlichkeiten des privilegierten Gästehauses. Statt an die Filmmusik zu denken, verfeinerte er die Sonatenform.

Dimitri Schostakowitsch war als Sinfoniker weltberühmt geworden. Seine Erste Sinfonie hatte er schon mit neunzehn als Diplomarbeit am Petersburger Konservatorium abgegeben – nicht ohne in letzter Minute die Korrektur einer gewagten Stelle durch seinen Lehrer Alexander Glasunow rückgängig zu machen. So war Schostakowitsch sein Leben lang: musikalisch blieb er sich immer treu. Er schrieb zwar Gebrauchsmusik, wenn es von ihm verlangt wurde oder wenn er Geld verdienen musste; er wollte auch unterhalten und dafür Musik mit Niveau schreiben. Seine Filmmusiken sind deshalb heute ebenso populär wie seine Jazzsuiten. Für Lew Arnstam hatte er seit 1932 (*Der*

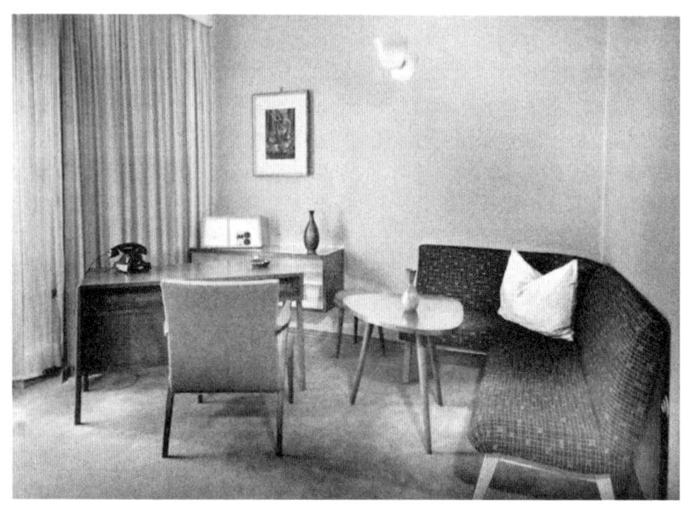

Zimmereinrichtung zur Zeit von Schostakowitschs Aufenthalt 1960

Gegenplan) zahlreiche Filme vertont, jetzt ging es um einen Film über die Rettung der Dresdner Gemäldegalerie durch die Rote Armee 1945 und die Rechtfertigung ihrer Verbringung nach Moskau: *Fünf Tage – fünf Nächte.*

Seine Fünfte Sinfonie hatte Schostakowitsch international als modernen Klassiker durchgesetzt. Und dennoch unterschob er dem Werk den Untertitel: „Praktische Antwort eines Komponisten auf gerechtfertigte Kritik". Im Januar 1936 war in der Prawda unter der Überschrift *Chaos statt Musik* eine Generalabrechnung mit aller Avantgardekunst erschienen. Der Anlass: Stalin hatte Schostakowitschs Erfolgsoper *Lady Macbeth von Mzensk* besucht und war in der Pause empört gegangen. Um seinen Kopf zu retten, stilisierte der Komponist sich nun als Klassiker. Die viersätzige Sinfonie nach hergebrachtem Muster in Beethoven-Attitüde rettete ihm tatsächlich das Haupt. Wer ähnlich dachte und empfand wie er, spürte in den so erregten wie gezügelten Klängen jedoch die grenzenlose Einsamkeit dessen, der nun seine wahren Gefühle in der Musik verstecken musste und in der Öffentlichkeit eine Maske trug. Wie er mit der Form der Sinfonie umging, wie er Lehren zog aus den Erfahrungen Tschaikowskys und Mahlers mit dieser Form, das hat zu der Serie seiner fünfzehn Sinfonien geführt, die unvergleichlich sind im 20. Jahrhundert.

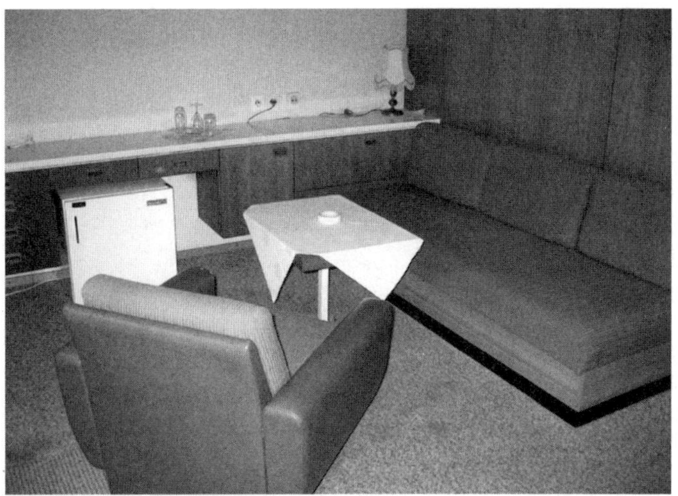

Das Schostakowitsch-Zimmer (Nr. 156) heute

Parallel zu den Sinfonien entstanden auch fünfzehn Streichquartette. Je prominenter der Komponist wurde, je offizieller seine Sinfonik wirkte, desto mehr gab er dem Verlangen nach, seine intimen Gedanken dem Streichquartett anzuvertrauen, gewissermaßen der Sinfonie fürs stille Kämmerlein. Auch was heute in der Bearbeitung von Rudolf Barschai als Kammersinfonie berühmt ist, entstand 1960 als sein achtes Streichquartett, in jenem Kurort Gohrisch. Er schrieb es in der sagenhaft kurzen Zeit von drei Tagen nieder. Die Form wendet sich scheinbar von der Sonatenform ab und kehrt zu einer barocken Form zurück, der Bogenform. Außen stehen zwei Largos, zwei desolate Klagemusiken. Doch das erste kann man auch als Prolog verstehen, dem dann das *Allegro molto* als Hauptsatz folgt. Dies ist jedoch kein Sonatenhauptsatz mit zwei kontrastierenden Themen, die dann dialektisch verarbeitet werden, sondern eine bloße Konfrontation. In der Mitte des Quartetts steht ein *Allegretto*, eines der für Schostakowitsch typischen sarkastischen Scherzos. An vierter Stelle dann der langsame Satz, ebenfalls ein *Largo*, in dem revolutionäre Klagelieder zitiert werden. Was fehlt, ist ein Finale in Kehraus-Form, ein positives Ende: das Stück sinkt in die Düsternis des Anfangs zurück und verebbt.

Suchen wir also nach den Spuren Dresdens in diesem Stück. Es beginnt und endet mit den Noten „d-es-c-h", also den musikalischen Initialen D. Sch. des Komponisten. Sicher, er war durch die Ruinen

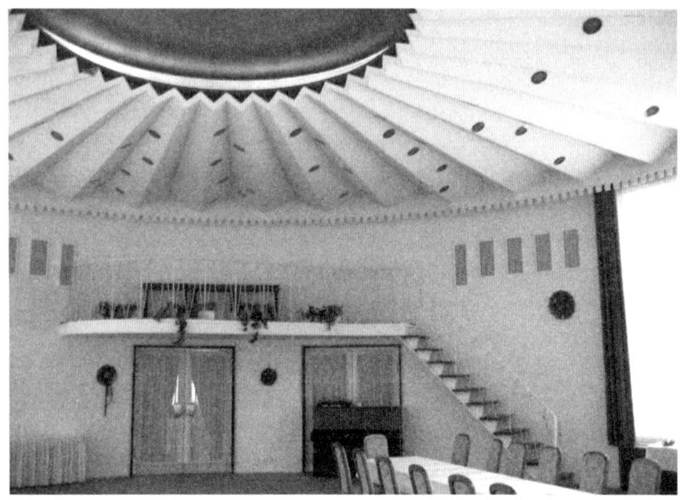

Der Frühstückspavillon: auf dem Balkon stand das Klavier, auf dem Schostakowitsch spielte

Dresdens gegangen und hatte wohl auch an die Ruinen seiner von den Deutschen zerstörten Heimatstadt Leningrad gedacht. Doch was er zunächst zitiert, ist der Anfang seiner Ersten Sinfonie, deren Uraufführungstag er jedes Jahr zu feiern pflegte – aus ganz weiter Vergangenheit weht diese Musik heran. Auch die Fünfte Sinfonie wird zitiert, aber von Dresden noch immer keine Spur. Der zweite Satz bringt eine furiose Hetzjagd, aus der sich das „D.Sch"-Motiv als gellender Hilfeschrei herausschält und schließlich mit einem Thema aus dem 2. Klaviertrio verbindet, in welchem das ganze Leiden der verfolgten Juden aufquillt – offenbar stellt der Komponist, der keinen Tropfen jüdischen Blutes in sich hatte, sich selbst an die Seite der vom Antisemiten Stalin verfolgten Juden. Wir wissen, dass Schostakowitsch die Qualität der jüdischen Musik, durch Tränen lachen zu können, sehr liebte, eine Qualität, die durch Jahrtausende währendes Leiden erworben wurde und zu ihrer Popularität führte – heute als „Klezmer" auch bei uns.

Im dritten Satz, dem *Allegretto*, finden wir noch immer keine Spur von Dresden, dafür ein weiteres Selbstzitat: den Anfang des 1. Cellokonzerts. In diesem Satz geht es offenbar um einen Anpfiff und um Anpassungsdruck. Das viertönige „D.Sch."-Motiv, das so desolat klingt, bekommt auf einmal einen positiven Aufwärtsschwung angehängt und kippt dann in das viertönige Cellokonzertthema um. Dieses Cellokonzert war im Vorjahr entstanden und wird beherrscht von emsiger Betriebsamkeit – es wirkt wie ein Selbstportrait als Funktionär im Komponistenverband, der eifrig seinen Pflichten nachgeht und den regimetreuen Staatskomponisten spielt. Hier führt der Komponist uns also vor, wie das Thema des Cellokonzerts als Verballhornung seiner eigenen Initialen entstanden ist, wie aus dem ICH die Maske wurde!

Wir haben in diesem Stück folglich Spuren gefunden, mit denen der Komponist uns den Schlüssel dafür in die Hand legt, wie er seine Musik im Stalinismus maskiert hat. Er sagt uns damit unmissverständlich, dass all die offiziellen Verlautbarungen Unsinn sind. Was zählt, ist alleine die Aussage der Musik. Und die scheint nun doch recht eindeutig: Es geht in diesem Stück um Dimitri Schostakowitsch, um nichts und niemanden sonst.

Der vierte Satz beginnt mit einem Ausbruch des Ekels, der sich gegen das verballhornte ICH wendet und in das Klagelied *Gequält von schwerer Sklavenfron* mündet. Danach ein erneuter Ausbruch des Ekels in Verbindung mit dem Cellokonzertthema und eine Rückkehr zum wahren ICH, worauf die Hymne *Unsterbliche Opfer* folgt. Eigentlich spricht diese Musik sarkastisch nur von der Ruine Schostakowitsch. Er selbst ist das Opfer von Faschismus und Krieg, und das schließt den Stalinismus mit ein.

Wer das in den sozialistischen Ländern verstand, hielt den Mund, um den Komponisten nicht zu gefährden. Musikwissenschaftler wie Juri Keldysch erkannten zwar die autobiographische Ebene der Musik, konnten sie jedoch nicht einordnen. Erst vor wenigen Jahren gab Schostakowitschs engster Freund Isaak Glikman die Briefe heraus, die er von ihm erhalten und gegen seinen Willen aufgehoben hatte. Darunter ist auch ein Bericht über den Sommer 1960, dessen Selbstironie allerdings tragische Hintergründe hat. Am 19. Juli 1960 schrieb Dimitri Schostakowitsch an Isaak Glikman:

„Ich bin von meiner Reise nach Dresden zurückgekehrt. Ich habe mir das Material zu dem Film *Fünf Tage – fünf Nächte* angesehen, den L. Arnstam dreht. Ich muss sagen, dass mir vieles sehr gefallen hat. Da offenbart sich die sehr gütige Seele Ljoljas. Und darin liegt die Hauptbedeutung dieses Films.

Man hatte es mir dort sehr gut eingerichtet, zwecks Schaffung einer schöpferischen Arbeitsatmosphäre. Gewohnt habe ich in Gohrisch, auch Kurort Gohrisch, nahe dem Städtchen Königstein, 40 Kilometer von Dresden entfernt. Die Gegend ist unerhört schön. Übrigens gehört sich das für sie auch so: Die Gegend nennt sich „Sächsische Schweiz“. Die schöpferischen Arbeitsbedingungen haben sich

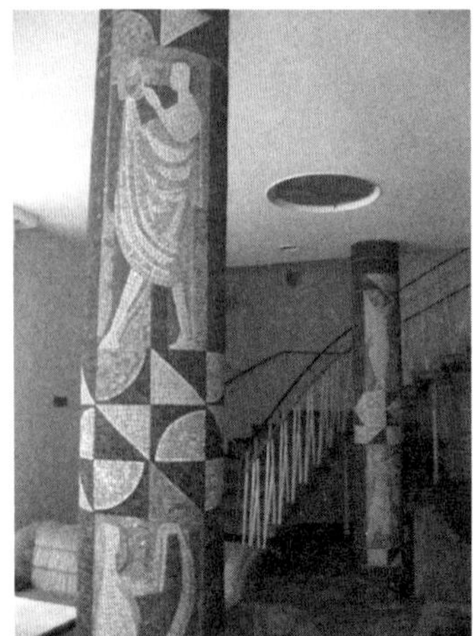
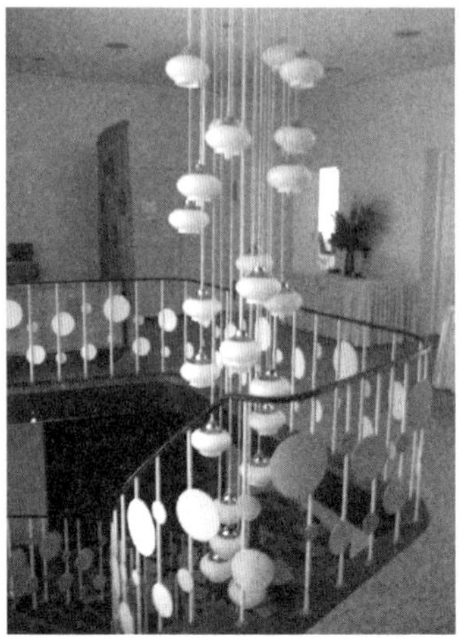

Wir steigen die Treppe hinunter und sehen uns im Foyer um, das bereits weitgehend vernichtet ist. Es ist erstaunlich, wie viel Energie aufgewendet wird, um Schönes zu zerstören, blind für alles, was nicht sofortigem Nutzen dient. Auch davon spricht Schostakowitschs Kammersinfonie.

gelohnt: Ich habe dort mein 8. Streichquartett komponiert. Wie sehr ich auch versucht habe, die Arbeiten für den Film im Entwurf auszuführen, bis jetzt konnte ich es nicht. Und statt dessen habe ich ein niemandem nützendes und ideologisch verwerfliches Quartett geschrieben. Ich dachte darüber nach, dass, sollte ich irgendwann einmal sterben, kaum jemand ein Werk schreiben wird, das meinem Andenken gewidmet ist. Deshalb habe ich beschlossen, selbst etwas Derartiges zu schreiben. Man könnte auf seinen Einband auch schreiben: „Gewidmet dem Andenken des Komponisten dieses Quartetts“. Grundlegendes Thema des Quartetts sind die Noten D. Es. C. H., d.h. meine Initialen (D. Sch.). Im Quartett sind Themen aus meinen Kompositionen und das Revolutionslied *Gequält von schwerer Gefangenschaft* verwandt. Folgende meiner Themen: aus der 1. Sinfonie, der 8. Sinfonie, aus dem Trio, dem Cellokonzert, aus der *Lady Macbeth*. Andeutungsweise sind Wagner (Trauermarsch aus der *Götterdämmerung*) und Tschaikowsky (2. Thema des 1. Satzes der 6. Sinfonie) verwandt. Ach ja: Ich habe noch meine 10. Sinfonie vergessen. Ein netter Mischmasch. Dieses Quartett ist von einer derartigen Pseudotragik, dass ich beim Komponieren so viele Tränen vergossen habe, wie man Wasser lässt nach einem halben Dutzend Bieren. Zu Hause angekommen, habe ich es zweimal versucht zu spielen, und wieder kamen mir die

Tränen. Aber diesmal schon nicht mehr nur wegen seiner Pseudotragik, sondern auch wegen meines Erstaunens über die wunderbare Geschlossenheit seiner Form."[1]

Isaak Glikman fügte diesem Brief eine umfangreiche Erläuterung hinzu, in dem er beschrieb, in welcher verzweifelten Situation Schostakowitsch sich damals befand, als die KPdSU ihn zwingen wollte, der Partei beizutreten, ein Schritt, den er sein ganzen Leben lang vermieden hatte. Schostakowitsch war in Gohrisch aus dem Grund nicht zur Arbeit an der Filmmusik gekommen, weil er zu stark mit sich selbst beschäftigt war. Glikman berichtet, was der Dresden-Reise vorausgegangen war. Schostakowitsch hatte einen Nervenzusammenbruch erlitten. Er hatte es immer abgelehnt, einer Partei anzugehören, die Gewalt hervorbringt. Nun drängte man ihn in die Enge: er solle Vorsitzender des Komponistenverbandes der Russischen Republik werden und als solcher müsse er in die Partei, die unter Chruschtschow zu den wahren Zielen des Sozialismus zurückgekehrt sei. Die Widerstandskraft des Komponisten war nicht stark genug. Am Ende ließ er die demütigende Prozedur über sich ergehen.

Das „nutzlose" Achte Streichquartett opus 110 war gleichzeitig eine Art musikalischer Selbst-Rehabilitation: Es wurde sofort als ein Meisterwerk erkannt und häufig aufgeführt. Die berühmte Kammersinfonie ist also tatsächlich ein Gedenkstein für den durch die Politik zerstörten Menschen und Künstler Dimitri Schostakowitsch. Das war es, worüber er in Gohrisch unter der Buche grübelte und was er auf dem Schreibtisch seines 50er-Jahre-Zimmers in einem Kunstwerk verarbeitete. Die Ruinen Dresdens mögen seine persönlichen Empfindungen noch zusätzlich verstärkt haben; dass er die Nazis ebenso verabscheute wie die Stalinisten, ist bekannt, doch wie schon in der *Leningrader Sinfonie* geht es nicht um eine bestimmte Nationalität oder Politik, sondern um Gewalt, egal, von wem sie ausgeübt wird. Schostakowitsch starb 1975; er wurde nur 69 Jahre alt und war in den letzten neun Jahren ständig krank. Sein Spätwerk sprach nur noch vom Tod – auch ein Tabuthema im Sozialismus.

Diese Spur ist unzerstörbar. Die Spuren von Schostakowitschs Dresdner Aufenthalt jedoch werden in Kürze vernichtet sein. Das einzigartige Stilensemble des Gästehauses der 50er-Jahre soll „renoviert" und „modernisiert" werden. Die Mosaiksäulen werden ebenso verschwinden wie die abenteuerlichen Lampengirlanden im kleinen Treppenhaus zum Frühstücksraum. Schon jetzt breiten sich dort die geschmacklosen Möbel des internationalen Hotelstils aus. Sie halten auch schon den Restaurant-Pavillon besetzt, in dem Schostakowitsch damals seine Mahlzeiten einnahm. Ein hinreißendes Rund mit riesigen Fenstern, mit einer Rosette in der Decke und einem wunderbar filigranen Balkon. Früher stand dort der Flügel, auf dem Schostakowitsch jeden Morgen spielte. Er kam noch einmal nach Gohrisch, als er zur Erstaufführung seiner 15. Sinfonie in Berlin war, und verbrachte im Mai und Juni 1972 einige Tage mit seiner Frau, wovon er seinem polnischen Komponistenfreund Krzysztof Meyer berichtete.

Wir steigen die Treppe hinunter und sehen uns im Foyer um, das bereits weitgehend vernichtet ist. Es ist erstaunlich, wie viel Energie aufgewendet wird, um Schönes zu zerstören, blind für alles, was nicht sofortigem Nutzen dient. Auch davon spricht Schostakowitschs Kammersinfonie.

Die Maske – Schostakowitschs Achtes Streichquartett

Als ich vor einigen Monaten einen Vortrag über Schostakowitsch hielt, meinte der Institutsleiter in der Diskussion schließlich, was ich da erzähle, sei doch ziemlich altmodisch. Die Musikwissenschaft sei sehr viel weiter in ihren Methoden. Auch heute werden Sie von mir leider eine etwas altmodische Argumentationsweise erleben, ich habe mir jedoch vorgenommen, Sie dafür zu gewinnen.

Mit den modernen Methoden der Musikwissenschaft hat es nämlich manchmal auch so seine Bewandtnis. Als ich mit sechzehn Jahren Mahler kennenlernte, hatte meine Musiklehrerin nur milde Verachtung für mich übrig. Und die offizielle Musikwissenschaft wusste über ihn, dass er mehr gewollt, als gekonnt, und dass er musikalische Riesenschlangen im wilhelminischen Stil komponiert habe. Das war es, was ich in Schulbüchern und Lexika fand. Doch dann kam die Mahlerwelle. Die enormen Gefühle, die Mahlers Musik transportiert, infizierten alle, denen Tschaikowsky zu abgenutzt und Beethoven zu klassisch war – auch eine Generationsfrage. Aber man muss nur einmal eine Tschaikowsky-Sinfonie in einer Klemperer-Aufnahme hören, um zu hören, wie gut diese Musik ist.

Heute ist Mahler zwar populär, doch bleibt seine musikalische Substanz oft hinter den aufgedonnerten Gefühlswellen oder unter der polierten Oberfläche verborgen. Die Musikwissenschaft hingegen weiß heute enorm viel über Mahlers Material. Wovor sie jetzt eher zurückscheut, ist die philosophische Ebene seiner Musik. Was aber haben wir davon, wenn wir die Genese der Motive und den harmonischen Gesamtplan des Scherzos von Mahlers Sechster kennen, aber nicht wissen, was er sich dabei gedacht hat? Können wir das überhaupt wissen? Ist das nicht reine Spekulation? Offenbar beruht ein großer Teil der Wirkung dieser Musik aber darauf, dass die Menschen eine spekulative Anlage haben.

Die Musik von Schostakowitsch befriedigt ganz ähnliche Bedürfnisse. Sie stellt unentwegt Fragen. Und ich behaupte, sie gibt auch unentwegt Antworten. Schostakowitsch hatte es ursprünglich nicht darauf abgesehen. Wo Mahler in seiner Ersten Sinfonie ein privates Liebespech zur Weltentragödie stilisierte, stilisierte Schostakowitsch in seiner Ersten, deren Finale dem von Mahler auf verblüffende Weise ähnlich ist, obwohl der Komponist damals Mahler noch kaum kannte, nur das Liebespech selbst. Schostakowitsch kam mit einer ausgesprochen ironischen Neigung zur Musik. Seine Musik ist immer auch Musik über Musik, sie verwandelt sich fremden Musiksprachen an, sie zitiert sie, benutzt ihre Modelle, versteckt sich hinter Masken. Selbst wo sie politisch wird, wie in der Zweiten und Dritten Sinfonie, imitiert sie öffentliche Revolutionsfeiern und montiert sie unbekümmert und grob an seine eigenen musikalischen Experimente. Diese Haltung ist der des frühen Hindemith sehr ähnlich. Freche Schändung der Vergangenheit, witzige Verbiegungen des bekannten Materials und eine endlose Spottlust. Musik scheint nur musikalische Bewegung, und nichts dahinter.

Doch plötzlich wird es ernst. Die Zeit des Abschieds vom Kinderglauben. Hindemith nahm Abschied von der Rotzbubenzeit, verspürte die „Berufung" des Komponisten und versuchte fortan seriös zu sein, was der Musik nicht immer bekam. Schostakowitsch verlor den naiven Revolutionsglauben, bekam von Stalin eins übergezogen und musste hinfort den Klassiker geben. Obwohl ihr Ausgangspunkt gar nicht so weit voneinander entfernt lag, waren sie später durch Welten voneinander getrennt. Ohne Stalin hätten wir einen völlig anderen Schostakowitsch. Der Prawda-Artikel *Chaos statt Musik* veränderte im Januar 1936 sein Leben. Plötzlich war er ein Volksfeind, und was das hieß, konnte er nicht nur bei den Schauprozessen, sondern auch im rapide schrumpfenden Freundes- und Künstlerkreis studieren. Da schlägt Ironie um in Sarkasmus.

Die Politik, das Gesellschaftliche also, hat Schostakowitsch verändert. Im Westen hat man deshalb bei ihm vor allem die Methode der Identifikation mit dem Angreifer diagnostiziert. Er amtierte als Funktionär und schrieb eine Sinfonie auf Lenin, er hielt reaktionäre Reden gegen die westliche Avantgarde und galt als Oberhaupt der sowjetischen Komponistenschule. Ein Beispiel für den Missbrauch von Musik, den Missbrauch des Spekulativen, ein Anlass für Misstrauen gegenüber der Wirkung von Musik und der von ihr erregten Gefühle. Aber was ist das objektive Substrat? Und darf die Musikwissenschaft sich darauf beschränken? Musik besteht nicht ohne ihre Wirkung, sie ist Kommunikation. Sie existiert unter bestimmten gesellschaftlichen Verhältnissen und es ist tausendmal lehrreicher, diese zu studieren, als sie zu ignorieren. Auch aus der „falschen" Wirkung ist etwas zu lernen.

Wenn Schostakowitsch dem Achten Streichquartett die Widmung „Den Opfern von Krieg und Faschismus" beigab, war das nicht nur ein politisches, sondern auch ein ideologisches Signal. Gegen den Faschismus muss jeder sein, also ist das antifaschistische Werk tabu für Kritik. Faschismus ist zudem als Kampfbegriff der Linken ein Synonym für Kapitalismus, bedeutet ein Vermeiden der präziseren Bezeichnung „Nationalsozialisten", obwohl die es doch waren, die Schostakowitschs Stadt belagert und aushungert hatten und nicht irgendwelche, womöglich italienische, Faschisten. Ganz folgerichtig wurde im Westen der Spieß auch umgekehrt und aus der Tatsache, dass das Streichquartett im kriegszerstörten Dresden angeregt wurde, der Schluss gezogen, im zweiten Satz höre man die Bomben fallen, und so dem Stück eine Tendenz gegen den alliierten Bombenterror unterlegt. Das Achte Streichquartett opus 110 wurde eines der populärsten Werke Schostakowitschs, nicht zuletzt durch die Fassung für Streichorchester von Rudolf Barschai, ein Paradestück aller Kammerorchester. Es wirkt also. Doch was wirkt? Was sind die Tatsachen, an die wir uns wirklich halten können?

MUSIK: 8. Streichquartett, 1. Satz

Das war der 1. Satz des 8. Streichquartetts. Ziemlich kurz, auch in der langsamsten Aufnahme keine fünf Minuten, das ganze Quartett dauert auch nur 21 Minuten. Die Form ist ganz klar: fünfsätzige Bogenform, die Musik kommt dort wieder an, wo sie begann. Zwei elegische, klagende Außensätze. Die zarte, verhangene Stimmung fängt den Zuhörer zielsicher ein. Doch in den Binnensätzen entsteht plötzlich hohe Emotionalität, inspiriert und plastisch formuliert, leicht fasslich auch in der Form. Einfach gute Musik – könnte man es dabei nicht bewenden lassen? Die Musik erlaubt es nicht. Sie bohrt weiter, sie stößt uns mit der Nase darauf, dass noch etwas dahintersteckt. Und außerdem: Schostakowitsch schrieb dieses Stück 1960; man vergegenwärtige sich den historischen Zeitpunkt! Nach den Begriffen des westlichen Materialfortschritts ist es völlig veraltet: die Musik war schon viel weiter in ihren Methoden! Die Musikwissenschaft des Westens ignorierte Schostakowitsch daher. Und die Musikwissenschaft des Ostens machte sich ihr Bild des linientreuen sozialistisch-realistischen Künstlers zurecht. Was aber hat das mit der Musik selbst zu tun?

Es geht um die alte Streitfrage, ob Musik etwas Eindeutiges ausdrücken kann oder darf, statt einfach nur tönend bewegte Form zu sein, wie Eduard Hanslick das formulierte. Und es geht um das alte Problem, wie weit außermusikalische Interpretationen in die Musik hineingedeutelt werden dürfen. Die russische Schostakowitsch-Biographin Natalja Lukjanowa schrieb: „In dem weit gefassten, lyrisch-epischen Gemälde wurde auf neue Weise das ‚Thema des vergangenen Krieges' gestaltet."[1] Die sowjetische Ästhetik war inhaltsbesessen, das ist bekannt. Ihre blumigen Formulierungen wurden im Westen zwar nicht sehr ernst genommen, aber in Programmheften gern zitiert. Sie haben das westliche Schostakowitsch-Bild stärker geprägt, als man wahrhaben möchte.

Der DDR-Musikwissenschaftler Friedbert Streller schrieb in ganz ähnlichem Stil, der Komponist sei angeregt worden „durch die Augenzeugenberichte von der furchtbaren Zerstörung Dresdens, die persönlichen Begegnungen in der Elbestadt und das Landschaftserlebnis in der herrlichen Umgebung" – er verrät aber nicht, wo wir die herrliche Umgebung im Quartett wiederfinden können – „Er kam zur Selbstbesinnung, zum Nachdenken über den Sinn seines Lebens und seines Wirkens für eine Welt des Humanismus und widmete das Werk ‚dem Gedenken der Opfer von Krieg und Faschismus'."[2] Arme Musik. Wie soll sie das alles ausdrücken?

Es lässt sich allerdings nicht leugnen, dass es Programm-Musik gibt, und dass Schostakowitsch damals solche geschrieben hat, auch wenn er ihr abstrakte Bezeichnungen wie den der Sinfonie umgehängt hat. Wenige Monate später beispielsweise berichtete Schostakowitsch persönlich im sowjetischen Rundfunk über seine Arbeit an der Zwölften Sinfonie: „Die Sinfonie wird dem Großen Oktober und Wladimir Iljitsch gewidmet sein" – ja, mit Lenin steht man auf du und du – „Den ersten Satz habe ich als musikalische Erzählung über Lenins Ankunft in Petrograd im April 1917 konzipiert, über seine Begegnung mit den Werktätigen, mit der Arbeiterklasse von Petrograd. Der zweite Satz stellt die historischen Ereignisse des 7. November dar. Der dritte Satz wird über den Bürgerkrieg berichten, und der vierte – über den Sieg der Großen Sozialistischen Oktoberrevolution."[3] Da fragt man sich, wie Lenin sich musikalisch wohl vom Proletariat unterscheiden mag, im Gespräch mit ihm. Kann das besser sein als Filmmusik?

Im 8. Streichquartett gibt es aber etwas, das sich nicht wegdiskutieren lässt: eine Reihe von Zitaten eigener Werke. Sie sind nicht immer auf deutliches Erkennen hin einmontiert. Im ersten Satz sind das etwa der Anfang der 1. Sinfonie und das zweite Thema der 5. Sinfonie, im vierten Satz eine Melodie aus der Oper *Lady Macbeth von Mzensk*. Doch ganz zu Beginn ein Viertonmotiv:

MUSIK: 8. Streichquartett, 1. Satz bis Ziffer 1 (0'04–0'28)

Dieser musikalische Vorgang ist ganz ohne programmatische Hilfsmittel zu verstehen. Das war der fugierte Einsatz eines Themas. Zu diesem Thema, oder vielmehr diesem Motiv, denn es hat ja nur vier Töne, ist allerdings zu sagen, dass es sich um die Töne d-es-c-h handelt, also eine Spielart des b-a-c-h-Motivs, nämlich Schostakowitschs Initialen. Bei Bach war das eine musikalische Spielerei, später war es eine Hommage an Bach, unsere russische Spezialistin meint jedoch: „Für Schostakowitsch lag in diesem Selbstzitat ein tiefer Sinn und große innere Notwendigkeit: Er trennte sein Schicksal nicht vom Schicksal seiner Heimat." Während Frau Lukjanowa die Opfer somit eher in Leningrad ansiedelt, schreibt Streller lapidar: „Das Quartett basiert auf dem Thema des ICHs: DSCH, das er im Geiste von Bachs *Kunst der Fuge* kontrapunktisch verarbeitet und in dessen Klanggewebe er Motive eigener Werke einflicht." Lesen wir Strellers oben zitierte Sätze jetzt noch einmal: „…kam zum Nachdenken über den Sinn seines Lebens…" führt auch Strellers Auslegung uns von Dresden in die Sowjetunion.

MUSIK: Ziffer 1 bis Ziffer 2 (0'28–0'59)

An dieser Stelle wurde neues Material eingeführt. In der ersten Geige erklang ein neues Viertonmotiv, in der zweiten eine Ergänzung dazu. Dieses Material ist nicht unbekannt.

MUSIK: 1. Sinfonie, 1. Satz Anfang (12")

Das war der Anfang der Ersten Sinfonie. Im Achten Streichquartett, bei Ziffer 1, klang das so:

MUSIK: Ziffer 1 bis 6 Takte nach Ziffer 1 (0'28–0'41)

Das ist weit, weit weg. Der Durchbruch des 19jährigen Schostakowitsch mit seiner Abschlussarbeit am Leningrader Konservatorium. Das Datum der Uraufführung hat er sein Leben lang gefeiert. Doch das ist jetzt, im Jahr 1960, weit, weit weg. Auch die Klage der Katerina Ismailowa am Anfang des 4. Aktes ist weit, weit weg: „Serjoscha! Serjoscha! Geiebter du! Endlich! Wir sahen uns den ganzen Tag gar nicht!"

MUSIK: *Lady Macbeth*, 4. Akt

MUSIK: 8. Streichquartett Ziffer 62 (14'06–15'47)

Lady Macbeth von Mzensk war ein internationaler Opernerfolg, endlich die große Oper aus der Sowjetunion mit einem sozialkritischen Sujet, fern von jedem Klischee von Volkstümlichkeit, von gnadenlosem Tschechow'schem Realismus. An dieser Oper ließ Stalin ein Exempel statuieren. Schostakowitsch stand vor der physischen Liquidierung, sein Freund Tuchatschewski war gerade erschossen worden. Er zog die 4. Sinfonie zurück, die ihm endgültig das Kreuz gebrochen hätte und schrieb die Fünfte, die eine klassizistische Fassade errichtete, hinter der sie unangreifbar war. Und hinter dieser Fassade brachte er so viel Emotionalität unter, dass sie die Menschen zutiefst aufwühlte und im Osten wie im Westen einen großer Erfolg erzielte.

Bei Ziffer 4, wird im ersten Satz ein weiteres Thema eingeführt, das nicht ganz unbekannt ist.

MUSIK: Ziffer 4 bis Ziffer 5 (2'05–2'19)

Die Originalgestalt dieses – wiederum von der ersten Violine eingeführten – Themas stammt aus der Fünften Sinfonie:

MUSIK: 5. Sinfonie, 1. Satz, 2. Thema (0'27–0'55)

Dieses hübsche zweite Thema spielt nach diesem ersten Erscheinen übrigens sechs Minuten lang überhaupt keine Rolle mehr und taucht erst zu Beginn eines zweiten Durchführungsabschnitts wieder auf, dann allerdings in einer wenig freundlichen Form, die schließlich die krachende Katastrophe des ersten Satzes herbeiführt:

MUSIK: 5. Sinfonie, 1. Satz, 2. Durchführung (7'20–7'57)

Das zarte Thema kommt also in ganz unvorhersehbarer Weise zum Einsatz. Ja, es nimmt noch einmal radikal anderen Ausdruck an:

MUSIK: 5. Sinfonie, 1. Satz, Reprise (9'01–9'48)

Schostakowitsch zitiert im Quartett also nicht nur sentimental, sondern tückisch. Wir hören noch einmal von Ziffer 4 bis 7:

MUSIK: 8. Streichquartett Ziffer 4 (2'05–2'46)

Verbunden werden alle diese Zitate im 8. Streichquartett durch das viertönige Motiv, mit dem das Stück beginnt und endet:

MUSIK: 8. Streichquartett Beginn (0'04–0'08)

Es sind die Töne d-es-c-h, Schostakowitschs Initialen in der deutschen Lautumschrift, vergleichbar etwa dem B-A-C-H von Johann Sebastian Bach. Dessen Musik kannte Schostakowitsch sehr genau, nach dem Leipziger Bachfest von 1950 hatte er sogar 24 Präludien und Fugen geschrieben. Das d-es-c-h-Motiv hatte er zum ersten Mal in der 10. Sinfonie verwendet, die er nach Stalins Tod schrieb. Sie ist eine Abrechnung mit dem Stalinismus lange vor Chruschtschows Tauwetter, und das triumphierende d-es-c-h-Motiv bedeutete dort „Ich"! Cogito, ergo sum – ich komponiere, also bin ich; bin kein Rädchen und Schräubchen im gesellschaftlichen Getriebe des Sozialismus, sondern ein Mensch mit einer konkreten Fähigkeit, Musik zu schreiben. Und als dieser äußere ich mich, als dieser triumphiere ich als Überlebender.

MUSIK: 10. Sinfonie, 4. Satz (48'22–52'13)

Das verstanden Gottseidank die Bürokraten nicht, die niemals hinter die Fassade kamen, die Schostakowitsch nach 1936 schützte, auch wenn sie immer Verdacht hegten. Er trug eine Maske. Was war dahinter verborgen? Schostakowitsch hat uns den Schlüssel hinterlassen: mit dem 8. Streichquartett. Es ist das Schlüsselwerk. Es stellt Zitate aus seinen Werken in einen Zusammenhang und entschlüsselt dadurch diese Werke. Es sagt uns nicht nur, dass etwas hinter den Noten steckt, sondern auch was hinter den Noten steckt. Im ersten Satz stecken außer dem d-es-c-h-Motiv noch vier selbständige Themen, von denen zwei Zitate sind. Die Form ist bogen- oder kreisförmig: 1 - 2 - 3 - 4 - 3 - 2 - 1. Sonatensatzmäßige Durchführung findet nicht statt, das Ganz ist beinahe ein Potpourri, die Themen werden allerdings kontrapunktisch miteinander verknüpft. Die Zitate stehen blockhaft da.

Im hektischen zweiten Satz (in dem man angeblich die Bomben auf Dresden fallen hört) tritt das d-es-c-h-Motiv in Verbindung mit einem Thema aus dem 2. Klaviertrio von 1947 auf. So klang das zweite Thema des Finales des Klaviertrios:

MUSIK: 2. Klaviertrio, Ziffer 66–68 (15'50–16'37)
(Leonid Kogan, Mstislaw Rostropowitsch, Emil Gilels, London 28.11.1959)

Das unüberhörbar folkloristische Element dieses Themas lässt sich präzisieren: es ist ein Thema im jüdischen Ton. Schostakowitsch schrieb das 2. Klaviertrio 1944, als Stalin im Krieg, der dort der Große Vaterländische Krieg heißt, eine große antisemitische Kampagne aufzog und neue Pogrome begannen, zu einem Zeitpunkt, als über das, was Hitler mit den Juden machte, keine Zweifel mehr bestanden. Antisemitismus war für Schostakowitsch die Grenzlinie für menschliches Verhalten, da war er kompromisslos. „Für Judenfeinde bin ich wie ein Jude" – diese Formulierung Jewgenii Jewtuschenkos sollte er später in seiner 13. Sinfonie vertonen. Das Finale des Klaviertrios ist ein Rondo mit Sonatencharakter, und wir hören jetzt Durchführung, Reprise und Coda. Das Notenbeispiel gibt die Stelle wieder, die im Achten Streichquartett zitiert wird.

MUSIK: 2. Klaviertrio, Z. 75 bis Schluss (ab 18'18)

Im 8. Streichquartett stellt er das d-es-c-h-Motiv neben das jüdische Thema aus dem 2. Klaviertrio:

MUSIK: 8. Streichquartett, 2. Satz, Ziffer 20 (4'53–5'19)

Schostakowitsch stellt sich selbst daneben, und im innenpolitischen Kontext heißt das, er stellt seine Solidarität mit den verfolgten Juden klar. Aber er liebte auch die jüdische Musik so sehr, dass er sogar einen Vokalzyklus *Aus hebräischer Volkspoesie* schrieb, für den er alle scheinbar jüdischen Melodien selbst erfand – er war ja ein musikalisches Chamäleon. Was ihn ansprach, war das Lachen durch Tränen, das die jüdische Musik ausdrückt. Er stellt hier also diese Liebe zur jüdischen Musik dar, die viele seiner Stücke geprägt hat und für die wir nun den Schlüssel erhalten: In die Enge getrieben, entdeckt „D. Sch." die jüdische Melodik als Ausdrucksmöglichkeit. Das wird deutlich, wenn man den Zusammenhang des Satzes verfolgt. Auch dieser erregte *Allegro-molto*-Satz stellt die Verbindung zwischen dem toccatenartigen Hauptthema und dem Zitat aus dem Klaviertrio wiederum durch das d-es-c-h-Motiv her. Bei seinem ersten Erscheinen wird das Zitat von den beiden Oberstimmen, beim zweiten Mal von den beiden Unterstimmen gespielt.

MUSIK: 8. Streichquartett, 2. Satz, Ziffer 33 (6'35–6'48)

Es handelt sich ganz eindeutig um eine Hetze, in der „D. Sch.“ sich zu behaupten hat. In die Enge getrieben, quillt die jüdische Melodie aus ihm hervor. Man muss sich diesen zweiten Satz nur einmal auf YouTube in der Heavy Metal-Version anhören … Nach dem aufgepeitschten zweiten Satz beginnt der dritte sozusagen mit einem schrill-dissonanten Anpfiff. Es ist ein böses Spiel, das merkt man sofort; es ist ein für Schostakowitsch typisches Grotesk-Allegretto. Der Satz ist in A-B-A-Form gebaut. Natürlich ist auch hier ein Zitat versteckt, es stammt aus dem Ersten Cellokonzert, das damals gerade erst ein Jahr alt war. Die Musik des dritten Satzes hat etwas Geducktes. Beispiele für solche musikalischen Charaktere gab es schon in den Scherzi der Vierten und Fünften Sinfonie; historisch tauchten sie im „Fischpredigt“-Scherzo von Mahlers Zweiter zum ersten Mal auf, einem Stück böser Satire. Die Schlussfolgerung, dass wir es auch hier mit Satire zu tun haben, kann nicht sehr daneben liegen. Und es kann nicht überraschen, dass „D. Sch.“ auch hier wieder auftaucht. Doch nun mit einem angehängtem d, das zugleich trotzig und positiv klingt, aufbauend jedenfalls. Und mit einem Mal kippt dieses veränderte Signum um in das Kopfthema des 1. Cellokonzerts.

MUSIK: 8. Streichquartett, 3. Satz (6’50–10’39)

Das Zitat wurde – wir erwarteten schon nichts anderes mehr – vom d-es-c-h-Motiv eingeleitet. Aber mit diesem Motiv ist eine Veränderung vor sich gegangen. Es hat einen fünften, aufwärts gerichteten Ton angehängt bekommen. Dadurch wird der klagende Charakter ausgelöscht, der dem Motiv durch die fallende Sekund am Ende unweigerlich eigen ist. Zweitens aber stellt Schostakowitsch durch die Kombination von d-es-c-h mit dem ja ebenfalls viertönigen Cellokonzertmotiv dessen Entschlüsselung vor: es ist eine Verkehrung des d-es-c-h-Motivs.

MUSIK: 3. Satz, Z. 42–44 (8’14–8’43)

Das Thema des Cellokonzerts wird von der Geige zitiert; im Konzert klingt es am Anfang so:

MUSIK: 1. Cellokonzert bis Takt 83 (bis 1’38)
(Mstislav Rostropowitsch, Philadelphia Orchestra, Eugene Ormandy)

Beim zweiten Thema fällt sogleich auf, dass das wieder ein jüdisches Thema ist. So fiedelt der Cellist vor sich hin, vom Orchester mehr oder weniger seltsam begleitet. Eine Entwicklung findet bis zum Ende des Satzes nicht statt, es entsteht der Eindruck von Gleichförmigkeit. Eine bizarr-absurde Musik, die sich in sich fortspinnt:

MUSIK: 1. Cellokonzert, 1. Satz Takt 260–314 (5'00–6'12)

Der Solist schrubbt endlos vor sich hin, stillvergnügt, aber auch wie der Hamster im Tretrad. Emotionen gibt es nicht, nur Emsigkeit. Eine Entwicklung findet auch im weiteren Verlauf des Konzerts nicht statt. Es bleibt beim Charakter des vor-sich-hin-Wuselns. Alles funktioniert. Schostakowitsch hat damals auch so funktioniert. Er war Chef des Komponistenverbandes, hatte seine Ehrenposten, bemühte sich, sie sinnvoll auszufüllen, war nervös, fahrig, geschäftig, aber positiv, produktiv, aufbauend.

Das Cellokonzert endet nicht anders als es angefangen hat. Schostakowitsch lässt im Horn das Kopfthema noch einmal erscheinen. Das erinnert an das Violinkonzert, mit seinen jüdischen Themen, in dem das Thema des langsamen Satzes, einer tragischen Passacaglia, auf die gleiche Weise am Schluss der Final-Burleske erscheint: Das tragische Thema, das das Motiv der Gewalt ist, krönt die Posse – das war eine Aussage: das drückte das Fortwalten des herrschenden Verblendungszusammenhangs aus. Im Cellokonzert wird das Ende „gekrönt" vom Thema der Geschäftigkeit, dem Motiv des falschen d-es-c-h, der Maske. Auch der Schluss des Konzerts wird von dem Viertonmotiv bestimmt:

MUSIK: 1. Cellokonzert, 4. Satz ab Takt 310 (26'14–27'23)

Das Cellokonzert als Karikatur der Betriebsamkeit, des blind vor sich hin wurstelnden Musikanten, das passt vom Charakter bestens in das groteske Allegretto. Aus Verlegenheit, wie diese seltsam uneigentliche Musik zu beschreiben sei, haben Exegeten meist davon gesprochen, dass das Kopfmotiv den Schluss „überstrahle". Das haben sie auch beim 1. Violinkonzert getan, bei dem ebenfalls ein Viertonmotiv „den Schluss überstrahlt". Ein Verfahren, das Schostakowitsch oft angewendet hat: Im Fall des Violinkonzerts ist es das Kernmotiv des langsamen Satzes, einer Passacaglia, einer barocken Form also, die statisch ist und ein Bassthema unentwegt wiederholt – nur in den Stimmen darüber ist die Musik relativ frei. Dieses Kernmotiv aber war auch das Kernmotiv des berühmten brutalen Marsches aus dem ersten Satz der *Leningrader Sinfonie*, seinerseits ein Zitat des Gewaltmotivs aus der Oper *Lady Macbeth*. Das Insistieren auf einem Motiv oder auf einem Thema muss also nicht unbedingt etwas mit dem Klischee des „Überstrahlens" oder des „Triumphierens" zu tun haben, da west lediglich etwas fort und prägt allem seinen Stempel auf. Wenn hier etwas triumphiert, dann die Gewalt. Und wenn im Viertonmotiv des Cellokonzerts etwas triumphiert, dann die Pervertierung des „D. Sch.", seine Maske.

Was wir im 8. Streichquartett erlebt haben, ist die Verwandlung des „D. Sch." in seine Maske, in den emsigen Funktionär und Musikmacher, aber auch in den Komponisten, der sein jüdisches Liedchen vor sich hin pfeift: Rutscht mir alle den Buckel runter! Im vierten Satz erinnert er sich jedoch an seine eigentliche Identität.

Der vierte Satz folgt dem bekannten Schema. Zitate werden in die Komposition eingebunden durch das d-es-c-h-Motiv. Hier ist es allerdings das verkehrte d-es-c-h, das Kopfthema des Cellokonzerts, mit den heftigen Reaktionen darauf. (Sein Gebrauch in dieser Funktion ist übrigens ein weiterer Grund, diese Cellokonzertthema als „verkehrtes" d-es-c-h-Motiv anzusprechen.) Das dritte und letzte Zitat in diesem Satz ist aus der Oper *Lady Macbeth*, aus deren letztem Akt. Es ist der Sehnsuchtsruf der unglücklichen Katerina nach ihrem untreuen Geliebten Sergej. Danach ertönt zum dritten Mal das Cellokonzertmotiv mit den Achtelschlägen, und diesmal folgt darauf zögernd ein d-es-c, dann ein d-es-c-h. Damit kann der fünfte und letzte Satz beginnen, wieder ein Largo, der kontrapunktisch das d-es-c-h-Motiv mit dem dritten Thema des ersten Satzes verknüpft, und damit an den Schluss des ersten Satzes erinnert.

MUSIK: 8. Streichquartett, Ziffer 51 (10'07–11'14)

Jetzt findet eine heftige Bewegung statt, die Maske wieder herunterzureißen und zur eigenen Identität zurückzufinden – eines der Zentralthemen der gesamten Musik von Dimitri Schostakowitsch. Er zitiert nun zwei populäre, pathetische Revolutionslieder: *Gequält von schwerer Sklavenfron* und *Unsterbliche Opfer, ihr sanket dahin*, freilich nur in ihrem Umriss, nicht ganz genau artikuliert, wie gelallt. Die sowjetische Massenware gleichzeitig zu bedienen und zu verspotten, war eines der bescheidenen Vergnügen in Schostakowitschs Freundeskreis. Schostakowitsch schrieb eine geheime Kantate über das Tribunal von 1948 gegen die sowjetischen Komponisten, die die Sprache Stalins und seiner Schergen sarkastisch aufs Korn nahm. Die Methode, die Sprache des Feindes zu gebrauchen und dadurch zu karikieren, war beliebt. Sein Intimus Isaak Glikman hatte einmal ein Lied auf den Eisernen Volkskommissar Jeschow geschrieben: „Für alles, für alles verneigen wir uns vor dir tief: Für das strahlende sowjetische Firmament, Für den freudigen, munteren Ton, Für den glücklichen, friedlichen Traum." KGB-Chef Jeschow organisierte bekanntlich die Schauprozesse, GULAG und die Exekutionen.

In einem Brief an Glikman schrieb Schostakowitsch 1942: „Deine Lieder sind nicht veraltet und werden es niemals sein. Schade, dass Du dieser Seite Deiner zahlreichen Talente so wenig Aufmerksamkeit schenkst. Du hast das Zeug zu einem wahren Volksliedkomponisten und könntest in den ruhmreichen Plejaden der Dunajewski, Pokrass, Krutschinin, Chejf, Sinowi Dunajewski, Kaz und anderen wenn nicht den ersten, so doch noch lange nicht den letzten Platz einnehmen." – In einem Brief aus dem Jahr 1945 schrieb er: „Der Marschall hat mich über den Genossen Solujanow gebeten, ein ‚Kampflied der sowjetischen Artilleristen' zu schreiben. Es wäre schön, wenn Du mich mit einem Text für dieses Lied versorgen könntest. Obwohl Du ja eigentlich kein professioneller Dichter bist, aber ich erinnere mich immer an Dein ‚Lied der Eisenbahner'. Falls Dir irgendetwas in dieser Art gelingen sollte, nur im Hinblick auf Artilleristen, wäre das bemerkenswert. Es ist möglich, dass ich bald nach Leningrad komme. Dann sehen wir uns und arbeiten gemeinsam am ‚Kampflied der sowjetischen Artilleristen'." – Zu Silvester 1943, in einer Situation besonderer Verzweiflung, schrieb er: „Das Jahr 1944 bricht an. Ein Jahr des Glücks, ein Jahr der Freude und ein Jahr des Sieges. Dieses Jahr wird uns viel Gutes bringen. Die freiheitsliebenden Völker werden nun endlich das Joch des Hitlerfaschismus abwerfen, und Friede wird in aller Welt herrschen, und wir werden unter der Sonne der Stalin'schen Verfassung von neuem ein friedliches Leben führen. Davon bin ich überzeugt, und ich empfinde deshalb die allergrößte Freude. Du und ich, wir sind zur Zeit vorübergehend getrennt; wie Du mir doch fehlst, um mich gemeinsam mit Dir über die ruhmreichen Siege der Roten Armee mit ihrem großen Feldherrn an der Spitze, dem Genossen Stalin, zu freuen." Etwas zu viel Freude für die paar Zeilen – schwärzester Sarkasmus in den leeren Phrasen, ein Dokument äsopischer Sprache, die vom KGB nicht verstanden wurde.

Wir hören jetzt den vierten Satz ab *Unsterbliche Opfer*, bis in den Beginn des letztes Satzes.

MUSIK: 4. Satz, Z. 57 bis 5. Satz, Z. 66 (12'50–15'48)

Nach *Unsterbliche Opfer* erklingt von weit, weit her Katerina Ismailowas Klage, von der vorhin schon die Rede war.

MUSIK: *Lady Macbeth*, 4. Akt, Katarinas Klage

Es ist, als würde Schostakowitsch sich hier selber der Untreue bezichtigen: seine ihm so teure Heldin ruft nach ihm, noch immer ist die Oper verboten, erst drei Jahre später wird sie in einer gemäßigten Fassung wieder aufgeführt werden. Opfer, lauter Verluste – das Leben ist voller Verluste, wie es in Tschechows sarkastisch-trauriger Erzählung *Rothschilds Geige* heißt, die Schostakowitsch so sehr liebte. Sein im Krieg gefallener Schüler Benjamin Fleischmann hatte eine Oper daraus machen wollen, Schostakowitsch hat sie vollendet.

Seine Musik habe sich zu einem Requiem für alle Opfer politischer Gewalt entwickelt, sagte Schostakowitsch zu Solomon Wolkow. Hier aber trauert er um sich selbst. Daran gibt es nicht den geringsten Zweifel: Das d-es-c-h-Motiv beherrscht den letzten Satz und den verdämmernden Schluss des Quartetts:

MUSIK: 8. Streichquartett, vor Ziffer 70 (17'06–18'37)

Der letzte Satz enthält keine Zitate mehr. Er umspielt lediglich noch das d-es-c-h und er endet wie er begonnen hat, mit dem d-es-c-h und dem dritten Thema des 1.Satzes.

Es scheint, als ließe unsere Analyse keinen Raum für Dresden und seine Ruinen. Nur von Schostakowitsch ist die Rede, und von seinen Werken.

Die rein formale Analyse ergibt nichts aufregendes. Die Form ist originell, unbestreitbar. Fünf Sätze, von denen allein drei langsam sind, folgen nahtlos aufeinander, sind durch ein Motiv miteinander verknüpft und ergeben einen dramatischen Bogen zurück zum Anfang. Auch die Binnenformen der Sätze haben kein Vorbild, sind nur ihrer Aufgabe entsprechend gebaut. In jedem seiner ernsthaften Werke hat Schostakowitsch so gearbeitet, jedes Werk hat seinen eigenen Charakter und braucht deshalb seine eigene Form. Ausnahmen sind die konventionellen Stücke ausgerechnet in der Nachbarschaft des Achten Streichquartetts, die Elfte und Zwölfte Sinfonie, die beiden affirmativen Revolutionssinfonien.

Die Musik ist ausdrucksstark. Sie redet wie mit Händen und Füßen, und das nicht nur bei den Selbstzitaten. Es deutet gewiss nichts auf Programm-Musik hin, aber die Spontaneität der Komposition, an der wir nicht zweifeln brauchen, und die autobiographischen Bezüge legen zumindest eine übergreifende Idee nahe. Schostakowitsch zitiert in diesem Werk Stücke, die auf seinem Weg wichtig waren. Die erste und fünfte Sinfonie im ersten Satz. Beide erscheinen sehr fern, kaum noch zu erkennen. Das zweite Thema der Fünften freilich in der zunächst verkappten Form, die seine fatale Entwicklung nicht ahnen lässt – wie ja überhaupt die Fünfte ein doppelbödiges Werk ist, das ungeahnte Frechheiten gegen die offizielle Ästhetik birgt, und somit der Ausgangspunkt für eine ganze Werkgruppe, die Werke der Stalinzeit, wurde.

In der Kunstgeschichte ist es keine Frage: wenn in einem Bild Bezüge zu anderen Bildern, ein Verhalten gegenüber Bildtypen, Anspielungen auf aktuelle Fragen der Philosophie, der Religion oder des gesellschaftlichen Lebens entdeckt werden, besteht kein Zweifel daran, dass das Bild eine Interpretation fordert: Ikonologie heißt das als Wissenschaft. In der Musikgeschichte ist ein solches Vorgehen ungewöhnlich. Aber so wie jedes Werk seine eigene Form fordert, so fordert es auch seine eigene Auslegung. Schostakowitschs Werk verlangt unbedingt nach einer Ikonologie. Er verwendete seit 1937 ganz bewusst zahlreiche Typen, seien es von Themen, von Formen, von Ausdruckscharakteren, die auch das Achten Streichquartett beherrschen. Mit ihrer Kenntnis kann man über eine rein emotionale Annäherung hinausgelangen. Das Achte Streichquartett mit seinen Zitaten ist geradezu Schostakowitschs Schlüsselwerk, mit dem er seine spezielle Arbeitsweise ganz offen beglaubigt. Die Zitate beweisen, dass sie auch schon einst mehr waren als nur Themen.

Es ergibt sich folgendes Bild: Zwei langsame Sätze mit dem d-es-c-h-Motiv als Zentrum, umschließen das Stück. Dazwischen drei Charakterstücke. Das erste wie ein Wutausbruch, der in der Identifikation mit dem jüdischen Thema Halt findet. Das zweite eine Karikatur der Beflissenheit, ausgelöst von einem scharfen Anpfiff – man mag da an den allmächtigen KV mit seinem Vorsitzenden Chrennikow denken – die zu einer Verkehrung des Motivs der eigenen Identität führt. Das dritte leistet Trauerarbeit und stellt selbstkritisch die Identität wieder her. Da der Einleitungssatz die beiden wichtigsten Stationen des kompositorischen Weges des Komponisten zitiert, wird eben dieser Weg reflektiert. Der Ausgangspunkt ist so traurig und desolat wie der Endpunkt: Das Nachdenken bringt kein strahlendes Selbstbildnis hervor, sondern ein fatales.

Ist es Spekulation, wenn ich hinzufüge: Schostakowitsch erlebt sich als ausgebrannte Ruine? Der Anblick der Ruinen von Dresden konnte derartige Gedanken wohl wecken. Schostakowitsch mag gedacht haben: das, was diese Stadt zerstört hat, was ihre Menschen das Leben gekostet hat, das hat auch mich zerstört, meine Identität geraubt, meine Gesundheit untergraben.

Ich glaube, dass die Werke dieses Komponisten eine besondere Analyseform verlangen, weil die Bedingungen, unter denen er arbeitete, besondere Kompositionsformen von ihm verlangten, Formen, die verdeckte Aussagen ermöglichen, Formen, die eine Art Ikonographie ausgebildet haben. Mit fortschrittlich und rückschrittlich ist da nichts zu machen. Die westliche Materialästhetik musste an dieser Musik scheitern. Qualitätvolle Kunstwerke setzen auch ihre Ästhetik selbst. Wir müssen sie suchen.

Dieses kleine Stück Musik ist der Schlüssel für das Verstehen der gesamten Musik von Dimitri Schostakowitsch. Man kann es entschlüsseln, indem man nur die Musik hört und den Zusammenhang der Collage nachempfindet. Die sensiblen unter seinen Zeitgenossen in der Sowjetunion und ihren Satelliten haben das verstanden; sie lebten unter den gleichen Bedingungen, für sie war es ein Zeichen innerer Emigration. Im Westen hat man es nicht verstanden, weil der Kalte Krieg die Gehirne und die Gefühlsnerven gelähmt hatte.

Rein empirische Begriffsbildung reicht in solchen Fällen gewiss nicht aus, um der Musik gerecht zu werden, ja sie muss geradezu in die Irre führen. Dann verstrickt die Analyse sich in Schemata, statt Anstöße zu neuer Begriffsbildung aufzunehmen. Wie sagte jener eingangs zitierte Berliner Empiriker zu mir am Ende der Diskussion: „Aber eines müssen Sie zugeben, Schostakowitsch hat immer an den Sozialismus geglaubt!"

Die Zeitangaben des 8. Streichquartetts beziehen sich auf die Live-Aufnahme des Borodin-Quartetts beim Edinburgh Festival 1962, die auch bei YouTube verfügbar ist. Die Sinfonien werden nach der Gesamtaufnahme von Rudolf Barschai mit dem RSO Köln zitiert. Auch die anderen Aufnahmen sind auf YouTube präsent.

Fünf Tage – fünf Nächte: Die russischen Monuments Men Schostakowitschs Musik zu dem Film von Lew Arnstam

Gerüchte und Fehlinformationen sind hartnäckig. In einem Internet-Blog zu Schostakowitschs Streichquartetten fand ich folgendes Zitat aus dem Jahr 2006:

„Im Jahr 1960 entstand das Achte Streichquartett mit dem ungewöhnlichen Satzaufbau Largo – Allegro molto – Allegretto – Largo – Largo. Die drei zentralen Sätze entsprechen durchaus dem äußeren Rahmen eines Sonatenzyklus, atypisch sind jedoch die beiden umrahmenden Largo-Sätze. Sie verweisen tatsächlich auf eine Trauermusik für Streichquartett. Schostakowitsch hielt sich 1960 für einige Tage in Dresden auf, um seine Arbeiten zur Filmmusik von *Fünf Tage – fünf Nächte* zu beenden. Der Eindruck der teilweise immer noch zerstörten Stadt und die schrecklichen Berichte von dem verheerenden Bombenangriff im Februar 1945 veranlassten Schostakowitsch innerhalb von drei Tagen diese zutiefst tragische Musik niederzuschreiben. Die Widmung lautet: *Dem Gedächtnis der Opfer des Faschismus und Krieges.* Seine starke persönliche Betroffenheit drückte Schostakowitsch mit der Verwendung des Anagramm Themas d-es-c-h (den Initialen seines Namens) aus. Es zieht sich durch das ganze Werk, erlangt aber speziell in den beiden Ecksätzen eine herausragende Bedeutung."[1]

Wir hier wissen jetzt alle, wovor Schostakowitsch geflohen war, als er nicht in Dresden, sondern in der Idylle von Gohrisch das 8. Streichquartett schrieb, das mit Dresden nichts und mit ihm selbst alles zu tun hat. Die Filmmusik hat er hier weder begonnen noch beendet, sondern erst später in Moskau geschrieben. Und diese Filmmusik hat nun wirklich mit Dresden zu tun.

Niemand jedoch kennt den Film *Fünf Tage – fünf Nächte* von Lew Arnstam, für den Schostakowitsch damals die Musik komponieren sollte. Denn der Film ist nicht in die Filmgeschichte eingegangen. Sein Inhalt war die Rettung der Dresdner Galerie Alte Meister durch die Rote Armee nach deren Einmarsch im Frühjahr 1945 und der unabwendbare Abtransport der Bilder nach Moskau. Es war ein russischer Film von 1960, aber es war auch die erste russisch-deutsche Koproduktion zwischen Mosfilm und DEFA. Zur Geschichte der Rettungstat der Roten Armee kommt daher noch eine deutsche Geschichte hinzu, die die Fragen „Beutekunst“ und „Neuanfang“ thematisiert. Die Gemäldegalerie war zwar schon 1956 nach Dresden zurückgekehrt, dennoch schien man es für sinnvoll zu halten, die damaligen Ängste der Dresdner um ihre Bilder als beschämend darzustellen: „Die Bilder werden zurückkehren, und dann werden Sie sich schämen, mir in die Augen zu sehen,“ sagt der russische Hauptmann zu dem ängstlichen deutschen Hauptdarsteller.

Ein wichtiges Propaganda-Anliegen des Filmes war es auch, das Freund/Feind-Verhältnis zwischen Russen und Deutschen zu ersetzen durch den Antagonismus zwischen Barbarei und Kultur, der über die Volksgrenzen hinweg verläuft. Leider hält sich der Film dabei an die gängigen ideologischen Sprachregelungen und lässt bei der Darstellung der Konflikte kein Klischee aus. Das ist sehr schade, denn die Realität des Jahres 1945 war ja furchtbar genug und die Deutschen hatten keinen Grund zur Selbstgerechtigkeit.

Was waren die historischen Fakten? Kurz nach dem Ausbruch des Zweiten Weltkrieges im Jahr 1939 wurden die Gemälde abgehängt und zunächst im Galeriegebäude deponiert. Im Jahr 1942 begann man sie wegen drohender Luftangriffe in sächsische Rittergüter und Schlösser auszulagern.

Den anglo-amerikanischen Bombenangriffen am 13. Februar 1945, die die Dresdner Innenstadt (mit allen Museumsgebäuden) zerstörten, fielen neben zahllosen anderen Kunstwerken auch 42 großformatige Gemälde im Residenzschloss zum Opfer, und 154 Gemälde verbrannten in einem Möbelwagen am Terrassenufer – darunter sehr wertvolle Werke von Lucas Cranach d. Ä., Krodel, Krell und Anton Graff sowie italienische und holländische Meister des 17. Jahrhunderts. (Am 12. Februar war ein Sondertransport von Kunstwerken angekommen und in der Innenstadt zwischengeparkt worden.)

Anfang des Jahres 1945 verlagerte man die Gemälde wegen der anrückenden Sowjetarmee in Depots westlich der Elbe. Statt in den noch vertretbaren Räumen der Schlösser und Rittergüter lagerten die Gemälde nun z. B. im Kalkbergwerk Pockau-Lengefeld und im Tunnel des Rottwerndorfer Sandsteinwerkes in Groß Cotta bei Pirna, wodurch es zu erheblichen Schäden infolge der Durchfeuchtung und Verschmutzung kam – auch an der kostbaren *Sixtinischen Madonna* von Raffael, die im Rottwerndorfer Tunnel lagerte.

Der sächsische Naziführer Martin Mutschmann soll sogar eine Vernichtung der Gemälde erwogen haben, um sie nicht in die Hände der Roten Armee fallen zu lassen. In den Wirren der letzten Kriegswochen wurden 206 Gemälde zerstört. Seit Kriegsende werden außerdem 507 Gemälde vermisst.

Nach dem Einmarsch der Roten Armee im Mai 1945 in Sachsen beschäftigte sich Armeegeneral I. Petrow, Chef des Stabes der 1. Ukrainischen Front, mit dem Schicksal der Dresdner Galerie und beauftragte das 164. Bataillon der 5. Gardearmee der 1. Ukrainischen Front unter Bataillonskommandeur Major Perewostschikow mit dem Aufspüren und Zusammentragen der ausgelagerten Gemälde. Daran waren auch deutsche und sowjetische Kunstwissenschaftler, Museumsfachleute, Restauratoren und bildende Künstler beteiligt. Von ihnen auf den Tunnel in Groß Cotta hingewiesen, stellte die Armee vor dem Tunnel Wachtposten auf und schickte ein Telegramm an das Komitee für Kunstangelegenheiten in Moskau: „Die Galerie ist gefunden, entsendet eine Brigade von Experten." Im Mai 1945 reisten fünf Männer aus Moskau nach Dresden, um die Kunstschätze zu retten: Oberst A. Rototajew, Leiter der Brigade und Mitarbeiter des Komitees für Kunstangelegenheiten, Major S. Grigolow (Kunstwissenschaftler), Kapitän S. Tschurakow (Maler und Restaurator), die Oberleutnante Michail Wolodin (Maler und Mitglied der Sonderkommission zu Rettung der Dresdner Galerie) und N. Ponomarjow (junger Kunstmaler und wie Wolodin Absolvent des Surilow-Institutes).

Michail Wolodin hielt die Geschichte seiner Reise in Skizzen fest. 1975 erzählte er Reportern der DDR-Zeitschrift Freie Welt: „Viel Zeit zum Zeichnen hatten wir ja nicht. Und wenn man gesehen hat, in welchem Zustand die Gemälde von Rembrandt, Velázquez, Manet und Degas waren, denkt man bestimmt nicht mehr an die eigene Kunst. So sind es nur flüchtige Skizzen geblieben …" Im Tunnel von Groß Cotta blickten die Experten in einen Eisenbahnwaggon: „An die Seitenwände eines Wagons sind Bilder gelehnt. Im schwachen Licht elektrischer Lampen blinkt das Gold der alten Rahmen, die Firnis auf den Leinwänden glänzt. Von einer Leinwand herab lächelt im glücklichen Rausch Rembrandt mit Saskia auf dem Schoß, in seiner Hand ein Festpokal. Bilder von Tizian, Rubens, Watteau – alle strahlen Freude und Lebensfülle aus …". Die Gemälde sind waren alle unverpackt, nur eines befand sich in einer riesigen Holzkiste: die *Sixtinische Madonna*. Schloss Pillnitz, vom Krieg verschont, war der Ort, wo die Bilder gesichert werden. „Die Militärverwaltung der 1. Ukrainischen Front gab uns alle Unterstützung. Wir unterschieden weder Tag noch Nacht. Die Bilder häuften sich, und wir durften nur noch an ihre Rettung denken. Rettung im wahrsten Sinne des Wortes. Ein falscher, unbedachter Griff, ein harter Transport, eine übereilte Trocknung konnten sie unwiederbringlich zerstören." Am 26. Mai wurde unter Aufsicht von Marschall Konew die Kiste mit der *Sixtinischen Madonna* geöffnet – Experten und Soldaten waren tief bewegt von dem Gemälde. Das Militärkommando befahl eine stärkere Bewachung von Pillnitz. Im Albertinum fand man 23 große, leere Rahmen. Soldaten meldeten einige Funde in Nischen des Meißener Doms. Wolodin: „Die deutsche Bevölkerung hat uns bereitwillig geholfen, als sie unsere gute Absicht erkannte. So war es auch mit dem Schloss Weesenstein, wo wir Werke von Velázquez, Poussain, Manet, Degas und an hundert Mappen des Graphischen Kabinetts vorfanden. Weil die Einfahrten für die schweren Laster zu klein waren, musste jedes Stück einzeln, unter Beachtung aller Vorsichtsmaßregeln, herausgetragen werden." Ein weiteres Versteck entdeckten die sowjetischen Soldaten auf dem Gut Barmitz. Die Gemälde waren mit Kalkstaub und Steinsplittern übersät, weil ein Artilleriegeschoss die Mauern des Gutes durchschlagen hatte. Die Reinigung auch dieser Bilder kostete die Fachleute enorm viel Zeit. Die Suche nach allen Bildern dauerte etwa zwei Monate, und die meisten befanden sich in einem katastrophalen Zustand. Oberst Rototajew schrieb nach Moskau: „Wir sind überzeugt, dass die Beendigung unserer Arbeiten und der Abtransport nach Moskau sofort zu lösen sind … 5. Juli 1945." Der Sonderzug mit 30 Waggons rollte Ende Juli vom Dresdner Hauptbahnhof gen Moskau, begleitetet von 50 MP-Schützen. Oberst Stepan Tulpanow, Leiter der Informationsabteilung der sowjetischen Militäradministration in Deutschland, erklärte: „Es wird der Tag kommen, an dem wir alle diese Kunstwerke dorthin zurück bringen, wohin sie gehören, denn das Sowjetvolk betrachtet Kunstschätze nicht als Kriegsbeute."

Die meisten Gemälde gelangten damals in die Museen von Moskau (Puschkin-Museum, 762 Bilder), Kiew (478 Bilder) und Leningrad, wo die in den Stollen und Schächten stark angegriffenen Gemälde einer eiligen Not-Restaurierung unterzogen wurden.

Im Jahr 1955 begann der Wiederaufbau der Sempergalerie unter der Leitung der Architekten Prof. Frenzel und Dr. Zimmermann. Am 25. August des gleichen Jahres gab die sowjetische Regierung mit einem feierlichen Akt im Moskauer Puschkin-Museum 1240 Gemälde an die DDR zurück, die hier von Mai bis August jenes Jahres ausgestellt waren. Die Gemälde waren dann zunächst von November 1955 bis April 1956 in der Nationalgalerie Berlin zu sehen, bis sie schließlich in die wiederaufgebaute Sempergalerie in Dresden einziehen konnten. Jedoch nicht alle Gemälde kamen aus der Sowjetunion zurück. Die Verhandlungen über die Rückgabe von Dresdner Kunstwerken dauern bis heute an. Einige der verloren geglaubten Bilder tauchten erst im Jahr 1995 in der Moskauer Ausstellung „Zweifach gerettet – Werke europäischer Malerei des 14. bis 19. Jahrhunderts“ wieder auf. Der Verbleib anderer Gemälde wird sich wohl niemals aufklären lassen.

Am 3. Juni 1956 – anlässlich der 750-Jahr-Feier Dresdens – fand die Wiedereröffnung der Sempergalerie statt. Bis 1960 war auch der Westteil des Galeriegebäudes fertiggestellt. Die feierliche Übergabe fand am 31. Oktober 1960 – zur 400-Jahr-Feier der Dresdner Kunstsammlungen – statt. Prof. Max Seydewitz wurde zum ersten Generaldirektor der Kunstsammlungen nach dem Krieg berufen. Unter dem Vorsitz von Prof. Manfred von Ardenne gründete sich der Freundeskreis der Gemäldegalerie.

Die Autoren des Films benennen folgende Quellen:
L. Wolynskij: „7 Tage“, dokumentarische Erzählung
Kunstwissenschaftler Max und Ruth Seydewitz
Kunstwissenschaftlerin N. Sokolowa
Maler und Restaurator S. Tschukarow
Bergmann B. Götze

Die Personen des Films

Auf der Seite der Deutschen:
Paul Naumann, Maler – der Zweifler
Luisa Rank, Archivarin – die Verschreckte
Beide Darsteller sind schauspielerisch nicht gerade brillant, überzeichnen ihre Figuren und nehmen ihnen dadurch etliches von ihrer Glaubwürdigkeit. Paul hat im Krieg einen Arm verloren und danach jeglicher Art von Kampf abgeschworen. Er verweigert sich aber auch dem Neuaufbau und unterstützt die Suche nach den Bildern nur zögernd. Seine ständigen Störmanöver fallen dem Zuschauer irgendwann derart auf die Nerven, so dass er gezwungen ist, die Partei der Russen zu ergreifen.

Sie werden flankiert von zwei aufrechten deutschen Kommunisten:

Erich Braun, der im Spanischen Bürgerkrieg war und als Erzähler fungiert

Ein namenloser Arbeiterführer

Erich Brauns Erzählerrolle verwirrt etwas, weil unklar wird, wessen Geschichte erzählt wird.

Hinzu kommen zwei Lichtgestalten:

Kathrin, Pauls Frau, mit dem Roten Winkel gezeichnet, also Kommunistin; sie ging im KZ durch die Hölle, packt aber jetzt zu, wo sie gebraucht wird.

„Bubchen", ein Knabe, von einem Russen gerettet und von Kathrin gepflegt. Mit ihm beginnt jeder der fünf Tage und endet der Film.

Auf der Seite der Russen:

Der Hauptmann, Leiter der Sonderbrigade, klug und beredt

Der Sergeant mit dem guten Herzen, der das Kind rettet und durch eine besonders hinterhältige deutsche Mine stirbt

Die kluge Moskauer Expertin, die die Restaurierung leitet

Ein russischer Experte, der zum Abtransport rät

Der General, mit Erich Braun bekannt aus dem Spanischen Bürgerkrieg

Der Film

Der Titel *Fünf Tage – fünf Nächte* signalisiert die Dringlichkeit der Aufgabe und die Professionalität der Durchführung. Schostakowitschs Bemerkung über die Gutmütigkeit seines alten Freundes Lew Arnstam, in der die Bedeutung des Films liege, deutet darauf hin, dass er sich über die Klischeehaftigkeit der Filmhandlung im Klaren war – gut gemeint ist bekanntlich das Gegenteil von gut. Und was tat Schostakowitsch? Er erfüllte die Klischees ebenfalls.

Doch die Frage ist: Was taugt die Musik? Schostakowitsch hat grandiose Filmmusik geschrieben – und weniger gute. Die frühe Musik zu den Filmen *Das Neue Babylon* (1928/29) und *Allein* (1930) von dem Regisseursduo Kosinzew und Trauberg ist in der Tat Teil der Filmgeschichte geworden – aber da war die sowjetische Künstleravantgarde noch unternehmungslustig und nicht von Stalins Kulturbürokratie geknebelt. Mit Arnstam hatte er 1932 mit *Der Gegenplan* den ersten Film gemacht.

Schostakowitsch schätzte Musik „von Bach bis Offenbach" und bemühte sich, in allen Genres gute Musik zu schreiben, respektierte aber deren Grenzen. Er war ein musikalisches Chamäleon und konnte in jede Haut schlüpfen, in die des Unterhaltungsmusikers ebenso wie in die des parteikonformen Propagandisten. Wenn er ernste Lieder schrieb, war er in der Textwahl sehr wählerisch, wenn es politische Lieder und Chöre sein sollten, vertonte er Texte von Dolmatowski. So sieht man schon auf den ersten Blick, wie es gemeint ist. Es gab Zeiten in seinem Leben, da konnte er nur mit solchen Aufträgen und mit Filmmusik seine Familie über Wasser halten.

In was für einer Phase von Schostakowitschs Entwicklung steht diese Filmmusik?

Davor lagen die Filme *Die Hornisse* von 1955 mit einer Musik, die sehr populär geworden ist, und *Die erste Staffel* (1956), ein Film des Regisseurs Kalatosow, der stark gegängelt wurde, aber einige unkonventionelle Filme drehte, die ihm auch im Westen einen gewissen Kultstatus verliehen. Danach war vier Jahre Filmpause. Nach *Fünf Tage – fünf Nächte* war wieder vier Jahre Pause, danach kam die Musik zu Kosinzews Shakespeare-Verfilmung *Hamlet*, zu der Schostakowitsch eine durchaus beachtenswerte Musik schrieb.

Das Jahr 1960 fiel in die „Tauwetter"-Phase nach Stalins Tod, und Schostakowitschs Filmmusik entstand zwischen der 11. Sinfonie (*Das Jahr 1905*, 1957) und der 12. Sinfonie (*Lenin*, 1961). Beide Werke versuchten den Sozialismus bei seinem Anspruch zu packen, die musikalische Substanz ist aber wohl nur bei der 11. Sinfonie einigermaßen interessant. Nach der 10. Sinfonie (1953), die gleich nach Stalins Tod entstanden war und das eigene Überleben feierte, war der Komponist in ein Loch gefallen und hatte lange Zeit kein wesentliches Werk mehr geschrieben. Von seinem 2. Klavierkonzert (1957) sagte er selbst, es habe keinerlei künstlerischen Wert. Von den *Drei Chören zum 40. Jahrestag der Oktoberrevolution* (1957) hätte er das sicherlich auch nicht behauptet.

Die im Jahr 1958 entstandene Operette *Moskau-Tscherjomuschki*, die die Sorgen junger Paare auf Wohnungssuche humorvoll zu nehmen versucht, wurde nicht zuletzt in der Fernsehfassung sehr populär, die immer an Silvester gezeigt wurde. 1959 beschäftigte er sich mit der Bearbeitung von Mussorgskis *Chowanschtschina*, einer politischen Oper des für ihn wichtigsten russischen Komponisten, und schrieb das 1. Cellokonzert, in dem er sich selbst als emsigen Funktionär karikierte – was durchaus nicht immer lustig klingt.

Das Jahr 1960 war das Jahr zweier Streichquartette, des Siebten im März und des Achten im Juli, dazwischen entstand der Liederzyklus *Satiren* nach Texten aus der satirischen Zeitschrift Das Krokodil. Im September wurde die Auftragskomposition *Die Glocken von Noworossisk* uraufgeführt und am 14. September erfolgte der erzwungene Eintritt in die Partei, vor dem er so panische Angst hatte, bevor er nach Gohrisch kam. Es war also keine Zeit der großen Werke, und wenn er sagte, er habe das 8. Streichquartett dem Andenken des Komponisten gewidmet, scheint da tatsächlich die Angst durch, es sei mit ihm als einem ernst zu nehmenden Komponisten zuende. Ich kann mir durchaus vorstellen, dass mancher Konzertbesucher, der bei der Uraufführung der für den Parteitag geschriebenen Zwölften Sinfonie war, die Uraufführung der Orchestersuite *Fünf Tage – fünf Nächte* am 7. Januar 1962 als das bedeutendere Ereignis erlebte. Erst die im gleichen Jahr nach politischen Gedichten entstandene kompromisslose 13. Sinfonie beendete diesen Zustand der Ungewissheit.

Die Film-Suite erweckt einen falschen Eindruck, indem sie sich als eine geschlossene Formen in 5 Sätzen präsentiert. So wurde die Musik im Film jedoch nicht verwendet. Der 1. Satz „Introduktion" ist nicht die Einleitung zum Film. Erst der 2. Satz ist Titelmusik und begleitet die 1. Szene. Der 5. Satz ist der Schluss des Filmes, erscheint dort aber auch nicht vollständig, sondern stark gekürzt und angepasst. Ursprünglich bestand die Musik aus 18 Nummern, von denen 3 verschollen sind, aber auch die 15 erhaltenen wurden im Film zerstückelt. Zumeist erfüllt die Filmmusik ihre typische Funktion: sie dient als Geschmacksverstärker, so wie das Glutamat in der Küche.

Zum Beispiel tauchen auf: ein frisches Kinderthema, ein federnder Marsch für die Aufbauarbeit der Kommunisten, Beethovens Neunte für die Begrüßung der Befreier, ein Liebesthema für Paul und Kathrin, schweres Pathos für die Opfer der Russen. Diese Motive werden nur kurz angerissen und prägen sich kaum ein. Ausführlicher werden musikalisch repräsentiert: Die schwierige Liebe und das Leiden von Paul und Kathrin. Für die Ruinen von Dresden benutzte Schostakowitsch ein Eigenzitat aus der 11. Sinfonie, das von der Endproduktion dann als „Gummi" missbraucht wurde – es trillert als Endlosschleife bis zum Ende der jeweiligen Einstellung.

Wirklich interessant ist das Material der Introduktion, denn Schostakowitsch verwendete es für die Bilder. Dank seiner Musik erobern sie sich die eigentliche Hauptrolle im Film. Es ist festliche Musik mit barocker Anmutung. Wir sehen die Gemälde im Stollen auf einmal mit den Augen der russischen Soldaten an, und schon beginnen sie zu glänzen. Der Zuschauer erfährt einen Schnellzugang in die Malerei. Doch auch diese Musik wurde funktional zurechtgestutzt. Auch wo Schostakowitsch sich besondere Mühe gegeben und zwei Themen kontrapunktisch verbunden hat, gab es dafür im Film keine Verwendung.

Im Soundtrack zeigen aber auch Klänge, die noch im Bereich zwischen Geräusch und Musik liegen, dass der Regisseur sich Gedanken gemacht hat über die Wirkung des Tons auf das Bild: das müde Klappern der Holzschuhe der heimkehrenden KZ-Gefangenen, der entschlossene Marschtritt der Soldaten der Roten Armee, das konzentrierte Spiel der Dorfkirchenorgel. Schostakowitsch erfüllte mit seiner Musik im Grunde nur die verlangten Klischees, aber fügte dem Film nichts hinzu. Und dem Film fehlt leider jeder originelle Gedanke, jede Eigenwilligkeit. Er ist nur ein Zeitdokument. Doch weil es eine schreckliche Zeit war, ist *Fünf Tage – fünf Nächte* ein interessantes Zeitdokument, das uns auf etwas aufmerksam macht, das in Vergessenheit zu geraten droht. Und schließlich ist der mündige Zuschauer ja wohl imstande, sich eine eigene Meinung zu bilden.

Fünf Tage – fünf Nächte – Die Struktur von Schostakowitschs Filmmusik

Regie: Lew Arnstam (1960)
Koproduktion Mosfilm/DEFA
Musik: Dimitri Schostakowitsch

1. Introduktion
2. ohne Titel
3. Zusammentreffen mit den Befreiern auf der Straße
4. Vor einer halben Stunde
6. ohne Titel
7. ohne Titel
8. Pauls Selbstgespräch (Adagio)
9. Madonna
11. „Flight in the Loft"
12. Wiedersehen von Kathrin und Paul (Allegro)
13. Nachtszene (Andante)
14. Kathrins Traum (Moderato)
15. Einsamkeit
16. Frau Ranks Abschied von den Bildern – Alarm
18. Finale[1]

Suite op. 111a von Levon Atovmian 30'25"

1. *Introduktion* (Adagio) – nicht identisch mit der Introduktion der Filmmusik 5'05
A neobarockes Thema – Steigerung . Beckenschlag Thema fff
B federndes Allegro, pizz, Trp. – mit Klavier und Fagott – Gewaltmotiv
A'
2. *Dresden in Ruinen* (Largo) – Titelmusik und 1. Szene – Choral 5'38
3. *Befreites Dresden* 6'30
Moderato (schwer, grüblerisch, nicht im Film), bis 1'54
Presto (Nr. 11 Flucht auf dem Dachboden, nicht im Film), bis 2'36
Largo (Kombination von Nr. 1A mit Largo), bis 4'42
Allegro (IX. Sinfonie)

4. *Zwischenspiel* 5'35
Andante, Flötenmotiv, Klage mit großem Orchester, bis 1'22
Moderato, Geigenaufschwung, Liebesthema, Streicher mit Harfe, bis 2'56
Allegro, aufbauender Marsch, pizz, bis 4'14
Flötenmotiv, bis 4'40
Moderato mit Klagemotiv, Triller
5. *Finale* 7'39
Flötenthema, Streicher-Pathos, große Steigerung, Beckenschlag, Blechchoral, bis 1'54
Allegretto, Oboenthema „Bubchen", bis 4'10
Largo, Pathetisches Trp-Thema, tragisch, Trauermarsch, Schicksalsthema, bis 6'26
Allegretto, Kinderthema als fröhlicher Abschluss

Musikfolge im Film

0'12–2'20
Titelmusik
Feierlicher Choral (wie Adagio 7. Sinfonie) – dazu grübelnde tiefe Streicher wie 10. Sinfonie, 1. Satz – absinkende Holzbläser wie Bach-Passion
(Suite, 2. Satz Largo)

1. Tag (35')
(8.5.49)

2'20–4'01
Sobald Erzähler Erich Braun einsetzt, Blick über die Ruinen von Dresden (8.5.49): Streichertriller wie 11. Sinfonie, für Film gedehnt
Paul Naumann findet seine Frau nicht
4'02–7'05
Die Rote Armee kommt an: Trompetensignale über den Trillern – Pizzicato-Folgen
(6'02)
Sergeant rettet Bubchen: erregt aufschwirrende Tremoli
(6'14–6'30)
Bubchenthema – Triller wie zuvor, decrescendo
(Suite, 2. Satz)
18'35–20'13

Nr. 3 Zusammentreffen mit den Befreiern
Deutsche Kommunisten beim General (Rotbrigadisten aus dem Spanischen Bürgerkrieg): Jubelmusik im Hintergrund, dann inmitten der Massen, die die Befreier bejubeln: Neunte Sinfonie. (Hauptmann: „Alle Menschen werden Brüder")
(Suite, 3. Satz, Allegro)

22'10–22'24
Nr. 4 Vor einer halben Stunde
Erzähler: „Noch vor einer halben Stunde war alles so anders – jetzt ist der Faschismus besiegt": aufbauender Marsch pizz.
„Habe ich wirklich genug für diesen Tag getan?"
Komiteesitzung: Marsch à la *Warschawjanka* mit Pizz., Horn, Holzbläsern
Suite, 4. Satz, Allegro)

25'57–29'10
Die ersten 150 Bilder werden gefunden. General vor Rembrandt: Orgelbrausen – flüssige Streichermelodie, enthusiastische Hochstimmung über große Kunst: Musik (großes Orchester mit Orgel, Titelmelodie, *Introduktion* aus der Suite) gibt den Bildern zusätzlichen Glanz. („So viel Schönheit retten für die Zukunft")
(Suite, 1. Satz Adagio)

30'20–31'40
Paul Naumanns Bilder von Kathrin („Mein Kriegstagebuch") elegische Streicher; Erzählung der Liebesgeschichte: sanftes Streichorch. mit Harfe. Erich Braun berichtet vom Tod des Mädchens im KZ
(Suite 4. Satz Andante)

34'03–35'20
Paul zweifelt am Kampf für den Neuanfang. Zwiegespräch mit dem Bild: Triller der 11. Sinfonie. („Ist es nicht egal, wofür die Menschen sich die Köpfe einschlagen?")

2. Tag (9'30)

42'27–44'30
Nr. 9 Madonna
Sixtinische Madonna: Weihrauch aus Gongs und Geigenglorioleń, Glanz auf den Gesichtern der Soldaten – Andacht und Zauber (Sergeant: „Genauso ein armes Ding wie meine Frau")
(Suite 1. Satz Adagio Variante)

3. Tag (13')

(Ankunft der KZ-Häftlinge: Holzschuhklappern & -Schlurfen! „Was haben sie aus der Welt gemacht!")
Orgel in der Dorfkirche (vermutlich Bach): „Schöne Musik haben ihre Popen"
(Abmarsch der Kompanie zum Schloss Waldstein: Marschtritt vermittelt Entschlossenheit und Sicherheit – Kampf im Schloss Waldstein)

57'47–58'43
Nr. 12 Wiedersehen von Paul und Kathrin (Allegro)
In Meißen: Paul erkennt Kathrin: erst Flimmern, dann tiefe Empfindung / parallel der Tod der Frau, die von Kathrin gepflegt worden war. Kathrin trägt den roten Winkel. Str. und Harfe – Aufschwung
(Suite, Nr. 4, Andante)

60'46–62'25
Nr. 13 Nachtszene (Andante)
„Jetzt bist du wieder daheim": traurige Flöte mit Trillern, Klagemotiv; Lächeln & Kuss: Holzbläser mit Streichern – lichter Aufschwung „Liebe"
Schnitt auf brennende Kerze: auch Schnitt in der Musik 2x Flöten-Motiv *(62'28–40).*
(Suite, Nr. 4 Andante)
Kathrin: „Helden", Paul: „Worte".

(Restaurierungsarbeiten. Der Experte zur Soldatin: „Die Bilder müssen weg, möglichst schnell!")

4. Tag (29'30)

68'45–69'05
Nr. 14 Kathrins Traum
Beim Schacht Brigitte: Öffnen
Parallel: Kathrins Angsttraum: schrille, crescendierende Klänge

73'23–75'39
Nr. 15 Einsamkeit
Paul meditiert vor Kathrins Bild: kurz düstere Musik, Cello & Kb, dann Oboe über Pizz. – Kathrin füttert Bubchen, Kindersammlung (Steigerung) – Pauls Wasserhahn spendet wieder Wasser (meditativ) –
(Suite, 5. Satz Allegretto)
75'40–77'00
Trümmer aufräumen (Marsch, pizz, Massenlied / Paul sucht Kathrin (Suite, 4. Satz, *Allegro*)
(„Die Bilder! Sie bringen sie nach Moskau!" – „Jeder Tag bringt uns neues Unglück".
Vernichtung der russischen Kultur durch die Nazis, Verlust der Familien. Kultur verteidigen gegen Barbarei.)

87'08–89'18
Nr. 16 Frau Ranks Abschied von den Bildern, Alarm
Frau Luisa Rank und die Bilder: Schmerzhafter Abschied mit vollem Orchester
(Suite, Nr. 1, Adagio)
Pfiff – Marsch: Abmarsch der Soldaten zum Stollen, traurige Luisa bleibt
Pizzicato-Marsch

Minen-Entschärfen. „Bosche moi!" vor den Bildern.

94'24–95'50
Eine sanfte Flöten-Melodie bringt die Bilder zum Sprechen –
(Suite, 1. Satz Adagio)
Ein Bild wird zur tödlichen Minenfalle. Trauermusik crescendo: Laterne wird von Rot nach grün gedreht. Festliche Melodie wird schmerzlich und tragisch
(Suite, 5. Satz, Moderato)

5. Tag *(3')*

95'52 - 97'07
Nr. 18 Finale
Bubchen erwacht in seinem Bett, Paul schenkt ihm den Bären vom Sergeanten.
97'07–45
Trauermusik für den aufgebahrten Sergeanten
97'46–99'00
Paul zeichnet ein Kinderplakat: frohe Musik, Kathrin kommt dazu: noch fröhlicher
„Bittere Tage, die dennoch voller Hoffnung waren"
(Suite, 5. Satz)

Akademische Fehltritte – Ein musikologischer Disput in den USA

Eine Schostakowitsch-Biographie erscheint am Vorabend seines 25. Todestages. An sich nichts Ungewöhnliches. Doch wenn Lektüre dieser Biographie zunehmend den Eindruck erweckt, die Autorin habe alles verschlafen, was sich in diesen 25 Jahren an dem Bild des Westens von diesem Komponisten geändert hat, stellt man sich Fragen. Auch westliche Verlage haben gedankenlos immer wieder Bücher aus der Sowjetunion nachgedruckt, in denen Schostakowitsch als der treue Sohn der Partei präsentiert und mit seinen offiziellen Reden zitiert wird. Doch warum wird das von einer amerikanischen Autorin wiederholt? Laurel E. Fay schreibt, das sei eben der Schostakowitsch, der dem russischen Publikum so begegnet sei – warum solle man ihn dann nicht ebenso portraitieren?

Für Fay ist das Buch[1] das Ergebnis einer zwanzigjährigen Beschäftigung mit Schostakowitsch. Die Autorin entfaltete nämlich einen erbitterten Widerstand gegen die Memoiren des Komponisten, die 1979 von Solomon Wolkow in den USA unter dem Titel *Testimony* publiziert und bald in Übersetzung auch international verbreitet wurden[2]. Sie war, neben Richard Taruskin und anderen, die Anführerin einer Kampagne, die Wolkows Glaubwürdigkeit erschüttern und damit das alte Schostakowitsch-Bild als des Oberhaupts der sowjetischen Komponistenschule konservieren sollte. Nun, in ihrer Biographie, tut sie die Wolkow-Memoiren mit einem Satz ab: „Ich fand sie nicht hilfreich."

Leider ist auch ihre Biographie wenig hilfreich. Denn neue Aspekte im Leben Schostakowitschs zu entdecken, ist ihr nicht gelungen, und die alten Pfade erscheinen wenig reizvoll. Obwohl sie einleitend feststellt, die kursierenden offiziellen Daten über Schostakowitschs Leben und über die Entstehung seiner Werke seien selten vertrauenswürdig, ist ihre Korrektur nicht in jedem Falle relevant. Der Anspruch, die ultimative Biographie mit den korrekten Fakten zu liefern, wird von ihr selbst wieder desavouiert. Ihre Mutmaßungen über die Entstehungsgeschichte mancher seiner Werke sind entweder abgedroschen, abstrus oder irreführend. Was ist der Antrieb für solche wissenschaftliche Arbeit? Vermutlich ist bereits diese Frage falsch gestellt. Fays Buch ist die Folge einer Methode, ist das Resultat einer rein akademischen Beschäftigung mit dem Gegenstand (oder besser gesagt: dem Opfer) der Untersuchung ohne Geist und Gefühl, ohne Ohren für die Musik.

Die Anti-Wolkow-Kampagne in den USA ist der Gegenstand eines anderen Buches, das fast gleichzeitig publiziert wurde. Die Autoren Ho und Feofanov waren selbst in die Schusslinie von Fay und Genossen geraten, als sie Wolkow zu einem Beitrag zu ihrem Lexikon russisch-sowjetischer Komponisten baten. Ihr neues Buch[3] besteht aus zwei Teilen. Im ersten unterziehen sie *Testimony* und seine Widersacher einem Kreuzverhör. Alle Argumente, die von Fay, Taruskin u. a. vorgebracht wurden, werden penibel untersucht und mit Gegenargumenten konfrontiert. Das Ergebnis der langwierigen Lektüre ist eindeutig: auch wer keinen Ton von Schostakowitsch je gehört hat, muss rein juristisch auf Echtheit der *Memoiren* plädieren. Ein Beispiel ist der Vorwurf des Plagiats: Wolkow habe oft nur Sätze aus Schostakowitschs bekannten Äußerungen zusammengeschrieben. Zeitzeugen werden aufgeboten, die Schostakowitschs extremes Gedächtnis beschrieben haben, das ihn häufig identische Äußerungen reproduzieren ließ, wenn sie ihm wichtig waren – warum nicht auch bei den Treffen mit Wolkow in seiner Wohnung? Beinahe die Einzige aus seiner näheren Umgebung, die immer noch darauf beharrt, Schostakowitsch habe Wolkow nur drei, vier Mal kurz getroffen, ist seine Witwe Irina. Nun, man kann sich schon vorstellen, wie Schostakowitsch, der die Sache geheim halten wollte, bei Wolkow anrief: „Meine Frau ist weg, kommen Sie rüber?"

Es gibt sie ja, die Zeitzeugen, die Schostakowitsch erlebt und das nach dem Zusammenbruch des Sowjetregimes auch beschrieben haben. Der zweite Teil des Buches bringt solche Dokumente, zum großen Teil zum ersten Mal in Übersetzung. Freunde Schostakowitschs wie Flora Litwinowa, Wissenschaftler wie Daniil Zhitomirski erzählen, wie sie den Komponisten erlebten – und vor allem, was ihnen und den Menschen in Russland damals seine Musik bedeutete. Dass Schostakowitschs Musik ein Teil des moralischen Widerstands gegen die Gleichschaltung war, kann heute niemand mehr bestreiten.

Im übrigen bestätigen die Aussagen von Zeitzeugen ja nur, was jeder, der nur hinhört, auch selbst feststellen kann. Und damit sind wir wieder bei der Ursache jener akademischen Fehlgriffe der Fay, Taruskin und Co. In der Musik liegt der Schlüssel! In den USA konnte diese Debatte nur deshalb so erbittert geführt werden, weil niemand die Musik selbst untersucht hatte. Von „naivem Anti-Revisionismus" spricht der Musikwissenschaftler Ian MacDonald in der „Coda" des

Buches: wer glaubt, Schostakowitschs Musik sei nur mit rein musikalischen Begriffen zu beschreiben, irrt. Wer darüber hinaus Schostakowitschs eigene Darstellung seines Lebens lesen möchte, der sei auf die Neuauflage der *Memoiren* hingewiesen, die mit einer neuen Einleitung von Michael Koball nun bei Propyläen erschienen ist.

Der große Zampano – Drehbuch-Exposé für einen Puppen- oder Tanzfilm (1988)

I. Schostakowitschs 2. Cellokonzert

Schostakowitsch liebte es, seine Musik mit drastischen Beispielen zu erläutern – der Dirigent Jewgeni Mrawinski, der viele Werke des Komponisten uraufgeführt hat, ärgerte sich darüber immer wieder, weil er mit außermusikalischen Erläuterungen, mit programmatischen Vergleichen nichts anfangen konnte. Doch Schostakowitschs Musik ist tatsächlich oft wie Begleitmusik zu einem imaginären Film. Sie hat eine innere Dramaturgie, die über die rein musikalische Struktur hinausgeht.

Als Student verdiente D. Sch. Geld, indem er im Kino Klavier spielte: die Vorstellungswelt des Kinos ist ihm also von Anfang an vertraut. Hinzu kam seine Lust am Spott, am Persiflieren und Travestieren, die er unterm Stalinismus zu einer ganzen Geheimsprache des – künstlerischen – Widerstands entwickelte. Das 2. Cellokonzert op. 126 entstand 1966, als man die Ehrungen zum 60. Geburtstag des Komponisten vorbereitete. Seine Gesundheit war angeschlagen, die Restauration der Breschnew-Ära legte sich wie ein eiserner Ring auch um die künstlerischen Arbeitsbedingungen – in jeder Hinsicht verdunkelte sich die Zukunft. Ich glaube daher, dass dieses Werk ein selbstironisches Stück über die eigene Lage ist, nicht ganz unähnlich dem 8. Streichquartett. Noch ist ihm der Humor nicht ausgegangen. Doch ist das 2. Cellokonzert das letzte Werk der Tauwetter-Zeit, dem nur noch das völlig desillusionierte Spätwerk folgte.

Meine Vorstellung von diesem Stück entstand beim Hören und wurde erst danach durch Analyse fundiert und ausgebaut. Das Werk hat drei Sätze:

1. Largo (Viertel = 100) ca. 15’
2. Allegretto (Halbe = 100), attacca:
3. Allegretto ca. 20’

Der langsame erste Satz ist in A-B-A’-Form; die klagenden A-Teile umschließen einen bewegteren Mittelteil, in dem nostalgische Gefühle durch Terzparallelen, Holzbläser-Tupfer und dergleichen geweckt werden. Das Stück beginnt mit dem „Klagemotiv", einer zweimaligen fallenden Sekund. Das eigenartig zusammengestellte Orchester – es fehlen Trompeten, Posaunen und Tuba – gibt seltsam verformte Töne von sich, die sich mit dem Soloinstrument nicht recht verbinden wollen, sondern es sozusagen äffen.

Der zweite Satz dreht das Klagemotiv zu einem Hohnmotiv der Hörner um. Dieser Hohn steigert sich immer mehr, bis der Satz in eine auffallend wenig „sinfonische" Fanfare übergeht – dies ist zugleich der Übergang in den dritten Satz. Diese Fanfare entstammt Fellinis Film *La Strada*, wo sie ankündigt: „Jetzt kommt der große Zampano!" Man weiß, wie es dem starken Mann erging: er war nur noch ein Schatten seiner selbst, eine tragikomische Figur, weil er sich mit dem Erlöschen seiner Kraft nicht abfinden mochte. Der Fanfare folgt eine kurze Kadenz, die vom Tamburin begleitet wird, vielmehr: das Cello wiederholt das pompöse Geschmetter, um dann ermattet abzusinken. Das Finale bekommt Rondo-Charakter durch eine nach der Beunruhigung jeder Episode wiederkehrende abkadenzierende Floskel, die zopfig und besänftigend zugleich klingt. Schließlich kehrt die Fanfare wieder – jetzt wird ein strahlender Film-Musik-Höhepunkt serviert, nach dem das Cello wiederum jaulend absinkt. Doch diesmal erlischt die Musik im leeren Klappern des Schlagzeugs (ähnlich wie später in der Fünfzehnten Symphonie), zu dem das Cello einen Orgelpunkt beisteuert, der zum Schluss wie ein letzter Hauch noch einmal kurz crescendiert.

Der „große Zampano" sieht sich also aufgefordert, noch einmal die große Nummer zu bringen, ahnt aber, dass sie für ihn den Tod bedeuten kann. An der Grenze zum Alter schreibt der Komponist sich seine eigenen Ängste von der Seele. Dass er nach der Fertigstellung des Werkes einen Herzinfarkt erleiden würde, wird er nicht vorhergeahnt haben, aber dass er sich für den Kulturbetrieb aufrieb, war ihm klar. Doch D. Sch. war auch ehrgeizig. Dass er gegen die Verlockungen des Ruhmes nicht unempfindsam war, macht den Reiz der Selbstironie erst aus.

II. Die Story

Die Grundidee ist die vom alten Zirkusgaul, der bessere Zeiten gesehen hat, von denen er nur noch träumen kann. Nun bekommt er noch einmal die Chance zu einem großen Auftritt, der ihn dann das Leben kostet.

Dazu kommen natürlich die geputzten jungen Hengste, die er verachtet, weil sie erstens heute können, was er nicht mehr kann, und die ihn verachten, weil er der Held von gestern ist und nur noch jammert. Man sieht sie förmlich, wenn die Fagotte dem klagenden Cello ihr blökendes Fauchen entgegenschleudern. Im Mittelteil des ersten Satzes zeigen die Terzenseligkeiten an, dass Vergangenheit beschworen wird: ja damals war ich ein toller Hengst! Eine wunderschöne Artistin machte auf seinem Rücken Kunststückchen – doch das ist lange her. Heute wird er vom Dompteur nur noch gedemütigt. Die Kadenz des ersten Satzes wird von dumpfen Schlägen auf die große Trommel begleitet: der Mahlerfan und intellektuelle Musikzitator D. Sch. wusste, was dies in Mahlers unvollendeter 10.Sinfonie bedeutete – den Tod. Wieder hat der alte Gaul eine Vision von seiner geliebten Tänzerin: diesmal legt sie ihm den Kopfputz an – er wird seine Chance erhalten, denn nachdem die Vision erloschen ist, bleibt der Kopfputz real auf seinem Kopf.

Der zweite Satz formuliert eine leichte Bewegung, die Stück für Stück in Panik übergeht: das Training hat begonnen. Dazu ist eine einleitende Begründung erforderlich, nämlich ein Unfall eines der Schimmel. Der Stallbursche, der die Aufgabe des Trainings offensichtlich mit Freude übernommen hat, wird dann vom grausamen Dompteur abgelöst, der die Inkarnation des Todes ist. Die Musik zeigt überdeutlich, wie das Cello vom Orchester in Bedrängnis gebracht wird. Die Steigerung führt zu den Fanfaren: Generalprobe! Manege frei! Ermattet wird der Auftritt beendet. Die zopfige Floskel wird im Bild durch ein Zuckerstückchen verdoppelt, das man dem Gaul nach jeder Beunruhigung reicht, um ihn zu tätscheln und beruhigen. Eine Episode verdeutlicht den Sinn: der Tod/Dompteur lockt den Gaul mit dem Ruhm, der auf ihn wartet, wenn er sein Kunststückchen bewältigt – dann wird man ihm ein Denkmal bauen, die Kinder (die ihn eben noch ausgelacht haben) werden ehrfürchtig davorstehen, und seine geliebte Artistin wird ihnen höchstpersönlich erläutern, was für ein toller Hengst er war – ja sie stellt sich sogar auf seinem steinernen Rücken in Pose! Der Stallbursche übernimmt in dem ganz surrealen Spiel immer die realistische Rolle; lachend holt er den Gaul zur nächsten Runde, aber er hänselt ihn auch liebevoll.

Der Höhepunkt wird nur aus der Sicht des Gauls gezeigt, um die enorme Aufregung spürbar werden zu lassen. Man sieht, nachdem die Fanfaren verklungen sind, nur noch den Vorhang zur Manege hochgehen, dann das jubelnde Publikum, das der galoppierende Gaul nur als vorüberfliegende Schemen erkennt, dann wendet er (Holzklapper!)

und jagt ein zweites Mal am Publikum vorbei und hinaus ins Vorzelt. Dort geht er in die Knie, der Dompteur entpuppt sich endgültig als der Tod, der höhnisch seine letzten Atemzüge begleitet.

*

O-Ton fehlt ganz. Die Bewegungen sollten immer etwas Schwebendes haben. Die Artistin, der Dompteur und der Stallbursche werden deshalb von Tänzern dargestellt. Die Visionen sind stets deutlich als Einblendungen zu erkennen. Die Rhythmen der Bewegungen der Tänzer sind mit den Rhythmen der Musik nicht immer synchron. Die Artistin trägt ein glitzernd-türkises Kostüm mit Tüllröckchen, der Dompteur einen weiten schwarzen Mantel, unter dem bei den entsprechenden Gelegenheiten das Skelett sichtbar wird, der Stallbursche sieht verwegen, aber sympathisch aus.

Den Zeitangaben liegt der Livemitschnitt der Uraufführung durch Mstislav Rostropowitsch und das Staatliche Sinfonieorchester der UdSSR unter Jewgeni Swetlanow am 25. September 1966 im Großen Saal des Moskauer Konservatoriums zugrunde, der auch auf YouTube zugänglich ist.

III. Einstellungen / Musikkonkordanz

Zeit	Ziff.	sec	Einstellung

I

Vorspann: Titel etc. dazu: Totale Orchesterpodium. Dirigent und Solist kommen herein, werden von Beifall begrüßt und nehmen ihre Position ein. Das Licht verlöscht.

Zeit	Ziff.	sec	Einstellung
0'21		26"	Solist allein. Seine Umgebung liegt im Dunkel.
0'47	1	40"	Solist blickt auf, in den Hintergrund des Saales. Kamera schwenkt um 180°. Bild wird völlig Schwarz.
1'27	2	21"	Aus der Dunkelheit wird frontal ein schwarzer Pferdekopf sichtbar, als blickten beide sich an.

1’48	3	42“	Nah: Kopf von der Seite. Kamera fährt ruhig um den Kopf herum auf die andere Seite.
2’30	5	76“	Nah: Kopf von der neuen Seite. Dann langsam ganzer Gaul. Dahinter beginnt man den Stall zu ahnen. Kamera fährt etwas hoch: Totale dunkler Stall; im Hintergrund eine Reihe geschmückter Schimmel, mit dem Kopf dem Rappen zugewandt.
3’46	8	61“	Kamera fährt sehr rasch auf zwei Köpfe zu und verharrt starr; beim 4. Takt Schwenk auf die nächsten drei Köpfe, Verharren, beim 4. Takt auf die nächsten drei, Verharren; dann
4’12	9		rasch zurück auf alle, Verharren auf den glotzenden Köpfen. Nach zwei Takten rasch wieder auf den Kopf des Rappen: er wirft ihn hoch und wendet sich ab. (Ganze Einstellung muss etwas schreckhaft und torkelnd wirken)
4’37	11	62“	seitl. Kopf des Rappen, halbnah. Dazu eingeblendete Vision: Er galoppiert in Zeitlupe im Rund, eine türkis gekleidete Artistin macht auf seinem Rücken Kunststücke, wobei sie eine charakteristische Pose macht, die jedes Mal erkennbar wiederkehrt.
5’39	13	110“	2. Vision: Die Artistin erscheint neben dem Rappen, deutlich als bunte Einblendung erkennbar. Sie neigt sich ihm zu, streichelt ihn.
6’12	14		Sie schlingt ihre Arme um seinen Hals; dann geht sie langsam zum Ausgang, wendet sich dabei aber nur halb ab. Die Kamera folgt ihr, sie blickt lockend in die Kamera.
7’14	16	65“	Die Tänzerin schlägt den Zeltstoff des Eingangs beiseite: die bunten Lichter des Zirkus blinken. Sie lockt den Rappen. Er trippelt unruhig.
8’19	20	53“	Aus dem Rappen löst sich sein Doppelbild und galoppiert hinaus in das turbulente

			Zirkusleben. Man sieht über dem Zirkuseingang ein großes Plakat mit vier prächtigen Schimmeln. Der Dompteur knallt mit der Peitsche und lässt ihn zusammen mit den Schimmeln in die Manege galoppieren.
9'12	23	40"	Der Dompteur lässt die Schimmel sich aufbäumen und sich dabei auf den Hinterbeinen umdrehen. Auch der Rappe wird gefordert. Er stürzt.
9'42	25	26"	In gleißender Helligkeit machen die Schimmel ihre Kunststückchen, der Rappe tapst immer hinterher. Bei den Solofiguren des Cellos jedes Mal Schnitt: man sieht die vier perfekten Schimmel und den Rappen nie gemeinsam.
10'08	26	69"	Die Peitsche des Dompteurs verwandelt sich mit einem Schlag in einen Trommelschlegel, der auf die große Trommel schlägt: der Dompteur hat sich in den Tod verwandelt. Bei jedem Schlag Schnitt: Beide sind in Wirklichkeit im Stall. Bei jeder Cellofigur Schnitt: In seiner Einbildung ist der Rappe noch in der Manege. Virtuose Schnitttechnik muss diesen Sturz aus der Vision zum Schock werden lassen. Zum Schluss erst setzt sich das Stallbild durch. Die Schimmel sind nicht mehr da. Der Rappe ist gestürzt. Die Kamera verweilt auf seinem Auge.
11'17	29	55"	Die Kamera fährt etwas beiseite. Der Rappe liegt ruhig da. 3. Vision: die Tänzerin kommt langsam hereingeschritten.
12'12	31	63"	Sie streichelt ihn und bringt ihn dazu, wieder aufzustehen. Die Vision erlischt.
13'15	34	108"	Der Rappe ist allein im Zelt, die Tänzerin hat ihm jedoch einen Kopfputz aufgesetzt, der den einzigen Farbfleck bildet. Er trippelt nervös und wirft den Kopf hoch. Dann steht er wieder ganz ruhig.
15'03			Ende des ersten Satzes. Schwarzfilm

II

Vorspann: Einer der Schimmel wird lahmend in den Stall geführt. Der Dompteur und die Artistin gestikulieren heftig und gehen wieder hinaus.

15'26	38	23"	Ein junger Stallbursche kommt herein, bleibt vor dem Rappen stehen und tanzt. Dabei ahmt er die charakteristische Pose der Artistin nach (Thema des Höhepunkts!).
15'49	41	22"	Er erschrickt, wendet sich in Richtung draußen – wo die Ursache seines Erschreckens war – und macht eine unwillige Geste. Er nimmt den Rappen am Zügel und tänzelt mit ihm hinaus: Pose der Artistin (Thema des Höhepunkts!).
16'11	44	36"	Dort lässt er ihn am langen Zügel im Kreis laufen.
16'47	48	58"	Der Dompteur kommt, reißt dem Stallburschen die Zügel aus der Hand und treibt den Gaul an.
17'45	54	51"	Die Schimmel sind auch aus dem Stall geführt worden und sehen jetzt zu. Es sieht aus, als nickten sie hämisch mit dem Kopf. Der Dompteur lässt den Rappen immer wieder wenden, ist nie zufrieden. Andere Zuschauer gesellen sich dazu und kommentieren lachend die Szene.
18'36	60	20"	Die Artistin kommt hinzu, bleibt am Rand. Die Schimmel werden dazugesellt.
18'56	62	19"	Der Dompteur knallt mit der Peitsche und versucht die Gäule synchron zu kriegen: den Rappen vorne weg, sollen sie einheitlich traben.
19'15	64	15"	Alle zusammen werden zur Manege getrieben. (attacca: 3. Satz)
19'30	66	43"	Vor dem geschlossenen Manegenvorhang. Bild der Nervosität vor der Generalprobe: Fanfare!

20’13	69	51“	(Kadenz): Der Vorhang geht auf, der Rappe sprengt hinein und trabt vor den drei Schimmeln im Rund, getrieben von der Peitsche des Dompteurs. Die Arena ist jedoch leer.
21’04	73	21“	Er trabt wieder aus der Manege, hat es erschöpft überstanden und kommt ins Freie. Dort bleibt er vor dem Stallburschen stehen, der ihn anstrahlt.
21’25	74	60“	Die Artistin tritt zu ihm und gibt ihm ein Zuckerstückchen. Sie streichelt ihn.
22’25	78	35“	Die Artistin geht, der Dompteur tritt zu ihm. Er lüftet seine Gesichtsmaske und ist der Tod (Schlagwerk!). Er grinst ihn an und gibt ihm auch ein Zuckerstückchen.
23’00	80	45“	Der Dompteur hat seine Maske wieder aufgesetzt und weist mit der Peitsche zur Seite, als wolle er dem Gaul etwas Geheimnisvolles zeigen. Der Gaul hat die Vision eines Denkmals seiner selbst, vor dem die Kinder ehrfürchtig staunen. Auch das Plakat hat sich verändert: Nur ein geschmückter Rappe ist darauf zu sehen.
23’45	83	15“	Die Artistin steht vor dem Denkmal und erzählt irgendetwas Großartiges. Sie schwebt auf den steinernen Denkmalsrücken und macht ihre charakteristische Pose.
24’00	84	25“	Der Stallbursche ist auf ihn zugetreten und reißt ihn aus seinem Traum. Er lacht ihn an, streichelt ihn und gibt ihm ein Stück Zucker.
24’25	86	35“	Der Bursche treibt ihn plötzlich an und führt ihn roh der Kinderhorde vor, die laut lacht.
25’00	89	37“	Der Bursche zieht tückisch eine Maske hervor: der grinsende Tod (Schlagwerk!). Dazu tanzt er vor dem Gaul. Er steckt die Maske jedoch wieder weg, lächelt freundlich, gibt ihm ein Stückchen Zucker und streichelt ihn.

25'37	91	37"	Der Stallbursche tänzelt mit dem Rappen zum Stall. Währenddessen wird es Nacht: die Sonne rutscht den Horizont herunter und es wird dunkel.
26'14	92	100"	Die bunten Lichter beginnen zu blinken: die Vorstellung rückt näher. Im Stall wird der Rappe geschmückt, die Schimmel sehen zu. Steigende Nervosität. Liebevoll wird der Rappe vom Stallburschen gestriegelt. Der Bursche tanzt unbeschwert vor sich hin. Die Musik wird immer nervöser.
27'54	97	31"	(Kadenz) Die Peitsche des Dompteurs knallt. Der Rappe wird zur Manege getrieben. Der Stallbursche winkt ihm nach.
28'25	98	28"	Warten vor dem geschlossenen Vorhang. Spannung. Die Vornummer saust heraus und vorbei.
28'53	100	21"	Der Vorhang ist hochgeflogen, der Rappe rast in die Manege, aber man nimmt das Ganze aus der Sicht des Gauls wahr: gleißende Helle, jubelnde Kinder, rasantes Tempo, dann Kehre in die andere Richtung und wieder raus.
29'14	101	28"	Der Rappe bremst im Vorraum, die folgende Clown-Nummer stiebt zur Seite, der Gaul bleibt stehen und schnaubt.
29'42	103	63"	Der Dompteur kommt langsam vorbeigeschritten und sieht ihn an. Der Rappe senkt den Kopf. Der Dompteur gibt ihm ein Zuckerstückchen.
30'45	107	68"	Die Artistin erscheint und streichelt den Rappen.
31'53	110	60"	Der Rappe sieht sich ums Manegenrund traben, die Artistin macht ihr Kunststück auf seinem Rücken.

33'18	112	53"	Der Tod erscheint und tanzt lockend um den Rappen, der auf dem Boden liegt. Die Kamera fährt langsam auf seinen Kopf. Er stirbt.
34'11			Man sieht den Cellisten, wie er den Bogenschwung abbremst und dann ruhig verharrt. Nach einigen Sekunden schlägt er die Augen auf und lächelt. Beifall. Kamera geht auf Totale: Orchester. Hier spielt die Musik.

Der Vierzigjährige Krieg

„The Shostakovich Wars" – der Sonderweg der Schostakowitsch-Diskussion in den USA

Das Erscheinen der Wolkow-Memoiren *Testimony*[1] / *Zeugenaussage*[2] im Jahr 1979 löste in den USA einen Glaubenskrieg aus, für den sich irgendwann der Begriff „Shostakovich Wars" einbürgerte. „Revisionisten" (die Wolkow folgen und Schostakowitsch als Opfer des Sowjetsystems sehen) und „Anti-Revisionisten" (die in Schostakowitsch weiterhin einen Mitläufer des Regimes sehen) bekriegten sich mit allen lauteren und unlauteren Mitteln. Alex Ross hat die ganze Geschichte im New Yorker 2004 noch einmal rekapituliert und dabei Ian MacDonald, der im Jahr davor Selbstmord begangen hatte, mit seinem Buch *The New Shostakovich* als den effektivsten Wolkow-Verteidiger bezeichnet.

Ross zitierte auch einen Vortrag von Laurel E. Fay beim Schostakowitsch-Festival des Bard College, in dem sie die Ergebnisse ihrer Untersuchung von Wolkows Original-Typoskript präsentierte: Schostakowitsch hab das Typoskript niemals gesehen, es sei eine Fälschung von vorne bis hinten, aber viele der darin enthaltenen Äußerungen wurden von anderen Quellen übermittelt. Danach drückte Ross – vor fünfzehn Jahren – die Hoffnung aus, die sogenannten Schostakowitsch-Kriege seien vielleicht wirklich zuende und es könne eine ausgeglichenere Untersuchung beginnen:

> Einige zuckten angesichts des ganzen Schlamassels mit den Schultern und meinten, ja, da wurde zwar geschummelt, aber schlussendlich kommt es darauf nicht an, denn Wolkow erzählte seine kleinen Lügen nur, um einer größeren Wahrheit über die sowjetische Musik willen.
> Das nehme ich ihnen aber nicht ab. Eine ungefähre Authentizität genügt nicht für die Memoiren eines großen Künstlers. Ein Buch über Picasso oder Joyce mit solchen Manipulationen wäre niemals in Druck gegangen. Musik wird aus irgendwelchen Gründen wie ein kindischer Bereich abgetan, in dem es Fabeln genauso tun wie Fakten. Russische Komponisten scheinen für moderne Sagen besonders anfällig zu sein, als käme es hinter dem Eisernen Vorhang weniger auf Fakten an. Fays Fakten zu ignorieren heißt, einem großen Künstler das Recht zu nehmen, mit seiner eigenen Stimme zu sprechen.[3]

Maxim Schostakowitsch jedoch hatte schon 1989 in seinem Vorwort zur finnischen Ausgabe von *Testimony* geschrieben: „Alles, was das Buch über die Verfolgung meines Vaters und über die politische Situation insgesamt sagt, ist sicherlich richtig. Der Tonfall ist über weite Strecken so, dass ich ihn als den meines Vaters erkenne, auch wenn einige Stellen auf mich einen schlechten Eindruck machen."[4] Anscheinend steht hier Recht gegen Recht und die Schostakowitsch-Kriege ziehen sich hin wie die Rosenkriege.

Den ersten Schlag gegen *Testimony* hatte die New Yorker Musikwissenschaftlerin Laurel E. Fay 1980 geführt, indem sie acht Passagen des Buches als Kopien früherer Artikel Schostakowitschs entlarvte und daraus folgerte, dass es keinen Grund für eine Revision des Schostakowitsch-Bildes gebe. Für diese Position fand sie zahlreiche Gefolgsleute, darunter Richard Taruskin, der 1989 schrieb, jeder solide Wissenschaftler hätte klar erkennen können, dass das Buch eine Fälschung sei. 1990 veröffentlichte Ian MacDonald sein Buch *The New Shostakovich*[5], in dem er eine sinngemäße Richtigkeit von *Testimony* behauptete und den Begriff des Revisionismus einführte. 1994 publizierte Taruskin in der New York Times den Artikel *A Martyred Opera Reflects Its Abominable Time* und im gleichen Jahr erschien das Buch *Shostakovich: A Life Remembered*[6] von Elizabeth Wilson, das aus zahllosen Aussagen ein Bild des Komponisten zusammensetzte, das dem von *Testimony* entsprach. Auch Rostislav Dubinsky, der Ex-Primarius des Borodin Quartetts, publizierte ein Buch mit dem Titel *Stormy Applause*, das die Position der Revisionisten stützte. 1995 kamen David Fannings *Shostakovich Studies*[7] mit Richard Taruskins *Public Lies and unspeakable truth – interpreting Shostakovich's Fifth Symphony* zugunsten der Gegenrichtung heraus.

1998 veröffentlichten der Musikwissenschaftler Allan B. Ho und der Pianist Dmitri Feofanow ihr Buch *Shostakovich Reconsidered*[8], in dem sie den Fall aufrollten und für sich in Anspruch nahmen, die sinngemäße Richtigkeit von *Testimony* zu beweisen. Darauf antwortete wiederum Fay im April 2000, die bereits im Jahr davon ihr Buch *Shostakovich: A Life* veröffentlicht hatte. Taruskin nannte Schostakowitsch einen „erdichteten Helden" und Fay charakterisierte ihn als Feigling. Die Kämpfer liefen sich immer heißer. Im Jahr 2004 setzte *A Shostakovich Casebook*[9] zum Gegenschlag gegen Ho und Feofanow an, und so weiter und so fort. Eine Website mit dem abgerüsteten Namen „The Shostakovich Debate" fasste die kriegerischen Handlungen umfänglich zusammen und liefert einen ganz guten Überblick.[10]

So etwas passiert, wenn man über Worte streitet statt über Musik. Die Menschen interessieren sich für Schostakowitschs Musik, nicht für den Tratsch darüber. Die erste Aufgabe des Musikwissenschaftlers ist es, die Musik zu erforschen; dabei ist das Leben des Künstlers sekundär. Melanie Unseld hat das deutlich formuliert: „Die Frage nach Fälschung und Authentizität allerdings, die im Bezug auf Wolkows Buch die meistgestellte überhaupt ist, zielt [...] völlig ins Leere. [...] Kein verantwortungsvoller Musikhistoriker käme beispielsweise auf die Idee, Richard Wagners oder Alma Mahler-Werfels Autobiographien als ‚historische Wahrheit', als Materialien ‚authentischer Historizität' zu nehmen."[11]

In der New York Times vom 5. März 2000 fasste Taruskin den Stand der Dinge für sich so zusammen: Der Revisionismus baue um Schostakowitsch einen „lärmenden Personenkult" auf, der mit dem um Stalin vergleichbar sei – „Wie jeder solche Kult ist auch der um Schostakowitsch ein Instrument der Gedankenkontrolle. Er fördert Orthodoxie, stärkt Konformismus und brütet Intoleranz gegenüber kritischem Denken aus." Soweit die 20jährigen Schostakowitsch-Kriege im 20. Jahrhundert.

Halbzeit

Aber es ging weiter. Elizabeth Wilsons Buch erschien 2006 in einer erweiterten zweiten Auflage[12]. Pauline Fairclough, Musikprofessorin in Bristol, veröffentlichte im selben Jahr *A Soviet Credo: Shostakovich's Fourth Symphony.*[13] Ho und Feofanow haben ihr Buch ebenfalls überarbeitet und 2011 unter dem neuen Titel *The Shostakovich Wars* überflüssigerweise mit einem Panzer auf dem Cover herausgebracht. Und Taruskin hielt Vortrag um Vortrag. Jetzt schreiben wir das Jahr 2019. Das bedeutet, dass die „Shostakovich wars" nun bereits ein Vierzigjähriger Krieg sind. Geführt wird der Krieg nach wie vor nur in den englischsprachigen Ländern USA, Kanada und Großbritannien. Der europäische Kontinent ist bislang von Kollateralschäden verschont geblieben. Warum dieser erbitterte Kampf, in dem es keine Gewinner geben kann? Die Antwort ist einfach: Der Krieg ist eine Bestie, die sich selbst fortzeugt.

Was sind nun Taruskins Anlässe zur Kriegserklärung? Und gegen wen richtet sie sich eigentlich? Bei der Siebten Sinfonie fragte Taruskin: „Beutete die Musik die Politik aus oder die Politik die Musik? Oder – am schlimmsten – wurde der Unterschied zwischen beiden aufgehoben?" Das hieß: mittels seiner außermusikalischen Fracht sei Schostakowitsch zum Konjunkturritter für seinen internationalen Ruhm geworden. Scharf rechnet Taruskin mit MacDonalds Versuch ab, die Vierte autobiographisch zu lesen: „Vielleicht ist Unsicherheit – nicht auflösbare Mehrdeutigkeit – wesentlich, um sie als Kunstwerk zu erfahren?"

In seiner Rezension der Glikman-Briefe (sie beginnt mit dem bezeichnenden Satz „Hüte dich vor Freunden"), sagt er, die Musik des Achten Streichquartetts sei fast vollständig aus dem DSCH-Motiv entwickelt. Damit habe der Komponist sich als Opfer dargestellt, auch indem er das Gefangenenlied mit seinen Initialen verband. Doch so explizit zu sein, habe seinen Preis: „die Zitate sind länglich und wörtlich und ergeben besonders im vierten Satz eine träge Mischung". Die Umformung der Themen ist zu demonstrativ, das Muster wird vorhersehbar: „Ich kehre zu ihm nicht mit der Erwartung zurück, etwas Neues zu entdecken." Und dann schlägt er Ian MacDonald dessen eigenen Satz über das Neunte und Zehnte Quartett um die Ohren, man habe so etwas schon zu oft gehört: „Er ist nicht fähig, seine eigene, monoton-einschüchternde Stimme von der von Schostakowitsch zu unterscheiden."

Taruskins Schlussfolgerung aus der Lektüre von Glikman: Schostakowitsch war kein Dissident und kein Modernist. Im Gegensatz zum Egoismus der westlichen Modernisten gründe Schostakowitschs Vorstellung von Kunst nicht in Entfremdung, sondern in Dienst. Der soziale Wert seiner Musik lasse die Technik-Fixierung des Westens frivol erscheinen. Die opportunistischen Anstrengungen Wolkows, MacDonalds und Glikmans, die Bedeutung von Schostakowitschs Werk festzuschreiben, verkleinerten dessen Wert.[14]

Zum Kern von Taruskins Schostakowitsch-Auffassung gelangt man in seinem Aufsatz über die Fünfte Sinfonie: „… it is clear that this symphony is a richly coded utterance, but one whose meaning can never be wholly encompassed or definitively paraphrased. Given the conditions in Russia in 1937, this last was a saving, not to say a lifesaving, grace. It opened up the work to varying readings, which is precisely what made for the seeming unanimity of response at its première. Each listener could inscribe his or her own construction on the work's network of references. The process of continual, heavily fraught inscription and reinscription has gone on to this day, surely one of the circumstances that has kept the Fifth, of all of Shostakovich's symphonies, the most alive."[15] Schon hier würde ich heftig widersprechen: Was die Fünfte bis heute in den Konzertsälen und auf Tonträgern lebendig hält, ist ihre musikalische Qualität und nicht die Debatte der Musikwissenschaftler darüber. Taruskin räsoniert viel, sehr viel, über das, was andere gesagt haben, aber er sagt wenig, sehr wenig, über die Musik selbst. Hört er sie überhaupt? Empfindet er etwas dabei? Und was hat er selbst an Analyse geleistet?

In seinem Aufsatz stellt er den Gegensatz zwischen Schostakowitsch dem Systemdiener und Schostakowitsch dem „Dissidenten" auf, um dann triumphierend auszuholen: „There were no dissidents in Stalin's Russia."[16] Natürlich nicht, das Dissidententum ist ein publizistisches Phänomen aus den letzten Lebensjahren von Schostakowitsch, wie jeder weiß. Dann fährt Taruskin fort: „There were old opponents, to be sure, but by late 1937 they were all dead or behind bars. There were the forlorn and the malcontented, but they were silent. Public dissent or even principled critcism were simply unknown. ‚People's minds were benumbed by official propaganda or fear', Adam B. Ulam has written, continuing, ‚How could there be any public protest against the inhuman regime when even a casual critical remark to an old acquaintance would often lead to dire consequences, not only for the incautious critic but for his family and friends?' … ‚Anyone who did not wish to take part' in the evil of those days, as honest late- and post-Soviet writers admit, ‚either left this world or went to the Gulag.'[17] … It is natural that latter-day dissidents would like him for an ancestor. It is also understandable […] that he, who though mercilessly threatened never suffered a dissident's trial but ended his career a multiple Hero of Socialist Labour, should have wishes, late in life, to portray himself in another light."[18]

Auch in *Lady Macbeth* sieht Taruskin eine Bestätigung, nicht eine Kritik des Systems: „In dem Jahr, in dem *Lady Macbeth* vollendet wurde, denunzierte der kleine Pawlik Morosow, ein gut indoktrinierter ‚Pionier' von einem Bauernhof in der Nähe von Swerdlowsk, seine Eltern bei der Geheimpolizei als Volksfeinde und wurde so zum sowjetischen Heiligen (um erst unter Gorbatschow wieder dekanonisiert zu werden). Schostakowitschs Katerina war eine Heldin vom gleichen Schlag. Seine Oper ist der getreue Widerhall einer abscheulichen Zeit. So wurde Schostakowitsch, vielleicht der loyalste und sicher der begabteste Sohn Sowjetrusslands, zum Opferlamm gemacht, eben wegen seines Herausragens aus den sowjetischen Künstlern seiner Generation.

Die Oper kam so unvermeidlich dazu, ein Symbol für Eigensinn angesichts des Despotismus zu werden, dass es fast unmöglich wurde, zu erkennen, dass sie genau diesen Despotismus verkörpert. Das Schicksal der *Lady Macbeth von Mzensk* öffnete Schostakowitsch die Augen für die Natur jenes Regimes, unter dem zu leben er verdammt war. Man könnte sagen, dass das Martyrium des Werkes seinen Schöpfer menschlicher machte. Und dennoch bleibt die Oper im Grunde ein inhumanes Kunstwerk. Seine kalte Art, die Opfer zu behandeln, grenzt an die Rechtfertigung des Völkermordes."[19]

Am Ende seiner Analyse steht eine Mahnung: „Wenn die *Lady Macbeth von Mzensk* heute aufgrund ihrer inspirierten Musik und ihrer dramatischen Gewalt auf der Bühne besteht, sollte sie mit offenen Augen und Ohren mit historischem Bewusstsein gehört werden, und mit dem Herzen auf Wacht."

Die Gefahren der Musik

Wache stehen sei also angesagt angesichts von – Musik! *Die vielfältigen Gefahren der Musik* hieß denn auch der Vortrag, den Richard Taruskin im Jahr 2016 als ausverkaufte *Lloyd Old Lecture* bei der *Music in 21st-Century Society* an der Universität von New York hielt.[20] Taruskin begann mit einem Rückblick auf sein öffentliches Wirken: Durch seine Artikel in der New York Times und in The New Republic erreichte er eine breite Aufmerksamkeit für Themen der klassischen Musik, die heute mehr und mehr marginalisiert werde. Einen Aufsatz für das Programmheft der Erstaufführung der *Lady Macbeth* in San Francisco, der die Oper als einen Teil der Entmenschlichung im Stalinismus darstellte, ergänzte er für The New Republic um eine Parallele zu Salman Rushdie. Er schrieb, der Schwung der Musik mache uns gefühllos für die Entmenschlichung, die sie transportiert. Mit diesem Artikel habe er eine ernsthafte Diskussion über ernsthafte Kunst inganggesetzt und Ethik gegen bloße Ästhetik gesetzt.

Damit hatte Taruskin den Hauptakzent seiner Arbeit markiert. Der nächste Schlag seiner musikalischen Ethik richtete sich gegen *The Death of Klinghoffer* von John Adams: „Bei *The Death of Klinghoffer* sagte ich kein Wort gegen den künstlerischen Wert, ja nicht ein Wort über den künstlerischen Wert der Oper. Auch das war keine Besprechung, sondern der Einsatz der Ethik gegen die Ästhetik." Das Boston Symphony Orchestra hatte nach dem 11. September die konzertante Aufführung von Chören aus dieser Oper abgesetzt, weil ein Mitglied des Chores bei den Anschlägen Angehörige verloren hatte. Taruskin forderte daraufhin auf der ersten Seite des Feuilletons der

New York Times das Verbot der Oper, da sie den Terrorismus verherrliche: „Es ist an der Zeit, von den Taliban zu lernen." Die Zeitung setzte dazu die Überschrift *Music's Dangers And The Case For Control.* Auch damit löste Taruskin einen Sturm aus – die *Klinghoffer-Debatte*[21] traf den Komponisten tief, der sich auf einmal als Antisemit und Terroristenfreund angeprangert sah. Seine Oper wurde nicht mehr aufgeführt. Und als sie dreizehn Jahre später doch an die Met kam, veranlassten Proteste von Pressure Groups den Met-Direktor Peter Gelb, 2014 die Kino-Übertragung der *Klinghoffer*-Produktion in alle Welt abzusagen. Der RBB berichtete in seinen Nachrichten dann von der Aufführung „der als antisemitisch kritisierten Oper". Dass das ohne den Zusatz, wer kritisiert und warum, Rufmord sei, wollte der Sender nicht einsehen.[22] Kleben bleibt beim Hörer „die antisemitische Oper". So erreichte die *Klinghoffer-Debatte* auch Berlin, dessen drei Opernhäuser von John Adams noch nie gehört haben.

Die Kernthese von Taruskin lautet: Die Gefahren der Musik liegen in der Wahrnehmung, nicht in der Produktion. Wenn *Lady Macbeth* ein Verbrechen für tugendhaft erkläre, so wie totalitäre Rechtssysteme das oft tun, dann liege darin eine Gefahr. Als andere Beispiele nennt er Bachs Johannespassion: dort werden die Juden verantwortlich gemacht für den Tod Jesu, also handelt es sich um eine ethische Frage. Wenn ein Student sagt, er habe von Bach gelernt, dass die Juden für den Tod von Christus verantwortlich sind, dann sind auch die Menschen, die das singen, verantwortlich für diese Aussage. Eine Gefahr liegt schon darin, das nicht zu erkennen. Man hat keine höhere Ethik, nur weil man hohe Musik hört. Auch Nazis liebten und schätzten Schubert.

Es folgte eine längere philosophische Herleitung von Plato über Kant, Herder, Lessing, Schopenhauer, Hanslick, Roger Sessios. Für Kant sei Musik nicht viel mehr gewesen als ein angenehmes Parfüm, er stellte sie unter die anderen Künste. Herder aber habe erkannt, dass Musik keinen niedereren Rang einnimmt, sondern Geist in Bewegung sei, was Taruskin mit „activation" übersetzt: um Wirkungen geht es Herder, nicht um Werke. Richard Wagner sei das beste Beispiel für invasive Musik, ausgelöst durch harmonische *Bewegung.* Musik bewegt die Seele, das nennt Taruskin „seine erste Metapher". *Struktur,* die einen gesicherten Raum schafft, nennt er die „zweite Metapher": Bei der ersten Begegnung bewegt der *Liebestod* die Seele, beim zweiten Mal ist die Bewegung bereits eingehegt durch die Form und das Erwartete erschüttert weniger. Ihm gehe es darum, die Wirkung zu studieren, nicht die Werke. Als Beispiele nennt er Prokofjews Stalin-Hymne und Orffs *Carmina burana* („the real *Springtime for Hitler*"), die von seinen Studenten angebetet würden, weil sie sie in der Schule aufgeführt haben. Er wolle Tabus brechen, statt sie durch neue zu ersetzen, und Fragen aufwerfen, die zu Engagement führen.

So schön, so gut. Das sind aber Fragen, mit denen die Musiksoziologie sich schon detaillierter auseinandergesetzt hat, und die Wirkungsästhetik ist auch keine ganz so junge Disziplin mehr. Heinrich Schenker etwa hat vor hundert Jahren seine krude Theorie aus richtigen Erkenntnissen aufgebaut: anstelle der von Taruskin abgelehnten Formalästhetik (reine Form, edle Wirkung) und Ausdrucksästhetik setzte er den Begriff vom musikalischen Inhalt. Und schon zu der Zeit, als der 13jährige Richard Taruskin sein *Liebestod*-Erweckungserlebnis hatte, formulierte Adorno, an Schenker anschließend, das Problem so:

> „Die konsequente Ausdrucksästhetik endet bei der verführerischen Willkür, das ephemer und zufällig Verstandene für die Objektivität der Sache selber zu unterschieben. Die Gegenthese, die von den tönend bewegten Formen aber läuft auf den leeren Reiz oder das bloße Dasein des Erklingenden hinaus, der jenes Bezuges der ästhetischen Gestalt auf das enträt, was sie nicht selbst ist und wodurch sie erst zur ästhetischen Gestalt wird. Ihre simple und darum erneut beliebte Kritik an der meinenden Sprache bezahlt sie mit dem Preis des Künstlerischen. Wie Musik nicht in den Intentionen sich erschöpft, findet umgekehrt sich auch keine, in der nicht expressive Elemente vorkämen: noch Ausdruckslosigkeit wird in Musik zum Ausdruck. ›Tönend‹ und ›bewegt‹ sind in Musik fast dasselbe, und der Begriff ›Form‹ erklärt nichts vom Verborgenen, sondern schiebt bloß die Frage nach dem zurück, was sich im tönend bewegten Zusammenhang darstellt, was mehr ist als nur Form.
> Form ist nur eine von Geformtem. Die spezifische Notwendigkeit, die immanente Logik jenes Vollzugs entgleitet: er wird bloßes Spiel, in dem buchstäblich alles anders sein könnte. Der musikalische Inhalt aber ist in Wahrheit die Fülle alles dessen, was der musikalischen Grammatik und Syntax unterliegt. Jedes musikalische Phänomen weist kraft dessen, woran es gemahnt, wovon es sich absetzt, wodurch es Erwartung weckt, über sich hinaus. Der Inbegriff solcher Transzendenz des musikalisch Einzelnen ist der ›Inhalt‹: was in Musik geschieht. Sollen musikalische Struktur oder Form aber mehr sein als didaktische Schemata, so umfangen sie nicht äußerlich den Inhalt, sondern sind dessen eigene Bestimmung als die eines Geistigen. Sinnvoll heißt Musik, je vollkommener sie derart sich bestimmt – nicht schon, wenn ihre Einzelmomente symbolisch etwas ausdrücken. Ihre Sprachähnlichkeit erfüllt sich, indem sie von der Sprache sich entfernt."[23]

Wie man einen Stalin-Preis gewinnt

Letztes Jahr in Oxford, bei seiner Einführung zu Schostakowitschs Klavierquintett aus dem Jahr 1940, sagte Richard Taruskin, er habe das ganze Jahr 2006, in dem Schostakowitschs 100. Geburtstag war, damit verbracht, Einladungen zu Vorträgen abzusagen. Dennoch hat er Reden gehalten und Artikel geschrieben. Seine geschliffene Rede und die Gelehrsamkeit seiner brillanten Argumentationsketten sind entwaffnend. Doch Achtung: General Taruskin hat seine Bataillone gut aufgestellt und schießt scharf.

Im Jahr 2017 wurde Richard Taruskin in Japan mit dem Kyoto Preis ausgezeichnet und, einer Tradition folgend, hielt er danach am 8. Mai 2018 unter dem Titel *How to win a Stalin Prize* einen Vortrag an der Blavatnik School of Government in Oxford jene bereits erwähnte Einführung zu Schostakowitschs Klavierquintett, das im Anschluss gespielt wurde. Er begann mit Beispielen russischer Volksmelodien in Streichquartetten von Beethoven (Rasumowsky), Tschaikowsky (1. Quartett), Borodin (2. Quartett, bekannt aus *Kismet* vom Broadway). Taruskin ist ein beeindruckender Redner, der seine Vorträge sorgfältig aufbaut und die Zuhörer mit vielen Zusatzinformationen betört. Seinem Oxford-Vortrag auf YouTube zu lauschen, ist ein hoher Genuss[24]. Die Hiebe erfolgen nebenher.

Weil die entscheidenden Punkte im Bildungsballast der 80-minütigen Rede leicht untergehen, fasse ich sie hier zusammen. Durch den Bruch im Januar 1936 wurde Schostakowitsch, der sich bisher über die Sonatenform lustig gemacht hatte und dem alles Russische fremd war, gezwungen, mit seiner *Vorstellung von Fortschritt*, die er mit Berg, Hindemith und Strawinsky teilte, Schluss zu machen. Nach dem Bruch musste er sich dem Konzept des *Sozialistischen Realismus* beugen und sich dem Arbeiterpublikum stellen. Er rehabilitierte sich durch den *heroischen Klassizismus* der Fünften – andere Beispiele für diesen Stil sind der Entwurf für den Moskauer Palast der Sowjets oder die Skulptur von Arbeiter und Bauernmädchen von Vera Muchina bei der Pariser Weltausstellung. Der Unterschied zur Vierten ist hinreichend damit erklärt, dass sie ein späteres Werk ist; dass sie anders klingt, ist also *nur eine Folge von Evolution.* Die Vierte beginnt mit einem Schlag und endet leise, während die Fünfte ernsthaft beginnt und mit einer Orgie an Affirmation endet, die so übermäßig ist, dass sie oft als Parodie gehört wird – *als hätte Schostakowitsch das 1937 riskiert*, im blutigsten Jahr des Terrors. Dieser Schluss bedeutete die Überhöhung des „glücklichen Lebens“ im Stalinreich.

Bei der Uraufführung des Klavierquintetts horchte das russische Publikum auf, weil es diesen Ton kannte, nämlich von Tanejews Klavierquintett von 1911. Schostakowitsch kehrte damit zurück zum *großen Stil.* Russisch war das so wenig wie die Quintette von Schumann, Brahms oder Franck – es war letztlich *deutsch.* Wie Tanejew griff Schostakowitsch zu akademischen Formen: die ersten beiden Sätze sind Präludium und Fuge. Tanejews dritter Satz war eine Passacaglia, und auch Schostakowitsch benutzte diese Form. Mit dem Vorbild Tanejew bediente dies die Forderungen des *russischen Nationalismus und des großen Stils*, gebildet aus Formen aus der *Monarchie* und der *Kirche.* Nach damaligen Kriterien war das *sozialistisch-realistisch.* Die Stalinpreise wurden 1939 installiert und 1941 erstmals verliehen – gerade rechtzeitig für Schostakowitschs Quintett und Muchinas Skulptur.

„Vielleicht finden Sie das lustig, ich finde es peinlich," flocht Taruskin ein. „Es macht mir keinen Spaß, über Schostakowitsch vorzutragen. Ich bin ja ein Kriegsheld der ‚Schostakowitsch-Kriege', die von sensationslüsternen Veröffentlichungen ausgelöst wurden." *Zeugenaussage* habe perfekt in die Endphase des Kalten Krieges gepasst. Danach wurden Schostakowitschs Kompositionen alle als Flaschenpost gelesen. Das führte zu vermehrten Aufführungen, aber auch zur Verflachung der Interpretation. In einem weiteren Buch Wolkows über Schostakowitsch und Stalin wird deren Beziehung als gegenseitige Besessenheit geschildert. Wolkow unterstellt dabei, Stalin hätte die Gewinner der Stalinpreise selbst ausgewählt. Marina Frolova-Walker hat in ihrem Buch *Stalin's musik prize*[25] aber gezeigt, dass der Vorgang sehr viel komplizierter war. Schitomirski verteidigte in diesem Fall die Qualität der Komposition, die nicht volksfeindlich, sondern nur *anspruchsvoll* sei. Warum Schostakowitsch das wagen konnte: 1940/41 gab es ein Fenster, in dem eine derartige Äußerung möglich war: der Hitler-Stalin-Pakt machte *deutsche Kunst* hoffähig. Furtwängler spielte 1940 Schostakowitschs Fünfte in Berlin! Schostakowitsch nutzte also die *Konjunktur.*

Ich referiere weiter Taruskin: Prokofjew kritisierte den Händel-Bass im Intermezzo – das sei zu Händels Zeit gut gewesen, heute aber langweilig. Das Finale entpuppt sich als kleine Pastorale, wo man die glücklichen sowjetischen Lämmlein auf der Wiese sieht. Taruskin sagte, bei diesem Finale müsse er immer an den *stalinistischen Slogan* jener Zeit denken „Das Leben ist leichter geworden, das Leben ist glücklicher geworden". (Er zeigt seinem Publikum ein Filmdokument, wie Stalin das ausspricht.) Schostakowitsch drückte den *Geist seiner Zeit* aus und nutzte die *Konjunktur.* Die Botschaft des Quintetts ist die alte Beethoven-Botschaft „Durch Nacht zum Licht" oder „Kampf und Sieg", angepasst an das normale Volk. „Das ist das Programm der Fünften Sinfonie – ob Beethoven oder Schostakowitsch bleibt Ihnen überlassen." Die barocken Formen bauten eine *Brücke in die Zwischenkriegszeit* der Boulanger-Schüler, der Hindemith und Strawinsky – jener Touch von Kosmopolitismus war genau *das, was die Zeit verlangte.*

Das Quintett ist ein schönes Beispiel für die *Anpassung* an die Anforderungen des *sozialistischen Realismus, des großen Stils, der Affirmation und des deutschen Moments* in der Sowjetkultur, als dieser sich bot. Taruskin: „Schostakowitschs Handeln wäre mit dem Begriff der Selbstbedienung zu beschreiben. Der große Erfolg und die gute Belohnung zeigten, dass er einen Weg der Verbindung von Stil und Botschaft finden konnte, der seinen kritischen Ansprüchen und Standards genügte und die Möglichkeiten der *Konjunktur zu seinem Vorteil* nutzte. Das tun wir alle, Stalinpreisgewinner und Kytopreisgewinner gleichermaßen."

How to win a Stalin Prize: das war eine 80-Minuten-Einführung zum Klavierquintett, die erstaunlicherweise das Werk nicht erläutert, sondern platt macht. Zwar sieht man im Publikum mehr und mehr gähnende Gesichter junger Zuhörer, aber sie halten doch durch angesichts des berühmten Mannes. Taruskins imposanter Auftritt zwingt andererseits wirklich zum Überdenken der eigenen Position, warnt vor voreiligen Schlüssen, schützt vor der Gefahr der Einseitigkeit. Schostakowitsch war kein Held, sondern ein Mensch wie alle, sagt Taruskin.

Auch Taruskin ist ein Mensch wie alle. „Not sorry to be missing the Shostakovich wars panels, though", schrieb er mir, um seine Absage für dieses Symposium zu begründen. „I have enough scars." Well, ein Junge kennt keinen Schmerz und ein Krieger ist stolz auf seine Narben! Taruskin ist ja auch nicht zimperlich, wenn er in den Angriffsmodus geht. Er spricht von den recycelten Argumenten seiner Gegner, recycelt aber selbst gerne seine alten Argumente. Immer wieder geht es um die Fünfte Sinfonie, um das Achte Streichquartett, um *Lady Macbeth* – und Wolkow; wir kennen das inzwischen gut genug. Doch: Würden wir uns für die Musik eines Komponisten interessieren, der nach einem verkorksten Leben sein Ansehen aufpoliert; für einen Feigling, der sich im Nachhinein als Widerständler herausputzt?

Die Engländer hatten Angst, dass durch den Eurotunnel eine Invasion kontinentaler Ratten auf die Insel droht. Wir haben hingegen keine Angst, dass durch den Eurotunnel eine Übertragung der

Shostakovich Wars auf den Kontinent stattfindet. Denn wir haben Taruskins Anliegen längst verstanden. Auf dem Kontinent gab es keinen Versuch, aus Schostakowitsch einen neuen Heiligen zu machen, im Gegenteil ist es gerade seine Ambiguität, die uns zu immer neuen Versuchen reizt, seine Musik zu verstehen. An dieser Front finden die *Shostakovich Wars* aber seltsamerweise nicht statt: in der penibel genauen Analyse der Musik. Erst wenn die Musik erschlossen ist, darf man Schlüsse ziehen.

Die angelsächsischen Kontrahenten wildern auf fremdem Gebiet. Die Musikwissenschaftler argumentieren als Historiker und vergessen die Aufgaben auf ihrem eigenen Gebiet. Der musikwissenschaftliche Ertrag des Vierzigjährigen Krieges ist kläglich. Außer Denunziationen ist wenig gewesen. Sie machen sich nicht die Mühe der konkreten Untersuchung der Werke und verletzen damit jeden musikwissenschaftlichen Standard. Es ist ein Streit um Buchstaben statt um Noten.

Als *Zeugenaussage* 1979 erschien, habe ich mir das Buch sofort geholt und es verschlungen. Die Musik von Schostakowitsch hatte mir so viele Fragen gestellt, die unbeantwortbar schienen. Ich misstraute den Jubelschlüssen, dem Volkstümlichen und dem angeblichen Nazi-Einmarsch in der Siebten, aber dagegen standen die vielen Reden und Aufsätze des Komponisten, der das Gegenteil behauptete. In *Zeugenaussage* hörte ich auf einmal die gleiche Stimme wie in den jenen späten Streichquartetten – böse, verzweifelt, im Innersten verletzt. Das machte mir Mut. Das erste Manuskript brachte ich zu dem Frankfurter Musikprofessor Hoffmann-Erbrecht, der mir riet, mich auf Schostakowitsch zu konzentrieren, weil es darüber kaum Literatur gab. 1986 erschien meine Monographie, die sich ausschließlich der Musik widmete, deren Verständnis sie aus den politischen Umständen zu erschließen versuchte. Ausgangspunkt war immer die Empfindung, die die Musik in mir auslöste. Die Analyse der Werke war dann der Weg, die Empfindung zu verifizieren.

Aber noch wusste ich nicht, ob ich damit richtig lag. Ich hatte nur eine Vorlage zur weiteren Debatte geliefert. Beim Kölner Schostakowitsch-Symposium 1985 durfte ich keinen Beitrag leisten, weil das die russischen Gäste hätte verärgern können. Vielleicht hatte ich mich verrannt? Was mich bestärkte, war die Tatsache, dass zahlreiche Interpreten, die die Sowjetunion verlassen hatten, auch im Westen weiterhin Schostakowitsch spielten, obwohl sie nun nicht mehr dazu gezwungen waren, die Musik des Oberhauptes der sowjetischen Komponistenschule – wie es damals hieß – aufzuführen. Es schien Kyrill Kondraschin, Rudolf Barschai, Vladimir Ashkenazi, Mariss Jansons usw.

sogar ein Bedürfnis zu sein. Und ich wusste von berühmten Dirigenten wie Kurt Sanderling oder Gennadi Roshdestwenski, die die Intention der Musik – übereinstimmend – ganz eindeutig anzugeben pflegten. Auch nicht-linientreue Musiker liebten Schostakowitschs Musik, also konnte sie unmöglich nur linientreu sein, sondern schien eher einen doppelten Boden zu haben. Der Komponist Alfred Schnittke sagte: „Lange Jahre hindurch durften wir nicht reden oder zeigen, was wir dachten. Wenn etwas ans Licht kam, blieb ein Teil verborgen, wie ein Eisberg, von dem nur ein kleiner Teil über Wasser liegt. Deshalb wurde Symbolismus charakteristisch für russische Musik – Symbolismus der einfachsten Art. Ein Intervall, ein Klang oder ein Rhythmus wurden zu einem Symbol, das der Hörer identifizieren konnte. Musik wurde eher eine Brücke zu einem gedanklichen oder philosophischen Konzept als zum Selbstzweck. Eine reines Klangkonzept war sie nie."[26]

Schließlich lernte ich 1992 Rudolf Barschai kennen, den Gründer und früheren Leiter des Moskauer Kammerorchesters, der die berühmte Version des Achten Streichquartetts für Kammerorchester angefertigt hatte. Er dirigierte im Leipziger Gewandhaus zur 50. Wiederkehr des Einmarsches der deutschen Wehrmacht in die Sowjetunion die Siebte, die *Leningrader*. Es spielte die Junge Deutsche Philharmonie und an den ersten Pulten saßen Mitglieder der Moskauer Philharmonie. Es war ein Versöhnungskonzert der Ärzte gegen den Atomkrieg IPPNW.

Barschai war 1976, ein Jahr nach Schostakowitschs Tod, emigriert, weil er die Gängelung nicht mehr ertrug. Ich bettelte die Geschäftsführerin des Orchesters an, dass ich unbedingt den Programmhefttext schreiben müsse. Barschais Reaktion: Über diese Sinfonie sei schon so viel Unsinn geschrieben worden, dass man den nicht noch vermehren sollte. Lieber werde er selbst ein paar Zeilen schreiben. Das schreckte mich nicht ab. Seine Reaktion auf meine Analyse kam prompt: Er könne jede Zeile viermal unterstreichen und sei verblüfft, dass jemand aus dem Westen diese Musik versteht. Ich fuhr dann zur Aufführung nach Leipzig und lernte Barschai kennen. Wir stellten fest, dass unsere Musikauffassungen sehr übereinstimmten. Ich begleitete ihn später als Journalist bei seiner ersten Rückkehr nach Moskau und zeichnete all die Erinnerungen auf, die er an sein Musikerleben und an seinen Lehrer Schostakowitsch hatte[27]. Das Buch von Wolkow hat in unseren Gesprächen nie eine Rolle gespielt. Es hatte mir einen wichtigen Anstoß gegeben und sich damit auch gleich wieder überflüssig gemacht. Eher haben mir die authentischen Berichte von Musikern geholfen, den Geheimnissen der Musik von Schostakowitsch auf die Schliche zu kommen. Und davon gibt es noch sehr viele.

Wurden Fay, Taruskin oder Brown je von einem Stück von Schostakowitsch berührt? Hat sie je ihr Inhalt gepackt? Mögen sie sie vielleicht einfach nicht? Wenn ich Luther nur anhand seiner Judenfeindschaft beurteile, habe ich etwas verpasst. Wenn ich Wagner nur an seinen Judenkarikaturen und seiner Todessehnsucht messe, entgeht mir das Wesentliche. Gerade an Wagner wurde die Wechselwirkung von Musik und Politik – und da kann man wirklich von den Gefahren der Musik sprechen – in Dutzenden von Büchern und Tausenden von Artikeln wesentlich differenzierter untersucht als von den Schostakowitsch-Kriegern. Die Politikwissenschaft und die Geschichtswissenschaft haben ebenso viele Untersuchungen zum Verhältnis von Totalitarismus und Kunst durchgeführt wie die Kunstgeschichte und die Massenpsychologie – von all dieser wissenschaftlichen Literatur machen die Schostakowitsch-Krieger keinen Gebrauch. Sie bleiben lieber in ihrer eigenen Suppe.

Die Hobby-Politologie der Schostakowitsch-Krieger erinnert mich an eine Stelle in den Memoiren von Fjodor Schaljapin. Er berichtet von einem Abend im Petrograder Marientheater, als der Volksbildungskommissar Lunatscharski ihn, vor einer Vorstellung des *Barbiers von Sevilla* für junge Offiziere der Roten Armee, überraschend mit dem Titel Erster Volkskünstler der Sowjetrepublik auszeichnete:

> „Die Soldaten bereiteten mir eine stürmische Ovation. Als Erwiderung auf dieses schöne Geschenk sagte ich, innerlich bewegt, dass ich schon oft in meinem künstlerischen Leben Geschenke aus den verschiedensten Anlässen und von den verschiedensten Stellen erhalten hätte; dieses Geschenk jedoch – die Ernennung zum *Volks*künstler – sei mir das wertvollste von allen, weil es mir, dem Mann aus dem Volke, weit stärker ans Herz rühre. Und da hier Jugend des russischen Volkes versammelt sei, gäbe ich meinerseits dem Wunsche Ausdruck, dass sie im Leben Erfolg haben möge und jeder Einzelne einmal jenes Gefühl der Befriedigung verspüren möchte, das ich in dieser Minute empfände.
> Diese Worte waren ganz und gar aufrichtig. Ich wünschte tatsächlich allen diesen jungen russischen Menschen Erfolge im Leben. An politische Dinge habe ich dabei selbstverständlich nicht gedacht. Sehr bald jedoch stellte sich heraus, dass man mich wegen dieser kleinen Ansprache offenbar für einen Geheimagenten der GPU hielt. Ein Pianist, der einmal mein Busenfreund gewesen war, erzählte, nachdem er Russland verlassen hatte, aller Welt, wie tief Schaljapin gesunken sei. […] Und ein ausländischer Schriftsteller, vordem ebenfalls ein guter Bekannter, […] schrieb mit Billigung von Groschenblattredakteuren, Schaljapin sei ein so fanatischer Kommunist geworden, dass er im Marientheater während einer Aufföh-

rung des *Eugen Onegin* als General Gremin sich die Epauletten von den Schultern gerissen und demonstrativ ins Parterre geworfen habe, was von dem militärischen Publikum mit Begeisterung quittiert worden sei.“[28]

Nach vierzigjähriger Erschöpfung ist von den Schostakowitsch-Kriegern nicht mehr viel zu erwarten. Ihre Warnungen vor Hagiographie, vor Heiligengeschichtsschreibung war berechtigt. Doch wer sich wirklich auf die Musik Schostakowitschs einlässt, dem kann ihre Widersprüchlichkeit, ihre Doppelbödigkeit nicht entgehen, die geradezu ihren Reiz bildet bei Publikum *und* Wissenschaft.

Der Pomp des Untersuchungsrichters

Lesarten von Schostakowitschs Neunter Sinfonie

Dmitri Schostakowitsch (1906–1975)
Sinfonie Nr. 9 Es-Dur op. 70
I. Allegro
II. Moderato
III. Presto
IV. Largo
V. Allegretto
Uraufführung am 5. November 1945 im Großen Saal der Leningrader Philharmonie durch die Leningrader Philharmoniker, Dirigent Jewgeni Mrawinski

Bei der Leningrader Uraufführung von Schostakowitschs Neunter Sinfonie am 5. November 1945 war das Publikum überrascht von der Kürze und der guten Laune des Werkes, dessen Vorgänger ja eine Stunde lang oder noch länger ziemlich viel Kriegslärm verbreitet hatten. Das sollte nun die Siegessinfonie sein? Der Komponist war offenbar mit seinem ersten Entwurf gescheitert und hatte daraufhin kurzerhand ein neues Stück entworfen.

Doch nicht jeder Besucher war überrascht: Am 18. September notierte Isaak Glikman in seinem Tagebuch, Schostakowitsch habe ihn ein paar Tage vorher angerufen und ihm die Vollendung seiner *Neunten* mitgeteilt. Und nun saßen die beiden Freunde beim Abendessen im Hotel Astoria. Schostakowitsch erzählte, er habe täglich von morgens bis um 2 Uhr nachmittags daran gearbeitet, ob er wollte oder nicht. Am nächsten Tag spielte der Komponist das neue Werk seinem alten Lehrer Maximilian Steinberg vor, am 20. September spielte er es für Glikman und am 21. für seinen Kollegen und Freund Gawriil Popow. An seinem Geburtstag, dem 25. September, spielte er es mit Wladimir Seretschkow vierhändig um 11 Uhr den Leningrader Philharmonikern mit Jewgeni Mrawinski vor und um 16 Uhr im Leningrader Komponistenverband.

Auch Glikman hatte jedoch ursprünglich Skizzen der ersten Planung gesehen und schon Musik gehört: „grandios in Ausmaß, Energie und atemberaubender Bewegung. Er spielte ungefähr zehn Minuten und sagte dann, dass ihm bei dieser Sinfonie vieles Sorgen mache, besonders ihre Nummer, die viele dazu verführen werde, sie mit Beethovens Neunter zu vergleichen."[1] In Leningrad habe Schostakowitsch dann eine völlig andere Sinfonie vorgespielt.[2] Vielen kam der Vergleich mit Haydn in den Sinn – hatte es da nicht schon einmal einen ähnlich Vorfall gegeben?

„Ich hatte mit dem Gedanken gespielt, eine ganze Sinfonie ohne Klavier zu komponieren" berichtet Sergej Prokofjew in seinen Erinnerungen. „Ich glaubte, das Orchester würde natürlicher klingen. So entstand in mir der Plan zu einer Sinfonie im Stile Haydns. Von Tscherepnin hatte ich viel von Haydns Technik erfahren und fühlte mich mit der Sache so vertraut, dass ich die schwierige Reise ohne Klavier unternehmen wollte. Ich war der Ansicht, dass Haydn, wenn er in unserer Zeit gelebt hätte, seinen eigenen Stil, vermehrt um einiges Neue, beibehalten haben würde. In solcher Art wollte ich die Symphonie im klassischen Stil komponieren. Als meine Idee Gestalt anzunehmen begann, nannte ich das Werk *Symphonie classique*: erstens deshalb, weil es einfacher war als ‚Sinfonie in klassischem Stil', und zweitens, weil ich mir den Spaß machen wollte, die Leute ein wenig zum Narren zu halten, und in der geheimen Hoffnung, dass es für mich eine Genugtuung wäre, wenn die Sinfonie wie ein Stück klassischer Musik aussehen würde. Ich komponierte die Sinfonie im Kopf während meiner Spaziergänge auf dem Lande."[3]

So beschrieb Sergej Prokofjew, warum und wie er in den Jahren 1916 und 1917 als 25jähriger die *Symphonie classique* komponiert hatte. Im Hauptgeschäft arbeitete er damals unter anderem an seiner großen Oper *Der Spieler*, und die musikalische Öffentlichkeit von Petrograd – wie St. Petersburg hieß, seitdem die Deutschen Kriegsgegner geworden waren – hatte Prokofjews Musik nach der Uraufführung der *Skythischen Suite* am 16. Januar 1916 als günstigstenfalls „barbarisch" eingestuft. Danach wirkte die *Symphonie classique* als echte Provokation. Als er die Uraufführung der *Symphonie classique* am 21. April 1918 mit dem ehemaligen Hoforchester dirigierte, hatte Russland schon die Oktoberrevolution hinter sich. Der Dichter Maxim Gorki und der Bühnenbildner Alexander Benois stellten ihn nach dem Konzert Anatol Lunatscharski vor, dem Volkskommissar für Aufklärung. Ihn bat Prokofjew um einen Pass für Auslandsreisen und damit verließ er das revolutionäre Russland für eineinhalb Jahrzehnte.

Gegenüber der Wucht der Rachmaninow-Sinfonien oder der Skrjabin-Poeme, ja selbst gegenüber der Tragik der Tschaikowsky-Sinfonien war die *Symphonie classique* tatsächlich eine Provokation.

Ihr Klang aber war ganz und gar prokofjewsch. Im Sonatenhauptsatz sprang er gegen alle Regeln von Tonart zu Tonart, komponierte falsche Einsätze hinein, wechselte in der Reprise nicht rechtzeitig zurück zum D-Dur und dergleichen Scherze mehr. Im Larghetto schweift die Musik in der freien Landschaft – das Metrum wird irregulär und fremd. Als Tanzsatz wählt Prokofjew eine Gavotte à la Bach statt des Menuetts à la Haydn und dreht die Tonarten durchs Kaleidoskop. Dass es im Finale keinen einzigen Moll-Akkord gab, war einer der musikalischen Witze, die im Publikum damals noch die meisten einzuordnen wussten. Joseph Haydn war schon der richtige Pate der *Symphonie classique*, denn er hatte den geistreichen Witz ja in die Sinfonik eingeführt.

Die Provokation, die Dmitri Schostakowitsch mit seiner Neunten Sinfonie verübte, unterscheidet sich davon auf den ersten Blick kaum. Nur war er es hier selbst, der mit der Ankündigung einer Chorsinfonie falsche Erwartungen geweckt hatte. Und dann war da noch die ominöse Zahl der Neunten Sinfonie: Vom „sowjetischen Beethoven" wurde auch eine sowjetische Neunte erwartet. Die Heiterkeit und Klassizität der Neunten mit ihrem abgespeckten Orchester erschreckte die Zuhörerschaft bei der Uraufführung am 3. November 1945 in der Leningrader Philharmonie unter der Leitung von Jewgeni Mrawinski gerade durch die Rücknahme sowohl der philharmonischen Mittel als auch des ethischen Pathos. Eine ideologisch passende Ausdeutung der Neunten versuchten in Breschnews Russland beispielsweise Natalja Lukjanowa[4] oder in Honeckers DDR Friedbert Streller[5].

Im Westen wurden sowohl die *Symphonie classique* als auch Schostakowitschs Neunte unverkrampft und begeistert ins Repertoire übernommen – als neue Musik, die man mit Vergnügen hören mag. Hier interessierten das Publikum keine politischen oder historischen Hintergründe. Hier lief die Provokation ins Leere: während die Fachleute Schostakowitsch für ein mittelmäßiges Stalinopfer hielten, mochte das Publikum die Erste, Fünfte, Siebte und Neunte Sinfonie. Die beiden neoklassizistischen Sinfonien von Prokofjew und Schostakowitsch waren einfach gute Musik: Dies ist die erste Ebene, auf der Schostakowitschs Neunte verstanden werden kann und muss. Die *Symphonie classique* dauert keine Viertelstunde – Claudio Abbado durchlief sie sogar elegant in 13'15". Dass Schostakowitschs Neunte etwas gewichtiger ausfiel, ist schon an der Aufführungsdauer abzulesen; nehmen wir zwei Musiker, die eng mit dem Komponisten zusammengearbeitet hatten, so nahm sich Mstislaw Rostropowitsch 28 Minuten Zeit, während Rudolf Barschai nur 24 Minuten brauchte. Schon da zeigen sich Meinungsverschiedenheiten.

Die *Symphonie classique* war Prokofjews Erste Sinfonie. Schostakowitsch stand vor seiner Neunten. Beethoven, Schubert, Bruckner, Mahler, Dvořák waren nach ihren Neunten gestorben. Deren Neunten waren hochbedeutend. „Die Neunte" war zum Mythos geworden. Was sollte der 39jährige Schostakowitsch da noch tun? Außerdem schrieb man das Jahr 1945, in dem vor allem die Sowjetunion den Sieg über Nazi-Deutschland errungen hatte. Die sowjetische Funktionärskaste erwartete da natürlich eine entsprechende Feiermusik: so der im Westen immer wieder schadenfroh erzählte Witz, Schostakowitsch habe Stalin seine Sieges-Neunte versaut. Solche außermusikalischen Dinge verschatten den Blick auf die Komposition.

Die Neunte und ihre musikalische Form

Die Neunte ist fünfsätzig, wobei die letzten drei Sätze attacca aufeinander folgen. Sie sind in Bogenform angeordnet: Schnell – langsam – schnell – langsam – schnell. Einer solchen Bogenform folgten schon die fünf Sätze von Mahlers Fünfter, die sich um die Achse des kraftvollen Scherzos drehen. Man kann Schostakowitschs Neunte aber auch als klassisch viersätzige Sinfonie verstehen, in der das Largo nur ein Intermezzo zwischen Scherzo und Finale bildet. Viersätzer hatte Schostakowitsch bis dahin nur mit der Ersten, der Fünften und der Siebten geschrieben, bei denen allerdings Scherzo und langsamer Satz vertauscht sind – nach Vladimir Karbusický eine Abwendung vom Agitatorischen und Ideologischen des von ihm so benannten „Vier-Akte-Schemas" hin zu menschenfreundlicheren Gedanken.

Die Zweite und Dritte waren Formexperimente, die Vierte hatte drei Sätze mit einem Mahler'schen Weltlauf-Scherzo à la *Fischpredigt*[6]. Die Sechste war eine klassische Sinfonie ohne Kopf, die Achte auf eigene Art fünfsätzig. Schostakowitsch hat zwar immer mit der klassischen Form gespielt, aber sie blieb nur sein Ausgangspunkt. Die Abweichungen hatten stets eine Bedeutung. Und bei der Neunten? Das lässt sich erst nach einer detaillierten Analyse sagen.

Der Kopfsatz folgt dem klassischen Wiener Sonatenhauptsatz-Schema mit Exposition, Durchführung, Reprise, Coda. Die Exposition wird sogar wiederholt, was es bei Schostakowitsch noch nie gegeben hatte. Schostakowitsch sah sich in der Wiener Tradition, wie sein Kompositionsschüler Rudolf Barschai berichtete: „Schostakowitsch hat mich später mit Nachdruck darauf hingewiesen: ‚Das steht nicht im Einklang mit der Wiener Schule' oder ‚bei der deutschen Schule geht das so nicht' – ‚Diese Phrasierung ist unmöglich, gemäß Wiener Schule muss man so phrasieren' und so weiter. Technisch gesehen gehören die Kompositionen von Schostakowitsch also auch zur deutschen Schule, wenn er auch grundsätzlich ein typisch russischer Komponist war."[7]

Schostakowitsch hatte das im Petersburger Konservatorium so gelernt. Und auch die sowjetischen Theoretiker wie Boris Assafjew gingen vom Beethoven-Modell aus, das sie an die Sowjetwelt anzupassen versuchten. Assafjew hatte dafür den Begriff „Symphonismus" geprägt und im Februar 1935 für den Komponistenverband einen Symphonismus-Kongress organisiert, der die Doktrin vom Sozialistischen Realismus in die Musik umsetzen sollte.

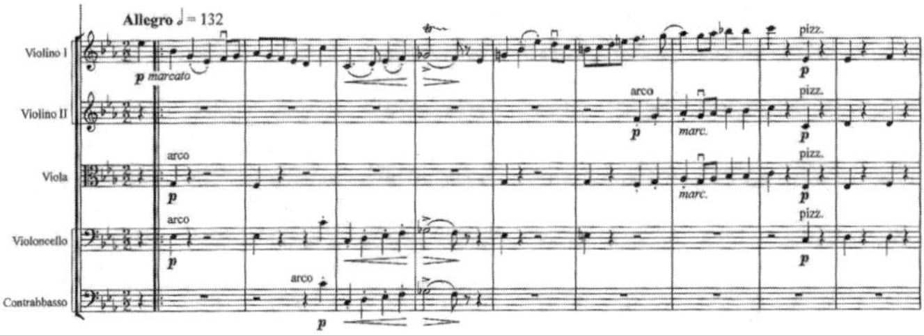

Beispiel 1: 1. Satz, 1. Thema

Wienerisches Es-Dur prägt den ersten Satz, mit Hörner- und Trompetenschall, mit Dreiklangsbrechungen als Auftakt. Nur dass die Treppe bei Schostakowitsch Allabreve abwärts führt statt aufwärts. Die 1. Geigen spielen das im *p* und vollführen in Takt 4 einen chromatischen Triller auf ges, bevor sie ebenso munter den Dreiklang nach oben springen. Das war schon der erste musikalische Witz. Aus ihm spricht ein gewisser Übermut. Als Überleitung fahren Posaunen mit Rührtrommel und Pauke dazwischen und unterbrechen die Abweichung in eine falsche Tonart – das klingt fast wie ein Kommando. In Takt 45 hat das zweite Thema einen pompösen Auftritt in B-Dur, der dann in einen witzigen Marsch der Piccoloflöte umschlägt. Das ist eher die Karikatur einer Blaskapelle, wenn nicht sogar eines Zirkusorchesters, also jedenfalls zum Lachen. Gerd Rienäcker hat diese Methoden der Verfremdung beim 16. Symposium der Deutschen Schostakowitsch Gesellschaft 2003 beschrieben.[8]

Übermut spricht auch aus der harmonischen Geländefahrt. Detlef Gojowy hat das als „Rückfall" in die Revolutionsästhetik beschrieben:

„Die Grundtonart ist Es-Dur, aber schon im 7. Takt ergibt sich eine unvermutete Rückung in den C-Dur-Bereich, später T. 13, wird ein Schluss auf D erreicht, T. 18 gleitet das Geschehen nach e-moll und verliert sich in chromatischen Rückungen. Wenn bei Ziffer 5 nochmals das Hauptthema in Es-Dur beginnt, wird es durch eine chromatische Rückung binnen kurzem auf e enden. E ist dann allerdings ein Leitton zu f, und f ist die Dominante zu B-Dur, in der das zweite Hauptthema, ab Ziffer 6 steht, also der Dominanttonart der Grundtonart Es-Dur: Schostakowitsch erreicht die Dominanttonart sozusagen nicht über die normale Treppe, sondern gewissermaßen an der Dachrinne entlang durchs Fenster."[9]

In der Durchführung nimmt das Hauptthema nun in Ges-Dur ebenfalls Marschhaltung an, treibt bei der Themenwiederholung weiter nach Fis-Dur und wird laut. Die Hörner schreien (Takt 118, mit Auftakt) gellend die Takte 3 und 4 des Hauptthemas heraus, wobei sie die Falschheit des früheren ges-Trillers betonen, dem die gestopften Trompeten dissonant etwas Groteskes beigeben. Die Rührtrommel hat sich jetzt mit dem Marschthema des Piccolo verbunden, das nun *ff* in allen Bläsern erklingt. Die Militärtrommel nimmt allmählich überhand und steckt auch die Geigen an. Das Spiel ist dadurch perdu – aber dieses wütende Aufplustern scheint doch ebenfalls in Anführungszeichen zu stehen. In die Reprise kommt Aufregung hinein, da die Posaune sich nicht zurückhalten kann und ab Takt 169 sechs ungeduldige Quart-Einsätze liefert. Erst dann kehrt die „Kommando"-Passage aus der Exposition wieder, die mit diesem Quartaufstieg eingesetzt hatte. Die Musik steht jetzt meist im *ff*, unterbrochen nur von der Solovioline, die das Piccolo-Thema auf eine Weise fiepst, von der man nicht weiß, ob sie trotzig oder lockend klingen will. Schließlich aber setzt sich der „Kommando"-Marsch durch, gegen den der Kopf des Hauptthemas in Trompete, Oboe und Klarinette vergeblich anrennt.

Schostakowitsch verstößt in diesem Kopfsatz – ebenso wie Prokofjew – ganz bewusst gegen Regeln der Wiener Schule und zieht daraus seinen musikalischen Witz. Die Sonatenhauptsatzform vermag es, in Verbindung mit der Funktionsharmonik sinnvolle und falsche Entwicklungen zu erzählen. Daraus formt der Zuhörer automatisch eine Geschichte – jeder für sich und alle gemeinsam. Dabei werden Gefühle aufgerührt, die jeder in seinem Inneren hat und die sich nun mit Assoziationen verbinden. Bei vielen wird sich aber der Eindruck einstellen, dass hier erst etwas in Bewegung kam und dann alles schief gelaufen ist – wie wenn ein Kind beim Spiel die Kontrolle verliert. Greifen lässt sich das alles jedoch nicht. Am besten, man identifiziert erst einmal die ganzen musikalischen Scherze und hat daran seinen Spaß.

Diesen Weg ging beispielsweise Otto Klemperer. Wir haben oben darauf hingewiesen, dass auch die Musikerkollegen des Komponisten diese Musik ganz unterschiedlich aufgefasst haben. Mstislaw Rostropowitsch interpretiert diesen Kopfsatz dramatisch, so wie er auch die Zwischenspiele der *Lady Macbeth* dirigiert hat. Rudolf Barschai braucht eine halbe Minute weniger, um das perfide Spiel vor dem Zuhörer rigoros und mit kühlem Kopf zu entrollen. Otto Klemperer nimmt den Satz deutlich langsamer. Gegenüber Barschai braucht er eineinhalb Minuten mehr. Dadurch kommen Detail, Struktur und Klangfarben klar zum Ausdruck – der Dirigent der Neuen Sachlichkeit verachtete psychologische und individualistische Interpretationen. Aus der „Kommando"-Episode wird eine folkloristische Einlage.

Klemperer nahm die Neunte als „Ersatz" für die Vierte, die ihm bei seinem letzten Gastspiel 1936 in Leningrad der Komponist vorstellte. Er war so fasziniert davon, dass er sie in aller Welt aufführen wollte. Doch war sie noch vor der Uraufführung verboten worden und Schostakowitsch hatte ihm die Partitur nicht geben können. Klemperer hörte in diesem Kopfsatz den Abglanz des frühen Schostakowitsch, hörte Weill, Picasso, Kandinsky – oder vielmehr höre ich das in Klemperers Konzert bei der RAI in Turin am 21. Dezember 1955, dessen Aufzeichnung mehrfach auf LP und CD erschienen und auch auf YouTube – in lausiger Qualität – zu hören ist.

In Klemperers Interpretation kann man all die musikalischen Frechheiten des Komponisten genießen und dabei die absolute Qualität der Musik erkennen. Klemperer lässt sich die Berg- und Talfahrten dieses Meisterwerks musikalischer Ironie genüsslich auf der Zunge zerrgehen. Man liest dann diesen ersten Satz im Geist von Mozarts *Musikalischem Spaß* KV 522 aus dem Jahr 1787, in dem Fehler der Musiker auskomponiert sind – da nahm ein Komponist seine Musikerkollegen ebenso auf die Schippe wie sich selbst. Gegenüber Mozarts derben Späßen nimmt sich Schostakowitschs Witz allerdings sehr subtil aus.

Beim langsamen Satz in h-moll nahm Rostropowitsch sich beinahe drei Minuten mehr Zeit als Barschai. Schostakowitsch schrieb *Moderato* vor und metronomisierte das Achtel mit 208. Das ist kein schleppendes Tempo. Rostropowitsch macht daraus ganz große Oper, eine Sterbeszene des Boris mindestens. Barschai zeigt die nervöse Unruhe, die den Komponisten kennzeichnete. Das einleitende Flötensolo ruft sogleich die Atmosphäre eines Notturno hervor. Bald teilt die Flöte ihre nächtliche Einsamkeit mit einer ebenso einsamen Klarinette, und dann kommt es kurz auch zu gemeinsamem Kuscheln der beiden in Terzenseligkeit. Diese Bläsermelodik vergeht unter häufigem Wechsel zwischen 3/4 und 4/4 und wird schließlich abgelöst durch eine drängend-chromatische Passage, die mehrfach von *p* zu *f* crescendiert. Anschließend vereinigen sich beide Gruppen und stoßen zu ängstlichem *ff* vor. Die 1. Geigen formulieren Irritation. Danach nimmt die Flöte wieder ihren einsamen Gesang auf, dem die Streicher erneut die wachsenden Ängste folgen lassen, was mit Ritardando in einen *ff*-Höhepunkt mündet. Im *pp* auf höchster Höhe lassen die 1. Geigen Entspannung eintreten, in der der Satz auch *Adagio* endet. Klemperer lässt uns das ohne jede Zutat rein musikalisch erleben.

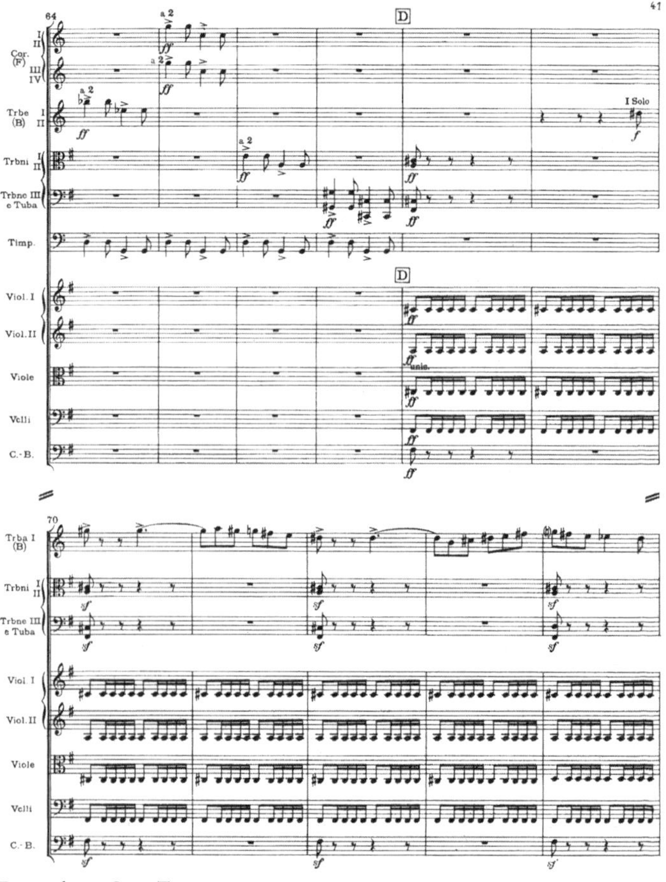

Beispiel 2: 3. Satz, Trio

Die letzten drei Sätze gehen pausenlos ineinander über. Das Scherzo (Presto, 6/8, G-Dur) ist einer jener Flucht-Momente, wie sie auch in der Ersten, Vierten und Achten vorgekommen waren. Über Stock und Stein geht die wilde Jagd, und stolpernd steht sie kurz von dem Trudeln. Ob da einer wirklich flieht oder ob er ein Kunststückchen vorführen will und dabei ins Schleudern gerät, ist nicht gesagt. In Takt 62 erhebt das Blech samt Pauken Einspruch. Über erregten Streicherrepetitionen bläst die Trompete ein verwegenes Thema – ziemlich populistisch (s. Abb. 2).

Das Trio des 3. Satzes der Achten hatte eine ähnlich schneidige Episode gebildet, als galoppiere Budjonnys Rote Reiterarmee vorbei, aber so, wie Kasimir Malewitsch sie 1932 gemalt hat.

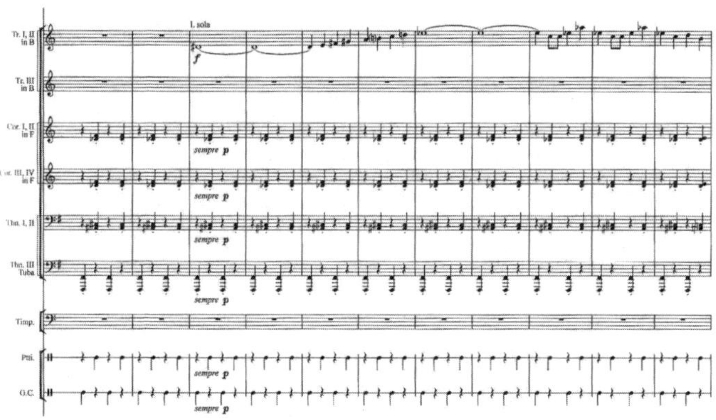

Beispiel 3: 8. Sinfonie, 3. Satz, Trio

Unter jähen Stimmungswechseln gelangt der kurze Satz zu einem erschöpften Ausklang – oder ist es eine Ankunft? Klemperer lässt das Turiner RAI-Orchester ein Virtuosenstück mit glänzender Farbenpracht aufführen, ohne an Komik zu sparen.

Das Largo in b-moll schließt sich attacca an und besteht nur aus zwei grausam-machtvollen Auftritten der Posaunen samt Tuba von byzantinischem Prunk sowie zwei freien Fagott-Rezitativen über dem Orgelpunkt der tiefen Streicher. Der zischende, von einem Trompetenakkord begleitete Beckenschlag am Ende des autoritären Auftritts klingt wie eine Todesdrohung. Das Fagott redet dagegen menschlich und in angestrengt hoher Lage (s. Abb. 4a und 4b).

Der Turiner Fagott-Solist formuliert das flüssig, so dass Klemperer nicht einmal zwei Minuten für den Satz benötigt, im Gegensatz zu dreieinviertel Minuten bei Rostropowitsch, bei dem die beiden Solo-

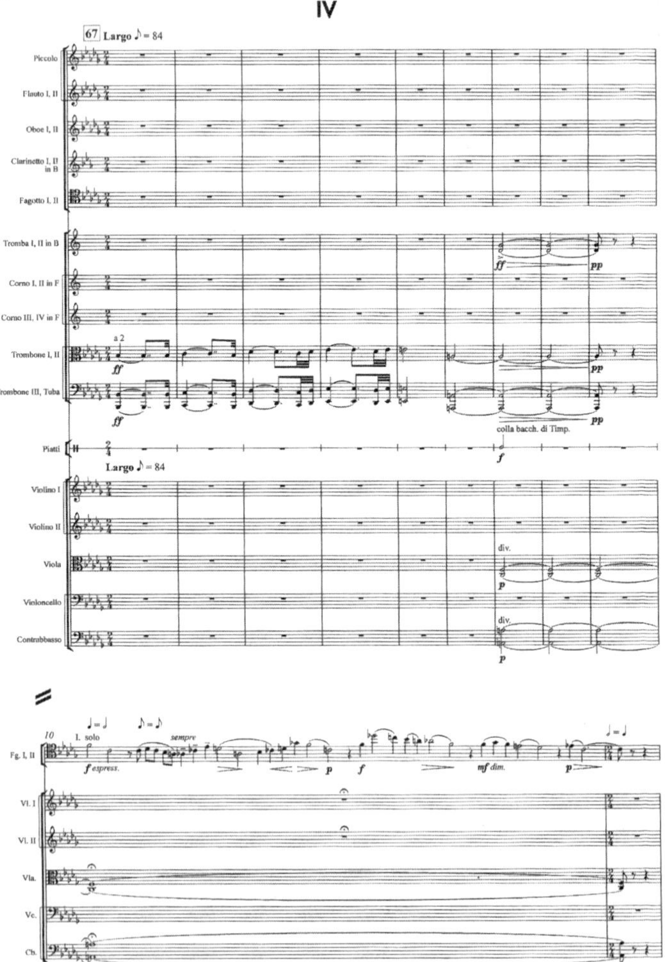

Beispiel 4a: 4. Satz, 1. Hälfte

passagen zu großen Klageliedern werden. Streicher begleiten einfühlend, wenn der Solist am Ende überleitet ins Allegretto-Finale, wo er in Es-Dur ein lustiges Thema im 2/4-Takt anstimmt, das dann von den Streichern übernommen und zerlegt wird.

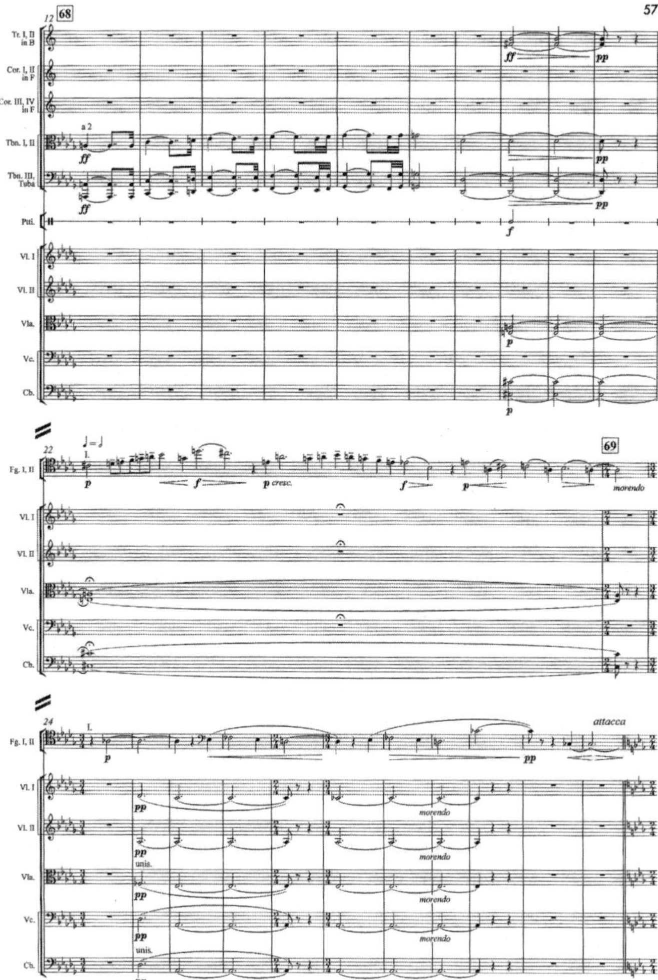

Beispiel 4b: 4. Satz, 2. Hälfte

In Takt 117 stimmen die Streicher ein zweites Thema in c-moll an. Gemeinsam steigern beide Themen die vergnügte Bewegung und die Oboe macht sich über die Quart-Einsätze der Posaune im ersten Satz lustig, indem sie den Auftakt zum zweiten Thema zu früh (Takt 173) oder völlig sinnlos (Takt 191) bringt. Eine schier endlose Steigerung

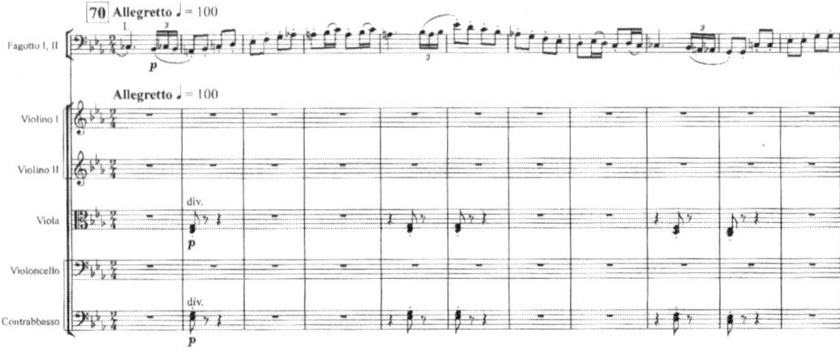

Beispiel 5: 5. Satz, Anfang

verhilft schließlich dieser bisher quasi unterirdischen Strömung, nach kleinem Ritenuto, zum Durchbruch (Takt 288) (s. Abb. 6).

Trompeten, Posaunen und Tuba platzen förmlich heraus mit dem Hauptthema – so wie man mit dem Lachen herausplatzt –, und das Seitenthema wird von den Holzbläsern gefeiert (Takt 307). In Takt 337 beginnt eine Stretta, mit der das Hauptthema *Allegro* dem effektvollen Sinfonieschluss zutreibt. Otto Klemperer hat gezeigt, dass man die rein musikalische Substanz von Schostakowitschs Neunter würdigen kann, ohne irgendetwas in die Musik hineinzulesen. Es ist meisterhafte, ironiegesättigte Musik mit einem Finale, das Laune macht. Klemperer war ein großer Dirigent, der den Komponisten in der ersten großen Krise seiner Laufbahn kennengelernt hatte und genau wusste, was die Ursachen davon waren – nicht ohne Grund ist er danach nie wieder in die Sowjetunion zurückgekehrt. Klemperer war davon überzeugt, dass Musik für sich selbst sprechen kann und durch Erklärungen nur kleiner wird. Er konnte sie so darstellen, dass das Publikum diese Sinfonie als ein klassizistisches Meisterwerk wahrnahm – und sich darüber seine eigenen Gedanken machen konnte. Hier die kompletten Zeitangaben zu allen drei erwähnten Aufnahmen:

	Rostropowitsch 1993	Barschai 1995	Klemperer 1955
1. Allegro	5'42"	5'16"	6'45"
2. Moderato	8'36"	5'42"	7'50"
3. Presto	2'49"	2'54"	3'05"
4. Largo	3'16"	3'00"	1'55"
5. Allegretto	7'12"	6'51"	6'30"
	27'45"	23'45"	26'20"

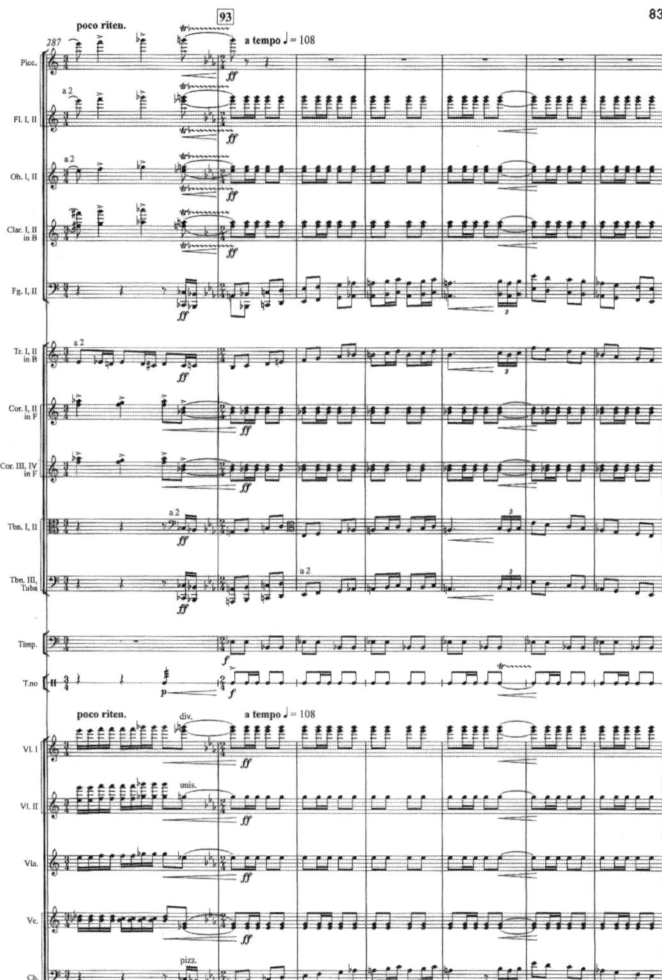

Beispiel 6: 5. Satz, Durchbruch

Doppelbödigkeit der Musiksprache?

Irgendwie klingt das Finale ja doch wie eine lustige Siegesfeier. Kann man dieser Fröhlichkeit trauen? Lauert dahinter eine weitere Ebene wie im Finale der Fünften Sinfonie, mit der es Schostakowitsch gelang, sich nach den Angriffen vom Januar 1936 durch die Maske des Klassizismus zu rehabilitieren und dabei den Machthabern doch ein Bein zu stellen? So oder so stellt sich die Frage: Welcher Sieg wird hier gefeiert? Hartmut Schick plädierte daher nach eingehender Analyse der Musik für eine tiefere Bedeutung:

> Geschrieben ist die ganze Symphonie also sowohl gegen ihre Tonart, Es-Dur, als auch gegen ihre Nummer, die Neun. Gerade dadurch aber erweist sie sich als in hohem Maße zeitbezogenes und politisches Werk, als musikalische Kritik an jeder Verklärung des Krieges im Rausch der Siegesfeiern und als Musik, die nicht die siegreich Überlebenden, sondern die Toten in den Blick nimmt[10]. Daran, dass der Komponist den großen Sieg des Generalissimus Stalin angesichts der vielen Millionen von Todesopfern nicht als Grund zur Freude akzeptieren kann, lässt diese Symphonie – allem offenkundigen Humor zum Trotz – keinen Zweifel, wenn man nur genau genug hinhört.
> „Die meisten meiner Symphonien sind Grabdenkmäler", hat Schostakowitsch einmal gesagt[11]. Vermutlich muss man sogar die vermeintlich heiterste und scheinbar am wenigsten politische seiner Sinfonien, die Neunte, diesen „Grabdenkmälern" zurechnen.[12]

Schostakowitschs Musiksprache ist oft so plastisch, dass man unwillkürlich Bilder oder Szenen vor sich sieht – gestisch nicht selten im Stil von Charlie Chaplin. Auch private Angelegenheiten sind in seine Musik eingewoben. Seine Kritiker haben das früh bemerkt und zu scharfen Ausfällen genutzt. Marian Kowal etwa sah im Seitenthema des ersten Satzes das Abbild „eines derb fröhlichen Yankees, der unbedarft ein heiteres Motiv vor sich her pfeift", und resümierte: „Der alte Haydn und ein waschechter Sergeant der US-Army, wenig überzeugend auf Charlie Chaplin getrimmt, jagten im Galopp mit allen Gebärden und Grimassen durch den 1. Satz dieser Symphonie."

Darüber kann man viel mutmaßen: Schostakowitsch stellt uns viele Fragen, mehr als jeder andere Komponist. Was aber lässt sich wissenschaftlich feststellen? Schostakowitschs Lebenswelt und ihr musikalischer Resonanzraum sind heute weit von uns entfernt. Wer kennt die Musik, die damals populär war und im Radio, im Kino oder auf der Estrade erklang? Wer weiß, was Schostakowitsch parodiert haben könnte? (Dass er auch Beethoven & Co vielfach zitiert und parodiert hat, steht auf der Rückseite desselben Blattes.) Auf der Suche nach Indizien für einen doppelten Boden in der Neunten fand Hartmut Schick beispielsweise beim Finale-Thema den Verweis auf eine Filmpartitur:

> Ferruccio Tämmaro hat darauf hingewiesen, dass es sich hier um ein Zitat aus Schostakowitschs Filmmusik op. 41 zu Grigori Kosinzews und Leonid Traubergs Film *Maxims Jugend (Junost Maxima)* von 1934/35 handelt, aus

> der Begleitmusik zu einer kleinbürgerlichen Festszene, die wiederum eine in der vorrevolutionären Zeit sehr populäre Polka namens *Oira* verarbeitet[13]. Die Feierlaune, die aus dem Finalthema der Symphonie zu sprechen scheint, ist also insofern quasi eine aus zweiter Hand; sie artikuliert sich mit geborgtem Material und gerade nicht mit Musik, die dem Komponisten nach Kriegsende spontan aus der eigenen Feder floss. Hinzu kommt, dass Schostakowitsch das Hauptthema vertikal und horizontal in die Tritonusrelation *a-es* einspannt, deren negative Semantik die anderen Sätze deutlich genug definiert haben, womit die Heiterkeit zumindest als eine gebrochene oder gefährdete erscheint. Und wenn man die Fagott-Melodik vor der Folie der analogen Stelle in Beethovens Neunter Symphonie hört – als Gegenstück zur emphatischen, hymnisch singenden Freudenmelodie der Tutti-Celli und -Bässe im Finale –, dann kann man sie bestimmt nicht mehr als Durchbruch zu kollektiver Freude verstehen, sondern höchstens als Parodie, als Analogon zum Auftritt eines traurigen Clowns, der zur Erheiterung des Zirkuspublikums in komischer Weise an der Realität scheitert.[14]

Der Hinweis auf den Clown ist erhellend, da Schostakowitsch den Spaßmacher in vielen Werken auftreten lässt. In Russland hat man den Komponisten auch in der Rolle des Gottesnarren gesehen. Er selbst weigerte sich, Parteimitglied zu werden, und er weigerte sich, seine Musik zu kommentieren. Den stalinistischen Terror hatte er in der eigenen Familie erlebt, so als 1934 sein Schwager ermordet und seine Schwester Maria verbannt wurde, als seine Schwiegermutter 1937 zu Lagerhaft verurteilt wurde, oder als er im selben Jahr aus der Zeitung erfuhr, dass sein Freund Marschall Michail Tuchatschewski am Tag davor verurteilt und erschossen worden war. Auch das Verbot der *Lady Macbeth* und der Vierten Sinfonie im Jahr 1936 war für ihn eine existentielle Bedrohung.

Er wusste, dass er unter Beobachtung stand. Stalin persönlich hatte ihn im Visier. Gerade das sicherte ihm die Sympathie des philharmonischen Publikums. Seine Fünfte war in der Intelligentsia ausführlich diskutiert worden. Nadeshda Mandelstam erzählt eine typische Episode: „Wassja, die Viola spielte, sprach gerne über Konzerte, die sie besucht hatte – in jenen Tagen erregte Schostakowitschs Sinfonie die Gemüter. Schklowskij nahm alles zur Kenntnis, was über sie geschrieben und geredet wurde, und verkündete dann frohgemut: ‚Schostakowitsch hat weiter gespuckt als alle anderen.'"[15]

Die Angst teilte der Komponist mit Millionen anderen Bewohnern der Sowjetunion, aber unter der Intelligentsia war sie besonders groß. Zahllose Künstler und Wissenschaftler erzählten später von den Nächten, in denen man angezogen und mit dem Köfferchen darauf wartete, abgeholt zu werden – um im günstigen Fall nur die Nachbarstür gehen zu hören. Nadeshda Mandelstam hat in ihren Erinnerungen die Verhaftung ihres Mannes, des Dichters Ossip Mandelstam, im Jahr 1936 geschildert. Ihr Buch gibt einen tiefen Einblick in die Empfindungen der freien Geister, wie auch Schostakowitsch einer war:

> Wenn wir hörten, dass wieder jemand verhaftet worden war, fragten wir damals nicht: „Weswegen hat man ihn abgeholt?", aber es gab nur wenige Menschen, die waren wie wir. Die Menschen waren wahnsinnig vor Angst und stellten einander diese Frage schlicht, um sich selbst zu beruhigen – „wenn jemand verhaftet wird, so hat es einen Grund, ich aber werde nicht verhaftet, denn dafür gibt es keinen Grund!" Die Menschen übten sich darin für jede Verhaftung sinnvolle Gründe und Rechtfertigungen zu finden – „Sie hat ja tatsächlich Schwarzhandel betrieben!", „Er hat sich doch einiges herausgenommen!", „Ich habe selbst gehört, wie er gesagt hat …", und auch: „Das war zu erwarten, er hat einen niederträchtigen Charakter", „Ich habe immer geahnt, dass irgendetwas mit ihm nicht stimmt", „Er ist ein Mensch, der ganz anders ist als wir". All das schien Grund genug, verhaftet und vernichtet zu werden. Er ist anders, schwatzhaft, unsympathisch …
> […]
> Wie werden wohl später einmal all die nur möglichen Anschuldigungen bewertet werden? Ist das denn nicht ganz gleich! Es ist lachhaft, jene Epoche vom Standpunkt des römischen Rechts, des napoleonischen Kodex oder ähnlicher Rechtsnormen zu betrachten. Die Ahndungsbehörden handelten präzise, vorausschauend und konsequent. Sie verfolgten zahlreiche Ziele – die Vernichtung von Zeugen, die sich hätten erinnern können, die Schaffung eines einheitlichen Denkens, die Vorbereitung für die Ankunft der tausendjährigen Herrschaft und so weiter und so weiter.
> […]
> Anna Andrejewna [Achmatowa], die von Anfang an die Entwicklungen mit gespannter Aufmerksamkeit verfolgte, wusste mehr als ich. Zu zweit in der von der Haussuchung verwüsteten Wohnung zurückgeblieben, gingen wir alle Möglichkeiten durch und versuchten, in die Zukunft zu sehen, doch wir wechselten dabei fast kein Wort. „Sie müssen Ihre Kräfte schonen", sagte Anna Andrejewna. Und das bedeutete, dass ich mich auf ein langes Warten einzustellen hätte: Ringsum saßen die Menschen wochen-, ja monatelang ein, manchmal gar mehr als ein Jahr, bis man sie in die Verbannung schickte oder umbrachte.[16]

Dennoch musste man weiterleben. Schostakowitsch hatte 1932 geheiratet und 1936 war die Tochter Galina geboren worden, auf die 1938 der Sohn Maxim folgte. Der Komponist musste seine Familie erhalten. Dann überfielen die deutschen Truppen die Sowjetunion und kesselten Leningrad ein. Bomben schlugen ein, Millionen starben. Schostakowitsch wurde nach Samara an der Wolga (damals Kuibyschew) evakuiert, sein Freund Iwan Sollertinski nach Nowosibirsk, wo er 1944 elend starb. Der Theaterpionier Meyerhold kam ebenso im Terror um wie Solomon Michoëls (Leiter des Jüdischen Theaters und Mieczysław Weinbergs Schwiegervater), und Schostakowitschs Komponistenfreund Nikolai Shiljajew. Auch wenn er froh war über den Sieg über die Nazis, war Schostakowitsch 1945 nicht in Feierlaune. Zumal die Verfolger nicht berechenbar waren: „Mir scheint, dass Losinskij die kriminalistischen Methoden unserer Ahndungsbehörden überschätzte. Nichts kümmerte sie weniger als die Realität. Mit Hilfe eines Netzwerks von Spitzeln und Anzeigen von freiwilligen Zuträgern wurden Listen erstellt, auf deren Grundlage die Verhaftungen vorgenommen wurden. Sie interessierten sich nicht für Fakten, sondern allein für die Erfüllung eines vorgegebenen Plansolls.“[17]

Schostakowitsch soll die Neunte vom 26. Juli bis zum 30. August 1945 im Kopf komponiert und jeden Satz sofort ins Reine geschrieben haben. Hat er also ein stimmiges Gesamtkonzept gehabt? Sicher für jeden Satz, aber nicht für die ganze Sinfonie: Seinem Nachbarn Krutschonych schenkte er einen frühen Entwurf, in dem die Sätze zwei und drei noch vertauscht sind und der im dritten Satz Material enthält, das in der fertigen Sinfonie fehlt.[18] Wird Musik von Texten oder Bildern begleitet, fällt es uns leicht, ihre Stimmungslage zu benennen. Das Opernschreiben hat Schostakowitsch aus gutem Grund aufgegeben, seit jede neue Oper unter verschärfter Beobachtung stand. Aber er schrieb Lieder. Wenn man das Scherzo von Mahlers Zweiter als eine Weiterentwicklung des Wunderhorn-Liedes *Des Antonius von Padua Fischpredigt* erkannt hat, wird auch die Bedeutung jenes Scherzos klar: Es ist eine ironische Betrachtung des Weltlaufs und der Eitelkeiten, die ihn beherrschen. Iwan Sollertinski hatte seinen Freund damit bekannt gemacht, und der Komponist hat Mahlers musikalische Charaktere in den Scherzos seiner Vierten und Fünften für sich nutzbar gemacht und daraus den Typus seines sarkastischen Scherzos entwickelt.

Mahler war in der Sowjetunion unter Musikern nicht unbekannt, nicht zuletzt durch seine eigenen Gastspiele am Pult des Petersburger Hoforchesters 1902 und 1907. Paul Bekkers Buch *Die Sinfonie von Beethoven bis Mahler* von 1918 hatte Boris Assafjew 1926 in russischer Übersetzung herausgegeben, und auch Bekkers grundlegendes Buch *Gustav Mahlers Sinfonien* von 1921 war in Russland bekannt. Mahlers Zweite wurde in St. Petersburg 1926 aufgeführt, die Dritte und Vierte 1927, die Erste 1930, die Siebte und Neunte 1932. Das *Lied von der Erde* dirigierten 1929 Otto Klemperer, 1931 Alexander Zemlinsky und

1932 Fritz Stiedry.[19] Der Assafjew-Schüler Iwan Sollertinski schrieb das erste russische Mahler-Buch[20] – und wurde Schostakowitschs bester Freund. Auch der Komponist Gawriil Popow warb in seinem Zirkel Neue Musikkultur 1929/30 für die Sinfonik Bruckners, Mahlers und von Strauss und versammelte in seiner Bruckner-Mahler-Gesellschaft junge Begeisterte, die die Sinfonien am Klavier studierten.[21] Die Partituren waren im Druck verfügbar. Mahlers Ironie lag für Schostakowitsch als Modell vor.

Im Scherzo der Sechsten Sinfonie, der „kopflosen" Sinfonie, mit der Schostakowitsch das Publikum 1939 konsterniert hatte, war der Sarkasmus mit der Clowns-Metapher verbunden. Da treibt einer vom Schlag Petruschkas und Till Eulenspiegels seine frechen Späße: „Doch man weiß, wie es den Spaßvögeln erging: Jäh nimmt die Musik bedrohlichen Charakter an, und mit schwerem Ausdruck nähert sich etwas Unausweichliches. Nach dem wilden Höhepunkt sammelt sich das thematische Material wieder, gewinnt aber nicht mehr die direkte Präsenz und Kraft, sondern wirkt zurückgenommen und verstört."[22]

Geschehen in der Neunten nicht ähnliche Dinge? Später hat Schostakowitsch einen solchen Clowns-Satz mit dem Gedicht *Der Witz* von Jewgeni Jewtuschenko verbunden und so in seiner Dreizehnten Sinfonie diesen Charakter in seiner Musik durch die Assoziation mit Äsop entschlüsselt – zudem erscheint dazu das Finale-Thema der Neunten. Auch der bildende Künstler Alexander Rodtschenko, mit dem Schostakowitsch bei Meyerhold an der *Wanze* von Majakowski zusammengearbeitet hatte, hatte sich 1936 als Clown in der Manege dargestellt: das war die neue Rolle der Künstler.

Als ich in der ersten Hälfte der 1980er Jahre Schostakowitschs Musik untersuchte, lernte ich auch seine im Westen unbekannten Lieder kennen. In Ostberlin konnte ich die Noten der *Englischen Lieder* op. 62 erwerben, die er 1942 seinen engsten Freunden – einschließlich seiner Frau – gewidmet hatte. Als Finale der Abzählreim „The King of France went up the hill, with twenty thousand men; The King of France came down the hill, and never went up again" (für Wissarion Schebalin). Iwan Sollertinski hatte er seine Vertonung von Shakespeares Sonett Nr. 66 gewidmet, Isaak Glikman das Gedicht *MacPherson's Farewell* von Robert Burns:

Nr. 1 Walter Raleigh (Übers. Pasternak): *The Wood, the Wee, the Wag.* Largo
Nr. 2 Robert Burns (Übers. Marschak): *O, Wert Thou in the Could Blast.* Moderato
Nr. 3 Robert Burns (Übers. Marschak): *Macpherson's Farewell.* Allegretto

Nr. 4 Robert Burns (Übers. Marschak): *Coming through the Rye.* Moderato
Nr. 5 William Shakespeare (Übers. Pasternak): *Sonett 66.* Largo
Nr. 6 Nursery Rhyme (Übers. Marschak): *The King of France Went up the Hill.* Allegretto

Paul Celan hielt Marschaks Shakespeare-Übersetzungen für den wichtigsten Akt des Widerstands gegen den Stalinismus[23]. Diese Lieder waren allesamt rebellisch. Da es sich dort um die alte Feudal-Gesellschaft im fernen England handelte, stieß sich niemand daran und sie konnten mitten im Krieg am 6. Juni 1943 im Kleinen Saal des Moskauer Konservatoriums mit dem Komponisten am Klavier uraufgeführt werden. Sein patriotisches Soll erfüllte der Komponist daneben mit Frontunterstützungs-, Propaganda- und Filmmusik. Robert Burns (1759–1796) war selbst ein schottischer Rebell, zu dem *MacPhersons Abschied* sehr gut passte: MacPherson war eine Art schottischer Robin Hood, der schließlich gefangen und hingerichtet wurde. Auf dem Weg zur Hinrichtung erklärt er, dass ihn nichts reue, außer, dass kein Rächer erscheint:

Sae rantingly, sae wantonly,
Sae dauntingly gaed he,
He play'd a spring, and danc'd it round
Below the gallows-tree.
Farewell, ye dungeons dark and strong,
The wretch's destinie!

MacPherson's time will not be long
Below the gallows-tree.
O, what is death but parting breath?
On many a bloody plain
I've dar'd his face, and in this place
I scorn him yet again!

Untie these bands from off my hands,
And bring to me my sword,
And there's no a man in all Scotland
But I'll brave him at a word.
I've liv'd a life of sturt and strife;
I die by treacherie:

It burns my heart I must depart,
And not avenged be.
Now farewell light, thou sunshine bright,
And all beneath the sky!
May coward shame distain his name,
The wretch that dare not die!

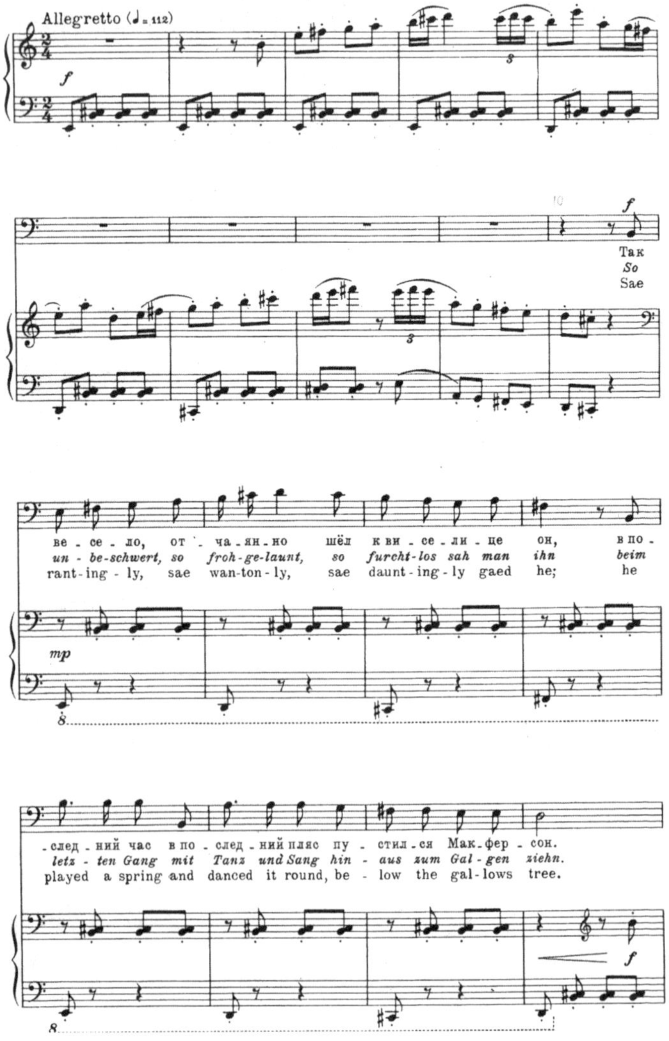

Beispiel 7: MacPhersons Abschied, Anfang

„So unbeschwert, so frohgelaunt, / so furchtlos sah man ihn / beim letzten Gang mit Tanz und Sang / hinaus zum Galgen ziehn" – das Thema dieses eindeutigen Liedes hat Schostakowitsch drei Jahre später zum Hauptthema des Finales seiner Neunten gemacht![24] Daraus lässt sich unschwer ableiten, dass dieses Finale von Galgenhumor handelt.[25] Beim Durchbruch platzt das ganze Orchester mit dem Lachen heraus. Sollen sie mich doch umbringen! Klein kriegen sie mich nicht!

Doublespeak, Einschüchterung und nächtliche Ängste

Dazu passt natürlich diese starre, anklagende Posaunen-Drohkulisse des 4. Satzes, auf die das Fagott so menschlich redend geantwortet hatte: Das war dann das Tribunal, das die Hinrichtung verkündete. Mandelstam schilderte die Verhörmethoden, die sich damals herumsprachen, und die neue Sprache, die alle hörten:

> Die abschlägige Antwort des Untersuchungsrichters war noch einigermaßen höflich formuliert – „Sie wollen wir nicht verhaften" –, aber das allgemeine Gebaren, das pompöse Auftreten mit bewaffneter Leibgarde, die Geheimniskrämerei und die Einschüchterung – „Sollte er ein neues Verbrechen begehen" – all das klang anders als in den Zeiten zuvor. Die Kräfte, die von der alten Generation in Machtpositionen gehievt worden waren, kannten keinerlei Grenzen mehr. Und es zeichnete sich eine Zukunft ab, die in keiner Weise dem Terror der ersten Revolutionstage gleichen würde. Sogar eine neue, staatliche Phraseologie entstand. Der Terror der ersten Zeit war furchtbar, aber er hält den Vergleich mit der Massenvernichtung, mit der Staatsgewalt „neuen Typs" im Einklang mit den von Kollegien, Sekretariaten, Sondersitzungen und schlicht „von der Obrigkeit" angeordneten Gesetzen, Anweisungen, Verfügungen und Ordern die Untertanen überzog, nicht stand.[26]

In seinen Briefen an Iwan Sollertinski machte Schostakowitsch sich ausführlich über die kommunistisch reglementierte Sprache lustig – die Drohgebärden aber hat er im Largo der Neunten sarkastisch persifliert Und die stürmische Jagd des Scherzos gewinnt so auch ihren Sinn. Nur wird der arme Verfolgte seinen Richtern direkt in die Arme gejagt. Und wenn wir an die nächtlichen Ängste der Menschen in der Zeit des Terrors denken, ahnen wir auch, warum eine lauschige Nacht sich im 2. Satz allmählich so unheimlich verändern konnte – und zum Schluss doch wieder Hoffnung schöpfte. Nadeshda Mandelstam fasste diese Situation in Worte:

> … wenn sich nachts der Fahrstuhl in Bewegung setzte, eilten wir alle vier in den Flur, um zu horchen. „Gott sei Dank, er hält ein Stockwerk tiefer", oder „Gott sei Dank, er fährt nach oben weiter." Unabhängig davon, ob wir bei Schklowskis übernachteten, horchten sie auf den Fahrstuhl. Glücklicherweise setzte er sich nicht so oft in Bewegung, denn die Mieter wohnten zumeist vor allem in Peredelkino und waren solide, und ihre Kinder waren noch jung. In den Jahren des Terrors gab es kein Haus, dessen

Bewohner nicht zitternd dem Rauschen der vorbeifahrenden Automobile oder dem Lärmen des Fahrstuhls lauschten. Bis heute jagt mir, wenn ich bei den Schklowskijs übernachte, ein Schaudern über den Rücken, wenn ich in der Nacht den Fahrstuhl höre. Dieses Bild – erstarrte, halb angekleidete Menschen, die an der Eingangstür der Wohnung stehen und sich horchend zu ihr hinbeugen, damit sie hören, wo der Fahrstuhl anhält – ist unvergesslich.[27]

Auch Marina Zwetajewa, deren Gedichte Schostakowitsch später vertonte, hat die Ängste der Sowjetmenschen in Worte gefasst, und das *Requiem* von Anna Achmatowa ist ein Gedenkstein für alle Verfolgten und Ermordeten des Stalinregimes. Schostakowitsch hat die Dichterin verehrt und ihr mit dem Lied *Für Anna Achmatowa* in den *Sechs Gedichten von Marina Zwetajewa* op. 143 im Jahr 1973 ein Denkmal gesetzt. In diesem Zusammenhang bekommen der musikalische Humor, der sich im ersten Satz austobt, und der Nachklang des frühen Schostakowitsch ihren Sinn: Das freie Spiel der Künstler verstrickt sich in Auseinandersetzungen. Sie tollen herum wie Kinder, so harmlos wie arglos gegenüber den Kommandos, doch dann ändern sich die Zeiten. Der Uraufführungsdirigent Mrawinski empfand die Neunte als gegen das Spießbürgertum gerichtet – und dirigierte sie nie wieder.

So ergibt sich für die Neunte Sinfonie ein durchgehendes Narrativ, ohne sie gleich zu Programmmusik zu machen. Ihr Thema ist die Unbotmäßigkeit vor dem Anspruch einer regimetreuen Siegessinfonie: Die Musik schlägt über die Stränge, statt das Machtgebot zu erfüllen.

Man kann die Sinfonie dann also so lesen:

1. Satz: der freie Künstler treibt arglos seinen Schabernack und stößt auf Widerstand
2. Satz: nächtliche Intimität wird vertrieben durch Ängste vor der Verhaftung
3. Satz: Flucht endet vorm Tribunal, bzw. er wird zum Tribunal verschleppt
4. Satz: er wird eingeschüchtert, hält aber ruhig an seinem Standpunkt fest
5. Satz: vor seiner Hinrichtung lacht er alle aus: Galgenhumor

Oder so ähnlich … Das ist aber nicht die einzige Möglichkeit.

Antwort eines Sowjetkünstlers auf idiotische Kritik

Beim Kölner Schostakowitsch-Symposium 1985 steuerte Marina Sabinina interessante Bezüge bei: „So entsteht ein ungezügelt reitendes

Motiv aus der vor der Revolution populären Polka *Oira*, das in dem Film *Maxims Jugend* die Szenen der rauschenden Neujahrsheiterheit der satten Spießbürger begleitet hat, im Gewebe des Finales der 9. Sinfonie. Der Seitensatz des ersten Satzes der 9. ähnelt einer scherzhaften Melodie der Solotrompete im Finale des 1. Klavierkonzerts – der selben Melodie, die in der Revue *Der bedingt Ermordete* den Erzengel Gabriel charakterisierte. Und dorthin kam sie aus dem Finale, das Schostakowitsch zur Oper *Armer Columbus* von Dressel geschrieben hat, wo sie eine Karikatur des Yankee war."[28]

Jakob Knaus hat im ersten Satz einen weiteren Bezug zu einem Mahler-Lied gefunden: *Lob des hohen Verstandes*.[29] In diesem Wunderhornlied geht es um die Wette zwischen Nachtigall und Kuckuck, bei der der Esel zum Schiedsrichter bestellt wird, weil er so große Ohren hat. Den Quartsprung in Posaune und Oboe bezieht Knaus auf die Quart des Kuckucksrufs, wenn auch gespiegelt. Danach ließe sich die Neunte auch lesen als eine Verspottung des Komponistenverbandes mit all den Kollegen und Kritikern, denen (nicht nur) Schostakowitsch seine Werke vorstellen und genehmigen lassen musste. Das Verbot der Ersten Sinfonie von Gawriil Popow 1935 hatte zu erregten Auseinandersetzungen zwischen Musikern und Musikbürokraten geführt, da man Popow der „Positionen des Klassenfeindes" bezichtigte, weil er – wie Schostakowitsch – immer noch auf internationalem Niveau komponierte und auch „westliche" Mittel benutzte. In einem Brief an Iwan Sollertinski vom 31. März 1935 hatte Schostakowitsch geschrieben: „Litowski und Bojarski sind empört über das Verbot der Sinfonie von Popow. Sie wollen eine Kommission gründen. Ich dagegen habe vorgeschlagen, die Jury einzuberufen, die Popow prämiert hat, damit diese sich entweder selbst geißelt oder der Entscheidung der Repertkom[30] widerspricht."[31] Seine Wut auf die Esel war groß und er verhöhnte sie sein Leben lang.

Wieder eine andere Deutung vertrat Leonard Bernstein[32]. In seiner Einführung zur Neunten (die man auf YouTube anschauen kann) erklärt er die Gefühlswechsel in der Neunten mit der Angst des Komponisten vor der Aufgabe, eine Neunte Sinfonie zu schreiben. Wie sollte man da vor Beethoven und Mahler, ja vor der Ewigkeit bestehen?! D. Rabinowitsch berichtete, der Komponist habe ihm 1944 erzählt, dass er an einer monumentalen Neunten arbeite, die die Trilogie der Kriegssymponien ergänzen solle: „Ich möchte nicht nur das volle Orchester nutzen, sondern auch Chor und Solisten – wenn ich nur einen brauchbaren Text finden könnte und keine Angst hätte, vermessene Analogien herauszufordern."[33] Das inzwischen gefundene

Fragment des Kopfsatzes aus dem Januar 1945 setzt tatsächlich an der Wucht der Achten an – und kommt doch nicht darüber hinaus. Er saß in einer Sackgasse.

Das erste Fagott-Rezitativ im 4. Satz beschreibt Bernstein als Beethoven-Assoziation, das zweite als Mahler-Assoziation. Der machtvolle Posaunenauftritt wäre dann der unerfüllbare Anspruch, vor dem der Komponist sich rettet, indem er eben diese „neoklassische" Sinfonie schreibt und danach in Galgenhumor ausbricht: entweder werden die unmusikalischen Richter ihm das nicht nachweisen können und wenn doch, dann sollen sie ihn eben dafür hinrichten. Die Komposition seiner Neunten war in dieser Lesart für den Komponisten der Befreiungsschlag von einer unerträglichen Bürde. Für Bernstein ist ein mögliches Narrativ also ein reiner Komponistenscherz:

1. Satz: Schostakowitsch muss seine Neunte schreiben und tobt sich in einer Übersprungshandlung aus
2. Satz: Die Suche nach Lösungsmöglichkeiten bereitet ihm schlaflose Nächte
3. Satz: Flucht vor der Aufgabe,
4. Satz: Verteidigung vor der Musikgeschichte,
5. Satz: Erst untergründige, dann unbändige Freude darüber, dass ihm damit der Ausweg gelungen ist.

Wir haben also nicht nur eine geheime Bedeutung hinter der Neunten gefunden, sondern gleich mehrere:
1. Die Ebene der rein musikalischen Scherze
2. Ihre Doppelbödigkeit aufgrund des Terrors
3. Theatralische Schilderung des Künstlerschicksals vor der erwarteten Siegessinfonie
4. Der Witz ist auch vom größten Machthaber nicht totzukriegen
5. Die Angst des Komponisten vor dem Anspruch einer Neunten Sinfonie

Welche ist richtig? Und wenn ja: wie viele? Die Aufgabe, die daraus resultiert, hat Manuel Gervink so formuliert: „Wenn wir allerdings Schostakowitschs Musik ernst nehmen und bestrebt sind, ihre Aussageabsicht und Grundkoordinaten im jeweiligen Werk freizulegen, dann müssen wir uns von der Erkenntnis leiten lassen, dass es nicht immer ausreichen kann, Beziehungsebenen zu sedimentieren, das analytische Instrumentarium immer weiter zu verschärfen und erneut auf das Werk Schostakowitschs zu lenken. Die Beschäftigung mit seinem

Spätwerk [...] hat stets dazu geführt, dass heterogene stilistische Elemente auseinander gelöst werden müssen, bevor sie einer separierten Bearbeitung unterzogen werden können. [...] Die analytische Ergründung der einzelnen Verweisebenen im konkreten Werk (Schostakowitschs wie anderer Komponisten) muss daher stets mit einer Untersuchung der zeitlichen Umstände einhergehen, die die Entstehung des betreffenden Werkes begleitet haben."[34]

Dafür braucht man Zeitzeugen. „In unserer Gesellschaft war ein Prozess der intellektuellen Mimikry in Gang gesetzt. Jeder Gedanke und jede Stimme nahmen einen Tarnfarbe an"[35], schrieb Nadeshda Mandelstam. „Wir haben eine schwere Krise des Humanismus des zwanzigsten Jahrhunderts durchlebt, den Zusammenbruch all seiner ethischen Werte, denn sie waren ausschließlich auf die Bedürfnisse und Wünsche des Menschen oder schlicht auf sein Streben nach Glück gegründet. Zugleich hat uns das zwanzigste Jahrhundert mit lehrhafter Anschaulichkeit aufgezeigt, welch unendlich große Selbstzerstörungskraft dem Bösen innewohnt. Seine Entwicklung läuft unausweichlich auf Widersinn und Selbstmord zu. Unglücklicherweise haben wir bis heute nicht begriffen, dass das Böse durch seine selbstzerstörerische Kraft nicht nur sich selbst, sondern alles Leben auf der Erde vernichten kann, dessen sollte man sich stets gewahr sein. Doch sooft diese einfachen Wahrheiten auch von den Menschen herausgeschrieen werden, werden sie doch nur von denen gehört, die selbst nicht das Böse wollen. Alles ist schon einmal dagewesen, ist an sein Ende gekommen und hat von neuem begonnen, jedes Mal jedoch mit neuer Macht und größerem Ausmaß."[36]

Auf die derart kafkaeske Situation antwortete Schostakowitsch mit seinem speziellen Humor. Der Dirigent Gawriil Judin, der nach Mrawinski und Gauk als Dritter die Neunte dirigiert hatte, berichtete in der Sowjetskaja muzyka Nr. 6/1986, Schostakowitsch habe zu ihm nach dem Konzert 1946 gesagt: „Tja, siehst du, die Achte geriet mir zur Pseudotragödie, die Neunte nun zur Pseudokomödie."[37] Also nicht nur Komödie, sondern auch Pseudo – das nicht Greifbare gehört zu Schostakowitschs Musik seit je dazu. Und nicht nur zu seiner Musik, die Sprachverwirrung hatte ja das ganze Land erfasst und die Lüge war zur Standardwährung geworden. Nadeshda Mandelstam berichtet von der Pseudotragödie eines jungen Mannes aus der Provinz, der in einem Gedicht behauptet hatte, den Klassenfeind allein am Klang seiner Lyrik zu erkennen. Und so plante er, seinen Büro-Rivalen durch die Publikation eines Briefes zu denunzieren:

Dieser Brief war ein sehr menschlicher, aber sein Autor sprach von persönlichen Interessen, und dazu hatte ein leitender Redakteur einer Komsomol-Zeitung kein Recht. Darüber hinaus hatte der grüne Junge Gott erwähnt, und das war den Komsomolzen-Führern nicht erlaubt. Selbst stehende Redewendungen wie „Gott sei Dank" galten als Tribut an die Religion. Der junge Kerl führte also ganz offensichtlich ein Doppelleben und sprach zwei unterschiedliche Sprachen. Wann pflegten diese Menschen von der dienstlichen und hochideologischen Sprache in die Familiensprache überzugehen? Der bedeutendste Dramatiker unseres Landes[38] wollte immer ein Stück über diese Art der Zweisprachigkeit und über den kritischen Augenblick des Übergangs von der einen in die andere Sprache schreiben. Er gehörte jedoch der alten Generation an und hat deshalb diesen Plan nie verwirklichen können. Aber das Thema reizte ihn sehr und er fragte immer wieder: „Wann tritt dieser Wechsel ein? Noch auf der Straße oder erst zu Hause?" Viele Jahre später griff ein anderer, deutlich jüngerer Schriftsteller dieses Thema in einem Text über die Sitzung des Dorfsowjets auf. Bei ihm gingen die Bauern mit dem Klingeln des Vorsitzenden, das die Sitzung eröffnete, zur Papiersprache über.[39]

Wenn die Sprache kontaminiert ist, wirkt sich das auch auf alle Kunstsparten aus. Die Musik hat zwar das Privileg, dass sie keine konkreten Aussagen treffen muss, aber mit der Störung der Musiksprache ist auch ihr Narratives gestört. Das wurde zum eigentlichen Lebensthema des Komponisten Dmitri Schostakowitsch. Die Terror-Erfahrung hat ihn nie verlassen und die Verlogenheit der offiziellen Sprache hat er bei jeder der zahllosen Sitzungen erlebt und bei jeder Rede, die er verlesen hat, ohne sie selbst geschrieben zu haben. Aus der Störung hat er große Kunst gemacht, indem er sie in seine Musiksprache integrierte, woraus wiederum eine neue Qualität entstand.

Wenn man die Musik von Schostakowitsch aber immer wieder nur im Hinblick auf das verlogene Leben im Stalinismus betrachtet, engt man das Verständnis unangemessen ein. Wir sollten nicht vergessen, dass Samuel Beckett sein Altersgenosse war. Zur Zeit der Neunten Sinfonie arbeitete Beckett an seinen *Erzählungen und Texten für nichts* – sein schwarzer Humor passt überraschend gut zu dem von Schostakowitsch. Zuvor war Beckett in Frankreich von den Nazis gejagt worden. Erfolgreich war er damals noch nicht, sein Durchbruch kam erst mit der Uraufführung von *Warten auf Godot* 1953. Beckett ist eben kein Sartre, Camus, Ionesco, sondern schneidend präzise und kein bisschen wehleidig.

Das Leben im Westen war ja nicht weniger verlogen. Bei einer berühmten Fernsehdiskussion über Samuel Beckett am 2. Februar

1968 im WDR formulierte der englische Theatermann Martin Esslin es so:

> Wir leben in einer Gesellschaft, wo die Menschen einander so entfremdet sind, dass sie es gar nicht mehr nach einem Tag ihres normalen, automatisierten, entfremdeten, mechanisierten Lebens ertragen können, überhaupt daran erinnert zu werden, dass sie mit sich selbst konfrontiert werden sollen. Und der ganze Tenor, das Wesen des Künstlerischen überhaupt ist, diesem Manko, dieser Entfremdung abzuhelfen.[40]

Samuel Beckett zeigt die Entfremdung, Vereinzelung und Vereinsamung des Individuums in extremen Versuchsanordnungen. Er seziert mit hoher Präzision alltägliche Kommunikationen, indem er sie in fast klinische Situationen versetzt. Er hat dabei eine Technik der Dialog-Konstruktion entwickelt, die die Verhältnisse zum Tanzen bringt und jede falsche Gemütlichkeit und unterschobene Versöhnung bricht. Der österreichische Philosoph Ernst Fischer wies in der erwähnten Diskussion hin auf die

> sehr tiefe Beziehung, die Beckett zu Pythagoras hat und zur Mathematik überhaupt. Dieses dreischenkelige rechtwinkelige Dreieck, das eine der größten Leistungen der Mathematik war, der vollkommenen Ordnung war, – hier sind 90°, 45° und $a^2 + b^2 = c^2$, es ist alles in Ordnung; es ist das, was der Kubismus gebraucht hat, was Lissitzky gebraucht hat, Malewitsch gebraucht hat: eine Welt, eine mathematisierte Welt in völliger Ordnung. Und in dem Augenblick, in dem dieses Dreieckt verrückt wird, verrückt sich die ganze Welt, verrückt sich die Beziehung des Ich zu dieser Welt von Ordnung und Chaos, und dieser arme, verfolgte, plötzlich wahrgenommene Clown, der nicht nur in seine Welt mit einem Fußtritt hineinbefördert wurde, wird jetzt auch noch obendrein wahrgenommen, zur Verantwortung gezogen und schuldig gesprochen.[41]

Klingt das nicht ganz nach Schostakowitsch? Nach seiner Neunten Sinfonie? Werden nicht auch dort bekannte Strukturen zerschlagen und neu zusammengesetzt? Verliert die Logik des Sonatenhauptsatzes dort nicht ihren Sinn? Schostakowitsch hat in Beckett einen Bruder im Geiste. Der Vereinzelung im Sozialismus ist der im kapitalistischen Westen nicht fern. Der Stalinismus war ja kein Unglück wie der Mongoleneinfall, nicht der Einbruch asiatischer Despotie, wie manche Theoretiker meinten. Sondern er folgte der Logik des kapitalistischen Industriesystems. Der Zusammenbruch des verrotteten Zarismus war unausweichlich, dazu muss man nur Tolstois *Auferstehung* lesen. Der Stalinismus und der Maoismus setzten das Industriesystem mit äußerster Gewalt in unentwickelten Ländern durch. Wenn sie dafür eine staatskapitalistische Organisationsform einsetzten, ändert nichts an Ziel und Resultat. Stalins „Rädchen und Schräubchen“ drehten sich genauso wie die arbeitenden Menschen im Westen nur um ein Ziel: die Produktion (persifliert durch Chaplin in *Modern Times*). Die sowjetische Intelligentsia war nicht so uninformiert, dass sie das nicht wahrgenommen und diskutiert hätte. Und eben auch in Kunst umgesetzt wie Schostakowitsch.

Es ist das Zeichen aller großen Kunstwerke, dass sie nicht eindeutig sind, sondern mehrere Gesichter zeigen, je nachdem, welcher Betrachter sie anschaut und in welcher Zeit er das tut. Würde man sie komplett verstehen, würden sie langweilig. Bei der Musik kommen noch die Interpreten dazu, die sie aus der Papierform erlösen müssen. Auch das vermögen sie nur innerhalb ihrer eigenen Vorstellungswelt. David Fanning hat das eindrucksvoll am Beispiel von drei verschiedenen Aufnahmen des Finales der Neunten gezeigt: In Kondraschins Aufnahme verdoppeln bei Ziffer 95 (Takt 307) die Geigen die Holzbläser und verlängern so den Protz der Reprise und unterstreichen die dramatische Wucht des Satzes.[42]

Wegen dieser vielen Perspektiven, aus denen man sie betrachten kann, wirken Schostakowitschs Werke in jeder Aufführung immer wieder neu: Den Vorhang zu und alle Fragen offen.

„Ach, das ist gut. Ich mag es. Das reduziert die Fettschicht."
Der junge Schostakowitsch und die Politik in seinen Briefen an Iwan Sollertinski

So viel wie Richard Wagner hat er nicht geschrieben, aber es gibt doch eine erhebliche Menge an Artikeln, Reden, Interviews und Briefen von Dimitri Schostakowitsch, in denen er sich zu seinen Werken und allen möglichen anderen (kultur-)politischen Fragen äußert. Eine Auswahl davon war 1983 in der DDR erschienen.[1] Im Westen hat man sie für bare Münze genommen – bis zu jenem Tag im Jahr 1979 als, vier Jahre nach dem Tod des Komponisten, in den USA das Buch *Testimony* erschien, in dem Solomon Wolkow angebliche Memoiren von Schostakowitsch veröffentlichte. Das Dementi aus Moskau kam umgehend: *Testimony* sei eine Fälschung.

Noch heute gibt es Menschen, die sich vom Streit über die Frage nach Echtheit oder Fälschung von *Testimony* etwas versprechen. Das ist ein Streit um Buchstaben, während uns doch die Musik interessiert. In den angelsächsischen Ländern löste das Erscheinen von *Testimony* einen Vierzigjährigen Krieg aus, die „Shostakovich Wars"[2]. Bisher fanden sie keinen Widerhall in der deutschsprachigen Forschung. Nur die FAZ versucht sich immer mal wieder in den Spuren von Richard Taruskins Behauptung, Schostakowitsch sei der loyalste Sohn Sowjetrusslands gewesen.[3] Am 18. Juni 2022 schrieb Jan Brachmann in seiner Besprechung der Kentridge-Verfilmung der Zehnten Sinfonie in Luzern:

> Es sind Bilder futuristischer Euphorie, die für jene Revolutionsbegeisterung stehen, von der sich auch Künstler wie Majakowski und Schostakowitsch haben mitreißen lassen – ganz anders als ihre Gegenspieler Sergej Rachmaninow und Iwan Bunin, die von Anfang an überzeugt gewesen waren, dass es sich 1917 nicht um eine Volkserhebung handelte, sondern um den Putsch einer staatsterroristischen Junta aus Mördern, Räubern und Banditen.
>
> Schostakowitsch und Majakowski waren von der Legitimität dieser Revolution überzeugt, Schostakowitsch blieb es bis an sein Lebensende. Und wer die Zeugnisse aus seiner Frühzeit kennt, weiß, dass er sich in der Pose des intellektuellen Scharfschützen bei der Treibjagd auf bourgeoise Spießer durchaus gefallen hatte. Seine Begeisterung

für den Bolschewismus war ebenso ehrlich wie sein Erschrecken vor der Brutalität des stalinistischen Terrors. Es zählt zu den Stärken von Kentridges Film, dass er, symbolisch verdichtet, beides einfängt und keine reine Dissidentengeschichte auftischt. Wenn am Ende Stalin wie in einem russischen Roulette seine Rivalen und Gefährten wahllos abknallt, steht eben Schostakowitsch mit der roten Fahne in der Hand dabei und macht die Musik dazu: als des Schlächters Kapellmeister, der aus eigener Todesangst wie aus Loyalität einer angeblich guten Idee gegenüber nicht anders kann, als mitzutun.

Welche „Zeugnisse aus Schostakowitschs Frühzeit" kennt Brachmann, die wir nicht kennen? *Testimony* (oder *Zeugenaussage*, wie die deutsche Ausgabe hieß) gab immerhin der westlichen Musikwissenschaft und Musikkritik den Anstoß, sich überhaupt einmal mit diesem Komponisten zu beschäftigen. Dass seine Sinfonien in den Konzertsälen erfolgreich waren, hatte man hingenommen, doch als „Oberhaupt der sowjetischen Komponistenschule", als Mitglied des Obersten Sowjet und als Sekretär des Russischen Komponistenverbandes hatte man seine Werke in der Schublade „Sozialistischer Realismus" abgelegt: schlechte Musik!

Wer wollte, hatte aber schon 1978 die Moskauer Produktion der *Nase* bei der Tournee der Moskauer Kammeroper sehen können. Das war entschieden kein schlechtes Stück, sondern lag durchaus auf der Höhe etwa der frühen Hindemith-Sachen, die damals wiederentdeckt wurden – wenn es nicht sogar wesentlich innovativer war. Die Inszenierung von Boris Pokrowsky mit ihren improvisierenden Elementen wurde dem Werk vollständig gerecht. Das Publikum erkannte und genoss den satirischen Charakter der *Nase*, auch dank der Klang- und Stimmeffekte, die der Komponist sich ausgedacht hatte.

Man darf nicht vergessen, dass *Die Nase* von einem Zwanzigjährigen konzipiert wurde. Auch bei der Vollendung am 24. Juni 1928 war Schostakowitsch noch nicht 22. Am 20. Juli 1928 schrieb er an seinen Freund Iwan Sollertinski:

> „Lieber Iwan Iwanowitsch. Gerade hat mich jemand von der Roten Zeitung am Abend angerufen mit der Bitte, eine kurze Notiz zur *Nase* für die Sparte „Premieren der kommenden Saison" zu schreiben. Ich wäre Dir sehr verbunden, wenn Du Zeit finden könntest, heute bei mir vorbeizuschauen, weil die Notiz bereits morgen in der Redaktion vorliegen soll, damit ich Dir vorlesen kann, was ich geschrieben habe."

Schostakowitsch war kein Schriftsteller, sondern Komponist, wie er immer wieder betont hat. Sollertinski hingegen war ein Meister des

Wortes. Die Frage war nicht nur, wie das neuartige Opernwerk anzukündigen sei, sondern auch, mit welchen Formulierungen es inmitten der kulturpolitischen Kämpfe positioniert werden sollte. Wie weit war der junge Schostakowitsch überhaupt orientiert über diese Entwicklungen? In welcher Atmosphäre lebte er?

Bei der Oktoberrevolution war er gerade 11 Jahre alt geworden. Seinen Schülern erzählte er später gerne, er sei am 16. April 1917 bei der Ankunft Lenins am Finnischen Bahnhof in Petrograd dabei gewesen – was manche Experten für ziemlich unwahrscheinlich halten.[4] Andererseits hielt Schostakowitschs Schwester Soja seine Anwesenheit bei Lenins großer Rede für wahr:

> Die Schidlowskaja-Schule war nicht weit weg von der finnischen Brücke. Als die Revolution begann und Lenin am Finnischen Bahnhof ankam, rannte ein ganzer Trupp Jungens dorthin. Mitja kam voller Begeisterung nachhause und erzählte, er habe Lenin gesehen. Nun, er war damals ein Junge von zehn Jahren. Ich erinnere mich, dass Vater nach der Feburar-Revolution nachhause kam und rief: „Kinder! Freiheit!" Und Mutter wurde ärgerlich.[5]

Schostakowitschs Tante Nadeschda Galli-Schohat berichtete von einer großen Trauer-Prozession für Opfer der Februar-Revolution in Petrograd:

> Die Schostakowitsch-Familie stand dort in der Menge und die Kinder waren auf einen eisernen Zaun geklettert, der einen alten Friedhof umschloss. Die traurige Atmosphäre des Trauergesangs erfüllte ihre Herzen mit Schmerz und Stolz.
>
> Als die Familie am Abend ermüdet zurückgekehrt war, ging Mitja zum Klavier und spielte längere Zeit still vor sich hin; er mochte über einen tragischen Zwischenfall nachgedacht haben, den er ein paar Tage zuvor miterlebt hatte und der bei ihm einen tiefen Eindruck hinterlassen hatte – die brutale Tötung eines kleinen Jungen durch einen Polizisten. Dann spielte er ihnen das Stück vor, das er gerade komponiert hatte, seinen *Trauermarsch für die Opfer der Revolution*. Zusammen mit seiner *Hymne an die Freiheit* wurde er immer darum gebeten, diesen zu spielen, wenn Besuch kam.[6]

Der spätere Kunsthistoriker Boris Lossky ging in die gleichen Schulen wie Schostakowitsch. Obwohl er ein Jahr älter war, freundeten sich die beiden 1916 an:

> Wenig später traf ich denselben Jungen in der Aula des Stoyunina-Gymnasiums. Es war bei einem der jährlichen Klassenkonzerte, und an diesem Abend war die 3. Klasse dran. Unter den Spielern war Musja (Marija)

Schostakowitsch, die ältere Schwester dieses interessanten Jungen. Später hörte ich im Januar 1918 in eben diesem Saal eine der ersten Kompositionen von Musjas Bruder. Anlass war eine Trauerfeier zur Erinnerung an jene, die bei der Demonstration gegen die Auflösung der Verfassungsgebenden Versammlung ermordet worden waren, unter ihnen Fjodor Kokoschkin und Schingarow, die bestialisch abgeschlachtet worden waren. Die Feier im Gymnasium meiner Großmutter wurde von Lehrern und Schülern gleichermaßen besucht. Musja brachte ihren Bruder Mitja mit, und er spielte seine jüngste Komposition, den *Trauermarsch für die Opfer der Revolution*.

[...]

Ich erinnere mich an die Namen aller Klassenkameraden von Mitja. Unter ihnen war George Pozner, der kürzlich in Paris verstarb und als Ägyptologe berühmt geworden war. Dann waren da zwei Cousins von einer gewissen Bekanntheit, Schura Rosenfeld und einer der Bronstein-Jungen – in anderen Worten die Söhne der bolschewistischen Führer Leo Kamenew und Leo Trotzki. Mitja stand mit ihnen nicht auf freundschaftlichem Fuß, vor allem nicht mit letzterem. Während Trotzkis Aufstieg zur Macht im Frühling 1918 zeigte Mitja keinerlei Sympathie für das „herrschende Regime", und ich kann bestätigen, dass das bis 1922 so blieb. Gleb, der jüngere Sohn Alexander Kerenskis, lernte in einer Klasse unter Mitja. [...] In seiner eigenen Klasse war der ältere Kerenski-Sohn Oleg und der ältere Pozner-Sohn Wowa, der Dichter wurde und nach seiner Emigration nach Frankreich als französischer kommunistischer Schriftsteller bekannt wurde. Unter der alten zaristischen Herrschaft drückte dieser seine revolutionären Sympathien durch den inspirierten Vortrag der Marseillaise aus, was nur toleriert wurde, weil Frankreich im Krieg unser Alliierter war. All dies gibt einen Eindruck von der Atmosphäre an der Schidlowskaja-Schule mit ihrem intellektuellen Anstrich.[7]

Schostakowitschs Schwiegersohn Jewgeni Tschukowsky berichtete später, dieser habe gelegentlich von Ereignissen jener Zeit gesprochen. Elizabeth Wilson referiert Tschukowsky so: „Beispielsweise wurden in den Jahren nach der Revolution die Namen von ‚Volksfeinden' dort plakatiert, wo man sonst die Theaterprogramme ankündigte. Die Namen waren in alphabetischer Reihenfolge aufgeführt. Die Liste dieser kalkulierten Morde war erschreckend. Die Liste mit dem Buchstaben A hatte meist nur noch Platz für den Buchstaben B." Wilson fährt dann fort:

Die turbulenten Ereignisse von 1917 müssen auf einen empfindsamen Zehnjährigen Eindruck gemacht haben. Falls der junge Mitja wirklich die Ankunft Lenins miterlebte, war er höchstwahrscheinlich von seinem bolschewistischen Onkel Maxim Kostrykin zum Finnischen Bahnhof mitgenommen worden. (Oft wird gesagt, der Sohn des Komponisten sei nach diesem Onkel benannt worden, obgleich Maxim Schostakowitsch dies in einem Interview mit EW verneinte.) Kostrykin hatte wegen seiner Teilnahme am Aufstand von 1905 Verhaftung und Exil erlitten. Er floh dann aus Sibirien und kehrte nach St. Petersburg zurück, um unter dem Namen Sokownitzky sein Studium zu beenden. Dabei wurde ihm in den Jahren vor der Revolution in der Wohnung der Schostakowitschs Unterschlupf gewährt. Kostrykins Familie lebte in Moskau, und während seiner Studienjahre besuchte Schostakowitsch sie dort häufig. Wie so viele alte Bolschewiken wurde Maxim Kostrykin 1937 verhaftet und verschwand.[8]

Welches Einzelereignis nun wirklich stattfand und welches nicht, welcher Quelle mehr und welcher weniger zu trauen ist: Dimitri Schostakowitsch wuchs in einer demokratisch gesinnten Familie auf, die sich wie die meisten russischen Intellektuellen nach der Revolution erleichtert fühlte, denn die Zustände unter dem Zarismus waren unhaltbar. Wie die Soldaten, Matrosen, Arbeiter und Bauern hatten sie den Krieg satt, doch auch nach der Februar-Revolution 1917 und der Ausrufung der Republik im September ging es nicht voran, die Kerenski-Regierung beendete den Krieg nicht. Das machte es einer winzigen, aber gut vorbereiteten und entschlossenen Minderheit möglich, sich an die Macht zu putschen.

Schostakowitschs jüngere Schwester Soja war anfangs eine begeisterte Anhängerin der Bolschewiki. Die Eltern hatten mit den Narodniki sympathisiert, den Volkstümlern, deren vordringliches Ziel die Bildung einer bäuerlichen Demokratie als russischer Weg zum Sozialismus war.[9] Keiner von ihnen konnte ahnen, was folgen würde. Die belesene Familie kannte vermutlich Karl Kautskys Versprechen für die Folgen der Revolution der Arbeiter: „[…] So dürfen wir erwarten, dass ein Reich der Kraft und Schönheit entstehen wird, das würdig ist der Ideale unserer tiefsten und edelsten Denker."[10] Oder wie eine progressive Adlige später sagen sollte: „Wir dachten, der Reichtum würde verteilt und nicht der Mangel."

Wenn ein System zusammenfällt, haben neue Ideen Konjunktur. Nicht anders war das Christentum im untergehenden Römischen Reich in eine Lücke gestoßen und zur Staatsreligion geworden – damit war seine Bindung an die Macht und seine Funktion als Ideologie der Macht etabliert. Und nun stieß der Marxismus, der ebenfalls als soziale Utopie begonnen hatte, in die Lücke, die die zusammenbrechende Alleinherrschaft des Zaren aufriss, und wurde Staatsreligion.

Viele der avantgardistischen Künstler empfanden die Oktoberrevolution als befreiend. Der Dichter Wladimir Majakowski wurde ihr Propagandist. Als er Sergej Prokofjew in Petrograd traf schenkte er ihm ein Exemplar von Tolstois *Krieg und Frieden* mit der Widmung:

„Dem Vorsitzenden der Musiksektion des Erdballs vom Vorsitzenden der Dichtersektion des Erdballs, Prokofjew von Majakowski."[11] Majakowski war nicht der Einzige, der sich für Kommandoberechtigt hielt: Alle Künstlergruppen glaubten, sie hätten die richtige Lösung für die zukünftige Kunst. Ob sie autonom, proletarisch, demokratisch, marxistisch sein sollte, darüber gab es Dauerstreit, den das Volkskommissariat für Bildung unter Anatol Lunatscharski in Bahnen zu lenken versuchte. Diese komplexen Vorgänge sind in der Literatur vielfältig aufgearbeitet worden. Für eine Majakowksi-Unterstützung bekam Lunatscharski übrigens einen Rüffel: „Schämen Sie sich nicht, für die Herausgabe von Majakowskis *150 Millionen* in 5000 Exemplaren zu stimmen? Unsinn, dumm, erzblöd und prätentiös. Meiner Meinung nach soll man von solchen Sachen nur 1 von 10 drucken und dann nicht mehr als 1500 Ex. für Bibliotheken und wunderliche Käuze. Und Lunatscharski verdient Prügel wegen Futurismus. Lenin."[12]

Schostakowitsch selbst hatte aber erst einmal andere Probleme. Seine erste Autobiographie schrieb er 1927 als knapp 21-Jähriger und konzentrierte dabei sich auf die musikalische Entwicklung. Dann schreibt er:

> Im Februar 1922 starb mein Vater. Damals war meine Familie in einer sehr schwierigen materiellen Lage; es kam hinzu, dass bei mir Anfang 1923 eine Tuberkulose der Bronchial- und Lymphdrüsen ausbrach. Die Ärzte hielten es für notwendig, mich zur Kur auf die Krim zu schicken. Nach der Rückkehr von der Krim hatte ich Schulden abzuzahlen. Ende 1923 musste ich im Kino anfangen. [...] Der Dienst im Kino paralysierte mein Schaffen. Zum Komponieren kam ich damals nicht, und erst, als ich das Kino vollständig aufgegeben hatte, konnte ich wieder arbeiten. Anfang 1925 wurden vom Mussektor[13] meine *Drei fantastischen Tänze*, zwei Stücke für Streichoktett und die Sinfonie zum Druck angenommen. Die Sinfonie wurde in der Leningrader Philharmonie am 12. Mai 1926 unter Leitung von Nikolai Malko uraufgeführt. Im Herbst 1925 wurde ich als Aspirant an der Abteilung Komposition des Leningrader Staatlichen Konservatoriums bestätigt. [...] Ende März erhielt ich vom Mussektor den Auftrag, ein sinfonisches Werk zum 10. Jahrestag der Oktoberrevolution zu schreiben. Ich komponierte die *Sinfonische Widmung an den Oktober*.[14]

Was er nicht erwähnt, sind die Klaviersonate von 1926 und die zehn *Aphorismen* für Klavier op. 13, die 1927 entstanden waren und bei aller Kürze die Tiefe der Schostakowitsch-Musikwelt offenbaren. 1927 war aber auch schon das Jahr, in dem es Stalin gelang, seine Konkurrenten aus der Partei hinauszuwerfen, was ihm der 15. Parteitag im Dezember bestätigte. Bis Ende 1929 sollte Stalin sich als Alleinherrscher fest installiert haben, aber auch das konnte noch niemand überschauen. Schostakowitsch freute sich da lieber über seinen neuen Freund Iwan Sollertinski. Die beiden hatten sich 1927 angefreundet und hingen fortan wie die Kletten aneinander. Wenn sie sich nicht sehen konnten, schrieben sie sich Briefe. War er auf Reisen, schilderte er dem Freund ausführlich seine Eindrücke, einschließlich seiner amourösen Abenteuer. War er nicht auf Reisen, schrieben sie natürlich nicht, sondern sahen sich täglich. Da Schostakowitsch an ihn gerichtete Briefe grundsätzlich wegwarf, sind nur seine Postkarten und Briefe an Sollertinski erhalten. 2006 wurden sie in Russland veröffentlicht und 2021 erschienen sie in deutscher Übersetzung.[15]

Sie sind einzigartig, da sie völlig unverstellt und noch ohne Maske einen unbekümmerten Zwanzigjährigen zeigen, der sich seiner Sache sehr sicher ist. Hier bekommen wir einen authentischen Eindruck davon, was der junge Schostakowitsch wirklich dachte und wie er sich durch die Zeit lavierte. Das sind „Zeugnisse aus Schostakowitschs Frühzeit", die zählen. Wenn man allerdings die Groteske und den Sarkasmus in Schostakowitschs Musik nicht versteht, wird man auch diese Briefe nicht verstehen.

Der vier Jahre ältere Sollertinski war sich seiner Sache genauso sicher. Er war der neue Star der Petersburger Musikszene: ein brillanter Musikschriftsteller und Dramaturg. Im August 1927 schrieb Schostakowitsch an ihn:

> Über Deine Postkarte habe ich mich außerordentlich gefreut. Du hast auf so wenig Platz so viele wichtige Überlegungen und Scharfsinnigkeiten untergebracht, dass es wirklich verblüfft. Ich habe Dir nicht geschrieben, denn ich war schlechter Laune, weil der Mussektor mir erst gestern 500 Rub. für meine loyalen Gefühle hat zukommen lassen. Daraufhin besserte sich meine Stimmung, und ich beschloss, Dir zu schreiben. Morgen fahre ich nach Moskau. Der Mussektor hat mich per Telegramm zur Präsentation meiner revolutionären Musik einbestellt. Wenn ich zurück bin, berichte ich näher von den Abenteuern meines Sommers. Jüngst erhielt ich einen Brief von Malko, in dem er mir ankündigt, dass es zwischen ihm und mir bald zum Bruch kommen wird und mich, ganz wie Chamberlain, dafür verantwortlich macht. „Die Nase" wächst. […] (Brief 2)

Bei der „revolutionären Musik" und den „loyalen Gefühlen" – typisch ironischen Bezeichnungen – ging es um die 2. Sinfonie *Widmung an den Oktober*. Brisanter ist der Wink mit Chamberlain: Der britische Staatsmann Austin Chamberlain (1863–1937) war 1927 einer der Initiatoren des Abbruchs der diplomatischen Beziehungen zur UdSSR, auf den Stalin mit der ersten öffentlichen Erschießung von 20 Vertretern aus Partei und Intelligentsia am 9. Juni 1927 in Moskau reagierte. Sie wurden in den sowjetischen Tageszeitungen vom 10. Juni namentlich und mit ihren vermeintlichen Verbrechen (Spionage für England etc.) bekanntgegeben. Nur zwei Monate später bezieht sich Schostakowitsch hier auf dieses brutale Vorgehen der Regierung Stalins, das die russische Intelligentsia erschütterte, und wendet es hier sarkastisch auf den Dirigenten Malko an.

„Die Nase" wächst, zeigt an, dass Schostakowitsch einen Monat zuvor mit der Komposition seiner ersten Oper begonnen hatte und seinen Freund darüber auf dem Laufenden hielt. Am 10.1. schreibt er:

> Ich habe Dir nicht geschrieben, weil es mir erst jetzt langsam wieder etwas besser geht. Das große Heimweh nach Leningrad ist immer noch nicht überwunden. Einzig der Umstand, dass ich hier gut arbeiten kann, macht es mir leichter. Mit der *Nase* bin ich ein großes Stück vorangekommen. Morgen trete ich meine Arbeit am Theater an. Was wird das nur werden? Von meiner Symphonie hat Dir sicherlich N. A. Malko bereits erzählt oder wird es noch tun. Vor dem Konzert ereignete sich ein amüsantes Vorkommnis, das bezeichnend ist für „meinen Freund" M[ichail]. W[ladimirowitsch]. Kwadri. Von diesem Vorkommnis berichtete mir gestern ein Bekannter. (Brief 3)

Schostakowitsch hatte den Auftrag angenommen, für das Meyerhold-Theater in Moskau die Musik zu Majakowskis *Die Wanze* zu schreiben. Dazu löste er seinen Freund Arnstam bei der Leitung der Musikabteilung des Meyerhold-Theaters ab und wohnte auch bei diesem legendären Theatermann – was eine Menge lustiger und weniger lustiger Verwicklungen nach sich zog. Vor allem aber eine gute Kenntnis des aktuellen Theaters:

> Ich gehe oft ins Theater. Außer allen Meyerhold-Inszenierungen habe ich *Der Panzerzug* und *Die Tage der Turbins* im Künstlertheater *Der Durchbruch* im Studio des Wachtangow-Theaters, *Tag und Nacht* im Kammertheater und vieles andere gesehen. Besonders beeindruckt hat mich die Schauspieltruppe des Künstlertheaters – einer besser als der andere. *Tag und Nacht*[16] ist eine sehr heitere Operette und sehr gut inszeniert. Aber an einer Stelle wurde mir leicht übel von diesem unfassbaren Ästhetizismus. Grün leuchtende Laternen, blaues Licht, Frauen in kurzen Röcken und bunten Hosen. Furchtbar, wie „schön" das war. *Der Panzerzug*[17] ist als Stück sehr gelungen, ungeachtet dessen, dass dort Katschalow mitspielt (Steh auf, Volk, und kämpfe für die Freiheit – gib Frau und Mutter hin. Die Freiheit für uns Bauern erkämpfen wir mit eignem Fleisch. Hej, Petrucha! Schau, hat sich da nicht ein Bourgeois in den Büschen versteckt?). Und das alles vollkommen überzogen betont, um den Stil der romantisierten Bau-

> ern der Russ.-Révolucion darzustellen. *Der Durchbruch*[18] ist ein so schlechtes Stück, dass ich mich während der ganzen Aufführung geschämt habe. In den *Tagen der Turbins*[19] gibt es derart wahrhaft tragische Momente, dass im Saal manchmal laut geweint wurde. All das jedoch verdorben durch den letzten Akt mit dem offiziellen Ende. Den stärksten Eindruck hat aber *Der Revisor*[20] im Theater von Meyerhold auf mich gemacht. Bei diesem Aufenthalt habe ich ihn 3 Mal gesehen, insgesamt 7 Mal. Und je öfter ich ihn gesehen habe, desto besser gefällt er mir. (Brief 5)

Neben der Arbeit an der Schauspielmusik für Meyerhold arbeitete Schostakowitsch weiter an der *Nase*, macht aber zum ersten Mal auch aktive Bekanntschaft mit politischen Einrichtungen, wie er am 21. Januar 1928 berichtet:

> Lieber Iwan Iwanowitsch. Entschuldige, dass ich auf so wenig elegantem Papier schreibe. Ich habe kein anderes. Schon längst einmal wollte ich Dir schreiben, hatte aber keine Zeit. Jede freie Minute bin ich mit der *Nase* beschäftigt. Jetzt habe ich alles Notenpapier vollgeschrieben und deshalb nichts zu tun. Es ist ein furchtbares Gefühl, vom Notenpapier abhängig zu sein. Insgesamt geht es mir nicht schlecht. Ich habe nicht allzu viel Arbeit, wobei mir gar nicht genau klar ist, worin sie eigentlich besteht. Vor einiger Zeit fand eine Versammlung des Mestkom[21] und der Erkaka[22] mit der Administration statt, auf der man mich zum „Vors. der Musikabt." ernannt hat. In dieser Funktion erteile ich Weisungen, bin verantwortlich für die Ordnung in der mir übertragenen Abt. usw. (Brief 5)

Man hört schon den leisen ironischen Unterton, der von Brief zu Brief stärker werden wird. *Die Nase* wird im Juni 1928 fertiggestellt. Im November meldet er sich wiederum aus Moskau, wo die Suite aus der *Nase* uraufgeführt wird: „Ich bin aus der Zekubu[23] zum Genossen Gen. Sokolnikow[24] gezogen. Wenn du kommst, rufe an unter 3-49-24." (Brief 9) Hinter der Zekubu verbirgt sich eine jener Einrichtungen, die Privilegien verteilten. In der Mangelwirtschaft der Sowjetunion wurden besondere Zuteilungen für Parteimitglieder und andere als nützlich erachtete Spezialisten organisiert. Da er ja auch für seine Familie mitsorgen musste, wurde Schostakowitschs Leben dadurch erheblich leichter. Und der Genosse, zu dem er zog, war immerhin ZK-Mitglied und Diplomat – bis er 1937 verhaftet wurde.

Dass eine neue Komposition erst nach ausführlichen Präsentationen und Diskussionen aufgeführt und gedruckt wird, nimmt Schostakowitsch als gegeben hin. Im März 1929 arbeitet er an der Musik, die nach dem Willen seines Freundes Kosinzew den Film *Das neue Babylon* in allen Kinos begleiten soll, und bittet Freund Iwan um taktische Unterstützung:

> Lieber Iwan Iwanowitsch. Ich habe eine große Bitte an Dich. Sei bitte heute um 8 Uhr im „Picadilly".[25] Ich persönlich lade Dich ein sowie darüber hinaus das künstler. Büro der Filmfabrik. Uns werden 2 Logen zur Verfügung gestellt. Nach der Vorführung[26] findet eine Diskussion über meine Musik statt. Inoffizielle Bitte an Dich, meine Ehre wiederherzustellen, sollte man über mich herfallen. Wenn Wladimirow[27] sagt, es sei nicht möglich, meine Musik mit einem Trio oder in anderer Besetzung zu spielen, sage bitte, dass es möglich ist. Dafür muss man, so sage bitte, den Klavierauszug und die Orchesterpartien zur Hand nehmen, auf Grundlage derer man dann die entsprechende Besetzung zusammenstellt. Wenn Du kannst, ruf mich an, bevor Du ins „Picadilly" aufbrichst. D. Schostakowitsch. 22. III. 1929. (Brief 12)

Im Juli 1929 macht Schostakowitsch Urlaub in Gudauty in Abchasien am Schwarzen Meer. Auf dem Weg von Sewastopol besichtigte er in Jalta Tschechows Sommerhaus und „widmete mich dem Studium von Noworossijsk, der Mutter der Zementindustrie" (Brief 14; offizielle Floskeln wie „die Mutter der Zementindustrie" zitierte Schostakowitsch immer mit diebischer Freude). Während das Schiff dort vor Anker lag, ging er ins Kino und schaute den Murnau-Film *Der letzte Mann*[28] an. „Für die Diskussion *Das Theater unserer Zeit* habe ich keine Karte mehr bekommen. Redner war Sel. Schtej[n]man[29], mir bekannt von der Abendausgabe der ‚Roten Zeitung'[30], und der ‚bekannte' Kritiker Gen. Gorbatschow[31]." In Suchum besuchte Schostakowitsch das berühmte Affengehege, in dem sowjetische Wissenschaftler sagenumwobene Experimente anstellten – als er drei Jahre später mit der Arbeit an der Oper *Orango* begann, wusste er, wovon die Rede war.

Am 14. Januar 1930 begann Schostakowitsch mit dem Entwurf der Oper *Lady Macbeth von Mzensk.* Am 18. Januar 1930 wurde *Die Nase* in Leningrad uraufgeführt, am 21. Januar in Moskau die 3. Sinfonie *Der erste Mai.* Im Februar schloss Schostakowitsch sein erstes Ballett *Das goldene Zeitalter* ab und gab danach Konzerte in Rostow am Don. Von dort berichtete er über seine Erlebnisse während der vier Stunden, die sein Zug in Moskau Aufenthalt hatte: Mit Meyerhold bekam er Streit, weil der sich mit der Verurteilung von Prokofjews Ballett *Der stählerne Schritt*[32] durch Juri Keldysch solidarisiert hatte. Von Keldysch war das Ballett als kleinbürgerlich abqualifiziert und Prokofjew als „höchst reaktionär und uns offen feindlich gesinnt" klassifiziert worden – damit war Schostakowitsch nicht einverstanden. Von Meyerhold ging er zum Künstlertheater, wo der Direktor Smirnow[33] ihm das Libretto für das Ballett *An der neuen Maschine* vorlas (aus dem dann *Der Bolzen* wurde):

Der Inhalt ist sehr aktuell. Es war einmal eine Maschine, die kaputtging (Thema Materialermüdung). Sie wurde repariert (Thema Amortisierung), gleichzeitig eine neue gekauft. Dann tanzen alle um die neue Maschine. Apotheose. Das Ganze erstreckt sich über drei Akte. Gen. Smirnow und ich gingen als Freunde auseinander. „Schau an", zwinkerte er Tscharnozkaja[34] zu, „ich dachte, Schostakowitsch sei ein Vertreter einer dekadenten Richtung. Aber ich möchte mal hören, dass alle Vertreter einer dekadenten Richtung so über antireligiöse Propaganda urteilen." „Schostakowitsch ist ein guter Kerl", sprach Tscharnozkaja (ich hatte Gen. Smirnow geraten, die Thematik der antireligiösen Propaganda in *An der neuen Maschine* noch stärker herauszustellen). [...]

„Hör mal, Schostakowitsch", sagte Irina, sanft den Blick niederschlagend, „werde doch passives Mitglied unserer Nachwuchsgruppe zur Erneuerung des Balletts." „Ja, das werde ich, das werde ich", murmelte ich freudig. „Das werde ich", flüsterte ich, Irina fest die Hand drückend. „Das werde ich." – „Du machst es!" – „Ich mache es." Dann gingen wir auseinander. Ich machte mich beschwingt auf den Weg zum Bahnhof. (Brief 18)

Auch aus erotischer Zuneigung kann man in politische Gruppen und Gremien geraten... Und gegenüber dem arglosen Librettisten, den er verachtete, war der Rat zur stärkeren Akzentuierung der antireligiösen Propaganda reiner Hohn. Weiter berichtete Schostakowitsch über seine Konzerte in Rostow:

Bei der Probe sagte Jakobson zum Orchester: „Genossen, erlauben Sie, dass ich Ihnen unseren D.D. Schostakowitsch vorstelle." (Tosender Applaus, der in Ovationen übergeht). Das Orchester ist nicht schlecht, der Dirigent (Jakobson) indes taugt absolut nichts. Ungeachtet dessen war das Konzert (mein Auftritt) ein sehr großer Erfolg. Es wurde viel geklatscht, und ich gab 3 Zugaben. Im Frack mache ich einen sehr elegant-lakaienhaften Eindruck. Statt „Guten Abend" oder „Auf Wiedersehen" sagte ich mehrmals versehentlich „Wie Sie wünschen". Ganz wie Hofrat Lakejitsch (s. *Roman mit dem Kontrabass* von Tschechow). Am 16. spiele ich das 1. Konzert von Prokofjew. Bei eben diesem Konzert wird auch meine f-Moll-Symphonie gegeben. Am 15. halte ich auf Einladung der Musiker von Rostow einen Vortrag über *Die Situation der zeitgenössischen Musik*.[35]

Ich war im hiesigen Theater. Habe das Stück *Der Sonderling* von Afinogenow[36] gesehen (Tragödie eines parteilosen Enthusiasten, der vom verknöcherten Apparat keine Unterstützung erhält). Ich muss sagen, dass sowohl das Stück als auch in besonderem Maße die Schauspieler erstklassig waren. Im *Sonderling* spielt nicht ein schlechter Schauspieler. Ich hatte überaus großes Vergnügen. Morgen besuche ich ein Kammerkonzert mit Werken von Brahms. Überhaupt ist Rostow eine Stadt, die Vieles bietet. Ein anständiges Orchester und ein erstklassiges dramatisches Theater sprechen für sich. Der Don ist eindrucksvoll. (Brief 18)

Bei aller routinierten Ironie zeigt dieser Brief doch auch, wie Schostakowitsch sowohl seine persönliche Rolle als auch seine Stellung in den Kunstdebatten nahm. Am 14. April 1930 erschoss sich Majakowski – Liebespech, Gesundheitskrise und Entsetzen über die politische Entwicklung hatten zusammengewirkt. Über das dadurch ausgelöste kulturelle Erdbeben hat Schostakowitsch sich mit Sollertinski leider nur mündlich auseinandergesetzt.[37] Bei Konzerten in Odessa lernte Schostakowitsch im Juli 1930 Leonid Utjossow kennen, dessen „Thea-Jazz-Ensemble“[38] seit 1929 mit moderner Unterhaltungsmusik Erfolg hatte. Er ist unschlüssig, ob er das wirklich gut finden soll, freundet sich aber mit Utjossow an und geht mit ihm täglich essen. Für die eigene Auseinandersetzung mit populärer Musik hatte diese Bekanntschaft vermutlich einen nicht zu unterschätzenden Einfluss. (Brief 22)

Auch im August 1930 ist er in Odessa, während Sollertinski in Gudauty Urlaub macht:

> Habe mit Vergnügen Deinen Bericht über den TRAM-Zirkel[39] in Gudauty gelesen. Gleichwohl macht mich das doch ein wenig stutzig: es ist womöglich eine Mimikry des Klassenfeinds. Die soziale Zusammensetzung des TRAM-Zirkel von Gudauty lässt viel zu wünschen übrig. Nicht Apotheker und einstige Popen erschaffen unsere proletarische Kunst, sondern nur proletarische Künstler. (Brief 24)

Hier persifliert er die „proletarischen“ Kunstorganisationen. Die Bemerkung macht die oberflächlichen Etikettierungen lächerlich, die damals jedermann an die Stirn geklebt wurden. Im Herbst ging es wieder los – sowohl mit den verschiedenen Projekten als auch mit den politischen Grabenkämpfen, die Schostakowitsch mit großem Interesse verfolgte:

> Habe mich an den Film *Allein*[40] gemacht. Der Film ist Dreck, die Musik ebenso. Gleichwohl geht es mir den äußeren Umständen entsprechend gut. Habe mir sogar ein Mädchen angeschafft. Außer ihr ist noch L. Wuskowitsch hier, ein ziemlich unsympathisches Weibsbild. Sie zeigt allzu offen, dass ihr Körper sich nach Zärtlichkeit sehnt und sie nichts dagegen hätte, sich mit einem parteilosen Spezialisten zu vergnügen. […] Ich habe die Nummer von „Arbeiter und Theater“ gelesen. Malkow[41] schreibt Artikel zur Diskussion, Podolski[42] hetzt gegen Piotrowski[43]. Alles in bester Ordnung. Die Wette hast Du aber verloren. Ljubinski ist nicht entlassen worden. Man will ihm hier ein Verfahren „anhängen“, weil er angeblich häufigen Arbeitsplatzwechsel unterstützt[44]. (Brief 28)

Sich selbst klassifizierte Schostakowitsch also als „parteilosen Spezialisten“, wie ja auch schon seine Charakterisierung von Afinogenows

Sonderling seine Verachtung für den verknöcherten Apparat zeigte. Diese ideologischen Verfolgungen Andersdenkender nerven den jungen Komponisten zwar, noch nimmt er sie jedoch sportlich, so im 29. Brief: „Lieber Iwan Iwanowitsch. Ich kann Dir gar nicht sagen, wie sehr Dein Brief mich gefreut hat. Wie Du weißt, bin ich ein alter Formalist, und an Deinem Brief hat mich insbesondere die Form und nicht der Inhalt gefreut“ (das Etikett „Formalist“ war zu diesem Zeitpunkt gleichbedeutend mit „Bourgeois“). Sogar beim zufälligen Treffen alter Freunde spielt er mit diesen Etiketten:

> Wir warfen uns einander an den Hals und küssten uns. Dann beschimpfte ich ihn als Lakai, Opportunisten und Hundesohn. So stellte ich ihn auch Lipatow vor. „Lieber Poz“[45], sagte ich, „gestatte, dass ich Dir den Hundesohn und Opportunisten Fere, Komponist, vorstelle.“ – „Nie gehört“, antwortete Lipatow mit dem ihm eigenen Scharfsinn. „Hm, äääh, Du erlaubst Dir ja ziemlich viel“, sagte Fere. „Und selbst bist Du ein Vertreter des modernistischen Formalismus.“ – „Und ich bin stolz und ich bin stolz darauf“, sagte ich. Damit war die Unterhaltung mit diesem Kleinen beendet, da er schrecklich beleidigt war und mit seinem Begleiter, der entweder an Sara Lewin[46] oder an Persianinow[47] erinnerte, der aber ganz sicher, wenn er nicht Unterzeichner des historischen Briefs an die Redaktion war, so doch auf jeden Fall „unseren ausführlichen Artikel“ unterzeichnen wird, den wir in der „Literaturnaja Gaseta“[48] veröffentlichen, wovon mich Fere in Kenntnis setzte. „Dort geht es auch um den Formalismus“. Alles in allem ein sehr nettes Gespräch. (Brief 34)

Es ging um eine Debatte, in der sich alle das Gleiche vorwarfen, nämlich, die Ziele und strategischen Aufgaben der „proletarischen Kunst“ nicht zu verstehen. Am Ende des Jahres gerät Schostakowitsch in Stress: „Es ist eine wilde Zeit. Am 25., 26. und 27. sind die letzten Drehtage von *Allein*. Am 1. I. 1931 muss ich den *Bolzen* abgeben.“ (Brief 30) Schostakowitsch schrieb nur noch Theater-, Ballett- und Filmmusik, abwechselnd mit Konzerttourneen. (Sein nächstes ernsthaftes Werk, die *Sechs Lieder auf Worte japanischer Dichter* für Tenor und Klavier op. 21, entstand über dreieinhalb Jahre. Erst 1933 kamen die 24 Klavierpräludien und das Klavierkonzert, 1934 die Cellosonate.)

Wie er daneben auch noch an *Lady Macbeth* arbeiten konnte, ist ein Rätsel. Am 7. Oktober 1931 meldete er dem Freund: „Habe das 2. Bild der Oper fertig.“ (Brief 35) Und dabei hat er noch Zeit, sich auf eine politische Debatte in der Zeitschrift Hier spricht Moskau[49] einzulassen, wie er im gleichen Brief berichtet, wohl wissend, dass seine Einlassung den Druck seiner 3. Sinfonie gefährden könnte – und heftigen Gegenwind wecken:

Nach der Lektüre meines Briefs[50] an Hier spricht Moskau, falls er denn veröffentlicht werden sollte, wird die „Diskussionswürdigkeit" wohl wieder auf die Tagesordnung kommen. Wir werden sehen. Falls die vernichtende Erwiderung des Gen. Kiltschewski[51] veröffentlicht wird, schneide sie aus und schicke sie mir bitte. Ich werde sie mit Interesse lesen. [...] Die Zeitschrift Hier spricht Moskau bekommt man hier pünktlich, und nicht nur sie, sondern auch die ruhmreiche Literaturnaja gaseta, welche so große Verdienste darin erworben hat, die Weggenossen auf die Gleise der Verbändler zu bringen. Ich lese dieses Presseorgan sehr gründlich.

Den Begriff Weggenossen prägte Trotzki für parteilose Spezialisten; nun versuchte man, die unabhängigen Künstler in die Parteiverbände zu ziehen. Sollertinskis Antwort haben wir ja leider nicht. Ihm antwortet Schostakowitsch seinerseits am 14. Oktober 1931 und zeigt sich da zum ersten Mal ernsthaft beunruhigt:

Lieber Iwan Iwanowitsch.
Ich gestehe, dass die Lektüre Deines Briefes mir kein Vergnügen bereitet hat.
Immerhin – ich habe per Einschreiben einen Brief an die Redaktion von Hier spricht Moskau geschickt, in dem folgender Satz stand: „Gen. Smirnow[52] hat deutlich und auf bolschewistische Art die Frage gestellt..." usw. Und nun wird es also mit dem Segen des alten Stinkers Felix[53] [...] eine „Anmerkung der Redaktion" zu meinem unveröffentlichten Brief geben. Ich lese sie in Gedanken schon: „Die Zeitschrift Hier spricht Moskau war unter der alten Leitung ein Sammelbecken klassenfeindlichen Gesindels der unterschiedlichsten Richtungen. Leute wie Iwantschikow[54], Schostakowitsch und ähnliche freuten sich über die Möglichkeit, Belyjs geniales Werk *Proletarier aller Länder, vereinigt euch!*"[55] mit Schmutz zu überschütten." Schande mir, ins Grab mit mir, ob ich noch in den Spiegel schauen kann usw. Werchoturskij hat seine Weisung, meine *1. Mai-Sinfonie* zu veröffentlichen, wahrscheinlich längst revidiert. Das ist wirklich ärgerlich. Ich fürchte, dass sowohl Popow als auch Schaporin trocken aus der Sache herauskommen, doch mit mir ist es aus. Aber wenn ich Glück habe, komme auch ich irgendwie davon. Und doch muss ich auf alles vorbereitet sein. Gerade hatte ich eine Postkarte für Dich in den Briefkasten geworfen, als Dein Brief kam. Mit Ungeduld erwarte ich den nächsten. Trotz allem hätte ich nicht gedacht, dass dieser Aufruhr im Hier spricht Moskau derart betrüblich für mich enden würde. Die Hetze gegen mich schien doch nachgelassen zu haben. Und nun beginnt sie von neuem. Material ist vorhanden. Hätte ich mir je denken können, dass mein Schicksal mit Florestan und Swoj[56] derart fest verbunden sein wird? Gleichwohl werde ich die Ankunft des „Schunds" in Gudauty ungeduldig erwarten. Schick mir auf jeden Fall die kommende Ausgabe von Hier spricht Moskau.[57] [...]

Was Mossolow[58] betrifft, so wird er eine Inszenierung seiner Oper ebenso wenig zu sehen bekommen wie seine Ohren. Er tut mir leid. Er komponiert schlechte Werke und dazu hetzt man noch gegen ihn. Ganz das Gegenteil zu Belyj. Er komponiert schlechte Werke und wird gelobt. Und man stellt ihn als Vorbild hin. Teufel, da verschlägt es einem die Sprache. Es bleibt lediglich, auf Schaporin zu hoffen, der vielleicht beim Autor des Librettos für die Oper *Die Marxisten*[59] ein Wörtchen für mich einlegen kann. (Brief 37)

Warum Schaporin? Weil dieser Komponist seinen Frieden mit den Klassenkämpfern gemacht hatte, wie wir in Brief 38 vom 19. Oktober erfahren. Es waren ja nicht nur die Funktionäre, die den Künstlern zusetzten, sondern die Künstler selber fochten ihre Richtungskämpfe aus. Am schärfsten verlief die Front zwischen der ASM bzw. ihren Ablegern in Moskau und Leningrad, wo sich die international ausgerichteten Komponisten, und auch Schostakowitsch, zu Konzerten zusammenfanden, und der RAPM, in der die proletarischen Komponisten und solche, die sich dafür hielten, für eine Musik kämpften, die aus den Massen und für die Massen zu schreiben sei.

Lieber Iwan Iwanowitsch.
Danke für Deinen Brief. Deine Briefe freuen mich immer sehr. Es freut mich, dass das Leben in Leningrad tost. Es freut mich, dass Schaporin ein proletarischer Komponist[60] geworden ist. Das war lange schon an der Zeit! Ich war einigermaßen überrascht, dass Du in einem Deiner Briefe Schaporin als Vertreter des modernistischen Formalismus[61] bezeichnet hast. Der Komponist des *Kutscherlieds*[62] ein Vertreter des modernistischen Formalismus? Nein, nein und tausend Mal nein. [...]

Ich gratuliere Dir zur Erhebung in den Rang der Verbändler[63], und zugleich zur Ernennung zum Vertreter des Leniskusstwo[64] am Marien-Theater. Das ist eine achtbare Institution (Leniskusstwo), ganz ähnlich dem Rauchsalon (nicht zu verwechseln mit Kurilko[65]), und sie erfreut mich allein durch ihre Existenz.

Sollertinski war also Mitglied des Komponistenverbandes geworden, eine wichtige Voraussetzung für Möglichkeiten der Betätigung wie für eine privilegierte Versorgung.

Schostakowitsch wäre nicht Schostakowitsch gewesen, wenn er nicht, statt zu warten, die Initiative ergriffen und im November eine Stellungnahme an die Zeitschrift Arbeiter und Theater geschickt hätte, die eine fortwährende Hetze gegen ihn betrieben hatte. In deren Nummer 31 des Jahrgangs 1931 konnte man auf Seite 6 lesen:

Deklaration der Pflichten eines Komponisten
Von Dmitri Schostakowitsch
Von Anfang 1929 bis Ende 1931 arbeitete ich ausschließlich im musikalischen Kunstgewerbe [...] Es ist für niemanden ein Geheimnis, dass die

Lage an der musikalischen Front am Vorabend des 14. Jahrestages der Oktoberrevolution katastrophal ist […] Ich bin fest davon überzeugt, dass gerade durch die allgemeine Flucht der Komponisten zum Theater diese schwierige Lage entstanden ist […] Die Musik spielt dort die Rolle eines Akzents der ‚Verzweiflung' oder der ‚Begeisterung'. Es gibt bestimmte Schablonen in der Musik: Trommelwirbel beim Auftritt eines neuen Helden, der ‚frische' und ‚energiegeladene' Tanz der positiven Helden, der ‚Foxtrott' für ‚Zersetzung' und ‚frische Musik' für ein Happy End. Das ist das Material für das Schaffen eines Komponisten. Es darf jedoch nicht sein und ist ein Verbrechen an der sowjetischen Musik, wenn man die Rolle der Musik auf nackte Anpassung an den Geschmack und die schöpferische Methode des Theaters reduziert […] Dadurch ergibt sich eine wahre Entpersönlichung des Komponisten […] Was die sowjetische Musikbühne betrifft, so können wir hier ganz unmögliche Schaffensmethoden sehen (*Roter Mohn*, *Eis und Stahl*, *Der Bolzen*, *Das Goldene Zeitalter*) […] Alle diese Aufführungen entstanden in engem Zusammenhang mit dem Theater. Das Ergebnis ist jedoch schädlich […] Ich fasse zusammen […] Fort mit der Entpersönlichung des Komponisten! Schweren Herzens versichere ich dem Wachtangow-Theater, dass ich die Musik zu *Hamlet* komponieren werde. Was den *Neger* und *Der Beton wird hart* betrifft, so werde ich die entsprechenden Verträge in den nächsten Tagen annullieren. Ich kann nicht mehr ‚unpersönlich' und schablonenhaft komponieren. Auf diese Weise bahne ich mir den Weg zu einer großen Symphonie, die dem 15. Jahrestag der Oktoberrevolution gewidmet ist.[66]

Schostakowitsch hatte sich in der Gebrauchsmusik verzettelt und wollte wieder anspruchsvolle Musik schreiben. Die Ankündigung einer großen Oktober-Sinfonie – womöglich nach Texten der Kirchenväter Marx, Engels, Lenin – sollte der Running Gag seiner ganzen Karriere werden – geschrieben hat er sie nie. Er verließ sich auf das kurze Gedächtnis der Bürokraten und Journalisten.

Im Folgeheft 32/33 von Arbeiter und Theater traten Andrei Zurmühlen und der Komponist A.P. Gladkowski mit scharfer Kritik gegen Schostakowitschs *Deklaration* auf. Ihrer Meinung nach „konnte die *Deklaration* nicht als einzelner Ausrutscher eines ‚enttäuschten' Komponisten betrachtet werden, sondern musste in Verbindung gebracht werden mit der Verschärfung des Klassenkampfes an der musikalischen Front in der letzten Zeit". DSCH wurde der Entfremdung von den Massen und ihrer lebendigen musikalischen Aktivität bezichtigt.[67] Ungeachtet der innersowjetischen Streitereien erklärte der 25-jährige Komponist in einem Interview in der New York Times vom 20. Dezember 1931:

> Es kann keine Musik ohne Ideologie geben [...] Als Revolutionäre haben wir eine andere Vorstellung von der Musik. Lenin hat selbst gesagt, dass die ‚Musik ein Mittel zur Einigung großer Volksmassen' ist. Sie kann die Massen vielleicht nicht führen, sicher ist sie aber eine aufbauende Kraft! Denn die Musik hat die Macht, bestimmte Gefühle zu wecken [...] Sogar die sinfonische Form, die deutlicher als jede andere vom literarischen Element getrennt ist, kann einen Einfluss auf die Politik ausüben [...] Die Musik ist nicht mehr Selbstzweck, sondern ein wichtiges Kampfmittel. Deshalb wird sich die sowjetische Musik wahrscheinlich in einer anderen, der Welt bisher unbekannten Richtung entwickeln.[68]

Im Gegensatz zur *Deklaration* müssen wir hier davon ausgehen, dass die Funktionäre des Komponistenverbandes sowohl die Interview-Anfrage vermittelt, als auch das Interview selbst mitformuliert haben – offizielle Äußerungen des Komponisten wurden ab jetzt nur selten von ihm selbst formuliert und sind nicht aussagekräftig. – Schostakowitsch beobachtet die Grabenkämpfe weiter und besucht entsprechende Diskussionsforen (Brief 42 vom 13.12.1931). Aus den Briefen erfahren wir davon natürlich nur, wenn er unterwegs ist. Am 16. August 1932 meldet er dem Freund die Fertigstellung des 3. Aktes der *Lady Macbeth*, und am 17. Dezember ist er fertig. Er widmet sie Nina Warsar, die er dann auch heiratet.

Am 23. April 1932 verfügte Stalin die Auflösung aller Künstlergruppen. Für jede Sparte wurde ein Einheitsverband geschaffen. Im Grunde war das nur die konsequente Umsetzung jener Resolution, die Lenin schon 1920 auf dem 1. Gesamtrussischen Proletkult-Kongress hatte abstimmen lassen, nämlich dass alle Organisationen des Proletkult „sich als Hilfsorgane der Institutionen des Volkskommissariats für Bildungswesen zu betrachten und ihre Aufgaben, die einen Teil der Aufgaben der Diktatur des Proletariats bilden, unter der allgemeinen Leitung der Sowjetmacht (insbesondere des Narkompros) und der Kommunistischen Partei Russlands zu lösen."[69] Die gesamte Künstlerschaft sollte eine Armee der Partei sein – Kunst war Staatsangelegenheit geworden.

Rund 1000 Komponisten fanden sich im Komponistenverband der UdSSR wieder, wo ihren Richtungskämpfen von oben ein Riegel vorgeschoben wurde. Jeder musste dort Selbstkritik üben, wonach darüber entschieden wurde, ob er hinausgesäubert wurde, weil er kein Vertreter des Proletariats sei. Selbstverständlich waren positive Stellungnahmen dazu von den Künstlern vorbereitet worden. So äußerte sich Sergej Wasilenko am 24.4. in der Prawda: „Das Dekret des ZK der WKP(b) vom 23.4. ist der Anfang einer neuen Ära, die in unserer musikalischen Kunst weite Horizonte großartigen Wachstums öffnet." Wasilenko gehörte denn auch dem zehnköpfigen Präsidium des neuen Komponistenverbandes an.[70]

Aus dem Urlaub in einem Sanatorium für Wissenschaftler und Kunstschaffende in Gaspra auf der Krim fragt Schostakowitsch Sollertinski: „Wie verläuft die Säuberung?[71] Sind Gisin, Rochlin[72], Schapiro bereits gesäubert? Schreibe bald. Ich warte ungeduldig auf einen Brief" (Brief 57 vom 1. September 1933), um am 9. September nachzuschieben: „Ich bedauere es, dass ich bei der Partei-Säuberung der Leningrader Arbeiter der schönen Künste nicht dabei sein konnte und kann." (Brief 58 – als Schostakowitsch sich in eine Ballerina verliebte, schrieb er von „Arbeiterinnen der Ballett-Zeche") Auch während der Vorbereitungen zur Moskauer Premiere der *Lady Macbeth* verfolgt er die kulturpolitischen Debatten weiter:

> 16. XI. 1933. Moskau
> Lieber Iwan Iwanowitsch.
> Erst jetzt komme ich dazu, Dir zu schreiben. War die ganze Zeit von früh bis spät beschäftigt. Vormittags Proben der *Lady Macbeth*[73], tagsüber und am Abend korrigiere ich ihre Korrektur des Musgis[74]. Am 14. sind Brik und Shelobinski[75] in Sowjetische Kunst aufgetreten. Brik hielt eine Einführung und las dann ein paar Auszüge aus *Der Kamarinsker Bauer*. Shelob. spielte auf dem Klavier einige Auszüge vor. Im Anschluss lobten alle, ohne, dass es ihnen peinlich war. Ich meldete mich auch zu Wort[76] und kritisierte Brik, wobei mir eine „ungenaue Formulierung" unterlief. Brik nutzte dies und „entlarvte" mich in seinem Schlusswort. Und zwar durchaus demagogisch. Nach Hause kehrte ich in der Stimmung der Prä-April-Epoche[77]. (Brief 61)

Wenn auch Schostakowitsch selbst von der Säuberung verschont blieb, traf es doch enge Freunde wie Lewon Atowmian:

> In Moskau habe ich Atowmian getroffen. Man hat ihn zerrissen. Er arbeitet weiterhin im Verband[78], aber bei den Worten Tscheljapow[79], Gorodinski[80], Gankowski[81] blicken seine Augen plötzlich verdrießlich, und er wird nervös. Seine ungetrübte Stimmung ist dahin, und er möchte gehen. „Ich suche mir irgendwo ein warmes Plätzchen, und so, wie es aussieht, werde ich wohl bald Berater in Sachen Ausstellungsorganisation im Foyer des Büros für Betreuung des Arbeiterpublikums am Theater P.R.S.A.N.[82] von Simonow." Die Säuberung hat er hervorragend überstanden. Alle Anschuldigungen hinsichtlich des Opportunismus an der musik. Front sind zurückgenommen. Marke und Stempel drauf. Und gleichwohl haben Knipper, Kabalewski und Co.[83] ihn zerrissen. Er ist ob dieses Umstands am Boden zerstört. (Brief 62)

Schostakowitsch brachte sich aber auch selbst immer wieder in Stellung. Im Brief 67 vom 9. Juli 1934 aus dem Erholungshaus in Polenowo berichtet er von heftigen „Formalismus"-Debatten, die unschön abliefen. Dennoch scheint er es auch irgendwie genossen zu haben: „Deinen formalistischen Ausführungen wird gehörig Kontra gegeben. Insgesamt werden zahlreiche gehörige Abfuhren erteilt. Ach, das ist gut. Ich mag es. Das reduziert die Fettschicht." Er weiß noch nicht, dass diese Spiele für viele Akteure in wenigen Jahren tragisch enden werden – erschossen mit und ohne Schauprozess. Am 1. August kündigt er seine Ankunft in Leningrad an und macht sich dabei lustig über die zentrale Forderung der Partei an die Künstler: „Ich hoffe, dass wir uns sehen und uns ein wenig über das Problem des Sozialistischen Realismus in der Musik austauschen." (Brief 71)

Schostakowitsch war Leitungsmitglied im Leningrader Komponistenverband LSSK. Auch dort gab es einen Fall von Denunziation: „Ich bin wirklich empört darüber, dass solchen Kanaillen wie Zurmühlen[84] und Co Gehör geschenkt wird und ihretwegen Aschkenasi und Jochelson[85] das Leben schwer gemacht wird und ihr Urlaub nicht stattfinden kann." (Brief 74 vom 17. November 1934) Im nächsten Brief hofft er auf eine positive Lösung[86] und aus dem Urlaub in Polenowo kann er ein halbes Jahr später berichten, dass sie auch eingetreten ist:

> Gestern habe ich ein Telegramm von Wassili Jewgenjewitsch[87] erhalten mit der Mitteilung, dass das Verfahren beendet ist und alle freigesprochen worden sind, da kein Verbrechen vorliegt. Ich muss sagen, dass mich dies außergewöhnlich gefreut hat. Erstens: Die Gerechtigkeit hat gesiegt und zweitens: Ich hatte in dieser Angelegenheit vollkommen recht und war bis zum Schluss davon überzeugt, dass keinerlei Straftat vorliegt, sondern es sich schlicht um einen Fehler oder ein großes Missverständnis handelt[88].
> Aus verständlichen Gründen ist das Gefühl der Freude bereits verflogen:
> Wodurch ist vergiftet der Augenblick des Glücks? Eben weil erreicht ist das Ziel.
> (A. N. Skrjabin)[89]
> Ich bin froh, dass die Angelegenheit beendet ist, und stolz auf meine Position[90]. Ich denke nun, dass man jetzt darauf hinwirken sollte, dass die Bösartigkeit bestraft wird. (Brief 95)

Am 1. März 1935 berichtet Schostakowitsch von einem bevorstehenden Treffen mit Marschall Woroschilow, der nicht nur Volkskommissar für Kriegsangelegenheiten, sondern auch ein Liebhaber des Musiktheaters war; man verlangte seinen Umzug nach Moskau. Das war schon der zweite Marschall, mit dem Schostakowitsch Umgang hatte – mit Michail Tuchatschewski war er schon seit 1925 befreundet. Danach fuhr er auf Tournee in die Türkei. Aus Ankara erhielt Sollertinski gleich zwei ironische Glückwünsche: „Meine Glückwünsche zum dritten Jahrestag des historischen Erlasses des ZK über den Umbau der literarischen und künstlerischen Organisationen." (Brief 86) und „Meine Glückwünsche zum 1. Mai-Feiertag. Wenngleich der Brief nicht rechtzeitig ankommen wird, nimm meine Glückwünsche zumindest nachträglich entgegen." (Brief 87) Irgendein Anlass für eine Postkarte findet sich immer …

Gleichzeitig erfährt Sollerinski von zwei Ereignissen, die bereits auf den Schlag vorauswiesen, den Schostakowitsch im Januar durch den Prawda-Artikel *Chaos statt Musik* erhalten sollte: Er schrieb ein neues Ballett *Der helle Bach*, und die Erste Sinfonie seines Freundes Gawriil Popow wurde verboten. – Das Bolschoi Theater will den *Hellen Bach* aufführen:

> Das GABT will mein Ballett[91] auf die Bühne bringen, für das Lopuchow das Libretto geschrieben hat. Heute habe ich es präsentiert. Von der Musik sind alle begeistert, vom Libretto ganz und gar nicht. Offenbar wird sich die Geschichte des *Bolzen* wiederholen. Nun, wir werden sehen. Wenn man nur diese „Launen" hinter sich lassen und sich mit wichtigen Dingen beschäftigen könnte. Litowski und Bojarski sind empört über das Verbot der Sinfonie von Popow[92]. Sie wollen eine Kommission gründen. Ich dagegen habe vorgeschlagen, die Jury einzuberufen, die Popow prämiert hat, damit diese sich entweder selbst geißelt oder der Entscheidung der Repertkom[93] widerspricht. Es gibt Hoffnung, in dieser Angelegenheit mit Stezki[94] sprechen zu können. Am 8. fahre ich in die Türkei. (Brief 78)

Beides entwickelt sich nicht gut. Für den *Hellen Bach* prophezeit Schostakowitsch die Absetzung, und Popows Sinfonie wurde nie mehr aufgeführt, womit dessen Karriere gebrochen war. Dies war der erste Schlag der Partei gegen einen der besten Komponisten der Sowjetunion, der zweite sollte *Lady Macbeth*, der dritte den *Hellen Bach* treffen. Am 30./31. Oktober 1935 berichtet er aus Moskau:

> Heute war die erste Bühnenprobe mit Orchester. Sie lief sehr gut. Alle sind begeistert. Aber der Wurm des Zweifels nagt an meiner Seele, und ich bin bereit, die Absetzung des Balletts „anzunehmen", die, davon bin ich überzeugt, in den nächsten Tagen erfolgen wird. Ich bitte Dich sehr, die Ereignisse nicht zu beschleunigen und nirgends und mit niemandem darüber zu sprechen. Dies ist auf jeden Fall eine sehr gute Lektion für mich. Ich denke, dass Du meine Stimmung bestens nachfühlen kannst. Ich denke, Dir ist klar, dass der *Helle Bach* ein schmählicher Misserfolg werden wird. Und dass dies von Anfang an meine Einstellung zu dem

> Stück war. Ich möchte lediglich, dass Du dieser meiner Einstellung Glauben schenkst und verstehst, wenn Du ihr Glauben schenkst, und verzeihst, wenn Du verstehst. Das, was mir zu Zeiten des *Bolzen* möglich war, ist mir nunmehr nicht mehr möglich. Das ist mir vollkommen bewusst, und ich mache mir erbarmungslos Vorwürfe. Ich würde mich sehr freuen, wenn Du diesen Brief rasch beantwortest und meine aufgewühlte Seele beruhigst. Verzichte aber bitte auf Vorhaltungen. Diese wären mir unangenehm. Obgleich ich davon ausgehe, dass Du, der Du mich schon lange kennst, meine Einstellung zum oben angeführten Opus kennst. (Brief 98)

Besonders bemerkenswert ist der Brief Nr. 99 vom 17. November aus Moskau, in dem Schostakowitsch zuerst über das weitere Gezerre um den *Hellen Bach*[95] und dann über den Sturz Kubazkis am Bolschoi berichtet:

> Der Verd. Künstler der Republik V. L. Kubazki wurde abgesetzt. Und zwar als Studiodirektor und als Dirigent. Gestern war ich bei ihm und habe versucht, ihm Trost zu spenden.
>
> Der traurige Teil des Briefes ist beendet.
>
> Heute hatte ich das riesige Glück, der Abschlusssitzung des Kongresses der Bestarbeiter beizuwohnen. Ich habe den Genossen Stalin, die Gen. Molotow, Kaganowitsch, Woroschilow, Ordshonikidse, Kalinin, Kossior, Mikojan, Postyschew, Tschubar, Andrejew und Shdanow im Präsidium gesehen und Stalins, Woroschilows und Schwerniks Reden gehört. Von Woroschilows Rede war ich gefesselt, nach Stalins Rede jedoch habe ich jegliches Maß verloren und mit dem gesamten Saal „Hurra!“ gebrüllt und endlos applaudiert. Seine historische Rede wirst Du in den Zeitungen lesen können, deshalb gebe ich sie hier nicht wieder. Selbstredend ist der heutige Tag der glücklichste Tag meines Lebens: Ich habe Stalin gesehen und gehört.

Um das als Loyalitätsbezeugung zu lesen und nicht als Spott über den Führerkult – einschließlich der absurden Aufzählung aller Galionsfiguren –, muss man schon ein kompletter Trottel sein. Wenige Wochen später würde Schostakowitsch Stalin ein zweites Mal sehen – doch dann wird er nicht in dessen Loge gerufen, sondern der Diktator verschwindet in der Pause grußlos.

Am 26. Dezember fand die Premiere der *Lady Macbeth* in der Filiale des Bolschoi Theaters statt und Schostakowitsch kehrte danach nach Leningrad zurück: „Sobald ich zurück bin, werden wir gemeinsam an der Umgestaltung der musik. Front in Leningrad arbeiten, und sei es auch nur auf der Grundlage, dass ich Gespräche mit Gorodinski, Dinamow und einigen anderen Genossen führe. Wir sprechen mit

Jochelson, mit Jascha. Auf jeden Fall „gebe ich den Rat, nicht zu verzagen etc." (Brief 103)

Die nächste Krise entwickelte sich im Zusammenhang mit der Oper *Der stille Don*[96] von Iwan Dserschinski nach dem Roman von Scholochow, die im Rahmen eines Gastspiels des Leningrader Kleinen Opernhauses in der Filiale des Bolschoi gespielt wurde:

> Das Gastspiel verläuft gut. In Moskau am Abend gab es eine Kritik zum *Stillen Don*. Je. Kann[97] sieht Einflüsse von Tschaikowsky, Blaramberg[98], Serow[99] und Schostakowitsch. Nebenbei verlautbart sie, das Schwächste an diesem Werk sei die Musik. Es gibt durchaus Wahres in Moskau am Abend. Und heute schreibt eben diese Kann, dass die *Lady Macbeth* des Malegot[100] besser ist als die der Filiale der hiesigen Oper[101]. Dazu musst Du wissen, dass Je. Kann die Meinung fast aller in Moskau ausspricht. Mich kritisiert man, weil ich einen kurzen lobenden Artikel über dieses Werk geschrieben habe[102]. Vergiss also nicht, dass der Nabel der Welt noch nicht festgelegt ist... Und Gorodinski verlautbart ganz direkt: „Ja, kann man denn in unserer Zeit schreiben wie ein Tschaikowsky oder ein N. Feopemptowitsch Solowjow[103] usw." Deine Worte.

Am 17. Januar besuchte Stalin eine dieser Gastspiel-Aufführungen des *Stillen Don* und ließ sich nach der Vorstellung den Komponisten, die Sänger und den Dirigenten vorstellen. Dasselbe erhoffte Schostakowitsch sich, als Stalin dort seine *Lady Macbeth* besuchte:

> 28. I. 1936. Archangelsk[104]
> Lieber Iwan Iwanowitsch.
> Am 26. bin ich in Moskau angekommen. Gestern war ich bei Gisin[105]. Habe nichts Neues erfahren. Aber während ich bei ihm war, rief Leontjew[106], der stellvertr. Direktor des GABT, an und verlangte, dass ich umgehend in die Filiale kommen solle. Es lief die Aufführung der *Lady Macbeth*, und der Genosse Stalin und die Genossen Molotow, Mikojan und Shdanow waren zugegen. Die Aufführung war gut. Nach dem Ende wurde der Komponist herausgerufen (das Publikum rief ihn heraus), ich ging auf die Bühne und bedauerte, dass ich dies nicht bereits nach dem 3. Akt getan hatte. Mit trauernder Seele ging ich wieder zu Gisin, nahm mein Portefeuille und fuhr zum Bahnhof. Abfahrt des Zuges war um 0.20. (Brief 104)

Was folgte, war nur ein kurzes Telegramm. Am 28. Januar war in der Prawda der Artikel *Chaos statt Musik* erschienen. Die Prawda gab es auch in Archangelsk.

> [30. I. 1936][107]
> [Aus] Archangelsk. Konstantinowski [pr., 30, Korp. 10, Whg. 67]
> Unternimm nichts vor meiner Rückkehr Komme am fünften [Rand des Telegramms abgerissen] Schostakowitsch

Wir wissen, wie es weiterging. Und welche Musik Schostakowitsch danach komponierte – sein Frühwerk war damit unwiderruflich abgeschlossen. Seine Musik wird von Not, Gewalt und Verzweiflung sprechen, von Subjektivismus, Sich-zum-Narren-machen und von der subversiven Kraft des Witzes. Er liebte die Filme von Charlie Chaplin: den kleinen Widerstand statt des großen Heldentums.

Wir wissen, welche Maske Schostakowitsch danach trug. So offen wie in seinen Briefen an Sollertinski wird er niemals wieder sein. Dies sind die „Zeugnisse aus seiner Frühzeit", die zählen. Er identifiziert sich dort stets mit den Etiketten, die den „Feinden der Revolution" angeklebt wurden: formalistischer Modernist, bürgerlicher Spezialist usw. Von Revolutionsbegeisterung ist in den Briefen so wenig zu lesen wie in seiner Musik zu hören. Auch da weiß es die FAZ besser. Am 24. 11.2021 schrieb sie über die Sollertinski-Briefe: „Den Austausch darüber hätte man sich gern ein wenig ausführlicher und tiefschürfender gewünscht. Denn allzu viel versprechen sollte man sich von der Lektüre dieser Briefe nicht."

Den Bericht über die Götzenanbetung beim Kongress der Bestarbeiter könnte man direkt dem ätzend-triumphalen Schluss der Fünften Sinfonie unterlegen. Man muss Schostakowitschs Musik ja nicht mögen. Aber wenn man sie nicht kennt und versteht, wird man auch die Haltung ihres Schöpfers in den politischen Auseinandersetzungen nicht verstehen können, sondern sich in den ganz unsinnigen Antagonismus „Regimediener oder Dissident" verrennen. Schostakowitschs Musik ist immer vieldeutig, nicht nur politisch doppelbödig. Auch darf man den Erotiker Schostakowitsch nicht vergessen.

Schostakowitsch, der Europäer

Als die sowjetische Parteizeitung Prawda („Wahrheit") im Januar 1936 die Oper *Lady Macbeth von Mzensk* unter dem Titel *Chaos statt Musik* mit einem Totalverriss bedachte, vergaß der Autor nicht hinzuzufügen: „Dies ist ein Spiel mit ernsthaften Dingen, das übel ausgehen kann." Für Tausende gingen diese ernsthaften Dinge damals tödlich aus: in Folter, Schauprozess, Gulag, Ermordung. Auch Schostakowitschs Familien- und Freundeskreis war betroffen. Er wartete mit gepacktem Koffer, ob sie in dieser Nacht ihn abholen würden und nicht den Nachbarn.

Auf Künstler und Intellektuelle hatte die Partei ein besonderes Auge. Individuen, die selbstständig dachten, waren bei der Gleichschaltung der Medien nicht erwünscht. Denn auch die Kunst war für Stalin nur ein Propagandamedium: „Ingenieure der Seele" hatte er 1932 die Schriftsteller genannt, und das bedeutete nicht weniger als ihre Entseelung. Nachdem Schostakowitschs Vierte Sinfonie 1936 verboten worden war, schmolz der Komponist deren Gedanken um in seine Fünfte, die dem viersätzigen Beethoven-Schema „Per aspera ad astra" folgte und auch entsprechend klassisch klang.

Damit gelang Schostakowitsch die Rehabilitierung. Zur Tarnung übernahm er auch dankbar die Bemerkungen von Kritikern, seine Fünfte sei „Die praktische Antwort eines Sowjetkünstlers auf gerechtfertigte Kritik" und zeige „Das Werden der Persönlichkeit". Worin aber hatte die Kritik bestanden? Sie hatte die Musik Schostakowitschs mit den gleichen giftigen Worten verdammt, wie sie gleichzeitig den deutschen Nazis gegen die Moderne aus der Feder flossen. Die russischen Futuristen, die so begeistert die Revolution gefeiert hatten, wurden nun als gefährliche linke Spinner verurteilt. Die berühmte sowjetische Avantgarde wurde ausgelöscht. Die Partei wetterte gegen das „Neuerertum" der Moderne und forderte dazu auf, sich erst einmal die bürgerliche Kunst anzueignen, bevor man sie überholt.

Damit verfing sich die Partei in einem Widerspruch. „Lady Macbeth erfreut sich eines großen Erfolges bei der ausländischen Bourgeoisie", schrieb die Prawda 1936, „Lässt sich das nicht damit erklären, dass diese zappelige, kreischende, neurotische Musik den perversen Geschmack der Bourgeoisie kitzelt?" Der Bourgeois war der Gegner des Proletariats, der Schädling, Kulak und Spion. Der „Burschui“ war das Schreckgespenst im „proletarischen“ Theater. Die Länder, in denen die Bourgeoisie die Macht hielt, waren die Todfeinde der Sowjetmacht. Von ihnen gemocht zu werden, war gefährlich. Gepriesen wurde die bürgerliche Musik des 19. Jahrhunderts, verdammt wurde die Musik der Gegenwart.

Das war alles nur Propaganda. In der Theorie sollte die Kunst im Sozialismus von talentierten Arbeitern, Bauern und Soldaten gemacht werden. Solange es damit noch haperte, sollten die Künstler von ihnen lernen und Kunst machen, die von den Arbeitern, Bauern und Soldaten verstanden wird. Nur standen die Arbeiter, Bauern und Soldaten längst unter der Vormundschaft der Partei: die Basisdemokratie der Räterepublik war eine Farce geworden. Den Funktionären kamen die Spießer-Floskeln über die Lippen, die schon Beethovens Kritiker geäußert hatten: Sie wollten nicht von Dingen belästigt werden, die neu und anders waren, sondern schöne Musik hören, so wie sie sie gewohnt waren (und die sie auch bisher nicht verstanden hatten). Die Musik, die sie gewohnt waren, war nun einmal die bürgerliche europäische Musik. Was man gewohnt ist, beruhigt, Neues stört.

Der Witz ist nicht totzukriegen

Mit dem Verbot der Ersten Sinfonie von Schostakowitschs Freund Gawriil Popow wurde 1935 rabiat gegen die Musik der Moderne vorgegangen. Sie solle sich gefälligst an den Stil des Sozialistischen Realismus halten, den Maxim Gorki 1932 bei der Gründung des Schriftstellerverbandes als einzig mögliche Methode ausgegeben hatte. „Ich hoffe, dass wir uns sehen und uns ein wenig über das Problem des Sozialistischen Realismus in der Musik austauschen“, hatte Schostakowitsch am 1. August 1934 in einem Brief an seinen Freund Iwan Sollertinski gespottet. Die Spottlust sollte ihm vergehen.

Nicht allerdings in der Musik. Schostakowitsch schlug seine Gegner mit ihren eigenen Waffen. Sie wollen bürgerliche Musik haben? Bitteschön! Die Fünfte Sinfonie bot sich geradezu als Musterbeispiel der neuen sowjetischen Sinfonik an. Sozialistisch-realistische Volkstümlichkeit? Gerne! Wie schon im Scherzo der Vierten orientierte Schostakowitsch sich auch im Scherzo der Fünften an Mahlers „Fischpredigt“-Scherzo aus dessen Zweiter Sinfonie. Dem liegt bekanntlich ein Wunderhornlied zugrunde, in dem der heilige Antonius den Fischen predigt, weil kein Mensch mehr in die Kirche kommt. Die Fische hören dem Heiligen begeistert zu – die Predigt gefällt ihnen, aber danach bleiben sie bei ihren Lastern. Als Sinfoniesatz wird das zu einer Parabel auf den Lauf der Welt. Aus Mahlers Ironie wird Schostakowitschs Sarkasmus. Da die Musik volkstümlich klingt, bemerken die Zensoren den doppelten Boden nicht – die Kritiker beschrieben das Scherzo als „Ausdruck gesunder Lebensfreude". Und als Schostakowitsch 1949 im New Yorker Madison Garden gebeten wird, den 18000 Besuchern etwas vorzuspielen, setzt er den Yankees ausgerechnet dieses Scherzo vor! Natürlich hat das niemand verstanden. Es war nur ein Akt der Selbstachtung, nachdem er von Stalin gezwungen worden war, am Weltfriedenskongress als dessen Marionette teilzunehmen.

Doppelbödig wird Schostakowitschs Musik nun häufig sein. Ähnlicher Hohn auf die geforderte „Volkstümlichkeit" erklingt im überdrehten Finale der Sechsten. Deren Scherzo widmete er dem Witz, gegen den alle Machthaber hilflos sind – wir kennen das schon aus *Till Eulenspiegel* von Strauss und *Petruschka* von Strawinsky. Auch das Finale der Neunten verlacht die Machthaber, und zwar mit dem Galgenhumor des Liedes *MacPhersons Abschied* bei seiner Hinrichtung aus den *Sechs Englischen Liedern* op. 62 (1942). Im Scherzo der Dreizehnten wird dann das gleiche Galgenhumor-Thema mit dem Gedicht *Der Witz* von Jewgeni Jewtuschenko verbunden, das den Witz feiert, den kein Machthaber je totschlagen konnte. Der Witz war auch Schostakowitschs Waffe.

Umgekehrt bedeutete das natürlich auch, dass der Komponist das Gefühl hatte, sich gegenüber den Machthabern zum Affen zu machen. Das Scherzo der *Leningrader Sinfonie* brachte das ebenso zum Ausdruck wie das Allegretto der Zehnten. Doch dieser Clown ist nicht geheuer, er rasselt mit seinen Ketten (bzw. dem Tamburin) und spricht die Wahrheit aus. Immer wieder grübelt Schostakowitsch in seiner Musik über sich und seine Rolle. Mit seiner Siebten, der *Leningrader*, landete er erneut einen Riesenerfolg, allerdings um den Preis, dass diese Kriegssinfonie nicht nur in der UdSSR, sondern auch im Ausland als Propaganda für den Durchhaltewillen gegen die Nazis benutzt wurde. Dass die Sinfonie gegen jede Gewaltherrschaft gerichtet war, gegen Stalin ebenso wie gegen Hitler, ging dabei unter.

All das tut er in den Formen der Wiener Klassik, die den Sowjetkomponisten als Muster vorgeschrieben wurden. Es hilft aber nichts, eine Form nur abzukupfern, sie muss schon kreativ belebt werden. Erst in den Abweichungen zeigt sich der Geist. Der tschechische Musikwissenschaftler Vladimir Karbusický hat gezeigt, dass die Sonatenform selbst einem rhetorischen 4-Akte-Muster folgt, das auch Ideologen nutzen, in Kampfliedern, in *Ein feste Burg ist unser Gott* oder im *Kommunistischen Manifest*. Der erste Akt umreißt die Krise, der zweite appelliert an die Quelle (Maria, Heimat, Gnade, Erkenntnis), der dritte benennt den Feind (Teufel, Klassenfeind), der vierte beschwört die Erlösung. Beethovens *Eroica* ist dafür das treffende Beispiel.

Menschenfreundlichere Gedanken kommen zum Tragen, wenn Beethoven in seiner Neunten die Binnensätze vertauscht und das Scherzo an die zweite Stelle rückt. Dem folgt auch Schostakowitsch in der Ersten, Fünften, Siebten, Achten, Neunten, Zehnten, Elften, Dreizehnten. Mit der Sechsten schreibt er sogar eine kopflose Sinfonie, die den Sonatenhauptsatz ganz weglässt, weil dessen dialektische Auseinandersetzung im Stalinismus hinfällig geworden ist. Auf die ausweglose Trauer des langsamen Satzes folgen in der Sechsten zwei Scherzos: das Lob des Witzes und das besoffene Cancan-Finale.

Nach dem kolossalen Welterfolg der Siebten Sinfonie stieß die Antikriegshaltung der großen Achten wieder auf den Hass der Bürokraten. Sie wurde verboten. Dass Schostakowitsch 1945 keine Siegessinfonie vorlegte, sondern ein leichtes, kurzes Stückchen im vermeintlichen Haydn-Stil, schürte die Wut gegen ihn ebenfalls. Seine wesentlichen Werke, wie das Violinkonzert und die *Jüdischen Lieder* schrieb er für die Schublade, nur Kammermusik wurde aufgeführt. Später konnte er genau angeben, an welcher Stelle beim Schreiben des Violinkonzerts ihn im Januar 1948 der nächste Schlag der Partei getroffen hatte.

„Katzbuckelei gegen alles Ausländische“

Während des Krieges hatte Schostakowitsch auch viel Propagandamusik geschrieben. Sein Hauptinteresse galt dem Überleben seiner zahlreichen Familienmitglieder und seines Freundes Iwan Sollertinski, der dennoch 1944 starb. Nach dem Ende des Krieges gegen Hitler zog die Partei die Zügel wieder an. Zwischen West- und Ost-Europa ging der Eiserne Vorhang nieder – die Sowjetunion machte die osteuropäischen Länder zu Kolonien, in denen die Kommunistischen Parteien die Macht übernahmen. Als Herrschaftsinstrument wurde ihnen der „Diamat“ (Dialektischer Materialismus) implementiert, eine scholastische Kümmerform des kritischen Marxismus. Freie Kunst und Wissenschaft hätte diese Herrschaft gefährden können. Die Parole für den neuen Kulturkampf hieß „Katzbuckelei vor der modernen bürgerlichen Kultur des Westens". (Dem KGB war nicht entgangen, dass die CIA die Verbreitung der modernen US-Kunst als Zeichen der Freiheit förderte.) Zuerst traf es 1946 die Literatur, und da vor allem die „Schmierfinken" wie den Satiriker Soschtschenko und die „dekadenten Schriftsteller" wie die Dichterin Anna Achmatowa – beide wurden von Schostakowitsch bewundert. Dann war der Film an der Reihe, danach die Philosophie und zum Schluss die Musik.

In seinem *Referat über die Zeitschriften Swesda und Leningrad* schwang sich Parteifunktionär Andrej Shdanow zum obersten Richter auf: „Anna Achmatowa ist eine Vertreterin dieses ideenlosen reaktionären literarischen Sumpfes." Er charakterisierte die unter den Intellektuellen hoch verehrte Dichterin als „halb Nonne, halb Dirne, bei der sich Unzucht und Gebet verflechten". In der Musik traf es diesmal zuerst nicht Schostakowitsch, sondern die Oper *Die große Freundschaft* von Wano Muradeli. Der junge Komponist hatte einen bolschewistischen Kommissar beim Kampf um die Macht im Nordkaukasus geschildert. Leider klangen weder die Gesänge der Kosaken noch die der Bergvölker so volkstümlich, wie die Partei dies wünschte, und außerdem hatte der Georgier Stalin auch noch seine ganz persönliche Meinung über diese Bergvölker.

Muradeli redete sich damit heraus, dass man ihn im Konservatorium gelehrt habe, man müsse eine neue, der klassischen möglichst unähnliche Musik schreiben, man müsse den „Traditionalismus" aufgeben und stets originell sein. Nach dem Verbot der Muradeli-Oper wurde im Januar 1948 eine Versammlung des Zentralkomitees der KP mit Vertretern des Musiklebens einberufen, bei dem Shdanow Schostakowitsch, Prokofjew, Mjaskowski, Chatschaturjan, Popow, Kabalewski und Schebalin vorwarf, die Herrschaft im Komponistenverband um einer bestimmten Richtung in der Musik willen auszuüben. Und als diese Richtung benannte er den Formalismus, der nicht einmal neu sei, denn dieses „Neue" rieche nach der modernen dekadenten bürgerlichen Musik Europas und Amerikas.

Teils aus Angst, teils aus Schadenfreude begannen die Komponisten, sich gegenseitig zu denunzieren. Am Ende war Schostakowitsch als „Volksfeind" gebrandmarkt und verlor alle seine Ämter. Da auch seine Kompositionen nicht mehr gespielt und gedruckt wurden, war der Familienvater nun ohne Einkommen. Das Etikett „Volksfeind" war wirklich gefährlich – es konnte passieren, dass man in der Straßenbahn angegangen wurde: „Na, dein Schostakowitsch hat sich ja als Volksfeind entpuppt!" Auf ähnliche Weise wurde die Wissenschaft ruiniert und Scharlatanen überlassen.

Wie russisch ist die russische Musik?

In seinem Referat auf dem Komponistenkongress im Januar 1948 schlug Andrej Shdanow den Anwesenden die russischen Komponisten des 19. Jahrhunderts um die Ohren: „Mussorgski hat den Gopak vertont, Glinka hat die Kamarinskaja zu einer seiner besten Schöpfungen verwertet. Anscheinend muss man zugeben, dass der Grundbesitzer Glinka, der Beamte Serow und der Aristokrat Stassow demokratischer waren als Sie." In der Tat hatte Michail Glinka jenen Volkstanz 1848 zur Grundlage seiner Orchesterfantasie *Kamarinskaja* gemacht, in der er auf westliche Harmonisierung und Entwicklung verzichtete und seine Mittel den Elementen des Volkstanzes anpasste – Peter Tschaikowsky sah darin den Schlüssel für eine eigenständige russische Musik, sowohl der seinen als auch der des nationalistischen „Mächtigen Häufleins". 1872 komponierte Tschaikowsky seine Zweite Sinfonie nach diesem Muster, damals die *Kleinrussische* genannt, da sie auf ukrainischen Volksweisen beruht.

Komponisten wie Strawinsky, Prokofjew und Schostakowitsch wussten das natürlich und bedienten sich dieser Mittel. Besonders Mussorgski war für Schostakowitsch ein großes Vorbild, dessen Oper *Boris Godunow* er 1940 im Auftrag des Bolschoi Theaters neu instrumentiert hatte – der deutsche Überfall verhinderte die Aufführung. Mussorgskis *Gopak* arrangierte er 1941 zusammen mit zwei Stücken aus dessen *Jahrmarkt von Sorotschinzy* für die Frontbetreuung. Von Mussorgskis Oper *Chowanschtschina* sollte er 1959 eine Neuinstrumentierung und Vervollständigung anfertigen und 1962 Mussorgskis *Lieder und Tänze des Todes* orchestrieren. Man musste Schostakowitsch nicht dazu prügeln, seine russischen Vorgänger zu schätzen. Trotzdem führte kein Weg zurück ins 19. Jahrhundert.

Was aber war eigentlich russisch an der russischen Musik? Die Orthodoxe Staatskirche hatte ihre Wurzeln im griechisch-römischen Byzanz. Sie hatte die Volksmusik immer als heidnisches Brauchtum unterdrückt und 1551 sogar auf einem Konzil verboten. Erst Zar Peter I. hob das Dekret 1722 wieder auf – er hatte andere Mittel, um Russland dem Westen zuzuwenden. Er holte italienische Operntrupps nach St. Petersburg, wo Komponisten wie Paisiello, Sarti und Cimarosa wirkten. Das beeinflusste wiederum die Kirchenmusik: Dmitri Bortnjanski war in St. Petersburg Schüler von Galuppi und folgte diesem 1769 nach Italien, wo er zehn Jahre lang Erfolge als Opernkomponist feierte. Zar Paul I. machte ihn zum Direktor der Hofkapelle, die unter seiner Leitung in ganz Europa bekannt wurde. Sie wirkte auch bei der Uraufführung von Beethovens Missa Solemnis in der russischen Hauptstadt mit. Bortnjanskis Version der Johannes-Chrysostomos-Liturgie wurde im ganzen Zarenreich gesungen. Der Preußenkönig Friedrich Wilhelm III. nahm seine Chöre ins Repertoire des Berliner Doms auf („Ich bete an die Macht der Liebe“). Tschaikowsky gab später Bortnjanskis geistliche Werke heraus und lernte dabei eine Menge. Bortnjanskis Musik war europäisch: eine Mischung unterschiedlicher Einflüsse, eingeschmolzen durch ein Komponistenindividuum.

Und wie weit her ist es mit dem Russentum selbst? Die legendäre Kiewer und Nowgoroder Rus wurden von kriegerischen und handeltreibenden Wikingern gegründet, die sich mit den dort ansässigen Slawen vermischten (ähnlich wie in England und Sizilien). Dann wurden sie von den Mongolen unterworfen. Dank der Pax Mongolica lebten die zahlreichen Völker zwei Jahrhunderte lang friedlich nebeneinander. Später war das Großfürstentum Litauen vorherrschend. Erst seit der Despotie Iwans des Schrecklichen kann man überhaupt von russischer Staatlichkeit sprechen, er krönte sich 1547 als erster zum Kaiser. Mit dem Sieg Peters I. über die Schweden und Kosaken 1706 in der Schlacht von Poltawa wurde Russland eine europäische Großmacht. Die Nationalisten des 19. Jahrhunderts hatten also große Mühe, sich eine einheitliche Tradition zurechtzuzimmern. Entsprechend aggressiv wurden sie nach außen und nach innen – auch bei der Russifizierung der Minderheiten.

Stalin nahm diesen Chauvinismus wieder auf. Er hatte verstanden, dass, wenn die Revolution in den Industrieländern nicht klappt, die Herrschaft der Bolschewiki – und damit seine eigene – nur durch rabiate Industrialisierung und ebenso rigorose Hirnwäsche zu sichern ist. Dazu musste jede Selbstständigkeit ausgelöscht und die Herrschaftsideologie in die Köpfe gehämmert werden. Der Enthusiasmus der vom Sozialismus ehrlich Begeisterten trug darüber noch lange hinweg.

„Ich bin ein alter Formalist“

Adorno hielt 1948 der Gängelung der Kunst in den Ostblockstaaten – und damit seinem alten Freund Hanns Eisler – entgegen: „… es war Aufgabe der Kunst, seit es überhaupt eine entwickelte Tauschgesellschaft gibt, der immer weiter fortschreitenden institutionellen Umklammerung des Lebens zu opponieren und ihr ein Bild des Menschen als eines freien Subjekts entgegenzuhalten. Im unfreien Zustand aber ist Kunst des Bildes der Freiheit mächtig nur in der Negation der

Unfreiheit. Sie spottet des Aufrufs zum Positiven." Genauer könnte man Schostakowitschs künstlerische Antwort auf die totale Gängelung nicht beschreiben. Als Großstadtmensch konnte er der russischen Folklore wenig abgewinnen. Sowohl die Volkstümlichkeit – in seinen sarkastischen Scherzos – als auch die Apotheose – im Finale der Fünften – gab er dem Spott preis. Gute Unterhaltungsmusik hingegen schrieb er gerne. Er klagte das fortdauernde Verhängnis der Unterdrückung – in seinen Passacaglien – und der Entfremdung – in seinen Zwölftonpassagen – an. Er feierte seine Individualität – in seinem Notensymbol d-es-c-h – und forschte in seiner Musik, ob er nur ein „mausgrauer Komponist" sei, oder sich „Unsterblichkeit" erwerben werde. Alles so dezent, dass es nicht leicht nachweisbar war.

Auf Schostakowitschs Notenschrank stand eine Beethoven-Büste, er fühlte sich der Wiener Schule zugehörig. Er war darin erzogen, und auch seinen Studenten schärfte er die Regeln der Klassik ein. Beethoven schätzte er, weil dieser in seiner Musik für die Freiheit kämpfte, und Mahler, weil dieser die klassischen Modelle in weitere Ausdrucksebenen führte. Und Strawinsky, der behauptete, Musik könne gar nichts ausdrücken, schätzte er für seine Kompositionstechnik. Als er sein Achtes Streichquartett komponiert hatte, schrieb Schostakowitsch, ihm seien die Tränen gekommen, „wegen meines Erstaunens über die wunderbare Geschlossenheit seiner Form".

Das war natürlich wieder Schostakowitschs Sarkasmus. Der Begriff „Formalismus" war nach 1948 die schärfste Waffe der Partei gegen eingebildete „Volksfeinde" und „Kosmopoliten" (ein antisemitisches Tarnwort). In den Briefen an seinen Freund Iwan Sollertinski bezieht Schostakowitsch Begriffe wie Formalist, bürgerlicher Spezialist usw. gern ironisch auf sich selbst. Ursprünglich war der russische Formalismus eine der avantgardistischen Literaturströmungen, wie sie 1932 liquidiert wurden. Die Formalisten waren wegweisend für die Konkrete Poesie des 20. Jahrhunderts, aber nutzlos für den Bolschewismus. Die Kulturbürokraten griffen diese Bezeichnung auf und benutzten sie als Schlagwort gegen jede Kunst, die nur Kunst sein wollte (L'art pour l'art) und sich nicht für Propagandazwecke benutzen ließ, der also angeblich die Form wichtiger sei als der (sozialistische) Inhalt. Der Begriff war schwammig und inhaltsleer genug um zu streuen wie eine Schrotflinte, d.h. irgendwen traf er immer. So eben auch den „Volksfeind Schostakowitsch".

Wären Partei und Staat wirklich sozialistisch gewesen, hätten sie nicht in jenen Sinfonien, wie sie dort nach dem Schema „Von Nacht zu Licht" komponiert wurden und so blechern nach Dutzendware klingen, sondern in Schostakowitsch das Idealbild einer neuen Musik gesehen, die nicht nur für Intellektuelle, sondern auch für ein breites Publikum ist. Die Avantgarde, so notwendig und laut sie war, blieb doch eine Minderheit gegenüber den Britten, Poulenc, Milhaud, Martinů, Cikker, Hartmann, Roberto Gerhard, Theodorakis, Copland, Barber, Floyd und vielen, vielen anderen auch auf anderen Erdteilen. Ihnen fühlte nicht nur Schostakowitsch sich verbunden, sondern auch Kollegen wie Weinberg, Popow, Schebalin, Lokschin, Balantschiwadse, Ustwolskaja, Silwestrow und viele weitere, die im Westen nie wahrgenommen wurden, denen aber auch unter sowjetischen Bedingungen individuelle, faszinierende Musik gelang.

Künstler sind seit je untereinander verbunden. Austausch in Europa und darüber hinaus gab es schon im Mittelalter. Auch über die Zeiten hinweg führen Künstler ihren Dialog. Diesen Austausch zu unterbinden, ist unmöglich. In jungen Jahren hatte Schostakowitsch in St. Petersburg/Leningrad all die westeuropäischen Musiker kennengelernt, die dort zu Gast waren: Komponisten wie Hindemith, Milhaud und Berg, Dirigenten wie Bruno Walter, Arturo Toscanini und Otto Klemperer (der zwischen 1924 und 1936 jedes Jahr für sechs Wochen nach Russland kam: „Ich war so beeindruckt von der Atmosphäre, dass ich ernsthaft erwog, mit meiner Familie dorthin zu gehen“). Klemperers Beethoven blieb Schostakowitsch für immer im Ohr. Der internationale Kontakt der Musiker ließ sich auch durch Stalins Schergen nicht unterdrücken – Noten wurden weiterhin ausgetauscht. Die folgende Komponistengeneration interessierte sich für die westliche Avantgarde, gerade weil sie in der UdSSR verboten war, und hatte in dem Kommunisten Luigi Nono einen wunderbaren Postillon.

Chauvinistische Verblendung hat noch nie gute Kunst hervorgebracht. Kunst stillt seelische Bedürfnisse und öffnet die Gedanken. Davor haben Autokraten Angst. Selbstständiges Denken, individuelles Handeln, autonome Kunst fürchten sie wie der Teufel das Weihwasser. Kunst schafft Verbindung und Öffnung – Macht sucht Trennung und Spaltung. Individualismus strebt nach Demokratie, Kollektivismus nach Diktatur. Deshalb ging der Eiserne Vorhang herunter, deshalb versuchten Stalin und seine Nachfolger bis heute die russische Kultur von der europäischen zu entkoppeln und in den Köpfen eine Mauer zu errichten. Stalin hatte damit nur begrenzten Erfolg.

Anmerkungen

Vorwort zur zweiten Auflage

1 Chaos statt Musik? Dmitri Schostakowitsch: Briefe an einen Freund. Argon Verlag Berlin 1995, 349 S.
2 Richard Taruskin: Shostakovich and Us. In: Rosamund Bartlett (ed.), Shostakovich in Context. Oxford University Press 2000, S. 29. – Warum hätte Glikman denn nicht seine Sicht auf Leben und Musik seines besten Freundes festhalten sollen? Niemand ist gezwungen, sich ihr anzuschließen. Wer solch ein Verbotsschild aufstellt, erweckt den Verdacht, seine eigene Deutungshoheit einhegen zu wollen.
3 Dmitri Schostakowitsch: Erfahrungen. Aufsätze, Erinnerungen, Reden, Diskussionsbeiträge, Interviews, Briefe. Herausgegeben von Christoph Hellmundt und Krzysztof Meyer. Reclam Leipzig 1983, 360 S.
4 ebenda, S. 249
5 Rudolf Barschai: Leben in zwei Welten. Moskaus Goldene Ära und Emigration in den Westen. Wolke Verlag Hofheim/Ts. 2015, S. 119
6 Iwan Martynow: Dmitrij Schostakowitsch. Henschel Berlin 1947, 171 S.
7 „Ideologisch entartete Elemente" – Dokumentation zur Ausbürgerung von Mstislaw Rostropowitsch und Galina Wischnewskaja aus der ehemaligen UdSSR (1974–1978). Verlag Ernst Kuhn Berlin 1996. Russ. Ausgabe 1994 bei Muzykalnoje obozrenie, Moskau
8 Zeugenaussage. Die Memoiren des Dmitrij Schostakowitsch. Aufgezeichnet und herausgegeben von Solomon Wolkow. Albrecht Knaus Hamburg 1979, 320 S.
9 Bernd Feuchtner: …Und Kunst geknebelt von der groben Macht… Dimitri Schostakowitsch: Künstlerische Identität und staatliche Repression. Sendler Frankfurt 1986, 318 S. 3. Auflage Wolke Verlag Hofheim/Ts. 2017
10 Dmitry Shostakovich about Himself and His Times. Ed. L. Grigoryev, Ya. Platek. 1981, Progress Publishers 1981, 343 S. Russ. Originalausgabe Verlag Sowjetski Kompozitor 1980
11 Friedbert Streller: Dmitri Schostakowitsch für Sie portraitiert. VEB Deutscher Verlag für Musik Leipzig 1982, 83 S.
12 N.W. Lukjanowa: Dmitri Dmitrijewitsch Schostakowitsch. Verlag Neue Musik Berlin 1982, 202 S.
13 Detlef Gojowy: Schostakowitsch. Rowohlt Taschenbuchverlag, Reinbek 1983, 158 S.
14 Der Spiegel vom 24. 11. 1959 berichtete unter dem Titel Notzucht nach Noten von dem stürmischen Beifall mit wenigen Pfiffen und Buhs für die Erstfassung. Schostakowitsch habe der Aufführung zugestimmt, nachdem er einer geplanten Aufführung in Kassel 1950 widersprochen hatte.
15 Klaus Wolfgang Niemöller (Hrsg.): Bericht über das Internationale Dmitri-Schostakowitsch-Symposion, Köln 1985. Regensburg 1986, dt./russ., 612 S.

16 Ian MacDonald: The New Shostakovich. Northeastern University Press 1990
17 Elizabeth Wilson: Shostakovich – A Life Remembered.
18 Krzysztof Meyer: Dmitri Schostakowitsch. Sein Leben, sein Werk, seine Zeit. Gustav Lübbe Bergisch Gladbach 1995
19 Laurel E. Fay: Shostakovich versus Volkov: Whose Testimony? In: The Russian Review, 39/4, October 1980, S. 484ff
20 Richard Taruskin: The Opera and the Dictator: the peculiar martyrdom of Dmitri Shostakovich. The New Republic, 200/12, 20 March 1989, S. 35f
21 Laurel E. Fay: Shostakovich. A Life. Oxford University Press 1999, 464 S.
22 Shostakovich Reconsidered. Ed. Allan B. Ho, Dmitry Feofanow. Toccata Press 1998, 787 S.
23 A Shostakovich Casebook. Ed. Malcolm Hamrick Brown, Indiana University Press Bloomington 2004, 424 S.
24 The Shostakovich Wars. Written by Allan B. Ho and Dmitry Feofanov, updated 18 September 2011. Auf dem Cover des bei Google Books zugänglichen Buchs findet sich tatsächlich ein Panzer!
25 http://www.schostakowitsch.de/Die-Gesellschaft/Entstehung/
26 http://www.schostakowitsch.de/Symposien/
27 http://www.schostakowitsch.de/Schostakowitsch-Studien/
28 Shostakovich Studies, ed. David Fanning. Canbridge University Press 1995, 280 S.
29 Manuel Gervink, Jörn Peter Hiekel (Hrsg.): Dmitri Schostakowitsch. Das Spätwerk und sein zeitgeschichtlicher Kontext. Hochschule für Musik Carl Maria von Weber Dresden 2006, 247 S.
30 Hartmut Hein, Wolfram Steinbeck (Hrsg.): Schostakowitsch und die Symphonie. Referate des Bonner Symposions 2004. Peter Lang 2007, 218 S.
31 Melanie Unseld, Stefan Weiss (Hrsg.): Der Komponist als Erzähler. Narrativität in Dmitri Schostakowitschs Instrumentalmusik. Ligaturen Band 2. Georg Olms Verlag Hildesheim 2008, 258 S.
32 Boris Yoffe: Im Fluss des Symphonischen. Eine Entdeckungsreise durch die sowjetische Symphonie. Wolke Verlag Hofheim/Ts. 2014, 648 S.

Schostakowitsch und Hanns Eisler

1 Soma Morgenstern (1890–1976), Schriftsteller, befreundet mit Alban Berg, Rudolf Kolisch, Otto Klemperer, Karol Rathaus, Joseph Roth, Alma Mahler-Werfel
2 Theodor W. Adorno/Siegfried Kracauer, Briefwechsel 1923–1966, Frankfurt 2008, S. 59
3 Thomas Ahrend, Aspekte der Instrumentalmusik Hanns Eislers – Zu Form und Verfahren in den Variationen. Musikwissenschaft an der Technischen Universität Berlin, Band 7, 2006, S. 50, 54f. Ahrend weiter: „Der Variationensatz des Divertimentos zeigt Ansätze einer Reihentechnik, die sich aus Aspekten figurierender Variation ableitet und die offensichtlich auch das kompositorische Denken anderer Komponisten der Wiener Schule – sofern man Adorno dazu rechnen mag – zu diesem Zeitpunkt beschäftigten. In der Folge experimentierte Eisler mit den Möglichkeiten der Verbindung von Reihentechniken und Variantenfolgen weiter."

4 Hanns Eisler, Musik und Politik. Schriften 1924–1948, III/1, Leipzig 1982, S. 156

5 Ebenda, S. 125

6 Theodor W. Adorno, Vers une musique informelle (1961), in: Quasi una fantasia, Frankfurt 1963, S 380f. Sowie: Gesammelte Schriften 16, S. 503

7 Adorno, GS 17, S. 133ff

8 Adorno in: Zeitschrift für Sozialforschung I (1932), S. 103–124 (Heft 1/2) und S. 356–378 (Heft 3), GS 18, S. 729ff. Der Aufsatz beginnt mit dem Satz: „Wann immer heute Musik erklingt, zeichnet sie in den bestimmtesten Linien die Widersprüche und Brüche ab, welche die gegenwärtige Gesellschaft durchfurchen und ist zugleich durch den tiefsten Bruch von eben der Gesellschaft abgetrennt, die sie selber samt ihren Brüchen produziert, ohne doch mehr als Abhub und Trümmer der Musik aufnehmen zu können. Die Rolle der Musik im gesellschaftlichen Prozess ist ausschließlich die der Ware."

9 Eisler, Schriften III/1, S. 188f

10 Der Dirigent Roland Kluttig, der *Die Maßnahme* nach Jahrzehnten des Verbots 1997 erstmals wieder am Berliner Ensemble dirigiert hatte, antwortete auf die Frage „Das anfängliche Unwohlsein bezog sich auf den Text, zum Teil aber auch auf die Musik?" folgendermaßen: „Vor allem aber wohl auf die Verknüpfung des Textes mit bestimmten musikalischen Mitteln, also etwa die Verknüpfung der politischen Parolen mit diesem Bach'schen Gestus, dem Passionsgestus. Da war mir auch nicht gleich klar: Soll ich jetzt eher das Fanalhafte an dieser Musik betonen – oder mehr das Konstruierte, das ja auch drin ist. Letzten Endes muss das Fanalhafte wieder rein, sonst funktioniert es nicht." Eisler-Mitteilungen, Heft 44, Berlin 2007, S. 25

11 „Eisler knüpft hier musikgeschichtlich bewusst an eine Zeit vor der Romantik an, an die Kirchenmusik, die ja ebenfalls eher auf ein Kollektiv als auf größtmöglichen Subjektivismus gerichtet war." Kluttig, a.a.O., S. 27

12 Ursprünglich reagierte Lukács auf Gottfried Benn, der sich in der Zeitschrift „Deutsche Zukunft" vom 5.11.1933 zum Expressionismus geäußert und ihn für die Nazis akzeptabel zu machen versuchte hatte

13 zitiert nach: N.W. Lukjanowa, Dmitri Dmitrijewitsch Schostakowitsch. Berlin 1982, S. 87f

14 Krzysztof Meyer, Dmitri Schostakowitsch, Mainz 1998, S. 232

15 Isaak Dawydowitsch Glikman (Hrsg.), Dmitri Schostakowitsch – Chaos statt Musik? Briefe an einen Freund. Berlin 1995, S. 14ff

16 Meyer, S. 233

17 Ernst Bloch, Bucharins Schlusswort, in: Die neue Weltbühne 34 (1938), S. 558–563 (Nr. 18, 5.5.1938)

18 Klaus Mann, Der Wendepunkt. Hamburg, 1984, S. 456ff

19 Klaus Mann, Der Wendepunk, S. 600ff: „14. Januar 1942. Angesichts des Heroismus, mit dem die Rote Armee und das russische Volk die Nazi-Invasion bekämpfen, erscheint unser Urteil über die Sowjetunion in mancher Hinsicht revisionsbedürftig. Gewisse Tendenzen und Aspekte der Kreml-Politik, an denen wir Anstoß zu nehmen pflegten, werden erst jetzt verständlich. Wie steht es etwa, im Licht der heutigen Ereignisse, um jene berüchtigten Prozesse von 1937? Die summarisch-rigorose Liquidierung der militärischen und ‚trotzkistischen' Opposition wurde damals in libe-

ralen Kreisen als unerträglicher Skandal empfunden. Ohne die Prozesse von 1937 gäbe es heute, 1942, vielleicht keinen russischen Widerstand ... Und Finnland? Wir alle schrien Zeter und Mordio, als dieses kleine und beliebte Land von der großen und unbeliebten Sowjetunion überfallen wurde. Wie aber, wenn wir uns voreilig entrüstet hätten? Nein, Eroberungslust war es wohl nicht, was die Sowjetunion zu ihrem aggressiven Akt bestimmte. Stalin griff an, um dem Angreifer zuvorzukommen. Er wusste, was Hitler plante und wie gefügig das antirussische, prodeutsche Helsingfors diesen Plänen war. Eine strategische Position von solcher Wichtigkeit musste gesichert werden ... Die Tatsache, dass Russland heute unser Bundesgenosse gegen Nazi-Deutschland ist, soll uns nicht blind für die Fehler des Sowjet-Regimes machen. Aber wenn dieses Regime wirklich so hassenswert wäre und – wichtiger – wenn es von den russischen Massen wirklich so gehasst würde, wie die reaktionäre Presse uns seit über zwanzig Jahren einzureden versucht, wie erklärt sich dann der zähe Heldenmut, mit dem das russische Volk sich jetzt verteidigt? Man sage doch nicht, die Liebe zur ‚russischen Erde' sei das einzige Motiv für solche Tapferkeit! Auch 1917 stand der Feind auf diesem heiligen Boden – was die Bauern, Arbeiter und Intellektuellen keineswegs davon abhielt, den Krieg zu sabotieren; denn die Zarenherrschaft war nicht mehr erwünscht, und man gedachte, sie loszuwerden. Auch der kommunistischen Diktatur könnte man sich jetzt entledigen, hätte man es darauf abgesehen. Gerade dies scheint nicht der Fall zu sein. Man sabotiert nicht. Man kämpft. Wem gäbe das nicht zu denken?"

20 Adorno am 4. Mai 1938 aus New York an Walter Benjamin: „Öfter sah ich den Eisler, einmal zu einem langen Gespräch. Er ist völlig freundlich und umgänglich, was vermutlich dem Institut oder dem Radioprojekt zuzuschreiben ist, und seine neueste Pose mir gegenüber ist die des alten, wettererprobten, materialistischen Politikers, der den jungen, unerfahrenen Idealisten vor den Unbilden der Zeit väterlich protegiert und ihm die neuen Einsichten vermittelt, dass auch die Politik mit den Menschen so zu rechnen habe, wie sie einmal sind, und dass auch die Arbeiter keine Engel seien. Mit großer Ruhe habe ich mir seine armselige Verteidigung der Moskauer Prozesse angehört; mit heftigstem Ekel die Witze, die er über die Ermordung Bucharins riss. Er gibt vor, diesen in Moskau gekannt zu haben; aber Bucharins Gewissen sei schon damals so schlecht gewesen, dass er ihm, Eisler, nicht in die treuen Augen habe blicken können." – T. W. Adorno / Walter Benjamin Briefwechsel, Frankfurt 1994, S. 328

21 „ein Professor Unrat der Revolution, der Geschichte spielte und seine (übrigens präzise funktionierenden) Beamtenintrigen für machiavellistische Staatskunst hielt" – Gustav Regler, Das Ohr des Malchus. Köln 1960, S. 233ff

22 Regler, S. 457ff

23 Ahrend 2006, S. 232f: „Im Unterschied zu der von Eisler geforderten Dialektik der Musik als einer objektiven Dialektik der Funktionen der Musik in einer Gesellschaft, lässt sich das immanent musikalische Denken des Komponisten Eisler als eine subjektive Dialektik interpretieren, die Widersprüche des musikalischen Materials entwickelt. [...] Verallgemeinernd ließe sich vielleicht sagen, dass im Zentrum von Eislers kompositorischem Denken die Vermittlung von Gegensätzen des verwendeten musi-

kalischen Materials steht: Antagonismen werden zu ‚Ton' gestaltet. Für diese Art des musikalischen Denkens ist das Prinzip der Variation nicht nur eine Chiffre, sondern ein adäquates Modell, dieses Denken musikalisch zu realisieren." Ahrend bringt hier auch Schönbergs „musikalischen Gedanken" ins Spiel: „Mit der Musik ist es nun ganz ähnlich wie mit der menschlichen Sprache. Auch sie dient der Mitteilung von Gedanken, und zwar von musikalischen." Eisler 1927 in „Musik und Musikverständnis" (Schriften I.3, S. 43, Fn. 39). Siehe auch: Rudolph Stephan, Der musikalische Gedanke bei Arnold Schönberg, in: Vom musikalischen Denken, Mainz 1985, S. 129ff

24 Vgl. Ahrend, 2006

25 Nathan Notowicz, Wir reden hier nicht von Napoleon. Wir reden von Ihnen. Gespräche mit Hanns Eisler und Gerhart Eisler. Berlin 1971, S. 61f

26 T. W. Adorno, Ästhetik. Vorlesungen 1958/59. Frankfurt 2009, S. 195: „... da es keinen Satz gibt, der in der Welt, in der wir heute leben, nicht durch die Funktion, die er annimmt, in Lüge verwandelt werden kann, selbst wenn er noch so wahr ist –, dass auch dieser Gedanke, den ich Ihnen eben andeute, zur Lüge geworden ist etwa in dem gesamten Ostbereich, wo man ja nun in der Tat die gesamte Kunst der sogenannten Praxis unterordnet, das heißt: zu einem praktischen Mittel umformt; und was dabei aus der Kunst wird, das heißt: die offensichtliche Insuffizienz und Dummheit und Primitivität der Kunst, die dabei herauskommt, zeigt zum mindesten, dass es sich bei dem Problem, das ich Ihnen hier habe bezeichnen können, nicht etwa um eine Alternative handelt, bei der nun sozusagen der moralische Mensch auf Kierkegaardisch über den ästhetischen nun einfach zu triumphieren vermöchte, sondern dass man es hier mit einer Antinomie zu tun hat, die wahrscheinlich in der Welt, in der wir sind, eigentlich gar nicht aufzulösen ist, und mit der man nichts anderes tun kann, als sich Rechenschaft über sie abzulegen."

27 Bunge, S. 16

28 Eisler konnte sich nicht nur als Kommunist nicht in Hitlers Machtbereich wagen, sondern auch wegen des Antisemitismus. In seinem Schulzeugnis stand 1910 unter Konfession noch „mosaisch", später „konfessionslos".

29 Bunge, S. 23

30 Eva Schweitzer, Brecht witterte überall Sabotage und Nazis, in: Der Spiegel, 30.12.2016

31 János Maróthy, Selbstkritische Revolution. Das Reflektierende bei Eisler und Schostakowitsch, in: Petr Macek (Hrsg.), Colloquium An der Epochen- und Stilwende, Brünn 1985. Brünn 1993, S. 117

32 Maróthy, S. 117f: „In ihrer asymmetrischen sequenzartigen Gliederung wird die romantisch-chromatisierende Klagegeste des Beginns variiert ausgebreitet, dann mündet dieses gesteigerte Agitato eines subjektiven Affekts doch in die strenge Objektivität einer modalen Schlusskadenz. Daraus folgt schon, dass auch die Umkehrungen der Reihe nicht bloß eine technologische Bedeutung haben, sondern zugleich auch Charaktervariationen produzieren, also verschiedene Gesten und genrehafte Hinweise enthalten, wo ein Abwärts statt eines Aufwärts oder die jeweilige Platzierung der chromatischen oder diatonischen, eng- oder weitbewegten Elemente im Gesamtablauf einen wechselnden ästhetischen Stellenwert annehmen.

Diese charatervariationsartige Gestaltung wird auch in der Größenordnung der Makroform durchgeführt. So verwirklicht sich eine Synthese zwischen Zwölftontechnik und traditioneller Formgestaltung, nicht unbedingt in dem Sinn, dass die Tradition die ‚Harmonie', die Zwölftontechnik aber die Verwirrung und Einsamkeit vertrete. Eine Zerbrechung der Reihe, wie die gesteigerte Wiederholung kleiner Reihenabschnitte fast zu einer klassischen motivischen Arbeit führt, erfolgt gerade beim Textteil ‚verzweifelt, wenn da nur Unrecht war und keine Empörung'. Die ‚Kadenziertheit' ist hier kein Versöhnungseffekt, im Gegenteil vertritt sie die mörderische Stereotypie einer sinnlosen Welt.
Was unmittelbar nachher folgt, ist wiederum ein contrappunto dialettico, Brechts scharfe Alliterationen einer spritzenden und heiseren Wut ‚auch der Hass gegen die Niedrigkeit / verzerrt die Züge, / auch der Zorn gegen das Unrecht / macht die Stimme heiser.' werden in einer Musik vertont, wo, für einen Moment, eine stehende Konsonanz wie ein utopischer Regenbogen erscheint.
In der darauffolgenden Wiederkehr des Beginns scheint wieder ein klassisches Prinzip, die Abgerundetheit der ABA-Form zur Geltung zu kommen. Auch sie wird aber spiegelartig gestaltet, in einer Art Palindrom-Form, wo jetzt das Vorspiel und der vokale Beginn in umgekehrter Ordnung erscheinen, so dass das Klaviervorspiel, jetzt vokalisiert, doch mehr als zuvor zerspaltet, das Ende bildet. Dazu kommt, dass der Schlusston a in der Spiegel-Krebsumkehrung der Reihe der vorletzte Ton ist, nach welchem also wiederum ein b, zugleich der Beginn der Grundreihe, zu erwarten ist. So ist auch diese Art Abrundung keine Versöhnung, eher bedeutet sie, dass der ganze teuflische Zirkel wieder beginnen kann.

33 Friedrich Nietzsche hat den Verblendungszusammenhang, in den die moderne Kultur die Menschen gebannt hält, mit einem bluttriefenden Sieger verglichen, „der bei seinem Triumphzuge die an seinen Wagen gefesselten Besiegten als Sklaven mitschleppt: als welchen eine wohltätige Macht die Augen verblendet hat, so dass sie, von den Rädern des Wagens fast zermalmt, doch noch rufen: ‚Würde der Arbeit!', ‚Würde des Menschen!'" Friedrich Nietzsche, Werke in drei Bänden (Hrsg. Karl Schlechta), München 1966, Band III, S. 276

34 Maróthy, S. 119: „Versprochene Fanfaren werden als Seufzermotive fortgesetzt, Seufzer reihen sich in den Zug leer-kalter Quarten ein, tonale Kerne schlagen in völlig verschiedene Tonalitätshinweise um. So scheint es auch, als ob sogar die einzelnen Intervalle, unabhängig vom temperierten Tonsystem, in welchem sie sich tatsächlich bewegen, elastisch dehnbar oder schrumpfbar wären, wo eine Sekunde sich zu einer Septime oder None aufspannen kann oder umgekehrt. Also die Technik ist eine andere, die Dialektik aber ist ähnlich wie bei Eisler. Auch das monotone Marschieren gleichförmiger Achtel, in welchem die konkreten rhythmischen Gesichter immer wieder aufgehen, oder der teuflische Zirkel, welcher zum Anfangston Es immer wiederkehrt, um ganz unerwartet auch dort zu schließen, verstärken diese Ähnlichkeit."

35 Maróthy, S. 118f: „Die einander spiegelnden Seufzermotive einer steigenden und einer fallenden kleinen Sekund, die eine kleine Terz umrahmen, wurden dann von Schostakowitsch als Mittel einer reichen Licht-Schatten-Technik ausgenutzt, wo auch die verminderte Quarte in eine klare Dur-

terz umdeutbar ist, aber auch umgekehrt das glänzendste Dur im nächsten Moment in die Dunkelheit eines Doppel-Molls im Abstand einer kleinen Sekund zurückfallen kann. In dieser Musikwelt spielen auch die einzelnen Intervalle – ähnlich wie z.B. bei Luigi Nono – eine Ethos-tragende Rolle, so entsteht eine asketische Mikrogestaltung mit kleinen Veränderungen, die doch von großer Bedeutung sind. Es ist seltsam, dass Schostakowitsch, der zum Kritisch-Reflektierenden von Anfang an eine starke Neigung hatte und auch mit Schönbergs Schule durch Berg früh in Berührung kam, diese äußerste Konzentration, welche ihn auch zu einer partiellen Benutzung der Reihentechnik führte, nur in seinen letzten Lebensjahren erreichte." Vergleiche auch: Jacques Wildberger, Ausdruck lähmender Angst. Über die Bedeutung von Zwölftonreihen in Spätwerken von Schostakowitsch. In: Neue Zeitschrift für Musik 2/1990.

36 T. W. Adorno, Notizen über Eisler, in: Frankfurter Adorno-Blätter VII, München 1992ff, S. 125

37 Arnold Schönberg, Briefe. Mainz 1958, S. 264

38 Eisler beim Vortrag und Ausspracheabend beim Verband Deutscher Komponisten und Musikwissenschaftler in Berlin am 9. März 1962 zum Thema „Inhalt und Form", in: Schriften III/2, S. 538

39 Adorno, Notizen über Eisler, S. 130

40 Friederike Wißmann, „Er war der Bach, ich das Haupt der Fiorentiner Camerata", in: Helmut Krones (Hrsg.), Hanns Eisler – Ein Komponist ohne Heimat? Wien 2012, S. 85

41 Hanns Eisler, Doktor Faustus. Mit einer Nachbemerkung von Jürgen Schebera. Leipzig 1996, S. 148f

42 Wißmann, S. 93f

43 Adorno, Notizen über Eisler, S. 125

44 Eisler, Faustus, S. 151

45 „Unseren Kampf führen wir [...] auch um die Pflege unseres großen deutschen Kulturerbes [...], indem wir es nicht zulassen, dass eines der bedeutendsten Werke unseres großen deutschen Dichters Goethe formalistisch verunstaltet wird, dass man die großen Ideen in Goethes *Faust* zu einer Karikatur macht, wie das in einigen Werken auch in der DDR geschehen ist, zum Beispiel in dem sogenannten *Faustus* von Eisler und in der Inszenierung des *Urfaust* (durch Egon Monk am Berliner Ensemble, bf)." Eisler, Faustus, S. 163f

46 Adorno und seine Frankfurter Verleger, Frankfurt 2003, S. 655

47 Manfred Mugrauer, „Regelung der Parteiangelegenheit", in: Krones, S. 182

48 Bunge, S. 272

49 Bunge, S. 290

50 Bunge, S. 144f

51 Bunge, S. 140

52 In: Hanns Eisler, Schriften III/2, S. 311ff

53 Hans Bunge, Fragen Sie mehr über Brecht. Hanns Eisler im Gespräch, München 1970, S. 169f

54 Notowicz, S. 38

55 Notowicz, S. 48

56 Notowicz, S. 188

57 Hanns Eisler, Inhalt und Form, in: Hanns Eisler, Schriften III/2. Leipzig 1982, S. 412f

58 Vgl. H. Seeger, Die Kunst der musikalischen Unterhaltung, „Neues Deutschland", 17. Jg., Nr. 59, 28. Februar 1962, S. 4. Darin werden die Verdienste von Paul Noack-Ihlenfeld bei der Entwicklung einer neuen Unterhaltungsmusik gewürdigt und jener ein „echter musikalischer Volkserzieher" genannt: „Es ist hübsch und hat sich eingebürgert, über ‚Leuchtkäferchens Stelldichein' und ‚Heinzelmännchens Wachtparade' zu lästern; es ist auch bequem! Ich will diese sogenannten Charakterstücke aus der spät- und spießbürgerlichen Unterhaltungsmusik nicht verteidigen, aber in ihnen steckt immerhin ein Kern, etwas Richtiges, das ungeachtet der miserablen kompositorischen Ausführung solcher Stücke für uns bemerkenswert ist … Ich meine ihren Programmcharakter."

59 Gemeint sind sehr wahrscheinlich die Ausführungen von Dimitri Schostakowitsch über Estradenmusik auf dem 2. Plenum des Komponistenverbandes der RSFSR, 1961 in Moskau, die in „Musik und Gesellschaft", Heft 8, 1961, S. 461, abgedruckt worden waren. Darin heißt es: „Unendlich viel Arbeit gibt es auch dem Gebiet der leichteren, der Estraden- und Tanzmusik zu leisten. Es ist durch geschmacklose, manchmal einfach flache Werke stark abgewertet, und wir sind deshalb verpflichtet, ihnen echte und gute Beispiele leichter, unterhaltender Musik gegenüberzustellen, und dürfen uns vor diesem Genre nicht scheuen."

60 Hanns Eisler, Inhalt und Form, in: Hanns Eisler, Schriften III/2, 2, Leipzig 1982, S. 516

61 Erfahrungen, S. 149ff. Zuerst erschienen in: Sinn und Form, Sonderheft Hanns Eisler, 1964

62 Dimitri Schostakowitsch, Musik und Zeit. Bemerkungen eines Komponisten. Zum 30. Jahrestag des Sieges über den Faschismus. Die sowjetische Musik in den Kriegsjahren und ihre Entwicklung seit Kriegsende (Kommunist, Moskau, 1975 Nr. 7, Mai), in: Dimitri Schostakowitsch, Erfahrungen. Aufsätze, Erinnerungen, Reden, Diskussionsbeiträge, Interviews, Briefe, Leipzig 1983, S.194f

63 Gedanken über den zurückgelegten Weg, in: Erfahrungen, S. 30. Zuerst in: Sovetskaja muzyka, 1956, Nr. 9

Schostakowitsch und Theodor W. Adorno

1 Adorno, Einleitung in die Musiksoziologie (1962), Hamburg 1968, S. 192f, Gesammelte Schriften, Band 14, S. 378

2 Adorno, Philosophie der Neuen Musik, Frankfurt 1958, S. 14. GS 12, 16f

3 Adorno, Mahler. Eine musikalische Physiognomie, Frankfurt 1960, S. 67. GS 13, S. 196

4 Dimitri Schostakowitsch, Erfahrungen, S. 142. Das Adorno-Zitat findet sich in der Philosophie der Neuen Musik, Frankfurt 1958, S. 46; GS 12, S. 48, und lautet korrekt: „Dass aber die Angst des Einsamen zum Kanon der ästhetischen Formensprache wird, verrät etwas vom Geheimnis der Einsamkeit."

5 Dimitri Schostakowitsch, Die Musik und die Zeit, in: Die Zeit, 7.8.1964, abgedruckt mit einer Antwort von Joachim Kaiser

6 Müßgens, Bernhard / Gieseking, Martin / Kautny, Oliver (Hrsg.), Musik im Spektrum von Kultur und Gesellschaft, Osnabrück 2001, S. 242: „Der Warschauer Herbst 1959 verzeichnete dann u.a. Pierre Boulez' *Livre pour quatuor*, Hans Werner Henzes Sonatine für Flöte und Klavier, Luigi Nonos Composizione per orchestra, Pierre Schaeffers *Bidule en ut* und Iannis Xenakis' *Diamorphoses*, Francois-Bernard Mâche und Luc Ferrari mit Tonbandstücken, Frank Martin mit seinem Violinkonzert, Luigi Dallapiccola und Paul Dessau mit Kammerwerken – 1960 nennt die Chronik neben Edgar Varèse Ernst Krenek, Goffredo Petrassi, Bo Nilsson, Elliot Carter, die Japaner Toshiro Mayuzumi, Akio Yashiro, Yuzo Toyama, Franco Evangelisti, Henk Badings, 1961 als neue Namen Friedrich Cerha, Veljo Tormis, Sylvano Bussotti, Niccolo Castiglioni, Jan Klusák, Michael Tippett und Mauricio Kagel, 1962 Franco Donatoni, Josef Anton Riedl, Dieter Schönbach, Aurel Stroe, Gunther Schuller und Schostakowitschs ungebärdige Schülerin Galina Ustwolskaja."

7 Kommunist, Nr. 7 (Mai 1975): Musik und Zeit. Bemerkungen eines Komponisten, in: Dmitri Schostakowitsch, Erfahrungen. Leipzig 1983, S. 194. „Einmal hatte ich die Gelegenheit, an einem Sinfoniekonzert in einem westeuropäischen Land teilzunehmen. Es wurde ein Werk eines ganz bekannten Komponisten der ‚Avantgarde' aufgeführt. Der Komponist dirigierte sein Werk selbst. Es war ungewöhnlich: Die Musik war eine Zusammenstellung (genauer gesagt, eine Zusammenklebung) von im Sinne der allerneuesten ‚Avantgarde' präparierten Ausschnitten von populären Melodien aus verschiedenen Ländern der Welt. Was war das: Spielerei, Provokation, Übermut? Ich weiß es nicht. Ich bin nur sicher, dass es keine Kunst war. Es war wie eine vulgäre Aufschrift an einem Zaun, abgeschmackt und sinnlos. Was da auf dem Podium erklang, verblüffte nur für den Augenblick, um gleich darauf langweilig zu werden. Ich begann mir die Musiker im Orchester anzusehen. Sie waren sonderbar gekleidet, nicht wie bei einem Konzert, sondern jeder, wie es ihm beliebte: der Dirigent in einem groben Leinenhemd über der Hose, die Musiker in Westen, Schlafanzügen, abgetragenen Jeans und Pullovern, mit Hosenträgern über den Hemden und so weiter. ‚Warum sind sie so angezogen?' fragte ich meinen Begleiter, der mich in das Konzert gebracht hatte. ‚Aus Protest dagegen, dass man sie diese Musik spielen lässt', war die Antwort. Das Konzert der ‚Avantgarde'-Musik ging weiter, und plötzlich hörte ich im Halbdunkel des Saales Laute, die offenbar in der Partitur nicht vorgesehen waren: irgendein Rascheln und Knarren. Ich drehte mich um und merkte, dass es die Schritte von Hörern waren, die das Konzert verließen. Sie demonstrierten schweigend, aber ausdrucksvoll genug ihre Einstellung zum ‚Neuerertum'."

8 Rundfunkinterview, geführt von Witold Rudzinski, Warschau, 19. September 1959, in: Erfahrungen, S. 137

9 Die breiten Massen sind der wahren Musik treu. Interview während des III. Warschauer Herbstes 1959. Sowjetskaja Muzyka Nr. 11/1959, in: Erfahrungen, S. 141. „Ich bin fest davon überzeugt, dass es in der Musik, wie auf jedem anderen Gebiet menschlicher Tätigkeit, immer notwendig ist, neue Wege zu suchen. Aber mir scheint, dass diejenigen sich sehr irren, die diese neuen Wege in der Dodekaphonie sehen. Der engstirnige Dogmatismus dieses künstlich geschaffenen Systems fesselt die schöpferische

Phantasie der Komponisten aufs stärkste und beraubt sie ihrer Individualität. Es ist ja kein Zufall, dass es in der gesamten Hinterlassenschaft des Schöpfers des Zwölftonsystems, Arnold Schönbergs, kein einziges Werk gibt, das breite Anerkennung gefunden hätte. Dasselbe kann man von seinem Nachfolger Anton Webern sagen."

10 Erfahrungen, S. 141f

11 T. W. Adorno, Einleitung in die Musiksoziologie, Hamburg 1968, S. 192f; GS 14, S. 378

12 Adorno/Benjamin, Briefwechsel 1928–1940. Frankfurt 1994, S. 17

13 Adorno/Benjamin, S. 15

14 Adorno/Benjamin, S. 172: „... Theorie der Zerstreuung will mich [...] nicht überzeugen. Wäre es auch nur aus dem simplen Grunde, dass in der kommunistischen Gesellschaft die Arbeit so organisiert sein wird, dass die Menschen nicht mehr so müde und nicht mehr so verdummt sein werden, um der Zerstreuung zu bedürfen."

15 „Der Druck des Fascismus ist übrigens dort, sonderbar genug, weit weniger zu fühlen als in Frankfurt. Wir haben uns dort das Reichsparteitagsgelände angesehen. Ganz allein; kein Mensch dort, keine Ehrenwachen, nichts; das Ganze wirkt eher etwas verfallen und armselig, keineswegs aere perennius. In den Bauten setzt sich die imago des Gefängnisses merkwürdig durch: riesige Mauern überall, winzige Fenster. Im Stil unentschlossen und halb-modern." Adorno / Horkheimer Briefwechsel I, S. 341

16 Adorno an Benjamin am 7. 3. 38, S. 314

17 Adorno Horkheimer Briefwechsel I, S. 192

18 In: Walter Benjamin, Schriften, Frankfurt 1955, Edition Suhrkamp 1963

19 Theodor W. Adorno, Über Jazz, in: Moments musicaux, Frankfurt 1964, S. 84–115; GS 17, S. 74–101

20 Über Jazz, S. 88, GS S. 78

21 Benjamin an Adorno, Paris 30.6.36: „Ich habe Ihren Jazz-Aufsatz in den Fahnen gelesen. Überrascht es Sie, wenn ich Ihnen sage, dass ich ungeheuer erfreut über eine so tiefgehende und so spontane Kommunikation unserer Gedanken bin? Einer Kommunikation, von der Sie mir nicht zu versichern brauchten, dass sie bestanden hat ehe meine Arbeit über den Film Ihnen vorlag. Ihre Betrachtungsweise hat eine Durchschlagskraft und Ursprünglichkeit wie sie nur die vollkommene Freiheit im produktiven Prozess mit sich bringt – eine Freiheit, deren Praxis bei Ihnen sowohl wie bei mir die tiefgehenden Übereinstimmungen unserer Anschauungsweise gradezu zum sachlichen Beweisstücke macht."

22 In: Theodor W. Adorno, Dissonanzen, Göttingen 1956, S. 9–45; GS 14, S. 14–50

23 Dissonanzen, S. 44; GS 14, S. 49f: „So wenig das regressive Hören ein Symptom des Fortschritts im Bewusstsein der Freiheit ist, so ja vermöchte es doch umzuspringen, wenn jemals Kunst in eins mit der Gesellschaft die Bahn des immer Gleichen verließe. Für diese Möglichkeit hat nicht die populäre, wohl aber die Kunstmusik ein Modell hervorgebracht. Mahler ist nicht umsonst das Ärgernis aller bürgerlichen Musikästhetik. Sie nennen ihn unschöpferisch, weil er ihren Begriff des Schaffens selber suspendiert. Alles, womit er umgeht, ist schon da. Er nimmt es hin in der Gestalt seiner Depravation; seine Themen sind enteignete. Dennoch klingt keines, wie man es gewohnt war: alle sind wie durch einen Magneten abge-

lenkt. Gerade das Ausgeleierte gibt der improvisierenden Hand schmiegsam nach; gerade die vernutzten Stellen gewinnen ihr zweites Leben als Varianten. Wie die Kenntnis des Chauffeurs von seinem alten, gebraucht gekauften Wagen ihn befähigen kann, diesen pünktlich und unerkannt zum vereinbarten Ziel durchzusteuern, so kann der Ausdruck einer ausgefahrenen Melodie, angespannt unterm Hebel von Es-Klarinette und Oboen in hoher Lage, an Stellen ankommen, welche die gewählte Musiksprache ungefährdet niemals erreichte. Solcher Musik schießt das Ganze, worein sie die depravierten Fragmente fügt, wirklich zum Neuen zusammen, aber ihren Stoff übernimmt sie vom regressiven Hören; ja fast könnte man denken, in Mahlers Musik sei dessen Erfahrung seismographisch verbucht, vierzig Jahre ehe sie die Gesellschaft durchdrang."

24 Adorno, Beethoven. Philosophie der Musik. Fragmente und Texte hrsg. von Rolf Tiedemann, Frankfurt 1993

25 Adorno am 14. März 1967 an Helmut Heißenbüttel: „Ich bilde mir ein, ein sehr genauer Kenner von Marx zu sein, wie Sie es mir ja wohl auch implizit zubilligen. Darum konnte ich nicht übersehen, dass Benjamin sich zwar zum Marxismus bekannte, aber den wesentlichen Gehalt der Marxischen Theorie nicht verstanden hatte. Brechts Meriten schlage ich weiß Gott hoch genug an, aber seine Unkenntnis des Marxismus, bis in die allbekannten Dinge wie die Mehrwerttheorie hinein, war geradezu unbeschreiblich. Beide hatten Marx nicht im Ernst studiert, sondern, das Wort von Hobbes über die Religion zu variieren, wie eine Pille geschluckt; und eben dies schien mir das Bedenkliche: heteronom und irrational, im Gegensatz zur materialistischen Dialektik als Theorie. Hätte Benjamin diese wirklich erfahren, so wäre es seiner eigenen Konzeption besser bekommen." In: Adorno/Scholem, Briefwechsel 1939–1969, Frankfurt 2015, S. 455f

26 Brief Adornos an Benjamin vom 18.3.36, S. 173: – „Es ist kein bürgerlicher Idealismus, wenn man erkennend und ohne Erkenntnisverbote dem Proletariat die Solidarität hält, anstatt dass man, wie es immer wieder unsere Versuchung ist, aus der eigenen Not eine Tugend des Proletariats macht, das selber die gleiche Not hat und unser zur Erkenntnis so gut bedarf wie wir des Proletariats bedürfen, damit die Revolution gemacht werden kann." (S. 174) – „Ich kann aber nicht schließen, ohne Ihnen zu sagen, dass die wenigen Sätze über die Desintegration des Proletariats als ‚Masse' durch die Revolution zu dem tiefsten und mächtigsten an politischer Theorie zählen, das mir begegnet ist, seit ich Staat und Revolution las." (S. 175)

27 E. Fromm, M. Horkheimer, H. Mayer, H. Marcuse u. a., Autorität und Familie, Paris 1936

28 Adorno, Bettelheim u. a., Studies in Prejudice, New York 1950. Gekürzt: Der autoritäre Charakter. Studien über Autorität und Vorurteil. Frankfurt 1953, Amsterdam 1968

29 Max Horkheimer, Vorwort zu Der autoritäre Charakter, S. VII

30 Adorno an Benjamin am 5.5.38: „Mit großer Ruhe habe ich mir seine armselige Verteidigung der Moskauer Prozesse angehört: mit heftigstem Ekel die Witze, die er über die Ermordung von Bucharin riss. Er gibt vor, diesen in Moskau gekannt zu haben; aber Bucharins Gewissen sei schon damals so schlecht gewesen, dass er ihm, Eisler, nicht in die treuen Augen habe blicken können. Das habe ich nicht etwa erfunden." S. 328f

31 Benjamin an Adorno am 19.6.38: „In der Weltbühne hat er einen ganz schönen Aufsatz über Brecht und einen ganz scheußlichen über Boucharins Schlusswort." S. 340

32 Michael Ryklin in Osteuropa 7–8/2009: „Walter Benjamin lebte damals in Paris, in einer winzigen Wohnung in der Rue de Dombasle. Ein Jahr vor dem Hitler-Stalin-Pakt hatten die Nationalsozialisten ihm die deutsche Staatsbürgerschaft entzogen – als Grund hatten sie angeführt, dass er in der in Moskau erscheinenden Zeitschrift Das Wort einen Artikel publiziert hatte, was als „antideutsche Tätigkeit" gewertet wurde. Benjamins Reaktion auf den Hitler-Stalin-Pakt beschreibt der Schriftsteller Soma Morgenstern, der nach dem Anschluss Österreichs an das Reich aus Wien nach Paris geflohen war, in zwei Briefen an Gershom Scholem. Der erste datiert vom 2. November 1970 und gibt eine Vorstellung von der Verfassung Benjamins unmittelbar nach Bekanntwerden des Pakts – und vom Ursprung seiner Thesen „Über den Begriff der Geschichte". „Nach dem Hitler-Stalin-Pakt war Benjamin so niedergeschlagen, dass er fast täglich zu mir kam, um Trost zu suchen, den ich ihm nicht geben konnte, vor allem, weil mich dieser Pakt nicht so entsetzt hat wie ihn. Ich habe so etwas zwar nicht Hitler, aber Stalin zugetraut … Nachdem sich Benjamin von dem Schock erholt hatte, bat er mich eines Tages zu sich zum Essen und las mir ‚Zwölf Thesen zur Revision des Historischen Materialismus' vor. Ich erinnere mich an die Erste These. Die war über die Schachspielmaschine, die alle Schachmeister besiegt." In seinem zweiten Brief vom 12. Dezember 1972 berichtet der österreichische Schriftsteller erneut von dem Trauma, das der Pakt bei seinem Freund bewirkt habe. Morgenstern lebte im gleichen Hotel wie Joseph Roth, unweit des Jardin du Luxembourg, und traf Benjamin in dem zu dem Hotel gehörenden Bistro. Roth nahm an den Gesprächen mit Benjamin nicht teil. Morgenstern zufolge mochten sie einander zu dieser Zeit nicht. Manchmal traf Morgenstern Benjamin auch in dessen Wohnung. Sie sprachen zumeist nicht über Politik, sondern über Literatur. Darüber hinaus gab der „alteingesessene" Pariser Benjamin dem „Neuling" Morgenstern wichtige praktische Ratschläge: „In jener Zeit war er durchaus optimistisch, und es interessierte ihn bei weitem mehr, mit mir über Leskow zu sprechen als über Stalin oder Goebbels. Bis zu dem schwarzen Tag, da die Nachricht einbrach über den Hitler-Stalin Pakt… Die Nachricht von dem Pakt versetzte ihm persönlich einen unheilbaren Stoß. Er rief mich nicht gleich an. Es dauerte eine Woche, bis er zu mir kam, um mit mir darüber zu sprechen. Wir gingen in den Jardin du Luxembourg … Benjamin sah schlecht aus. Er hatte wahrscheinlich diese Woche keine Nacht ohne Schlafmittel verbracht … Im Gegensatz zu den meisten Kommunisten, – und ich kannte viele, und mit einigen war ich sogar befreundet – die vom Fleck weg Stalin verteidigten oder gar der Ansicht waren, dass der schlaue Georgier Hitler hereingelegt hat, um noch ein paar Jahre für weitere Kriegsrüstung zu gewinnen, glaubte Benjamin, dass die kommunistische Idee zuschanden gekommen war und sich nicht bald erholen wird. Mehrmals wiederholte er in Trauer: ‚Warum sollten wir es auch verdient haben, dass unsere Generation die Lösung der wichtigsten Fragen der Menschheit erleben sollte.' Dass ich kein Marxist war, war ihm bekannt. Dass er ein Kommunist war, war mir bekannt. Aber in diesem Moment hat es mich befremdet, dass ein kluger Mann wie W.B. so

denken und fühlen konnte. ‚Haben Sie im Ernst geglaubt, dass der Bolschewismus uns die Welt erlösen wird?' fragte ich. Er gab mir keine Antwort darauf. Aber im weiteren Lauf des Gesprächs stellte sich heraus, dass diese Tat Stalins ihm den Glauben an den Historischen Materialismus genommen hat. Ich nehme an, dass er schon in jener Wochen den Plan zu seinen Thesen gefasst hat...die nichts anderes bedeuten als eine Revision des Historischen Materialismus... Nun zurück zu meinen weiteren Gesprächen über den Hitler-Stalin Pakt und seine Wirkung auf Walter Benjamin. Als er mir wieder damit kam, dass dieser Pakt den Glauben an die Heilung der Welt durch den Marxismus-Leninismus zerstörte, fragte ich ihn, ob es ihm je aufgefallen ist, dass dieser sein Glaube mit dem jüdischen Glauben an die Erlösung der Welt durch einen Messias eine Verwandtschaft habe." Man kann darüber streiten, ob die Details der Schilderungen Morgensterns den Tatsachen entsprechen. Doch sicher ist der Zustand, in dem sich nach der Unterzeichnung des Pakts nicht nur Benjamin befand, recht gut erfasst.
Die Logik des Glaubens hat nur wenig mit Pragmatismus gemein. Selbst wenn Stalin wirklich im Sinne gehabt hatte, Hitler zu betrügen, um weitere zwei Jahre für die Vorbereitung auf den Krieg zu gewinnen, war der Kommunismus als Objekt des Glaubens seit dem 23. August 1939 irreparabel kompromittiert. Nach dem November 1917 hatten viele an die Sowjetunion geglaubt. Sie wurde nicht als gewöhnlicher Staat wahrgenommen, der sich von den nationalen Interessen leiten lässt. Die Bolschewiki selbst taten alles dafür, dass der von ihnen geschaffene Staat als Objekt des Glaubens wahrgenommen wurde, als Verkörperung der historischen Gesetze, als Präsenz der Zukunft in der Gegenwart, als Erfüllung der Heilsversprechen. Das Beispiel Walter Benjamins ist besonders interessant, weil seine Sympathien für das bolschewistische Experiment frei von jedem Eigennutz waren: Das einzige Honorar, das er jemals aus Moskau erhielt, bekam er für den unseligen Artikel, der ihn die Staatsbürgerschaft kostete. Seine Korrespondenz mit Moskau in den 1930er Jahren, vor allem mit der Zeitschrift Das Wort, ist eine einzige Serie von Enttäuschungen, unerfüllten Versprechungen und offenen Lügen. Der Autor der Thesen „Über den Begriff der Geschichte" wäre sicher noch niedergeschlagener gewesen, wenn er gewusst hätte, dass die Frau, die er liebte, Asja Lacis, im März 1938 in Moskau verhaftet, zur „Volksfeindin" erklärt und in ein Lager verbracht worden war."

33 Adorno an Benjamin am 2.8.38: „Bloch ist unterdessen gelandet. [...] Wenn Eisler mir erzählt, Bloch sei so viel besser, so viel klarer und nicht mehr so mythisch, dann schlägt mein Herz immer noch für den Indianer", S. 347

34 Adorno/Horkheimer Briefwechsel I, S.238

35 Hanns Eisler, Gesammelte Werke III, Musik und Politik 3, S. 326

36 Eisler III, 3, S. 320f: „Zuallererst liegt die Schwierigkeit in dem immanenten Widerspruch von Zwölftontechnik und diesen älteren musikalischen Formen. Die Schritt-für-Schritt-Relation zwischen Bild und Musik stellte eine weitere Schwierigkeit dar. Hier liegt das wesentliche Problem darin, den Widerspruch zwischen Filmhandlung und einer Partitur zu lösen, die in jedem Augenblick lebendig und interessant sein muss. Das ist in jeder Szene schwierig, besonders aber bei der Darstellung von Natur. Die Auf-

gabe bestand vor allem darin, alle konventionellen, abgegriffenen Assoziationen der Filmmusik zu vermeiden, die mit Naturphänomenen wie Schnee, Regen, Blumen, Flut usw. verknüpft sind. Dennoch sollte die Partitur nicht die angeführten Schwierigkeiten betonen oder gar enthüllen." Hanns Eisler hatte seine erste Tonfilmpartitur zu Walter Ruttmanns abstraktem Kurzfilm *opus III* (1924) schon 1927 beim Musikfest Baden-Baden aufgeführt.

37 Zur fraglichen Widmung an Adorno siehe Einleitung zur Kammersymphonie in der Eisler-Gesamtausgabe

38 T. W. Adorno, Notizen über Eisler, in: Frankfurter Adorno-Blätter VII, München 1992ff, S. 124

39 Beata Paskevica, In der Stadt der Parolen. Asja Lacis, Walter Benjamin und Bertolt Brecht, Essen 2006

40 Zahlreiche Nachweise über Abendroths publizistische Aktivitäten: Joseph Wulf, Musik im Dritten Reich, Frankfurt 1966

41 Ernst Klee, Das Kulturlexikon zum Dritten Reich. Wer war was vor und nach 1945, S. Fischer, Frankfurt 2007, S. 9

42 Die Zeit, Nr. 40/1954

43 Walter Abendroth, Hans Pfitzner, Hamburg 1934, S. 9

44 Abendroth, Pfitzner, S. 58

45 Abendroth, Pfitzner, S. 34

46 Chaos statt Musik, Prawda vom 5. Januar 1936, zitiert nach I. Martynow, Dmitrij Schostakowitsch, Berlin 1947, S. 53

47 Ferdinand von Strantz, Opernführer. Bearbeitet von Walter Abendroth, Berlin 1938, S. XVII

48 Walter Abendroth, Deutsche Musik der Zeitwende. Eine kulturphilosophische Persönlichkeitsstudie über Anton Bruckner und Hans Pfitzner, Hamburg 1937

49 Ebenda, S. 12

50 Ebenda, S. 48

51 Ebenda, S. 13

52 T. W. Adorno, Spengler nach dem Untergang, in: Prismen, Kulturkritik und Gesellschaft, München 1963, S. 61f. GS 10.1, S. 65f: „Aber die Metaphysik des Seelentums hat weiterreichende Konsequenzen als die taktische. Man möchte von einer latenten Identitätsphilosophie reden. Weltgeschichte, so ließe übertreibend sich sagen, wird zur Stilgeschichte: die historischen Schicksale der Menschheit sind so sehr das Produkt ihrer Innerlichkeit wie die Kunstwerke. Der Mann der Tatsachen verkennt den Anteil der Lebensnot an der Geschichte. Die Auseinandersetzung des Menschen mit der Natur, wie sie die Tendenz der Naturbeherrschung hervorbringt, die sich dann in der Beherrschung von Menschen durch andere Menschen fortsetzt, tritt im *Untergang des Abendlandes* nicht ins Blickfeld. Spengler sieht nicht, wie sehr die historische Fatalität, auf die alles Licht der Betrachtung fällt, aus dem Zwang der Auseinandersetzung mit der Natur hervorgeht. Er ästhetisiert das Bild der Geschichte. Die Wirtschaft wird ihm eine ‚Formenwelt' ganz wie die Kunst; eine Sphäre reinen Ausdrucks der so und nicht anders gearteten Seele, die im wesentlichen unabhängig von der Forderung nach der Reproduktion des Lebens sich konstituiere."

53 T. W. Adorno, Wird Spengler rechtbehalten? (1955), in: Kritik, kleine Schriften zur Gesellschaft. Frankfurt 1971, S. 99f: „Sigmund Freud hat in

seiner genialen und viel zu wenig bekannten Spätschrift über das ,Unbehagen in der Kultur' die von Gustave Le Bon beschriebenen Züge der Massen aus den Versagungen abgeleitet, welche Kultur – und das heißt heute: eine unter den Gesetzen von Arbeitsmoral und blinder Anpassung stehende Gesellschaft – den Menschen zumutet. Von Spengler aber werden diese Züge als solche, die in unausweichlichem Kreislauf sich wiederholen, verewigt. Nicht mit Unrecht hat man von seiner Geschichtsphilosophie, der letzten großen Stils, gesagt, die entrate eigentlich eines Begriffs von Geschichte; sie sei eingeschworen auf einen Rhythmus starrer Wiederholung und falle dadurch dem Defaitismus gegen die Humanität anheim. Diese Manier Spenglers verschränkt sich aber mit seiner eigenen politischen Neigung; er degradiert, wie vor ihm viele Philosophen, die Massen zu einem unabänderlich vom Rhythmus der Kulturseele stets wieder gezeitigten Abfallprodukt, um ihre Beherrschung desto besser rechtfertigen zu können. Weit entfernt von der Anklage des Bestehenden, verstärkt sein Pessimismus dessen Vergötzung. Die Verachtung der Massen kommt den Eliten zugute, nach deren Beifall der ,Untergang des Abendlandes' schielt. Dass, in der allgemeinen Götterdämmerung, auch die Eliten selbst vom Untergang bedroht sind, entging Spenglers Raubvogelblick gewiss nicht, taugt aber einzig nach dazu, ihre Herrschaft als heroisch, als Liebe zum eigenen tragischen Schicksal zu verherrlichen."

54 Abendroth, Pfitzner, S. 252: „Noch vor der Uraufführung des Klavierkonzerts hatte der Meister sich wegen des seit längerem ihn quälenden Gallenleidens in ärztliche Behandlung begeben müssen. Vom 22. Januar bis 12. Februar 1923 lag er im Schwabinger Krankenhaus. Während dieser Zeit ereignete sich die erste persönliche Begegnung zwischen ihm und dem damals seine ersten stärkeren Schläge gegen die marxistische Regierung vorbereitenden Adolf Hitler. Pfitzner hatte durch Coßmann den Mitkämpfer Hitlers Anton Drexler kennengelernt, und dieser wiederum die Bekanntschaft zwischen Hitler und Pfitzner vermittelt. Im Drange der beiderseitigen Tätigkeit ergab sich eine Gelegenheit zu persönlicher Aussprache erst jetzt, wo Pfitzner an das Bett gefesselt war. Hitler besuchte ihn an seinem Krankenlager, und die beiden Männer, die – jeder in seiner Art – ihr ganzes Sein und Wirken der Aufrichtung eines besseren und würdigeren Deutschland gewidmet hatten, unterhielten sich längere Zeit über allerlei Dinge und Gedanken, die beide in gleicher Weise bewegten und die für Gegenwart und Zukunft von entscheidender Bedeutung werden sollten: so über den Krieg und seine Auswirkungen, über Judenhass und Antisemitismus, über den großen Richter des Judentums aus seinen eigenen Reihen, den unglücklichen Idealisten Otto Weininger. Irgendwelche festeren Bindungen folgten aus dieser Begegnung allerdings nicht. Nach seiner Entlassung aus der Klinik machte der Meister Hitler einen Gegenbesuch, ohne ihn anzutreffen. Dann ließ die Verschiedenheit der Aufgaben beider Wege nicht mehr zusammenkommen; der deutscheste der lebenden deutschen Künstler und der Wecker des neu anbrechenden deutschen Nationalbewusstseins kämpften weiterhin getrennt, jeder auf seinem Platze, weiter für das im Grunde gemeinsame Ziel. Und wie Hitler den Deutschtums-Kämpfern in den politischen Verbänden, in den Parlamenten und auf der Straße, so blieb Pfitzner denen in der Kunst, im Bereiche der geistig-schöpferischen Auseinandersetzungen das ragende Vor-

bild, ja, der Inbegriff des Deutschen überhaupt, wie es auch Peter Raabe meinte, als er ihm nach der Aufführung der Kantate (Von deutscher Seele) in Aachen (28. Februar und 1. März) am 2. März 1923 schrieb:
,Ich halte heute Abend hier einen Vortrag über das Deutschtum in der Musik und bin überzeugt, dass ich von allen verstanden werde, wenn ich ihnen sage: die Frage ,was ist deutsch?' ist in Worten überhaupt nicht erschöpfend zu beantworten; wer aber Ihre Kantate gehört hat, der weiß, was deutsch ist, oder was deutsch sein kann und deutsch sein soll! So gibt Ihr Geist und Ihr Gemüt uns allen die Hoffnung, dass es doch noch einmal anders werden wird, denn der Gott, der Eichendorff und Pfitzner werden ließ, der wollte keine Knechte!'"

55 Strantz-Abendroth, S. XIf: „So lebhaft auch in den anderen europäischen Kulturländern, in Deutschland, Frankreich, England, die Opernform aufgegriffen und eingebürgert ward – überall behielt zunächst ihre italienische Stilprägung durchaus die Oberherrschaft. [...] Verhältnismäßig noch am meisten gelang in Frankreich eine Umdeutung der Oper auf volks- und rassegemäße Ausdrucksformen."

56 Strantz-Abendroth, S. XV: „welch letzterer zwar als Deutscher figuriert, aber ein jüdischer Bankierssohn von unbegrenzter Anpassungsfähigkeit war, der sich in allen erdenklichen Nationalstilen herumzutummeln wusste, seine größten Erfolge in Paris erntete und kaum mit irgendeiner anderen Kunstgesinnung so wenig zu tun hatte wie just mit der deutschen."

57 Strantz-Abendroth, S. VII

58 Abendroth, Deutsche Musik der Zeitwende, S. 40f

59 Ebenda, S. 165

60 Die Zeit, 5.10.1973: „Er war außerordentlich sensibel, grüblerisch und kritisch. [...] Nicht lange, nachdem ich ihn kennenlernte – das war um 1935 in Berlin –, war ich frappiert von der romantischen Schönheit seiner Erscheinung und von der Verachtung, die er gegen Hitler hegte. Dabei war seine Haltung die des Konservativen, der um das ,Deutschsein' bangte. [...] Überhaupt stand er in jedem Augenblick seines Lebens zwischen den Fronten: ein Mann im Niemandsland. Sonst gäbe es keine Erklärung dafür, dass man nach dem Kriege an seiner Haltung im ,Dritten Reich' zweifeln konnte. Dies war dann *der* Augenblick, da wir ihm vorschlugen, in die Redaktion der kurz zuvor gegründeten ZEIT einzutreten. Wir brauchten ihn, den Hochgebildeten, den in allen kulturellen Dingen Anregenden, immer wieder auch antipodisch denkenden Mann. Er war in den fünfziger Jahren der Feuilletonchef der ZEIT, später ihr Kulturkorrespondent in München."

61 T. W. Adorno, Philosophische Elemente einer Theorie der Gesellschaft. Vorlesungsmitschriften aus dem Sommersemester 1964, Nachgelassene Schriften Band 12, S. 204f, 68f

62 Adorno, Philosophische Elemente, S. 166

63 Adorno, Philosophische Elemente, S. 122

64 Adorno, Philosophische Elemente, S. 78f

65 Max Horkheimer und Theodor W. Adorno, Dialektik der Aufklärung. Philosophische Fragmente. Amsterdam 1947

66 1955 griff Adorno dann in Frankfurt Horkheimers Plan wieder auf, dafür die schwer zugänglichen Quellen zu sammeln und zu publizieren, vor

allem von Autoren, „die gegen den Strom geschwommen sind. Dabei ist nicht nur an die linken Enzyklopädisten wie Helvétius und Holbach zu denken, sondern auch an Autoren wie Linguet, Meslier, Mably, Morelly, Babeuf und seine Gruppe, vielleicht selbst die politischen Schriften von Sade und andern.“ T. W. Adorno, Max Horkheimer, Briefwechsel IV 1950 –1969, S. 313

67 Hanns Eisler, Bunge-Gespräche, S. 186ff

68 Vgl. Bertolt Brecht, GBFA XVII, S. 159–161, sowie den Brief in GBFA XXIX, S. 215

69 Max Horkheimer an Salka Viertel am 29.6.1940, in: Horkheimer GS 16, S. 726: „Angesichts dessen, was jetzt über Europa und vielleicht die ganze Welt hereinbricht, ist ohnehin unsere gegenwärtige Arbeit wesentlich zur Überlieferung durch die Nacht hindurch bestimmt, die kommen wird: eine Art Flaschenpost.“

70 Bertolt Brecht, Arbeitsjournal, 5.4.1942, Frankfurt 1973, S. 406

71 T. W. Adorno, Die stabilisierte Musik, in: GS 18, S. 721–728

72 Iwan Sollertinski, Hector Berlioz, in: Von Mozart bis Schostakowitsch. Essays, Kritiken, Aufzeichnungen, hrsg. von Michail Druskin, Leipzig 1979, S. 68–77

73 Einführung zu: Iwan Sollertinski, Hector Berlioz, in: Problemy muzykoznanija, Moskau 1932, S. 2. Zit. nach: Die Musikforschung, Heft 3/16: Galina Petrova / Lucinde Braun, Berlioz und Russland – neue Ansätze, neue Quellen, S. 210

74 Hanns Eisler, Musik und Politik, III/2, S. 28

75 T. W. Adorno, Die gegängelte Musik, in: Dissonanzen, Göttingen 1956, S. 54; GS 14, S. 59f

76 Die gegängelte Musik, S. 49; GS 14, S. 55: „Nie sollte Kunst Ruhe und Ordnung garantieren oder spiegeln, sondern das unter der Oberfläche Verbannte zur Erscheinung zwingen und damit der Oberfläche, dem Druck der Fassade, widerstehen. Gäbe sie solchen bestimmten Widerspruch auf, so verlöre sie mit dem kritischen Element ihr ästhetisches und würde zum nichtigen Spiel erniedrigt. Sie darf nicht durch eine Disziplin, die sie der Gesellschaft abborgt, deren Krise vertuschen, sondern ihre eigene Disziplin muss die reale enthüllen.“

77 Die gegängelte Musik, S. 53; GS 14, S. 58: „Will Musik nicht der Reklame für die Welt verfallen, so muss sie der eigenen Widersprüche und Unzulänglichkeiten sich bewusst werden und trachten, es besser, konsistenter, substantieller zu machen, ohne dabei auf das Muster irgendeiner ihr fälschlich als Ideal vorgehaltenen Vergangenheit zu schielen. Sie kann nicht auf musiksprachliche Elemente zurückgreifen, die heute nur darum organisch scheinen, weil sie in den letzten Jahrhunderten durch Ausscheidung alles Abweichenden die Selbstverständlichkeit zweiter Natur angenommen haben.“

78 Die gegängelte Musik, S. 55; GS 14, S. 61: „Bewusste Rücksichtnahme auf unbewusste Triebtendenzen gehört zur faschistischen Technik der Menschenbehandlung. Die Vorstellung begeistert irgendwelche Flaggen schwenkender und irgendwelche Führer bejubelnder Massen spricht dem Gehalt der progressiven Ideen Hohn, in deren Namen die progressiven Emotionen losgelassen werden.“

79 Die gegängelte Musik, S. 59; GS 14, S. 64: „In einer solidarischen Gesellschaft wären Ermahnungen zur Lossage vom Subjektivismus nicht notwendig. Verwirklichte Solidarität wäre zugleich die Substanz der Künstler an sich: diese brauchten nur sich selbst auszudrücken und wären schon die Stimme der freien Menschen, mit denen vereint sie leben."

80 Die gegängelte Musik, S. 60; GS 14, S. 65: „Wären die fortschrittlichen Ideen, deren die Proklamation sich rühmt, im Bewusstsein und Unterbewusstsein der Künstler bis in ihre tiefsten Reaktionsweisen hinein, ebenso substantiell, so müssten sie in den Werken aus eigener Schwerkraft sich darstellen, ohne dass die Künstler indoktriniert und überwacht würden. Bedarf es dessen, ist etwas faul."

81 Die gegängelte Musik, S. 61; GS 14, S. 66: „Heute ist die sogenannte junge Generation von Konformismus, verbohrter Sehnsucht nach Sicherheit, von Schlamperei und von der Bereitschaft zum Mitmachen viel mehr bedroht als von dem Gespenst des ‚extremen Subjektivismus', das die Proklamation an die Wand malt."

82 Horkheimer GS 19, S. 41

83 Horkheimer GS 19, S. 70. Diese Diskussionen zwischen Horkheimer und Adorno knüpften an Gespräche im November 1939 an: Horkheimer GS 12, S. 509, 512ff, 524f

84 „Heute aber, wo wirklich alles erfasst ist und wo die Welt absehbar eine Einheit bildet, ist die Vorstellung des Anderen gerade an der Zeit. Man könnte beinah sagen, dass die Dialektik, in der ja immer auch ein Moment des Freien drinsteckt, heute ihr Ende erreicht hat, weil nichts anderes mehr draußen ist. Was Hegel und Marx Utopismus genannt haben, ist gegenüber dem heutigen geschichtlichen Stand überholt. Weil der Stand der Produktivkräfte wirklich es erlaubte, den Mangel abzuschaffen, und weil die ganze Welt so zu einem einzigen Unheils- und Verblendungszusammenhang zusammengebacken ist, so dass nur, was aus dem Ganzen herausführt, das Rettende ist." Horkheimer, GS 19, S. 63

85 T. W. Adorno, Ästhetik, Vorlesungen 1958/59, Frankfurt 2009, S. 228: „Das, wogegen die Allergie gegen das Wohlgefällige, gegen das sinnlich Angenehme in der Kunst eigentlich sich richtet, ist der Betrug, dass das Kunstwerk, das ja das Bild und Zeichen ist, jetzt und hier unmittelbar die Erfüllung sei, die sinnliche Erfüllung sei, die die Wirklichkeit den Menschen versagt. Es ist die Empfindlichkeit also sozusagen, wenn ich es einmal psychologisch ausdrücken darf, gegen die Degradierung des Kunstwerks zu einer Ersatzbefriedigung. Gemeint ist gerade durch die Dissonanz in einem weitesten Sinn, wie sie für alle unsere Kunst das Zentrale ist, die Konsonanz. Die Konsonanz aber ist unerträglich, weil in ihr selber nichts anderes sich widerspiegelt als die noch unaufgelöste Dissonanz der Realität."

86 Ästhetik-Vorlesungen, S. 243: „Wir sollten uns doch darüber klar sein, dass es sich bei all dem nicht um etwas handelt, was dem Abstraktionsvorgang als solchem nun einfach zugeschrieben werden kann und was gar beseitigt werden könnte, wie es die Sedlmayrs und die totalitären Kulturvögte möchten, indem wir zur ‚Mitte' oder zum Gegenstand oder zu irgendwelchen ähnlichen Dingen zurückkehren. Denn es handelt sich hier in Wirklichkeit vielmehr um Momente innerhalb der sogenannten abstrakten Kunstwerke, die sich sehr wohl von der Kritik angeben lassen, vor

allem also um einen gewissen Mangel an Kraft, die Relation der Elemente in einen wirklichen Sinnzusammenhang zu rücken, statt bloß mechanisch und äußerlich Konstruktionsprinzipien anzuwenden."

87 Ästhetik-Vorlesungen, S. 318

88 „Mitscherlich, den man überall sowohl in den Fakultäten wie selbst in der Forschungsgemeinschaft als den neuen Gumbel behandelt, ist ganz herunter. Er hat nun offiziell das Institut gebeten, dass er von diesem Semester an bei uns arbeiten darf. Aus den erwähnten budgetären Gründen ist es für uns nicht leicht, ja zu sagen, und dazu kommt noch der Umstand, dass seine Aufnahme im Institut wahrscheinlich die offenen Attacken auslösen wird, denen wir bisher entgangen sind. Die Rachsucht der Völkischen ist wahrhaft alttestamentarisch, bis ins dritte und vierte Glied." Brief Horkheimers aus Frankfurt vom 16.2.53 an Adorno in Santa Monica, S. 141

89 Brief Adornos an Horkheimer am 3.9.51, S. 42f

90 Brief Horkheimers aus Frankfurt vom 30.11.52 an Adorno in Santa Monica, S. 86

91 Aktennotiz von Adorno vom 4.3.54 an Horkheimer über die Kernidee der Gruppenuntersuchung: „Der Tenor der Untersuchung ist die Desorientiertheit und Verwirrtheit des politischen und gesellschaftlichen Bewusstseins zur Zeit der Untersuchung, und die Tendenzen, die sich dabei abzeichnen. Das wahre Problem, das hinter dem Ganzen steht, ist die Frage, wie weit die Demokratie in Deutschland heute bereits substantiell ist, in welchem Maße und an welchen Nervenpunkten noch Differenzen zwischen der formalen Demokratie und dem tatsächlichen Bewusstseinsstand der Bevölkerung herrschen. Wir sind überzeugt, dass eine wirkliche Durchdringung des Volkskörpers mit demokratischem Geist nur möglich ist, wenn wir diesem Problem ins Auge schauen und uns eine sachgerechte Vorstellung davon bilden, wie es in den Köpfen der Menschen mit Hinblick auf gesellschaftliche und politische Fragen aussieht." S. 251

92 Brief Adornos in Frankfurt am 30.1.57 an Horkheimer in Chicago: „Eines muss man ja dem empirischen Social Research lassen: er hilft einem, den Gegensatz zwischen dem politischen System, und der offiziellen Fassade überhaupt, und dem tatsächlichen Bewusstseinsstand der Bevölkerungen zu verstehen, bei denen sich eben doch all das sedimentiert hat, was ihnen angetan und eingeredet wurde." S. 382

93 Brief Adornos am 23.5.57 an Peter Suhrkamp, in: Adorno und seine Frankfurter Verleger, S. 238

94 T. W. Adorno, Kranichsteiner Vorlesungen, Berlin 2014

95 Adorno, Ästhetik-Vorlesungen, S. 86ff

96 Adorno, Ästhetik-Vorlesungen, S. 138: „Sie können einmal diesen Gedanken von der Wiederentdeckung der Charaktere aufgreifen – und auch das Problem der Charaktere hat eine lange Vorgeschichte in der Kunst – so können Sie daran zur allgemeinen Geschichtsphilosophie der Kunst und zur Ästhetik vielleicht noch die Beobachtung machen, dass, wenn die Kunstgeschichte nicht geradlinig verläuft, wenn es also nicht einen geraden und ungebrochenen Fortschritt gibt, sondern wenn unter Umständen dann Kategorien wie solche des Ausdrucks oder solche der Charakterisierung oder Prägung des einzelnen auf einem gewissen Standpunkt wieder aufgenommen werden, dass darin nicht notwendigerweise irgendwelche heteronomen, von außen an das Kunstwerk herangebrachten Forderun-

gen stecken müssen, sondern dass ein solches Springen, eine solche Zickzacklinie oder Spirale der Dialektik der künstlerischen Problemstellung aus dieser Problemstellung selbst folgt. Mit anderen Worten: Das Schema des zweidimensionalen Fortschritts ist nicht eins mit der Bewegung des Geistes selber, die anders denn als eine Dialektik nicht vorgestellt werden kann."

97 Adorno, Ästhetik-Vorlesungen, S. 86: „Im übrigen ist es wohl auch eine soziologisch einleuchtende Erwägung, dass die Kunst, deren Sondersphäre je eben doch eine Sondersphäre innerhalb des Ganzen, also innerhalb der gesellschaftlichen Totalität bleibt, sich dann nicht gewissermaßen statisch halten kann in sich selbst, sondern, insofern sie in einer Wechselwirkung und auch in einem antithetischen Verhältnis zu dieser Realität steht, ja auch selber notwendig an dieser Realität teilhaben muss."

98 Adorno, Ästhetik-Vorlesungen, S. 36f: „Und man kann sogar bei Kant die erstaunliche Beobachtung machen, dass einige der tiefsten ästhetischen Bestimmungen [...] gewonnen sind nicht im Bereich der Ästhetik des Kunstschönen, sondern im Bereich des Naturschönen; das heißt: dass der zweite Teil der *Kritik der ästhetischen Urteilskraft*, dass die *Analytik des Erhabenen* sich seinen Worten zufolge lediglich auf das Naturschöne und gerade nicht auf das Kunstschöne bezieht, dass also für Kant nur Natur und nicht Kunst erhaben sein kann. Das hat sich nun in einer sehr merkwürdigen Weise umgedreht; und zwar hat diese Umdrehung ihren Niederschlag gefunden wohl erstmals endgültig in der Hegelschen Philosophie. Der Grund dafür ist die fortschreitende Vergeistigung des Bewusstseins von der Kunst überhaupt, die mit der gesamteuropäischen Bewegung der Romantik einsetzt, in der Kunst eben immer weniger als der Inbegriff eines sinnlich Wohlgefälligen und in einem immer weiteren Maß als Träger von geistigen Bedeutungen oder, um es in der Sprache jener Philosophie auszudrücken, als Ausdruck einer Idee angesehen wird."

99 Nicolas Nabokov, Zwei rechte Schuhe im Gepäck. Erinnerungen eines Weltbürgers, München 1975, S. 313f

100 Adorno, Ästhetik-Vorlesungen, S. 256f

101 Adorno/Horkheimer Briefwechsel I, S. 495. Dieser Gedanke traf sich mit dem Horkheimers: „Indem diese ungastlichen Werke (Joyce und Picasso) dem Individuum die Treue halten, gegen die Infamie des Bestehenden, bewahren sie den Gehalt früherer großer Kunst, sind sie Raffaels Madonnen und Mozarts Opern tiefer verwandt als alles, was heute deren Harmonie nachleiert, zu einer Zeit, da die glückliche Gebärde zur Maske des Wahnsinns wurde und die traurigen Gesichte des Wahnsinns zum einzigen Zeichen der Hoffnung." Horkheimer, Neue Kunst und Massenkultur, in: Horkheimer GS 4, S. 419–438

102 Adorno, Paralipomena, GS 7, S. 430

103 Adorno, Paralipomena, GS 7, 392: „Keiner könnte die Meistersinger verstehen, der nicht das von Nietzsche denunzierte Moment, dass Positivität darin narzisstisch gespielt wird, wahrnähme, also das Moment der Unwahrheit."

104 Adorno, Ästhetik-Vorlesungen, S. 194f. Ein spätes Echo fand dieser Gedanke noch kurz vor Adornos Tod in seinem letzten Brief an Herbert Marcuse, nachdem dieser den Übergang in die Praxis der Studentenbewegung als unausweichlich bezeichnet hatte: „Das Stärkste, was Du anzu-

führen hast, ist, die Situation sei so grauenhaft, dass man versuchen müsse, auszubrechen, auch wenn man die objektive Unmöglichkeit erkenne. Ich nehme das Argument schwer. Aber ich halte es für falsch. Wir, Du nicht anders als ich, haben seinerzeit eine noch viel schmerzlichere Situation, die der Ermordung der Juden, aus der Entfernung ertragen, ohne dass wir zur Praxis übergegangen wären, einfach deshalb, weil sie versperrt war. Ich halte es für eine Sache der Selbstbesinnung, dass man sich über das Moment der Kälte in einem selbst klar ist. Schroff gesagt: dass Du wegen der Dinge in Vietnam oder Biafra einfach nicht mehr leben könntest, ohne bei den studentischen Aktionen mitzumachen, betrachte ich als eine Selbsttäuschung. Reagiert man aber wirklich so, dann müsste man nicht nur gegen das Grauen der Napalmbomben protestieren, sondern ebenso gegen die unsäglichen Folterungen chinesischen Stils, welche die Vietcong andauernd verüben. Denkt man das nicht mit, so hat der Protest gegen die Amerikaner etwas Ideologisches." Adorno/Horkheimer Briefwechsel IV, S. 853

105 Ästhetik-Vorlesungen, S. 195

106 Adorno, Graeculus II. Frankfurter Adorno Blätter VIII, S. 18

107 Adorno/Eisler, Komposition für den Film, München 1969, S. 44f

108 Komposition für den Film, S. 45f

109 Adorno, Notizen über Eisler. Frankfurter Adorno Blätter VII, S. 121–134

110 Adorno, Brief vom 7. November 1968 an Gershom Scholem.

111 T. W. Adorno, Kulturkritik und Gesellschaft (1949), in: Prismen, München 1963, S. 26; GS 10.1, S. 30

112 T. W. Adorno, Negative Dialektik, Frankfurt 1966, S. 353; GS 6, S. 355

113 In einem Brief vom 14.3.1967 an Gershom Scholem fasste Adorno die Absicht des Buches zusammen: „Was die Klassenkampftheorie anlangt, so ist die kein Glaubensartikel. Vollends nicht die an sie anknüpfende Vulgärmetaphysik des Proletariats, das ganz gewiss nicht als Träger des Weltgeistes sich bewährte. Damit entfällt jene Orientierung des Materialismus an dem, was im Osten geschah, die aus schlecht philosophischen Gründen, nämlich weil man doch etwas haben muss, woran man sich halten kann, immer noch supponiert wird. Ich meine also einen Materialismus gegen den offiziellen, ketzerisch ganz und gar. Von diesem Moment erhoffe ich mir, dass es an Sie appelliert.

Andererseits ist die Theorie des Klassenkampfes selbst, löst man sie einmal vom Komplex der kommunistischen Herrschaft ab, nach meiner Überzeugung doch stets noch für die Konstruktion der Geschichte, und damit der Philosophie, unabdingbar. Was Dialektik heißt, scheint mir real nichts anderes zu sein: die Gleichsetzung des Identitätsprinzips mit dem Herrschaftsprinzip möchte darauf hinaus. Eine ontologische Bestimmung des Verhältnisses von Sein und Bewusstsein liegt dem anti-ontologischen Buch fern. Soweit ich glaube, dass sich zu diesem Komplex etwas sagen lässt, was weder hinter der Philosophie zurückbleibt noch sie zur Ideologie missbraucht, dürfte es in den späteren Abschnitten jenes zweiten Teils sich finden. Auch die These von der Vermittlung durch die Totalität bilde ich mir ein, durch alles, was über den Bann gesagt ist, etwas weitergebracht zu haben, als Sie mir konzedieren. Aber eben dies sollte nur wirklich der Gegenstand unseres Gespräches sein. Bis dahin vermag ich nichts anderes, als mich unserer unio in haeresia zu freuen. Sie mögen es dem Häretiker konzedieren, dass er keinen materialistischen Glauben hat." – „Der liebe Gott wohnt im Detail." T. W. Adorno/Gershom Scholem, Briefwechsel 1939–1969, S. 414f.

114 Adorno, Vorlesungen über Negative Dialektik, S. 26

Scherzo, Ironie, Satire

1 Dimitri Schostakowitsch, Erfahrungen, Reclam, Leipzig 1983, S. 143
2 N. W. Lukjanowa, Schostakowitsch, Verlag Neue Musik, Berlin 1982, S. 101
3 I. Martynow, Dimitri Schostakowitsch, Henschel, Berlin 1947, S. 55
4 Erfahrungen, S. 134
5 Erfahrungen, S. 19
6 Booklet der Gesamtaufnahme der Sinfonien, Teldec 1997, S. 20
7 Ian MacDonald, His misty youth, in: Shostakovich Reconsidered, Toccata Press, London 1998, S. 530ff
8 a.a.O., S. 547
9 a.a.O., S. 550
10 Erfahrungen, S. 41
11 David Nice, Booklet zur Gesamtaufnahme „Das goldene Zeitalter", Chandos 1994
12 Sofia Chentowa, Schostakowitsch: Legenden und Wahrheit, Nowoje Russkoje Slowo, 7. Juli 1989, S. 6, zit. nach Shostakovich Reconsidered, S. 146
13 Lukjanowa, S. 88
14 Erfahrungen, S. 42f

Schostakowitsch und Gustav Mahler

1 Dimitri Schostakowitsch, Erfahrungen. Aufsätze, Erinnerungen, Reden, Diskussionsbeiträge, Interviews, Briefe, Leipzig 1983, S. 151f
2 Detlef Gojwoy: Dimitri Schostakowitsch mit Selbstzeugnissen und Bilddokumenten dargestellt. Reinbek 1983, S. 63f
3 Erfahrungen, S. 249
4 Boris Yoffe, Im Fluss des Symphonischen. Eine Entdeckungsreise durch die sowjetische Symphonie, Hofheim 2014
5 Erfahrungen, S. 51
6 Erfahrungen, S. 57
7 Gustav Mahler, Briefe, Wien 1924, Neuausgabe Wien 1982, S. 187
8 Vladimir Karbusicky, Ideologie im Lied – Lied in der Ideologie. Kulturanthropologische Strukturanalysen, Köln 1973. Vladimir Karbusicky, Musikwerk und Gesellschaft. Empirische Musiksoziologie, Wiesbaden 1975

Brecht, Strawinsky und Schostakowitsch

1 Kleines Organon für das Theater, Nr. 67, in: Bertolt Brecht, Über Politik auf dem Theater, Hrsg. Werner Hecht, Frankfurt 1971, S. 77

2 Arbeiter und Theater, Nr. 31/1931. Zit. n. N. W. Lukjanowa, D. D. Schostakowitsch. Berlin (DDR) 1982, S. 88

3 Kleines Organon, Nr. 46, S. 67

4 Theodor W. Adorno, Philosophie der Neuen Musik, II. Teil: Strawinsky und die Reaktion, Frankfurt 1958, S. 185; Gesammelte Schriften 12, S.182f In seiner Einleitung in die Musiksoziologie benennt Adorno die Nähe Strawinskys zu Brecht: „Das Entscheidende jedoch, die Identifikation des Hörers mit gesungenen Emotionen, war durchschnitten. Kaum weniger hat er das musikalische Theater zu zerschlagen geholfen als Erwartung und Glückliche Hand. In der Histoire du soldat trennt sich der Erzähler der Handlung von deren mimischer Darstellung, im Renard die Akteure vom eigenen Gesang; der Identifikationsmechanismus wird so schroff herausgefordert wie nachmals von der Theorie Brechts. Strawinskys Spätwerk, The Rake's Progress, hat ihn kaum der Oper zurückgegeben. Es ist ein Pastiche, demontierende Nachahmung ungeglaubter Konventionen, diesen so weit entlaufen wie seine avanciertesten Ballette, bar der Wirkung auf Naive." (Einleitung in die Musiksoziologie: V. Oper. Gesammelte Schriften 14, S. 257)

5 Im Karneval war das möglich; der Kaiser und die Kaiserin pflegten bei einem Karnevalsmahl auch den Hofstaat bei Tisch zu bedienen, um zu zeigen, dass die Welt Kopf steht.

6 „Unsere Theater pflegen, Stücke aus anderen Epochen aufführend, das Trennende zu verwischen, den Abstand aufzufüllen, die Unterschiede zu verkleben. Aber wo bleibt die Lust an der Übersicht, am Entfernten, am Verschiedenen? Welche Lust zugleich die Lust am Nahen und Eigenen ist!" Brecht, Nachträge zum Kleinen Organon, Fußnote 1, in: Über Politik auf dem Theater, op. zit., S. 90

7 „Die Musik genießt das große Vorrecht, alles aussagen zu können, ohne irgendetwas zu erwähnen," schrieb Ehrenburg damals. Ilja Ehrenburg, Menschen, Jahre, Leben. 2 Bde., München 1965, S. 436

8 „Es ist eine Lust unseres Zeitalters, das so viele und mannigfache Veränderungen der Natur bewerkstelligt, alles so zu begreifen, dass wir eingreifen können. Da ist viel im Menschen, sagen wir, da kann viel aus ihm gemacht werden. Wie er ist, muss er nicht bleiben; nicht nur, wie er ist, darf er betrachtet werden, sondern auch, wie er sein könnte. Wir müssen nicht von ihm, sondern über ihn hinausgehen. Das heißt aber,, dass ich mich nicht einfach an seine Stelle, sondern ihm gegenüber setzen muss, uns alle vertretend. Darum muss das Theater, was es zeigt, verfremden." Kleines Organon Nr. 46, zit. n. Brecht, Über Politik auf dem Theater, S. 67f

9 In dem Text Einige Irrtümer über die Spielweise des Berliner Ensembles von 1954 wird Hegel zitiert: „Was man gesunden Menschenverstand nennt, ist selbst oft ein sehr ungesunder. Der gesunde Menschenverstand enthält die Maximen seiner Zeit … Diese ist die Denkweise einer Zeit, in der alle Vorurteile dieser Zeit enthalten sind: die Denkbestimmungen regieren ihn, ohne dass er ein Bewusstsein darüber hat." Zit. n. Brecht, Über Politik auf dem Theater, S. 130

10 „Wie die Umgestaltung der Natur, so ist die Umgestaltung der Gesellschaft ein Befreiungsakt, und es sind die Freuden der Befreiung, welche das Theater eines wissenschaftlichen Zeitalters vermitteln sollte." Kleines Organon, zit. n. Brecht, Über Politik auf dem Theater, S. 72

Filmmusik

1 Schostakowitsch, Erfahrungen, S. 86

Rudolf Barschai

1 Sendung: SWR2 Zur Person: Dmitri Schostakowitsch zum 100. Geburtstag. Gespräch des Autors mit dem Schostakowitsch-Kenner und Dirigenten Rudolf Barschai

Nutzlose Musik

1 Dmitri Schostakowitsch, Chaos statt Musik? Briefe an einen Freund. Herausgegeben und kommentiert von Isaak Dawydowitsch Glikman, Berlin 1995, S. 173f

Die Maske

1 Natalja Walerewna Lukjanowa, Dmitri Dmitrijewitsch Schostakowitsch, Berlin 1982, S. 160f
2 Dmitri Schostakowitsch. Für Sie portraitiert von Friedbert Streller, Leipzig 1982, S. 32
3 Lukjanowa, S. 161f

Fünf Tage – fünf Nächte

1 Aus dem Textheft von Gottfried Blumenstein zur Gesamtausgabe der Streichquartette mit dem Brodsky-Quartett

Fünf Tage – fünf Nächte: Die Filmmusik

1 Im Manuskript, das im Glinka-Museum in Moskau aufbewahrt wird, fehlen die Nrn. 5, 10 und 17

Akademische Fehltritte

1 Laurel E. Fay, Shostakovich – A Life. Oxford University Press 1999
2 Solomon Wolkow (Hrsg.), Die Memoiren des Dmitri Schostakowitsch. Propyläen München 2000
3 Allan B. Ho, Dmitry Feofanov, Shostakovich Reconsidered. With an Ouverture by Vladimir Ashkenazy. Toccata Press 1998

Der Vierzigjährige Krieg

1 Solomon Volkov: Testimony. Harper & Row, New York 1979
2 Zeugenaussage. Die Memoiren des Dmitrij Schostakowitsch. Aufgezeichnet und herausgegeben von Solomon Wolkow. Albrecht Knaus, Hamburg 1979
3 Alex Ross: Unauthorized. In: The New Yorker, 6. September 2004
4 Shostakovich Reconsidered. Written and Edited by Allan B. Ho and Dmitry Feofanov. Toccata Press London 1998, S. 112
5 Ian MacDonald: The New Shostakovich. Northeastern University Press 1990
6 Elizabeth Wilson: Shostakovich: A Life Remembered. London 1994
7 David Fanning: Shostakovich Studies. Cambridge University Press, New York 1995
8 Shostakovich Reconsidered
9 A Shostakovich Casebook. Ed. Malcolm Hamrick Brown, Indiana University Press Bloomington 2004, 424 S.
10 http://www.siue.edu/~aho/musov/deb/begin.html
11 Melanie Unseld: Schostakowitsch im biographischen Käfig. Neue Überlegungen zu einem angemessenen Umgang zu einem angemessenen Umgang mit den von Solomon Wolkow herausgegebenen Schostakowitsch-Memoiren. In: Manuel Gervink, Jörn Peter Hiekel, Dmitri Schostakowitsch. Das Spätwerk und sein zeitgeschichtlicher Kontext. Dresden 2006, S. 204
12 Elizabeth Wilson: Shostakovich: A Life Remembered, 2nd Edition, Princeton University Press, Princeton and Oxford 2006
13 Pauline Fairclough: A Soviet Credo: Shostakovich's Fourth Symphony. Ashgate 2006. Am 12. August 2019 erschien bei Reaktion Books ihre Schostakowitsch-Biographie: Dmytri Shostakovich
14 Richard Taruskin: Who Was Shostakovich? The Atlantic Monthly February 1995, pp. 63-72
15 Richard Taruskin: Interpreting Shostakovich's Fifth Symphony. In: Shostakovich Studies, ed. David Fanning. Cambridge University Press 1995, S. 29f
16 ebenda, S. 46
17 Andrey Ustinov: The truth and falsehood of a certain story. In: Muzykalnoje obozrenije Juli/August 1991, S. 3. Übersetzung David Fanning
18 Taruskin: Interpreting, S. 46f
19 Richard Taruskin: Defining Russia musically: historical and hermeneutical essays. Princeton University Press, 2000, S. 505
20 Richard Taruskin: The Many Dangers of Music. https://music21.ws.gc.cuny.edu/video-of-taruskins-2016-lloyd-old-lecture-now-online/
21 Bernd Feuchtner, Die Klinghoffer-Debatte. Opernwelt-Jahrbuch 2012. Englisch in: Thomas May, The John Adams Reader. Amadeus Press, Pompton Plains 2006, S. 299-312
22 Mailwechsel des Autors mit Eckhard Stuff, Redaktionsleiter Kulturradio Nachrichten beim RBB, vom 14.10.2014: „Die Meldung über die Klinghoffer-Premiere entspricht den Berichten von Presseagenturen. Unsere Kollegin hat auch nicht von einer als „antisemitisch geltenden", sondern von einer als „antisemitisch kritisierten" Oper gesprochen. Wir haben insofern

nur über tatsächlich Geschehenes berichtet, ohne eigene Kommentierung. Das ist die Chronistenpflicht der Nachrichten."

23 Theodor W. Adorno: Fragment über Musik und Sprache. In: Quasi una fantasia. Musikalische Schriften II. Frankfurt 1963, S. 15f. GS 16, 255f. Ursprünglich: Jahresring 1956/57, Stuttgart 1956, S. 96ff

24 https://www.youtube.com/watch?v=skAFru23KTk

25 Marina Frolova-Walker: Stalin's music prize. Soviet culture and politics. Yale University Press 2016

26 nach Think Today, Speak Tomorrow von Gerard McBurney und Barrie Gavin, BBC2, 27. Mai 1990. Zitiert nach: Shostakovich Reconsidered, S. 578f

27 Rudolf Barschai: Leben in zwei Welten. Moskaus goldene Ära und Emigration in den Westen. Aufgezeichnet und herausgegeben von Bernd Feuchtner. Hofheim/Ts. 2015

28 Fjodor Schaljapin: Aus meinem Leben. Leipzig 1972, S. 505f

Der Pomp des Untersuchungsrichters

1 Das Fragment dieses Kopfsatzes wurde 2003 von Olga Digonskaja im Schostakowitsch-Archiv gefunden und konnte anhand eines Manuskripts im Glinka-Museum mit dem Datum des 15. Januar 1945 verifiziert werden. Das Fragment wurde von Gennadi Roshdestwenski 2006 im Moskauer Tschaikowsky-Saal uraufgeführt und erschien 2009 auf CD; Dauer 6'42"

2 Olga Dombrovskaya: Notes on Shostakovich's Diary. In: Shostakovich Studies 2, ed. Pauline Fairclough, Cambridge University Press 2010, S.37ff

3 Sergej Prokofjew: Aus meinem Leben. Edition Musik & Theater Zürich 1993, S. 67f

4 Natalja Walerewna Lukjanowa: Dmitri Dmitrijewitsch Schostakowitsch. Muzyka Moskau 1980, Verlag Neue Musik Berlin 1982, S. 144-145

5 Dmitri Schostakowitsch. Für Sie portraitiert von Friedbert Streller. VEB Deutscher Verlag für Musik Leipzig 1982, S. 25

6 Bernd Feuchtner: „...Und Kunst geknebelt von der groben Macht..." Dimitri Schostakowitsch. Künstleriische Identität und staatliche Repression. Frankfurt 1986, S. 120 / 3Hofheim 2017, S. 125

7 Rudolf Barschai: Leben in zwei Welten. Wolke Verlag Hofheim/Ts. 2015, S. 36

8 Gerd Rienäcker: Gedanken zu Schostakowitschs Neunter und Prokofjews Symphonie classique. In: Schostakowitsch-Studien Band 11, Berlin 2014, S. 225-228

9 Detlef Gojowy: Schostakowitsch und der „Theateroktober" – theatralische Strukturen der Harmonik Schostakowitschs. In: Bericht über das Internationale Dmitri-Schostakowitsch-Symposium Köln 1985. Regensburg 1986, S.549

10 Etwas zu kurz greift insofern auch die ganz auf das Moment des Grotesken fokussierte Interpretation von Michael Koball, der von der „Unmöglichkeit einer musiksprachlichen Demaskierung" überzeugt ist. Schostakowitsch wählt hier nicht nur durchweg „die Maske des Narren", um so

jede politische Stellungnahme zu verweigern (Pathos und Groteske, S. 201 und passim). (HS)

11 Wolkow, Memoiren, S. 248
12 Hartmut Schick: Die unpolitisch Heitere? In: Hartmut Hein, Wolfram Steinbeck (Hrsg.): Schostakowitsch und die Symphonie. Peter Lang 2007, S. 224
13 Tämmaro, Le Sinfonie di Sostakovic, Turin 1988, S. 145. Vgl. Fußnote 28
14 Schick 2007, S. 223
15 Nadeshda Mandelstam: Erinnerungen an das Jahrhundert der Wölfe. Die andere Bibliothek Berlin 2020, S. 523
16 Mandelstam. 18-24
17 Mandelstam, S. 480
18 Olga Komok: Shostakovich and Kruchonych. In: Rosamund Bartlett (ed.), Shostakovich in Context. Oxford 2000, S. 115f
19 Michael Koball: Pathos und Groteske. Die deutsche Tradition im symphonischen Schaffen von Dmitri Schostakowitsch. Ernst Kuhn Berlin 1997, S. 78, Fn 3
20 Iwan Sollertinski: Gustav Mahler – Der Schrei ins Leere (Leningrad 1932), hrsg. Günter Wolter, Ernst Kuhn Berlin 1996
21 Koball S. 77
22 Feuchtner Frankfurt 1986, S. 147 / [3]Hofheim 2018, S. 152f
23 Daniel Jurjew: Interview mit Klaus Reichert zum 50. Todestag von Paul Celan. Frankfurter Rundschau, 19. 4. 2020
24 Feuchtner 1986, S. 182. Michael Koball identifizierte eine Vorform bereits in der Vierten Sinfonie: Koball, S. 125
25 Inna Barsowa sieht das MacPherson-Thema bereits im Finale der Fünften am Werk: „The execution theme is revealed in Shostakovich's later works, most clearly in his 1942 setting of Burns' poem MacPherson's Farewell. The melody to the which are sung the words „Sae rantingly, sar wantonly, sae dauntingly gaed he [to the gallows]" clearly follows the same pattern as the principal part of the finale of the Fifth Symphony." Inna Barsowa: 1934–1937 in the Life of Shostakovich. In: Rosamund Bartlett (ed.), Shostakovich in Context. Oxford 2000, S. 88
26 Mandelstam, S. 173
27 Mandelstam, S. 527
28 Marina Sabinina: Das sinfonische Schaffen von Schostakowitsch und dessen Beziehungen zu Film und Theater. In: Klaus Wolfgang Niemöller (Hrsg.), Bericht über das Internationale Dmitri-Schostakowitsch-Symposium Köln 1985. Regensburg 1986, S. 380f
29 Jakob Knaus: Im 21. Jahrhundert finden wir versteckte Botschaften eher. In: Schostakowitsch Studien, Band 13, Hofheim 2022.
30 Repertuarnyj komitet, Repertoirekomitee; die Zensurbehörde
31 Dmitri Schostakowitsch: Briefe an Iwan Sollertinski. Hofheim/Ts. 2021, S. 92
32 Hartmut Hein stellte Bernsteins Interpretation in den größeren Kontext des Kalten Krieges und sprach ihm die Kompetenz zu einem tieferen Verständnis von Schostakowitschs Musik ab: Hartmut Hein: „Showpieces"? Schostakowitsch, Bernstein und die USA. In: Schostakowitsch und die Symphonie, Hrsg. Hartmut Hein und Wolfram Steinbeck. Frankfurt 2007, S. 225–239

33 D. Rabinovich: Dmitry Shostakovich, Composer. Moskau 1959, S. 96
34 Manuel Gervink: Schostakowitschs Spätwerk und die Aura des Erhabenen. In: Dmitri Schostakowitsch. Das Spätwerk und sein zeitgeschichtlicher Kontext. Dresden 2006, S. 14f
35 Mandelstam, S. 233
36 Mandelstam, S. 440
37 Krzysztof Meyer: Dmitri Schostakowitsch. Mainz 1998, S. 318
38 Erdman (NM)
39 Mandelstam, S. 133
40 Optimistisch zu denken ist kriminell. Fernsehdiskussion zu Samuel Beckett. In: Frankfurter Adorno Blätter III, München 1992, S. 119
41 ebenda, S. 114
42 David Fanning: Shostakovich in Harmony. In: Rosamund Bartlett, Shostakovich in Context. Oxford 2000, S. 39ff

„Ach, das ist gut. Ich mag es. Das reduziert die Fettschicht."

1 Dmitri Schostakowitsch: Erfahrungen. Aufsätze, Erinnerungen, Reden, Diskussionsbeiträge, Interviews, Briefe. Herausgegeben von Christoph Hellmundt und Krzysztof Meyer. Reclam Leipzig 1983
2 Die erweiterte Auflage von Shostakovich Reconsidered, Written and Edited by Allan B. Ho and Dmitry Feofanov, Toccata Press 1998, erschien 2011 mit einem Panzer auf dem Cover unter dem Titel The Shostakovich Wars
3 Richard Taruskin: Defining Russia musically: historical and hermeneutical essays, Princeton University Press, 2000, S. 505
4 Boris Lossky: New Facts about Shostakovich. In: Russkaya Mysl', no. 3771, 24.4.1989, Paris. Zitiert nach Elizabeth Wilson: Shostakovich. A Life Remembered, 2. Auflage London 2006, S. 25
5 Soja Schostakowitsch: Interview mit EW. Elizabeth Wilson, S. 9 (deutsch von bf)
6 Zitiert nach Elizabeth Wilson, S. 23 (deutsch von bf)
7 Zitiert nach Elizabeth Wilson, S. 16f (deutsch von bf)
8 Elizabeth Wilson, S. 23f
9 Krzysztof Meyer: Dmitri Schostakowitsch. Bergisch-Gladbach 1995, Tb Mainz 1998, S. 22
10 Karls Kautsky: Die soziale Revolution. Berlin 1902
11 Sergej Prokofjew. Leipzig 1965, S. 148
12 Lenin: Briefe, Band 7. S. 180f
13 Musikabteilung des Staatsverlages
14 Schostakowitsch: Erfahrungen. S. 17f
15 Dmitri Schostakowitsch: Briefe an Iwan Sollertinski. Herausgegeben von Dmitri Sollertinski und Ljudmila Kownazkaja, deutsch von Ursula Keller. Hofheim/Ts. 2021
16 *Der Tag und die Nacht* – eine Operette von Charles Lecocq. Die Premiere mit dem Text von B. S. Mass im Moskauer Staatlichen Kammertheater war am 18. Dezember 1926. Regisseur war Alexander Tairow, die Ausstatter waren W.A. und G.A. Stenberg, Choreograph der Tänze war N.A. Glan, Dirigent A.K. Medtner.

17 *Panzerzug 14–69* – Theaterstück von Wsewolod Wjatscheslawowitsch Iwanow. Die Premiere im MChAT (Moskowskij Chudoschestwennyj akademitscheskij teatr, dt.: Moskauer Akademisches Künstlertheater) war am 8. November 1927, Regisseur I.Ja. Sudakow, Ausstatter W.A. Simow.

18 *Der Durchbruch* – Theaterstück von Boris Andreewitsch Lawrenjow. Die Premiere im Staatlichen Akademischen Wachtangow-Theater war am 9. November 1927, Regisseur war A.D. Popow, Ausstatter N.P. Akimow.

19 *Die Tage der Turbins* – Theaterstück von Michail Bulgakow. Die Premiere im MChAT war am 5. Oktober 1926, Regisseur I.Ja. Sudakow, der Ausstatter N.P. Uljanow, Musikauswahl von B.L. Israljewski.

20 *Der Revisor* – Stück von Nikolai Gogol. Die Premiere im Meyerhold-Theater war am 9. Dezember 1926. Bearbeitung des szenischen Texts (eine Zusammenstellung von Varianten) von Meyerhold und M.M. Karenew, Regisseur war Meyerhold, Ausstatter W.P. Kisseljow (nach einem Entwurf von Meyerhold), Komponist Michail Gnessin. Lieder von Alexander Warlamow, Michail Glinka, Lew Stepanowitsch Guriljow und Alexander Dargomyschski.

21 Mestnyj komitet profsojusnoj organisazii, dt.: Ortskomitee der Gewerkschaft

22 Erkaka – Rabotschaja kontrolnaja komissija, dt.: Arbeiterkontrollkommission, 1917 gegründet als Kollegija Goskontrola (Kollegium staatlicher Kontrolle). Im Lauf einer Reihe von Jahren gestaltete sie sich um und änderte den Namen. Sie widmete sich dem Kampf gegen Finanzverstöße und der Verteidigung der Arbeiterrechte. Der unterste Bestandteil dieses Systems waren die Arbeiterkontrollkommissionen in den Institutionen und Betrieben, die auf freiwilligem gesellschaftlichem Engagement basierten.

23 Zekubu – Zentralnaja komissija po ulutscheniju byta utschonnych, dt.: Zentrale Kommission zur Verbesserung der Lebensbedingungen von Wissenschaftlern, 1920 gegründet von A.M. Gorki. Neben Wissenschaftlern wurden von der Zekubu auch Künstler, Literaten, Schauspieler und Musiker mit Vergünstigungen wie Lebensmittel- und Kleidungszuweisungen sowie Erholungsurlauben bedacht.

24 Grigori Jakowlewitsch Sokolnikow (eigentlich Brilliant) (1888–1939), Staats- und Parteifunktionär. 1922–1930 Mitglied des ZK der Allrussischen Kommunistischen Partei (Bolschewiki), 1924–1925 Kandidat für die Mitgliedschaft im Politbüro des ZK (Polititscheskoje bjuro Zentralnogo komiteta, dt.: Politisches Büro des Zentralkomitees). Seit 1929 in diplomatischer Tätigkeit. Im Januar 1937 wurde er vom Militärkollegium des Obersten Gerichtshofs der UdSSR zu 10 Jahren Haft verurteilt. Er starb im Gefängnis. 1988 rehabilitiert. Im Brief an seine Mutter vom 22. November 1928 (Nr. 16814/31) teilt DSCH seine neue Adresse mit: „Moskau. Arbat. Karmanizkij pereulok, Haus 3, Whg. 7. An G.J. Sokolnikow, für mich."

25 Picadilly – Kino am Newski-Prospekt 60, jetzt „Aurora".

26 Die Rede ist von der Vorführung des Films *Das neue Babylon* mit der Musik von DSCH, die, einer Idee von Kosinzew entsprechend, den Film in allen Kinos begleiten sollte. Das war eine Neuheit, da vorher Stummfilme von unterschiedlichen Musiken begleitet wurden, entsprechend dem Geschmack und den Fähigkeiten des Pianisten oder der Ensembles, die in den unterschiedlichen Kinos arbeiteten.

27 Michail Wladimirowitsch Wladimirow (eigentlich Moissej Mejerowitsch Itzegson) (1870–1932), Dirigent. 1928–1932 leitete er einen Kurs für Bläserinstrumentation am Leningrader Staatlichen Konservatorium. Er arbeitete im Orchester des Filmtheaters Picadilly.

28 *Der letzte Mann*: Film des deutschen Filmregisseurs Friedrich Wilhelm Murnau (1925, Drehbuch K. Maier), der in die Geschichte des Films einging als klassisches Beispiel für die Gattung Kammerspiel. Die meisterhafte Beherrschung des Arsenals der filmischen Mittel und die aktive Anwendung der beweglichen Kamera erlaubten dem Regisseur, auf die dem Stummfilm eigenen Zwischentitel zu verzichten.

29 Selik Jakowlewitsch Schtejman, richtig offenbar Schtejnman (in der Presse begegnen beide Schreibweisen), Theaterkritiker, Mitglied der LAPP (Leningradskaja assoziazija proletarskich pisatelej, dt.: Leningrader Assoziation proletarischer Schriftsteller). In dem Vortrag vor der Diskussion sprach er im Einzelnen von der grundlegenden Uninformiertheit der örtlichen Theaterkritiken. Die Kritiker, die Redaktion der lokalen Zeitung und die Leitung der Noworossijsker Assoziation proletarischer Schriftsteller beschuldigten den Vortragenden ihrerseits, die Theaterpolitik der Partei falsch einzuschätzen. Aufgrund der gegenseitigen Beschuldigungen wurde Schtejnman im Mai 1929 aus der LAPP, die ihn gesandt hatte, den Vortrag zu halten, ausgeschlossen.

30 Die Rote Abendzeitung (auch Rote Zeitung, Abendausgabe) – Titel der 1918–1919 und 1922–1936 erscheinenden Abendausgabe des Organs des Leningrader Stadtkomitees der Allrussischen Kommunistischen Partei (Bolschewiki) und des Leningrader Rats der deputierten Arbeiter, Bauern und Rotarmisten.

31 Georgi Jefimowitsch Gorbatschow (1897–1942), Kritiker, Literaturwissenschaftler, seit 1923 Dozent an der Leningrader Universität. Mitglied der RAPP (Rossijkaja assoziazija proletarskich pisatelej, dt.: Russische Assoziation proletarischer Schriftsteller). In der Mitteilung bezüglich des Disputs, die DSCH erwähnt, heißt es: „Geplant ist ein Auftritt des bekannten Leningrader Kritikers, des Genossen Gorbatschow“ (Theater und Gegenwart, in: Rotes Schwarzmeer, 6. Juli 1929).

32 *Der stählerne Schritt – Le pas d'acier op. 41*, Ballett von Sergei Prokofjew auf ein Libretto von G.B. Jakulow und Prokofjew (1924). Die Premiere fand am 7. Juni 1927 in Paris statt (Choreographie Leonid Massine). Die Rede ist von einem Artikel von Juri Keldysch, der das Ballett, wie er selbst einräumte, nach dem Klavierauszug und nach Besprechungen der internationalen Presse über die Pariser Aufführung beurteilte. In dem Artikel wird im Einzelnen gesagt: „Warum ist der Stählerne Schritt Prokofjew nicht gelungen und macht einen so schwachen Eindruck? Weil dem Werk etwas Verlogenes und Steifheit zugrunde liegt. Die Autoren fanden nur einen rein bourgeoisen, kleinbürgerlichen Zugang zur Interpretation der Phänomene und Typen der Revolution [...] Prokofjew gehört ganz und gar zu einer höchst reaktionären und uns offen feindlich gesinnten Richtung der bourgeoisen Kunst (J. Keldysch: „Der stählerne Schritt“ und sein Autor Prokofjew, in: Der proletarische Musiker. 1929, Nr. 6, S. 18–19).

33 Viktor Fjodorowitsch Smirnow, Direktor des MChAT II von September 1929 bis Juli 1930, Librettist von DSCHs Ballett *Der Bolzen*.

34 Irina Alexandrowna Tscharnozkaja (geb. 1908), Balletttänzerin des GABT (Gosudarstwennyj akademitscheskij Bolschoi teatr, dt.: Staatliches Akademisches Großes Theater Moskau).

35 Im Brief an seine Mutter vom 12. Februar 1928 (Nr. 16814/52) berichtet DSCH, dass die Komponisten der Region am 13. Februar für ihn einen Abend mit ihren Werken veranstalten und dass sein Vortrag für die Rostower Musiker (Die gegenwärtige Lage der musikalischen Kunst) am 14. stattfindet.

36 Alexander Nikolajewitsch Afinogenow (1904–1941), Autor von Theaterstücken.

37 Die knappe Erinnerung Schostakowitschs an Majakowski in Erfahrungen geht nur auf die Persönlichkeit Majakowskis und seine Haltung zur Schauspielmusik der *Wanze* ein

38 Thea-Jazz (Theater-Jazz) – Anfängliche Ausrichtung des Jazzorchesters von L.O. Utjossow (1929), die seinem Ensemble den Namen gab, später war die Ausrichtung Unterhaltungsmusik mit Elementen von Revue und Vaudeville, wie sie in der ersten Hälfte der 1930er Jahre weit verbreitet war.

39 TRAM-Zirkel von Gudauty – regionale Vereinigung der Arbeiterjugendtheater in Gudauty. Die Laienbewegung des Arbeitertheaters, deren Ideologe M.W. Sokolowski, der 1925 das Leningrader TRAM gegründet hatte, war bis zur Mitte der 1930er Jahre im ganzen Land weit verbreitet.

40 *Allein* – Kinofilm mit Musik von DSCH. Drehbuch und Regie Grigori Kosinzew und Leonid Trauberg, Kameramann: A.N. Moskwin, Ausstattung: Je.Je. Jenej, Ton: Leo Arnstam.

41 Nikolai Petrowitsch Malkow (1882–1942), Musikwissenschaftler, Musikkritiker.

42 Solomon Semjonowitsch Podolski (1900–1974), Theaterkritiker. Anfang der 1930er Jahr stellvertretender Redakteur der Zeitschrift Sowjetisches Theater.

43 Adrian Iwanowitsch Piotrowski (1898–1938), Theaterwissenschaftler und -autor, Kritiker. Piotrowski war Schüler Meyerholds. Als Mitglied der Gruppe „formalistisches Petersburg OPOJAZ“ (Obschtschestwo isutschenija poetitscheskogo jazyka, dt.: Gesellschaft für das Studium der poetischen Sprache) schrieb und inszenierte er ab 1919 Theaterstücke am Volkskomödien-Theater (Teatr Narodnoj komedii). Er lehrte in der Abteilung für Geschichte und Theorie des Theaters (1920 gegründet) am Staatlichen Institut für Geschichte der Künste (GIII). Von 1925–1932 Leiter der Literaturabteilung des Leningrader TRAM, das bis 1930 wegen „Formalismus“ unter Beschuss geraten war. S. Podolski kritisierte scharf Piotrowskis Artikel, die sich mit den Problemen des Schauspielers am TRAM befassten (Arbeiter und Theater, 1930, Nr. 36 und 43), und warf ihm Formalismus vor. Podolski bezog sich auf einen Artikel über das TRAM aus dem Jahr 1929 (Swesda, Nr. 4), in dem die Arbeit des Schauspielers vermeintlich mit der Musik und der Inszenierung gleichgestellt wurde. Podolski forderte, dass Piotrowski seine formalistischen Fehler bekennen möge, die sich auf die künstlerische Arbeit des TRAM vernichtend auswirkten.
Im Mai 1931 inszenierte Piotrowski *Rule, Britannia* mit Musik von DSCH. In seiner Zeit (1928–1937) als künstlerischer Leiter des Leningrader

Sowkino arbeitete er u. a. mit Prokofjew bei dessen Ballett *Romeo und Julia* zusammen (1934). Am 6. Februar 1936 wurde Piotrowski in einem Leitartikel der Prawda für sein Libretto (geschrieben in Zusammenarbeit mit F. Lopuchow) zum Ballett *Der helle Bach* (mit Musik von DSCH) angegriffen. Er wurde vom NKWD im November 1937 verhaftetet und in der Haft erschossen.

44 „Stellenwechsler" nannte man damals die Leute, die häufig den Arbeitsplatz wechselten.

45 „Poz" – ein Begriff, der im Jiddischen das gleiche meint wie der italienische „cazzo".

46 Sara Alexandrowna Lewina (auch Zara Levina) (1906–1976), Komponistin. Studierte in Moskau Komposition bei Nikolai Mjaskowski und Reinhold Glière.

47 Anspielung auf die bekannte Episode, wie Sollertinski, der die Musik von Skrjabin nicht mochte, in einer Vorlesung ungefähr folgendes sagte: „Zur glänzenden Plejade der Komponisten vom Ende des 19. und Anfang des 20. Jahrhunderts gehören Arenski, Tscherepnin, Persijaninow, Slatowratski und andere. Skrjabin nahm, wenn nicht den ersten, so doch bei weitem nicht den letzten Platz ein". In dieser Aufzählung standen neben realen Komponisten wie Arenski und Tscherepnin der zweitrangige Schriftsteller Nikolai Nikolajewitsch Slatowratski und eine erfundene Person: Persijaninow. Schostakowitsch benutzt hier eine andere Schreibweise.

48 Literaturnaja Gaseta (Literaturzeitung) – russische Kulturzeitung, die seit 1830 erscheint.

49 Hier spricht Moskau – Zeitschrift, die 1929 drei Mal monatlich im Verlag des Volkskommissariats für Industrie und Technik unter der Redaktion des Leiters der Rundfunkanstalten, N.I. Smirnow erschien. DSCH verfolgte die Diskussion unter der Überschrift Über die proletarische Musik im Rundfunk, die in den Nummern 23–24 und 25 dieser Zeitschrift geführt wurde. Die polemische Auseinandersetzung wurde hervorgerufen durch eine Erklärung von Mitgliedern der WAPM (Wserossijskaja assoziazija proletarskich muzykantow, dt.: Allrussische Assoziation proletarischer Musiker), in der unter Verwendung von anprangernder ideologischer Drohgebärde die Behauptung aufgestellt wurde, die Rundfunkanstalten entstellten bewusst und in Schädigungsabsicht die Werke der Komponisten der WAPM. In den Nummern 23 und 24 wird in den Artikeln von K. Iwantschikow (Rekord des Konjunkturrittertums, S. 4–5) und „Swoj" (Verlass mich nicht..., S. 5) eine analytische Untersuchung der Lieder *Proletarier aller Länder, vereinigt euch* von V. Belyj und *Die Pioniere des 1. Mai* von A. Davidenko vorgelegt, in denen Motive der *Marseillaise*, der populären *Melodie Sing, Schwalbe, sing* und eines Lieds von Kurtis *Verlass mich nicht* entlehnt werden. Die Kritiker sprechen von Perversität des musikalischen Denkens und rufen auf, sich „von den Schnellschreibern und Anpassern abzugrenzen". Ein Kritiker mit dem Pseudonym Florestan schreibt von gegenseitigen Kränkungen der Komponisten (ablehnende Haltung der Interpreten gegenüber dem Werk) und Interpreten (einerseits Komplexität von Faktur und Intonation, andererseits „Vereinfachung, falsches Pathos, Weinerlichkeit"); er ruft dann auf, sich „unbegründeter Beschuldigungen (Schädlichkeit, Feindschaft, Stumpfsinnigkeit) zu ent-

halten", um eine gemeinsame „brüderliche Unterstützung bei der allgemeinen großen politischen Wichtigkeit der kulturpolitischen Arbeit zu erreichen". Während DSCH sich in Gudauty aufhält, verfolgt er diese Diskussion aufmerksam (s. die Briefe 34–37), möchte sich an ihr beteiligen und wartet ungeduldig auf die Veröffentlichung der Nummer 25 der Zeitschrift, in der die an der Auseinandersetzung Beteiligten einander ein und dieselben Beschuldigungen vorwerfen – nämlich, dass die Ziele und strategischen Aufgaben der proletarischen Kunst nicht verstanden würden. In den Nummern 26 und 27 wurde die Diskussion fortgesetzt und die Kritik an den Mitgliedern der WAPM verschärft (s. Terzett: Unter dem proletarischen Schleier; Florestan: Die Kompositionstechnik beherrschen; K. Iwantschikow: Ein Blick auf Belyj und Davidenko; Bljum: Die RAPM und Stokowski). Der Reaktion von DSCH nach zu urteilen, brachte der Streit die Partei-Reihen durcheinander und er musste sich, unerwartet für ihn, mit Kritikern solidarisieren, die ihm zuvor nicht nahegestanden hatten (s. Brief 37). Die Schwere der gegenseitigen Beschuldigungen im Verlauf der Diskussion, die Suche nach „Klassenfeinden" veranlasst DSCH, Unannehmlichkeiten für eine Reihe von Komponisten, u. a. ihn selbst, zu prognostizieren.

50 Der von DSCH erwähnte Brief konnte nicht aufgefunden werden – wahrscheinlich wurde er nicht publiziert. Im Zusammenhang damit rief ein Artikel von DSCH Deklaration der Pflichten des Komponisten in der Zeitschrift Arbeiter und Theater (1931. Nr. 31. S. 6) eine breite Diskussion hervor. DSCH schreibt über professionelle und ideologische Aspekte der angewandten Musik, kritisiert scharf die Musiktheater und die Methoden ihrer Arbeit, bewertet seine Ballette als „grausiges Versagen" und verspricht, für die nächsten 5 Jahre mit der angewandten Musik zu brechen, um für sich „den Weg zu klären zu einer großen Symphonie, die dem 15. Jahrestag der Oktoberrevolution gewidmet ist". Die Symphonie wurde freilich nicht geschrieben.

51 Witali Ignatjewitsch Kiltschewski (1899–1986), Sänger (Tenor). In den 1920er Jahren studierte er am Institut für Volkswirtschaft und absolvierte drei Gesangskurse an der musikalischen Spezialschule. 1930–1935 lehrte er am Leningrader Konservatorium dialektischen und historischen Materialismus. Gleichzeitig unterrichtete er dort in der Gesangsabteilung, war Solist im Opernstudio des Konservatoriums. Seit 1933 war er Solist am Malegot, seit 1944 am GATOB, von 1947 bis 1955 am Bolschoi Theater. In den Jahren seiner Tätigkeit bei der RAPM stand er aktiv auf der Seite der Bewegung proletarischer Musiker. Seit 1931 war er Mitglied der Leitung des LAPM. Er wurde gedruckt in der Zeitschrift Der proletarische Musiker, auf deren Seiten er unterstrich, dass das Massenlied eine unerlässliche Etappe auf dem Weg zur sowjetischen Symphonik sei. Die von DSCH erwartete „vernichtende Erwiderung" Kiltschewskis wurde von der Zeitschrift Hier spricht Moskau nicht publiziert.

52 N.I. Smirnow, Vorsitzender der Radioleitung (s. Kommentar 3 zum Brief 34). In der Diskussion um die Repertoirepolitik bei Radiosendungen bewertet Smirnow (Hier spricht Moskau, 1931, Nr. 25) die *Marseillaise* als Hymne der Konterrevolution Frankreichs. Er verurteilt den Kritiker L.N.

Lebedinski, der die Unvorsichtigkeit besaß, die *Marseillaise* ein geniales Werk zu nennen.

53 Offensichtlich Felix Jakowlewitsch Kon (1864–1941), Parteifunktionär, Redakteur verschiedener Zeitungen. Seit 1931 Vorsitzender des Allunions-Radiokomitees.

54 K. Iwantschikow – Teilnehmer der Diskussion, die sich in der Zeitschrift Hier spricht Moskau entfaltete (s. Kommentar 3 zu Brief 34). Möglicherweise ist das Wladimir Iwanowitsch Bljum (1877–1941), der häufig unter dem Pseudonym Iwantschikow auftrat.

55 Viktor Aronowitsch (Arkadjewitsch) Belyj (1904–1983), Komponist, Musikfunktionär. *Proletarier aller Völker* – ein Lied auf Worte von N.S. Minski, ediert im Moskauer Musgis im Jahr 1931.

56 Florestan – ein Pseudonym, das in der Zeit eine ganze Reihe von Autoren benutzte: Wladimir Wladimirowitsch Derschanowski (1881–1942), Musikkritiker; Polujanow, Mitarbeiter der Zeitschrift Hier spricht Moskau; David Abramowitsch Rabinowitsch (1900–1978), Musikwissenschaftler, 1930–1933 Leiter der Buchredaktion des Musgis. Unter dem Pseudonym „Swoj" (s. Kommentar 3 zu Brief 34) trat in dieser Zeit häufig Boris Sacharowitsch Schumjazki hervor.

57 DSCH, der in Gudauty die nächste Nummer der Zeitschrift erwartete, wusste noch nicht, dass die am 21. September erschienene Nummer 26/27 die letzte in der Geschichte dieser Publikation werden sollte. Sie wurde eingestellt, und seit Oktober 1931 begann an ihrer Stelle die Zeitschrift Hier spricht die UdSSR zu erscheinen, unter der Redaktion von F.Ja. Kon. Im redaktionellen Artikel der ersten Nummer der Zeitschrift wurde erklärt, dass Hier spricht die UdSSR einen unversöhnlichen Kampf führen werde gegen bürgerliche und kleinbürgerliche Theorien und Praktiken der künstlerischen Radioübertragung mit Unterstützung von RAPP, RAPM und anderen Vereinigungen proletarischen Charakters. In einer Anmerkung Von der Redaktion wurde der Schlussstrich gezogen unter die Diskussion über proletarische Musik. Nachdem Hier spricht die UdSSR den Lesern den Beschluss des Sekretariats der RAPM mitgeteilt hatte, auf die in der Zeitschrift Hier spricht Moskau abgedruckten Artikel mit der Entfaltung der Massenarbeit an der Front der proletarischen Musik zu antworten, versicherte die Zeitschrift: „Indem die Redaktion diesen Beschluss der RAPM begrüßt, hält sie es für nötig, zu erklären, dass die Organisation der RAPM in der Redaktion die freundschaftlichste Unterstützung ihrer Arbeit findet, was eine freundschaftliche Kritik nicht ausschließt" (S. 4).

58 Alexander Wassiljewitsch Mossolow (1900–1973), Komponist. 1925 absolvierte er das Moskauer Konservatorium in der Klasse von Nikolai Mjaskowski. In den 1930er Jahren schrieb er eine Reihe von Werken urbanistischen und konstruktivistischen Charakters – Lieder auf Texte von Zeitungsannoncen, die symphonische Episode *Die Eisengießerei* (Zawod, aus dem Ballett *Stahl* op. 19, 1926/28). Autor der Oper *Der Damm* (1929), die DSCH offensichtlich meint.

59 Allem Anschein nach meint DSCH Schaporins Oper *Die Dekabristen*, deren Libretto Alexei Tolstoi schrieb auf der Grundlage seines dramatischen Poems Polina Gebl (in Koautorenschaft mit P.E. Schtschegolew).

Der Schriftsteller stand bei den sowjetischen Machthabern in hoher Gunst.

60 Die Zugehörigkeit zur Kategorie der proletarischen Komponisten stellte die Bedingung dar für die Bevorzugung bei der Produktion und Aufführung von Werken.

61 Schaporin nahm in den 1920er und 1930er Jahren aktiv am Musikleben Leningrads teil: Er war Mitglied des Redaktionskollegiums im Verlag Triton, Leiter der Musikabteilung des BDT (Bolschoj dramatitscheskij teatr imeni Gorkogo, dt.: Großes dramatisches Theater oder Gorki-Theater in Leningrad). In den letzten Monaten der Existenz des LASM (1927–1928) stand er an der Spitze dieser Assoziation, die als Bollwerk des „formalistischen Modernismus“ angesehen wurde.

62 „Kutscherlied“ – das Lied des Kutschers O ihr Werste aus Schaporins Oper *Die Dekabristen.*

63 Sollertinskis Aufnahme in den Komponistenverband.

64 Leniskusstwo – Organ der Verwaltung theatralisch-schauspielerischer Einrichtungen bei der Leningrader Leitung des Narkompros (Narodnyj komissariat prosweschtschenija, dt.: Volkskommissariat für Bildung).

65 Michail Iwanowitsch Kurilko (1880–1969), Bühnenbildner und Architekt. 1924–1928 Hauptbühnenbildner am Bolschoi Theater. Autor des Szenarios und Schöpfer des Bühnenbildes für das Ballett *Roter Mohn* von Reinhold Glière. Man versteht den Witz nur, wenn man weiß, dass Rauchsalon auf Russisch kurilka heißt.

66 Zitiert nach N.W. Lukjanowa: Dmitri Dmitrijewitsch Schostakowitsch. Berlin (Ost) 1982, S.87f

67 A. Gladkowski, A. Zurmühlen: Die Komponistensektion des Lenbaltischen LOKAF, in: Arbeiter und Theater 1931, Nr. 32–33, S. 11. Zitiert nach Briefe an Sollertinski, Anm. 2 zu Brief 73

68 Zitiert nach Boris Schwarz: Musik und Musikleben in der Sowjetunion. 1917 bis zur Gegenwart. 3 Bände, Wilhelmshaven 1982, S. 217

69 Lenin: Werke, Band 31, S. 308

70 Zusammen mit seinem Lehrer Michail Ippolitow-Iwanow, mit Alexander Goldenweiser, Konstantin Igumnow, Reinhold Glière, Alexander Alexandrow, Alexander Goedicke, Alexander Krein, Samuil Feinberg und Nikolai Mjaskowski.

71 1932/1933 wurden in allen Institutionen „Säuberungs“-Versammlungen durchgeführt, auf denen jeder Mitarbeiter seine Biografie erzählen musste und Antwort geben auf Fragen nach seiner sozialen Herkunft, seiner Verwandtschaft, seiner Zugehörigkeit zu den Parteien der Sozialrevolutionäre, der Menschewiki usw. Diejenigen, die Beziehungen zum Adel und der Geistlichkeit hatten, wurden nicht selten „ausgesäubert“ – sie konnten entlassen, aus dem Arbeitsverband ausgeschlossen und sogar der Stadt verwiesen werden.

72 N.Ja. Rochlin, seit 1930 Leiter des Staatlichen Hauses des Volkes in Moskau.

73 Die Rede ist von den Proben im Musiktheater Nemirowitsch-Dantschenko.

74 Musgis – Gosudarstwennoje Musykalnoje isdatelstwo, dt.: Staatlicher Musikverlag

75 Ossip Maximowitsch Brik (1888–1945), Schriftsteller, Literaturwissenschaftler. Valery Viktorowitsch Schelobinski (1913–1946), Komponist. Am 14. November 1933 veranstaltete die Redaktion der Zeitschrift Sowjetische Kunst im Domizil des Zeitschriften- und Zeitungsverbands (Strastnoj-Boulevard 11) eine Anhörung und Beurteilung von Schelobinskis Oper *Der Kamarinsker Bauer* auf ein Libretto von Brik.

76 In der Zeitschrift Sowjetische Kunst waren folgende Worte aus dem Auftritt von DSCH angeführt: „Die Oper [...] erschien als eigentümliche Realisierung der Verfügung des ZK der Partei vom 23. April, denn als Resultat dieses Erlasses wurden für den jungen Komponisten Schelobinski herrliche Bedingungen für sein Schaffen hergestellt“. Im weiteren schrieb der Autor des Berichtes: „Was den Text der Oper anlangt, bemerkt Genosse Schostakowitsch, dass er sich nicht nur gut liest, sondern sich auch gut singt. Und Genosse Schostakowitsch unterstreicht, dass das Libretto des Kamarinsker Bauern einen Stil der sowjetischen Opernkunst etabliert, dass man Ossip Brik als Begründer des sowjetischen Opernlibrettos ansehen könne. Allein der Oper sei der Mangel eigen, dass das Schicksal seiner Helden nicht genug den Zuschauer bewegt, dass in der Oper kein dramatischer Kern zu greifen sei. Indem er eine ‚gewisse Zähigkeit des musikalischen Gedankens‘ anmerkt, weist D. Schostakowitsch darauf hin, dass Schelobinski bei der Arbeit an der Oper schöpferisch wuchs, indem er die durchwegs freundschaftliche und genossenschaftliche Hilfe von Seiten des Leningrader Kleinen Operntheaters nutzte, das unmittelbaren Anteil nahm an der Entstehung der Oper“ (Deka: Eine neue sowjetische Oper: Bei der Anhörung des „Kamarinsker Bauern“ in der Redaktion der „Sowjetischen Kunst“, in: Sowjetische Kunst, 1933, Nr. 53, 20. November, S. 1).

77 DSCH meint offensichtlich den am 23. April 1932 herausgekommenen Erlass des ZK der WKP (b) „Über die Umgestaltung der Organisation von Literatur und Kunst“, mit dem alle früher existierenden künstlerischen Gruppierungen und Gesellschaften liquidiert wurden, wobei die Akteure jedes Kunstzweigs zu einem Einheitsverband vereinigt wurden. Eines der Resultate des Erlasses war die Liquidierung der RAPM, deren Mitglieder ständig über DSCH hergefallen waren.

78 Gemeint ist der Komponistenverband. DSCH drückte 1934 in einem Brief an L.T. Atowmian vom 24. Februar die Befürchtung aus, dass er, indem er Chubow (s. Anm. 4 zu Brief 103) und Tscheljapow (s. Anm. 5 zu Brief 62) Dilettanten nannte, sich beide zu heftigen Feinden gemacht habe. DSCH schätzte, dass sie über die Oper argumentieren würden, „ohne dass sie ein Verständnis dafür haben, was diese Oper ist“ (Dmitri Schostakowitsch in Briefen und Dokumenten, S. 218).

79 Nikolai Iwanowitsch Tscheljapow (1889–1941), von 1932–1936 Vorsitzender der Moskauer Abteilung des Komponistenverbandes.

80 Viktor Markowitsch Gorodinski (1902–1959), Musikwissenschaftler, Kritiker, Musikfunktionär. 1929–1936 war er Mitglied im ZK des Rabis (Professionalnyj sojus rabotnikow iskusstw, dt.: Berufsverband der Kunstarbeiter), 1935–1937 Assistent des Leiters, dann selbst Leiter der Abteilung für kulturelle Aufklärung beim ZK der WKP (b).

81 Nicht identifizierte Person.

82 „Theater P.R.S.A.R.N. von Simonow" – Teatr pod rukowodstwom sasluschennogo artista Respubliki R.N. Simonowa, dt.: Theater unter der Leitung des Verdienten Künstlers R.N. Simonow". Ruben Nikolajewitsch Simonow (1899–1968), Schauspieler und Regisseur. Seit 1924 Regisseur (seit 1939 Hauptregisseur) am Wachtangow-Theater: 1928–1937 leitete er außerdem ein Theaterstudio, das einging in das System der Wandertheater unter Leitung der Moskauer Schauspielunternehmen, die sich an das Arbeiterpublikum richteten.

83 In den 1930er und 1940er Jahren war L.K. Knipper stellvertretender Vorsitzender des Komponistenverbands der UdSSR und leitete dort verschiedenen Sektionen und Kommissionen. Dmitri Kabalewski nahm in jenen Jahren keinen offiziellen Posten ein, engagierte sich aber schon bei der Durchführung der Parteilinie in der Musik.

84 Andrei Alexandrowitsch Zurmühlen (1894–?), Komponist. Er schrieb Musik für das Theater des Proletkult und andere Theaterkollektive. Er, der einige Sprachen fließend beherrschte, bereitete zusammen mit dem Professor am Leningrader Konservatorium M.M. Tschernow die Übersetzung der Instrumentationslehre von H. Berlioz/R. Strauss zur Edition vor, deren Publikation der Krieg verhinderte. Mit dem Beginn der Kriegshandlungen erhielt Zurmühlen – 47jähriger Flottenkommandeur im Ruhestand – die Einberufung auf ein Kriegsschiff. Die Zeit und Umstände seines Untergangs festzustellen ist nicht gelungen.

85 W.Je. Jochelson war verantwortlicher Sekretär und DSCH und A.A. Aschkenasi Mitglieder der Leitung des LSSK. Eine sowjetische Kontrollkommission bemerkte nach der Untersuchung der finanziellen Tätigkeit der Gesellschaft im Juli 1934 in ihrer Akte unbegründete finanzielle Mehrausgaben. DSCH und Aschkenasi legten Erklärungen in dieser Frage vor. Die Kommission bestand darauf, dass die Leitung des LSSK anerkenne, sie habe Fehler durchgehen lassen. In einem Brief an Lewon Atowmian vom 13. September 1934 schrieb DSCH: „Im SSK läuft es derzeit, meiner Meinung nach, gut. Wir stellen morgen ein Dokument im Namen der Leitung zusammen betreffs der finanziellen und organisatorischen Angelegenheiten. Das Dokument geht zur sowjetischen Kontrollkommission. Wenn letztere es absegnet, wird alles in Ordnung sein, und Aschkenasi wie Jochelson fahren weg, um sich zu erholen und ihre Gesundheit wiederherzustellen. Und Zurmühlen wird bloßgestellt. Diesen Hundesohn vertreibe ich im Handumdrehen aus der Vereinigung" (Dmitrij Šostakovič v pis′mach i dokumentach [D. Sch. in Briefen und Dokumenten], S. 223). DSCH hat wahrscheinlich nicht vergessen, dass 1931 Andrei Zurmühlen zusammen mit dem Komponisten A.P. Gladkowski mit einer scharfen Kritik an der Deklaration der Rechte des Komponisten hervortrat, die in der Zeitschrift Arbeiter und Theater (Nr. 31) veröffentlicht worden war. Ihrem Standpunkt nach „konnte die Deklaration nicht als einzelner Ausrutscher eines ‚enttäuschten' Komponisten betrachtet werden, sondern musste in Verbindung gebracht werden mit der Verschärfung des Klassenkampfes an der musikalischen Front in der letzten Zeit". DSCH wurde der Entfremdung von den Massen und ihrer lebendigen musikalischen Aktivität bezichtigt (A. Gladkowski, A. Zurmühlen: Die Komponistensektion des Lenbaltischen LOKAF, in: Arbeiter und Theater 1931, Nr. 32–33, S. 11).

86 „Die sowjetische Kontrollkommission hat den Erlass des Vorstands des LSSK3 bezüglich der Überprüfung des letzteren bestätigt. Demzufolge liegen die Dinge in dieser Angelegenheit günstig. Ich möchte sehr, dass Aschkenasi und Jochelson in Urlaub fahren würden. Der eine wie der andere sieht äußerst schlecht aus, beide sind leichenblass. Sie müssen sich unbedingt erholen."

87 Wassili Rafalowitsch.

88 DSCH verwendet hier das Wörtchen „fuk" aus dem Wortschatz von Sobakewitsch (Nikolai Gogol: Tote Seelen, Bd. 1, Kap. 5), das ebenso in der Oper *Die Nase* benutzt wird (8. Szene, Intermedium).

89 Der von DSCH angeführte Zweizeiler von Alexander Skrjabin aus dem literarischen Programm des *Poème de l'Extase* lautet in der Originalausgabe so: „Doch wodurch wird verdunkelt / dieser freudige Augenblick? / Eben dadurch, / dass das Ziel erreicht ist" (A.N. Skrjabin: Poe˙ma e˙kstaza [Poème de l'Extase], in: Russkie propilei [Russische Propyläen], Moskau 1919, Bd. 6: Materialy po istorii russkoj mysli i literatury [Materialien zur Geschichte des russischen Denkens und der Literatur] / gesammelt und zum Druck vorbereitet von M. Geršenzon, S. 195).

90 Vier Tage später, am 21. Juli, als DSCH der Mutter in einem Brief (Nr. 16287/71) das Ende der Ermittlungen gegen W.Je. Rafalowitsch mitteilt, schreibt er mit Begeisterung, dass er stolz sei auf seine Überzeugung von einem positiven Ausgang und froh, dass er nach Maßgabe seiner Kräfte Rafalowitsch geholfen habe. 1938 jedoch, als Rafalowitsch schon der Leiter der Literaturrepertoire-Abteilung des MChAT war, wurde er Repressionen ausgesetzt und kehrte zu seiner Theatertätigkeit erst 1955 zurück.

91 Das Ballett *Der helle Bach* auf ein Libretto von F.W. Lopuchow und A.I. Piotrowski. Die Premiere war im Malegot am 4. Juni 1935, Choreograph F.W. Lopuchow, Ausstatter M.P. Bobyschow, Dirigent P.E. Feldt.

92 Die Rede ist von der 1. Symphonie von Gawriil Popow, deren Aufführung nach ihrer Premiere am 22. März 1935 im Großen Saal der Leningrader Philharmonie unter der Leitung von Fritz Stiedry der Vorsitzende der Leningrader Verwaltung für die Kontrolle von Schauspiel und Repertoire, B.P. Obnorski, verbot. Am 29. März 1935 trat in der Abendausgabe der Roten Zeitung W.Je. Jochelson mit einem Artikel „Mit fremder Stimme" hervor, in dem er die Symphonie kritisierte, weil sie „ein subjektivistisch begrenztes Abbild der Wirklichkeit" gebe und sie eben damit entstelle. Ende April 1935 hob der Vorsitzende der Hauptverwaltung für Kontrolle von Schauspiel und Repertoire, O.S. Litowski, die Anordnung von Obnorski auf. Nach einem Brief von DSCH zu urteilen, unterstützte ihn auch der Vorsitzende des ZK von Rabis, Ja.O. Bojarski. Jedoch wurde die Symphonie nicht wieder aufgeführt.

93 Repertuarnyj komitet, dt.: Repertoirekomitee

94 Alexei Iwanowitsch Stezki (1896–1938), sowjetischer Parteiaktivist, 1930–1938 Leiter der Abteilung für Agitation und Propaganda im ZK der WKP (b). Stezki wurde im April 1938 verhaftet und im August 1938 erschossen.

95 Erst einmal kurz zu meinen Angelegenheiten. Heute wurde fast der gesamte *Helle Bach* probiert. Ich habe mir die Hälfte des 1. Akts angesehen und bin dann gegangen. Den Grund dafür teile ich weiter unten mit. Heute Abend habe ich Fajer angerufen und gefragt: Wie steht's? Seinen Worten und sei-

nem Tonfall entnahm ich, dass die Dinge nicht gut stehen. Das einzige, wovon alle begeistert sind, ist meine Musik. Kurz, er sucht mich heute um 12 Uhr in der Nacht auf und berichtet ausführlicher. Auch Lopuchow habe ich angerufen. Dieser teilte mir mit munterer Stimme mit: „Es waren 36 Arbeiter aus Moskauer Fabriken da. Sie sind begeistert. Arkanow ist kategorisch gegen die Aufführung. Mutnych kategorisch dafür." Kurz: Ich bin um 10 Uhr abends bei ihm, und er berichtet ausführlicher. Meine Meinung zu all diesem kennst Du. Ich glaube, dass die Linie von Arkanow die Oberhand gewinnt, denn er wird von den „Beleidigten" unterstützt. Am 21. kommt I.A. Akulow und schaut sich das Stück an und muss dann über Sein oder Nichtsein des *Hellen Bachs* entscheiden. Demzufolge wird also am 21. alles klar sein. Ich bin diesbezüglich vollkommen gelassen und meine, dass man keine Kampagne in der „Iswestija" oder anderen Presseorganen aufziehen sollte. Das Einzige, das mich quält, ist Lopuchow. Seinetwegen täte es mir schrecklich leid, wenn das ganze Unterfangen platzt. Er ist ein sehr guter Mensch, und ich mag ihn aufrichtig gern. Ich bitte Dich sehr, über all das mit niemandem zu sprechen.

96 *Der stille Don*, eine Oper von Iwan Iwanowitsch Dserschinski, Libretto von L.I. Dserschinski nach Motiven des gleichnamigen Romans von Michail A. Scholochow, gewidmet DSCH. Premiere am 22. Oktober 1935 im Malegot. Dirigent Samuil Samossud, Ausstatter M.A. Tereschkowitsch, Regisseur S.W. Sakussow, Bühnenbildner G.P. Rudi. DSCH hatte eine unmittelbare Beziehung zu dieser Oper. Maximilian Steinberg schrieb: „Die Oper wurde in menschlicher Hinsicht unter großen Anstrengungen von Samossud und Schostakowitsch hervorgebracht. Dank dessen klingt alles befriedigend. (Šostakovič v dnevnikach M. O. Štejnberga [Schostakowitsch in den Tagebüchern Maximilian Steinbergs], publiziert und kommentiert von O. Dansker, in: Šostakovič: meždu mgnoveniem i več'nost' ju [Schostakowitsch: Zwischen Augenblick und Ewigkeit], S. 115). Die Gastspiele des Malegot wurden mit dem Stück *Der stille Don* eröffnet in den Räumlichkeiten einer Filiale des Bolschoi Theaters.

97 Jelisaweta Isaakowna Kann-Nowikowa (geb. Kogan, nach ihrem Mann Nowikowa) (1902–1975), Musikwissenschaftlerin. In der Rezension der Opernaufführung *Der stille Don* bemerkte Kann-Nowikowa die Wärme, mit der vom Autor die Bilder der Aksinja und des Kutschers Saschka gezeichnet sind, auch die emotionale Bewegtheit einiger Episoden und schrieb: „Doch bei aller unstreitigen Begabung ist es dem jungen Komponisten noch nicht gelungen, sich auf einen selbstständigen Weg zu begeben." Unter Hinweis auf den Eklektizismus der Musik hält die Rezensentin dafür, dass das weitaus größte, ernsthafte Gebrechen der Oper die unzureichende Kompositionstechnik sei (Je.I. Kann: Zwei sowjetische Opern (über den *Stillen Don* und den *Kamarinsker Bauern*), in: Moskau am Abend 1935. 7. Januar).

98 Pawel Iwanowitsch Blaramberg (1841–1907), Komponist, Professor der musikdramatischen Schule der Moskauer Philharmonischen Gesellschaft.

99 Alexander Nikolajewitsch Serow (1820–1871), russischer Komponist und Musikkritiker und Vater des Malers Walentin Serow. Serows Bewunderung für Richard Wagner machte ihn dem Mächtigen Häuflein suspekt.

100 Malegot: Kleines Opernhaus Leningrad

101 Die Produktion des Moskauer Nemirowitsch-Dantschenko-Theaters lief unter dem Titel *Katerina Ismajlowa* in der Filiale des Bolschoi Theaters.

102 Am 5. Januar 1936 wurde in der Zeitung Moskau am Abend ein Artikel von DSCH publiziert „Über den Stillen Don von I. Dserschinski“. DSCH schreibt, dass er mit dieser Oper vor drei Jahren bekannt wurde. „Ungeachtet des Skizzencharakters und der Unfertigkeit des Materials fühlte ich die große Begabung des Autors, der sich zum ersten Mal an die Oper machte […]. Was hauptsächlich ‚ins Ohr‘ fiel, war eine gewisse Unerfahrenheit in der Orchestrierung“. Über seine Unterstützung und Hilfe bei der Niederschrift der Oper verbreitet sich DSCH nicht, unterstreicht die Rolle des Theaters, insbesondere die von Samuil Samossud. Es gibt in dem Artikel auch Worte über die „Freude und den Stolz auf das sowjetische Musiktheater, das bereichert wird durch neue herausragende Werke“. Der Artikel wiederholt fast wörtlich den Text, der von DSCH am 15. Oktober 1935 in der Leningrader Prawda unter der Überschrift *Über den Stillen Don* (Zur Inszenierung im Kleinen Operntheater) veröffentlicht wurde.

103 Nikolai Feopemptowitsch Solowjow (1846–1916), Komponist, Musikkritiker. Solowjow unterrichtete am Sankt Petersburger Konservatorium.

104 Auf das Gastspiel nach Archangelsk begab sich DSCH mit V.L. Kubazki.

105 Seit 1936 arbeitete S.N. Gisin in der Verwaltung des Bolschoi Theaters.

106 Leonid Sergejewitsch Leontjew (1885–1942), Leiter der Ballett-Truppe des Marien-Theaters in den 1920er Jahren, stellvertretender Direktor in den 1930ern.

107 Das Telegramm ist datiert in Übereinstimmung mit dem Telegramm an Lewon Atowmian, das von Schostakowitsch aus Archangelsk abgeschickt wurde: „Danke für den Gruß. Komme am 5., Schostakowitsch“ (Dmitrij Šostakovič v pis′mach i dokumentach [Dmitri Schostakowitsch in Briefen und Dokumenten], S. 229). Offensichtlich ist das die Antwort auf den Vorschlag Sollertinskis, irgendwelche Schritte zu unternehmen in Verbindung mit dem Artikel „Chaos statt Musik“.

Nachweise

Die Texte dieses Buches bestehen aus Vorträgen, Rundfunksendungen und Aufsätzen über Schostakowitsch, die verstreut und kaum zugänglich waren. Wiederholungen bei Schlüsselmomenten dieses Komponistenlebens sind daher nicht zu vermeiden. Die Texte wurden für den Druck teilweise leicht überarbeitet.

Schostakowitsch und Sergej Prokofjew. Programmheft der Kölner Philharmonie und des Wiener Konzerthauses, 2003

Schostakowitsch und Hanns Eisler. Österreichische Musikzeitschrift ÖMZ 1/2017

Schostakowitsch und Theodor W. Adorno. Vortrag beim Symposium 2017 der Deutschen Schostakowitsch-Gesellschaft

Scherzo, Ironie, Satire und tiefere Bedeutung – Schuld und Unschuld der Ironie beim frühen Schostakowitsch. Vortrag beim Symposium 2015 der Deutschen Schostakowitsch-Gesellschaft

Sinfonie ohne Kopf – Schostakowitschs Sechste Sinfonie. Programmheft der Bayerischen Staatsoper – 4. Akademiekonzert 3.2.2015

Der Sieg des Kleinbürgertums über die Avantgarde – Schostakowitsch als Zeitzeuge. Neue Zürcher Zeitung, 1989

Schostakowitsch und Paul Hindemith. 1988

Schostakowitsch und Gustav Mahler. Vortrag an der Universität Freiburg, Studium generale, 21.10.2010

Brecht, Strawinsky und Schostakowitsch. Vortrag beim Kongress „Verfremdungen“ im Rahmen des Brecht Festival Augsburg, 2011

Schostakowitsch und Benjamin Britten. Vortrag beim Symposium 2013 der Deutschen Schostakowitsch-Gesellschaft im Rahmen der Internationalen Schostakowitsch-Tage in Gohrisch

Filmmusik von Dimitri Schostakowitsch. CD-Booklet für Capriccio, 1994

Lieder der Nacht, Nächte der Angst. Schostakowitsch-Heft der Zeitschrift Osteuropa, 2006

Rudolf Barschai. SWR2, 13.9.2006

Ein mausgrauer Komponist. Vortrag im Leipziger Gewandhaus zum 100. Geburtstag, 23. September 2006

The Noise of Time. Tip Berlin, 19.9.2001

Nutzlose Musik. Partituren, Heft 1, 2005

Die Maske. Vortrag am Musikwissenschaftlichen Seminar der Universität Bern, 1999

„Fünf Tage – fünf Nächte“. Vortrag bei den 1. Internationalen Schostakowitsch-Tagen Gohrisch, 2010

Akademische Fehltritte. Opernwelt 9/10 2000

Der große Zampano. Exposé zu einem nicht realisierten Puppenfilm, 1988

Der Vierzigjährige Krieg. Vortrag beim Symposium 2019 der Deutschen Schostakowitsch-Gesellschaft

Der Pomp des Untersuchungsrichters. Ausarbeitung eines Online-Vortrags beim Bundesjugendorchester am 1.12.2020.

„Ach ja, ich mag es. Das reduziert die Fettschicht." Vortrag bei dem Symposium der Semperoper und der Hochschule für Musik Carl Maria von Weber Dresden zur Premiere „Die Nase" am 2.7.2022.

Schostakowitsch, der Europäer. Text für das Booklet zur CD-Box der Berliner Philharmoniker mit Kirill Petrenko mit den Sinfonien 8 bis 10 von Schostakowitsch, 2022.

Der Schriftsteller und das Festival

Die Entstehungsgeschichte des weltweit einzigen Schostakowitsch-Festivals: Internationale Schostakowitsch Tage Gohrisch

Seit meiner Studienzeit in den 1980er Jahren kenne ich den Schriftsteller Uwe Dick und seine Werke. Als ich ihn Ende der 1990er Jahre zum ersten Mal in seinem Haus in Perlesreut im Bayerischen Wald besuchte, fiel mir eine Fotografie in seinem Arbeitszimmer auf, die Dimitri Schostakowitsch in einem Park oder Garten zeigte. Sie fiel mir auch deswegen auf, weil ich im Übrigen fast nur gemalte Bilder an den Wänden gesehen hatte.

Einige Jahre später habe ich ihn und seine Frau nach Dresden eingeladen. Er sagte zu – machte aber zur Bedingung, dass er den Aufenthaltsort von Dimitri Schostakowitsch in Gohrisch sehen wolle. Ich war einigermaßen erstaunt, dass ihm dieser kleine Ort bekannt war, Ich selbst lebte damals schon etwa 15 Jahre in Dresden und war oft in Königstein, dem viel bekannteren Nachbarort von Gohrisch. Von Gohrisch hatte ich kurz davor zum ersten Mal richtig Notiz genommen, bei einer Führung über den ersten bodenkundlichen Lehrpfad Sachsens, der am Fuß des Gohrischsteins angelegt ist.

Uwe Dick erläuterte, dass er einen Artikel von Bernd Feuchtner gelesen hatte, der in der Zeitschrift Partituren (Heft 1, 2005) erschienen war. In dem Artikel wurde über zwei Aufenthalte von Dimitri Schostakowitsch in Gohrisch berichtet. Beim ersten Aufenthalt im Jahr 1960 hatte er sein achtes Streichquartett dort komponiert. Bernd Feuchtner hatte sich in dem Beitrag bedauernd über den schlechten Zustand des ehemaligen Regierungsheimes geäußert, in dem Dimitri Schostakowitsch gewohnt hatte, und den Umstand, dass nichts darauf hinwies, dass der Komponist sich dort aufgehalten hat.

Wir – Uwe Dick, seine Frau Antonie und ich – fuhren im September 2008 also gemeinsam zu dem inzwischen als Hotel genutzten Gebäude in Gohrisch. Wir sahen uns auf dem idyllisch am Waldrand gelegenen Gelände um und setzten uns schließlich ins Frühstückszimmer des Hotels, um dort einen Kaffee zu trinken. Wir fragten den Kellner, ob man das Zimmer des Komponisten besichtigen könne. Der Kellner holte sich die Erlaubnis seiner Chefin und den Schlüssel für das Zimmer und zeigte es uns. Er zeigte uns auch den früheren

Frühstücksraum, einen halbkreisförmigen Raum mit hohen Fenstern zum Wald und einer kleinen Empore, der auch als Konzert- und Tanzraum gedient hatte. Uwe Dick war begeistert von der Architektur und entwickelte die Vision, dass man hier Veranstaltungen organisieren könnte um die Werke von Schostakowitsch (zum Beispiel in Kammerkonzerten) aufzuführen und über sein Leben und Wirken (zum Beispiel in Lesungen) zu berichten.

Uwe Dicks eigenes Wirken ist sehr stark von Schostakowitsch bzw. seinen Werken geprägt. Er hatte schon als Teenager im Freisinger Internat im Jahr 1958 heimlich Radio Moskau gehört. Er besorgte sich nach und nach alle erhältlichen Schallplatten mit Schostakowitschs Werken, die damals – in den 1960er und 1970er Jahren – erhältlich waren.

Die Werke des Komponisten waren ihm Vorbild für seine eigenen Werke, insbesondere die abwechslungsreiche und lebendige Dramaturgie, aber auch die musikalischen Motive.

Musik ist für Uwe Dick bewegliche Architektur. Diese versuchte er mit den Mitteln des Poeten nachzugestalten (Uwe Dick: Gute Musik ist nicht berechenbar, sie überrascht und es ist nicht vorhersehbar, wie es weitergeht.)

Als er mit seiner Frau wieder aus Dresden abreiste, hatte sich bei mir schon die Vorstellung im Kopf festgesetzt, etwas zu unternehmen, um seine Visionen Realität werden zu lassen.

Einen Monat später traf ich Volker Butzmann, den früheren technischen Direktor der Semperoper, und sprach ihn darauf an. Er nahm die Idee begeistert auf und sagte zu, sie den Verantwortlichen der Staatskapelle zu unterbreiten. Nach einem ausführlichen Gespräch mit dem Orchesterdirektor und einem weiteren Gespräch mit dem damaligen Bürgermeister von Gohrisch wurde am 22.06.2009 der Verein gegründet, der auf meinen Vorschlag hin den Namen „Schostakowitsch in Gohrisch“ erhielt.

Es war ein ausgesprochener Glücksfall, dass sowohl die Sächsische Staatskapelle als auch die Gemeinde Gohrisch nicht nur offen waren für die Idee, sondern sich sofort stark engagierten. Durch deren hohe Motivation und gutes Zusammenwirken wurde das erste Festival möglich.

Das ehemalige Regierungsheim wurde inzwischen unter Denkmalschutz gestellt und es steht zu hoffen, dass es durch zukünftige weitere Initiativen erhalten werden kann.

Der eigentliche Anstoß dafür und für das Festival war jedoch der oben erwähnte Artikel von Bernd Feuchtner. Er war die wesentliche Grundlage für die Schaffung eines Bewusstseins bei allen Beteiligten, dass es notwendig ist zu handeln, das heißt das Andenken an den Komponisten und seine Werke an diesem Ort zu erhalten.

Stephanie Hurst

Namenregister

Werkregister Schostakowitsch